日本文化の知識を深め、
本来の魅力を再認識

旅を豊かにする事典

辻原康夫
Tsujihara yasuo

イカロス出版

伝統・文化を認識し、「豊かな旅」を楽しもう

第二次世界大戦後、四分の三世紀以上を経た現在、わが国の社会事情は大きな曲がり角にさしかかっている。科学技術の急速な進歩による暮らしの飛躍的な変化、高度経済成長にともなう国際的地位向上などで、大きな自信と安定を得たはずなのに、それでもどこか頼りなくて不安がぬぐいきれないと、多くの日本人が肌感覚でとらえている。それは何よりもモノを優先し、日本人とは何か？　日本文化とは何か？　といった自らのアイデンティティーに問いかける努力を怠ってきたことへの強烈なカウンターパンチではないだろうか。

いいかえれば、古くから連綿と受け継いできた伝統や習俗を、日本の悪しき封建的しきたりと軽視し、代わって登場した欧米、とりわけ戦後民主主義の象徴と映ったアメリカ文明を無定見にとり込み続けた結果、文明と文化の相対的なバランス感にねじれ現象を起こしてしまったからではないだろうか。

国際化の掛け声や横文字乱舞の風潮に反発する意図はないが、さりとて神社の門前に控えている狛犬《こまいぬ》、祭りの神輿《みこし》、七五三の参拝、会席料理と懐石料理の違いといった、ごく身近にある日本の伝統・習わしすら廃《すた》れていっている実態や歴史的背景がなおざりに近い状態であることには、ある種の危機感を覚える。

そもそも日本人のどれほどが、こうした習俗の本質を理解したうえで接しているのか、はなはだ疑問だ。いずれも授業で学ぶ機会は少ないし、せいぜい「常識の盲点」を謳《うた》ったクイズ番組のレベルでかたづけられている程度である。しかし、こうした伝統・習俗

こそわれわれの先祖が営々と築き、育《はぐく》み、いまなお日常生活にしっかりと根づいているまぎれもない日本文化の「核」ではないだろうか。

個人的体験で恐縮だが、かれこれ半世紀近く昔の話になるが、米国の友人の来日に付き添い、いっぱしのガイドきどりでアチコチ案内したことがあった。ところが、異国の文化や風俗は予想以上に彼の好奇心を刺激したようで、あれ（鳥居）は何をするものか、（稲荷神社に）なぜキツネが並んでいるのか、（神輿を担ぐ）男たちはなぜ裸体なのか、（拝殿の前で）鈴をガラガラ振るのはなぜか……。彼の口からは素朴な疑問や質問が矢継ぎ早に飛び出してくる。だが、情けないことに私は何一つそれらに胸を張って回答することができなかった。自国の伝統や文化的背景をろくに理解していない無知な日本人という現実を知らされ、愕然《がくぜん》として色を失ったことを覚えている。

本書執筆の第一歩は、そのときの恥辱をそそぐことからはじまったといっていい。近年、観光を国家戦略と位置づけ、外国人旅行者の訪日促進政策の一環として「ビジット・ジャパン」が声高に叫ばれているが、それは迎え入れる側が、自らしょって立つ文化をはっきり認識する力と情報をそなえていてこそ説得力をもつというものだ。少なくとも、国際交流や異文化紹介を大義名分とするのであれば、外貨さえ落としてくれればそれでよしとする、損得勘定な発想であってはならない。

観光の概念は、「個」の体験を通じて多様な世界との接触を可能にする大きな「メディア」と考えてもいい。同時に、異なる文化や伝統に対する素朴な疑問・憧《あこが》れを増幅し、人々の営みや価値観に触れることによって、新しい文化を創造しうる契機や手段となりうる「科学」といっても過言ではないだろう。しかし、あまたある観光情報や窓口は、安い・旨い・面白いをはじめとする実用情報には精通していても、旅を演出してくれる肝心な素材についての奥深い情報は、いまだにその多くが不十分で疎《うと》いと指摘せざるをえない状況ではないだろうか。

観光とは、明治中期に英語のツーリズムが意訳された造語である。出所は、古代中国の周代の『易経』の中にある「観国之光、利用賓于王」からで、それが意味するところは、諸国を巡歴して土地土地の制度や文物を視察し、それらを基に豊かな国づくりをなすのが王たる者の務めだといわれる。つまり、観光の語意には見聞を広めて創造力や自己啓発を喚起するニュアンスが内包されており、旅行の目的や内容に左右される面が強い。

逆に気晴らしを目的とした保養や遊覧などの余暇活動は、本来は観光ではなく行楽《レジャー》とか漫遊とよぶほうがより実態に近いと思われる。慰安旅行ならともかく、文化や伝統と表裏一体にあり創造力を強く刺激してくれる「旅」を、単なる物見遊山だけで終わらせてしまうのは、あたえられた機会をみすみすとり逃すようなものではないだろうか。

そこで、文化的な背景なくして旅の本質は語れない、というスタンスに立ち、旅行素材に通底する歴史・民俗・文化についての基礎的な知識をまとめたものが本書である。

いわば旅文化の案内役だが、テーマと記述は一部を除いて国内旅行のほんのさわりにすぎない。しかし、ささやかながら旅行素材の裏側を解読する手がかりを、さらには日本文化の一端に触れる教養書としての汎用性も持たせたつもりでいる。旅にまつわるさまざまな要素を通して、本書が日本の文化や伝統の背景を読み解く楽しさ、あるいはその糸口を探る入門書となってくれることを願いたいと思っている。

辻原康夫

二〇二四年十一月

旅を豊かにする事典◇目次

第3章 自然と温泉

第6章 伝統と工芸品

第7章　ふるさとの文化

第8章　歴史と文化施設

地図

＊本書は二〇〇六年一〇月、株式会社中央書院から刊行された『旅を深める 日本文化の知識』を改題し、加筆・修正したものです。
（初出：『「日本の旅」文化事典』二〇〇〇年六月　株式会社トラベルジャーナル刊）

第1章　信仰

神社・寺院へのお参り

神棚と仏壇が隣り合わせに置かれているように、古くから日本人は「神様、仏様」をほとんど同列にとらえてきた。庶民にとっては、難解な教義や小うるさい理屈よりも、ありがたいご利益《りやく》や縁起《えんぎ》がいただければよしとする素朴な民間信仰が原点にあるからだろう。社寺の多くがいまなお観光名所とされているのは、そこが厳粛な行事や修行の場というよりも、人々が寄り集う、生活に密着した身近な信仰の場として親しまれているからである。

1　神社の施設　神様の住まいは具体的にどうなっているのか

神が祀《まつ》られている場所を、われわれはまとめて神社とよぶが、実際には境内《けいだい》（敷地内）にある各種の建造物、あるいは信仰の対象などによってよび方は細かく分けられている。

❖本殿《ほんでん》

御神体を祀る最も神聖かつ重要な建物。正殿《せいでん》ともいわれ、*玉垣《たまがき》によって囲まれている。通常、内部は内陣《ないじん》と外陣《げじん》に分かれ、内陣に神座《しんざ》が設けられ、外陣にはお供え物などが置かれる。

❖拝殿《はいでん》

*玉垣
本殿または神社全域をめぐらす垣根のことで、これを境として内側が神域となる。玉は美称で瑞垣《みずがき》あるいは荒垣《あらがき》ともいうが、伊勢神宮では垣が幾重にも巡るため、外側から順に荒垣、玉垣、瑞垣とよんで区別している。一般にヒノキなど素木《しらき》の木製だが、朱塗りや石造のものもある。

*幣帛
神前へ供える物の総称で「みてぐら」ともいう。かつては、布帛《ふはく》（織物）、玉器、兵器、農具、楽器、衣服など多岐にわたって供えられたが、現在では一般に木綿《もめん》、麻、絹などの布帛類が中心。

本殿の前にあり、参拝者が礼拝を行なう建物をいう。拝殿は本殿と結びついて一体となったものが多いが、本殿との間に＊幣帛《へいはく》を奉る幣殿《へいでん》を設ける場合もある。

❖神饌所《しんせんじょ》

神前に供える酒食などを調理する建物。一般に小さくて簡素な建物で、本殿や拝殿のそばに設けられることが多い。

❖神楽殿《かぐらでん》

神事の一環として行なう舞楽《ぶがく》を派じるための建物。拝殿と一体化したものも少なくない。

❖鳥居《とりい》

神社の神域への入口を表示する門。二本の垂直の柱と、柱をつないで固定する笠木《かさぎ》と貫《ぬき》の二本の横木からなる。春日《かすが》鳥居、稲荷《いなり》鳥居、神明《しんめい》鳥居などさまざまな様式がある。詳細はｐ一四〇

❖手水舎《ちょうずや》

神社の入り口付近におかれる四本柱の建物で、「てみずや」ともいう。参拝する前に手を洗い口をすすいで身を清める場であり、水飲み場ではないので要注意。手水の順序はひしゃくを右手でとり、①左手に水をかけ、②右手に水をかけ、③左手に水を受けて口を

■境内の配置例

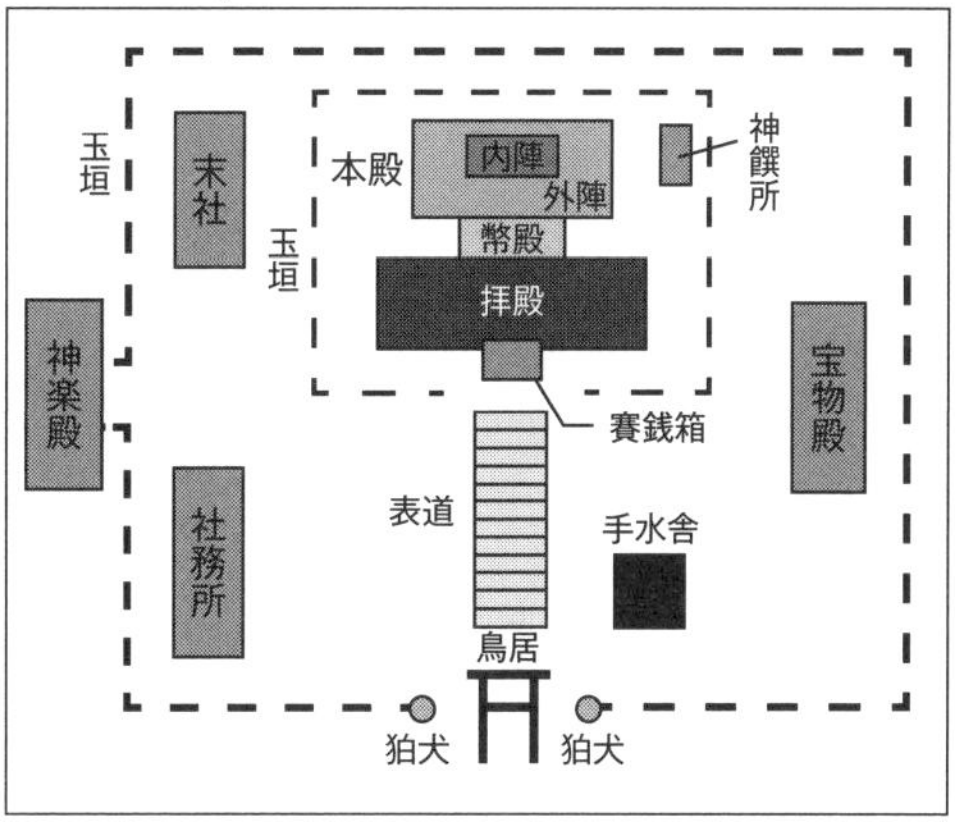

■手水の順序

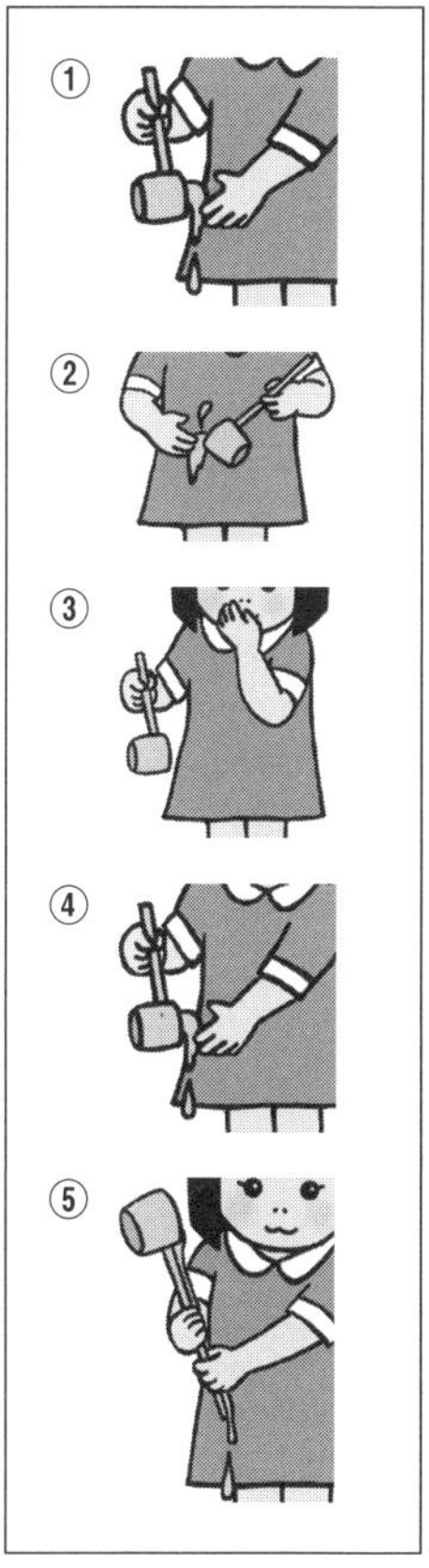

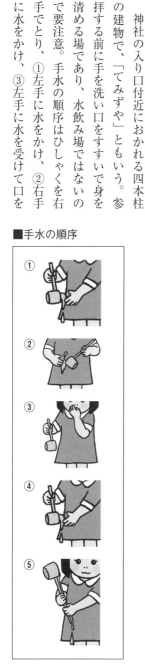

ゆすぎ、④もう一度左手を洗い、⑤ひしゃくを立て、柄《え》に水を流して清める。口をゆすぐ際は、ひしゃくに直接口をつけないこと。

◈**社務所《しゃむしょ》**

神社における日常の事務一般を処理する場所。参拝する際は、ここで祭神、由来、例祭などの情報を入手しておくとよい。

2　神社の格式と制度　神様にも古くから序列というものがあった

神社は、古くから「社格《しゃかく》」とよばれる格式のちがいによるランク付けがなされてきた。上代にはは天社《あまつやしろ》・国社《くにつやしろ》の二つのみであったが、その後*官幣《かんぺい》社・*国幣《こくへい》社制、一宮《いちのみや》制、総社《そうしゃ》制、*二十二社《にじゅうにしゃ》制などがとり入れられ、一八七一（明治四）年以降、第二次大戦後まで神社は国家管理のもとにおかれて、官幣社・国幣社・府県社・郷社・村社・無格社などに細かく再編成された。現在は格付けは廃止され、特別な社を除いて一般には神社の名で統一されているが、古くからある有力神社はいまも伝統的に別格扱いされている。

◈**神宮《じんぐう》**

神社のうち最高に位する称号で、とくに皇族に関連するものが多い。伊勢《いせ》神宮（三重県伊勢市）、鹿島《かしま》神宮（茨城県鹿嶋市）、明治神宮（東京都渋谷区）、平安神宮（京都市）、橿原《かしはら》神宮（奈良県橿原市）、宇佐《うさ》神宮（大分県宇佐市）など伝統的に使用されているが、単に「神宮」あるいは「大神宮」といった場合は伊勢神宮のことを指す。

◈**大社《たいしゃ》**

■手水舎

＊官幣社・国幣社

平安時代初期に集成された「延喜《えんぎ》式《しき》」に登録されている当時の官社。諸国の官社を統轄する神祇《じんぎ》官から直接幣帛をささげられたのが官幣社、現在の都道府県知事にあたる地方官の国司から幣帛をささげられたのが国幣社という。

古代、官幣社・国幣社と分けられた社格のなかで、規模において大社、中社、小社と区分されたうち最高位にあった神社。明治期から第二次大戦までは、出雲《いずも》大社（島根県出雲市）のみを指したが、戦後は厳格な区別はなく三嶋《みしま》大社（静岡県三島市）、諏訪《すわ》大社（長野県諏訪市／下諏訪町／茅野《ちの》市）、住吉大社（大阪市）、春日大社（奈良市）、宗《むな》像《かた》大社（福岡県宗像市）などがあり、いずれもかつての有力神社が顔をそろえている。

本社《ほんしゃ》

祭神をほかに分けて祀った際のもとになる神社で、「本宮《ほんぐう》」とよぶこともある。

摂社《せっしゃ》

境内にある神社のうち、本社の主祭神と縁故の深い、たとえば妃や子供などの神を祀ったもので、格式は本社に次ぐ。伊勢神宮の場合、格式が高い摂社を特別に「別宮《べつぐう》」とよぶ。

末社《まっしゃ》

境内に付属している小さな社で、格式は摂社よりも下。主祭神とのゆかりがはっきりしない神を祀ったり、簡素化された祭事などをとり行なう場所。

総社

一定の地域内に分散する数か所の祭神の社を、一か所にまとめて祀ったもの。古代、任地に赴いた*国司《こくし》が参拝の便を図るために、国府近くの神社に祭神を合わせて祀ったことにはじまるという。

一宮

平安時代に生まれた社格制度の一つで、その国で最高位に位するといわれた神社。ただし正規の制度としては確立されず、慣例的に定まったにすぎない。由緒があり民間の間で最も信仰のあつい神社が選ばれ、着任した国司が真っ先に参拝する神社であり、こ

＊二十二社

平安中期以降、朝廷から特別待遇された二二の有力神社。上七社（伊勢神宮、石清水《いわしみず》八幡宮、下鴨《しもがも》神社・上《かみ》賀茂《がも》神社、松尾《まつのお》神社、平野神社、稲荷神社、春日神社）、中七社（大原《おおはら》野《の》神社、大神《おおみわ》神社、石上《いそのかみ》神社、大《おお》和《やまと》神社、広瀬神社、龍田《たつた》神社、住《すみ》吉《よし》神社）、下八社（日吉《ひよし》神社、梅宮神社、吉田神社、広田神社、祇園《ぎおん》神社、北野神社、丹生川上《にゅうがわかみ》神社、貴船《きふね》神社）からなった。

＊国司

八世紀初頭から一〇世紀にかけての律令国家のもとで、一国の行政や司法をつかさどるために、中央から派遣された地方官。四つの官職からなるが、通常はそのトップである守《かみ》のことをいう。現在の知事に相当し、任期ははじめ六年であったが、のちに四年となった。国司の務める役所を国衙《こくが》、それが置かれているところを国府といった。

の下に二宮《にのみや》、三宮《さんのみや》、四宮《しのみや》と続いたという。現在も地名として各地にその名残をとどめている。

3 神職と資格 神事をとり行なう人々とは

神職《しんしょく》は神社での祭事や事務一般をとり行なう者の呼称で、通常は神主《かんぬし》あるいは神官《しんかん》とよばれる人々をいう。職制として神職が定められたのは一八八七（明治二〇）年以降のことで、一般の神社の神職は宮司《ぐうじ》、禰宜《ねぎ》、権禰宜《ごんねぎ》が設けられているが、大きな神社では宮司の下に権宮司をおくこともあり、逆に小さな神社では宮司だけという場合もある。

神職になるには一定の資格を要するが、現在では女性にも神職になれる道が開かれている。なお巫女《＊みこ》は神職制度外の存在で、神社ごとの基準によって採用されているにすぎない。

◈宮司

神社の長である神官で、通常、神社の祭祀《さいし》の最高責任者をいう。現実には小さな神社をかけもちする宮司も多く見られる。有力な神社には、宮司を補佐するために権宮司とよばれる職をおくことも少なくない。なお、権は「副あるいは準」を意味する語。

◈禰宜

宮司の下にある職名。一般には祭祀をはじめ経理や総務など諸事全般を仕切り、宮司の主務を手助けする。

◈権禰宜

＊巫女
通常は神社で神事を行なう神社巫女で、平安時代の宮廷の舞姫の衣装に基づいた白衣に緋色《ひいろ》の下袴を着用する。巫女は神のお告げをとりつぐ「神子《みこ》」が語源で、神がかり状態に入るため、普段とは異なる装いやメーキャップをした。これを「化装」とよび、のちに美容を意味する化粧の語源となった。

禰宜の下にある最下位の神職で、いわば一般職員。権は「副、控」の意。

◇出仕《しゅつし》

正規の神職ではなく、神職見習いにあたる。一般に服装も白装束《しろしょうぞく》ではなくモンペ姿に近い。出仕を経験して権禰宜や禰宜の地位にすすむ。

4 参拝作法　拝むときの正しい手順と作法とは？

参拝にもそれなりの手順やしきたりがあるから心得ておきたい。神社参拝の正式な拝礼作法は、おじぎ二回・*柏手《かしわで》二回・おじぎ一回の順の「二拝二拍手一拝」である。

具体的には、手水舎の水を使って心身を清めたのち、参道を通って拝殿へすすむ。参道は参拝者のための通路ではなく、あくまでも神の通り道だから、ど真ん中は避けたほうが良い。道の両端を歩くのが正しい。正式の参拝は、正面の鳥居から入って正面の鳥居から退出する。拝殿の前では二度深く頭を下げ、両手を大きく広げて柏手を二度行なうが、このとき両手をピッタリ合わせず、左右の手が少しずれる位置で拍手するとよい音が出る。ちなみに、伊勢神宮では柏手を八回打つ古来の丁重な作法が守られている。

いっぽう、二拝する前に賽銭《さいせん》箱に貨幣を投げ入れ、ひもを揺らして鈴を鳴らすことも多い。これは「魂振《たまふり》」といって、柏手や一本締めなどと同様、空気を振動させて神をよび起こし力づける動作といわれている。

＊柏手

神前で手を打つ行為は、音を立て大気を振動させることで神が招き寄せられるという音霊《おとだま》信仰からはじまるとされる。通常は二拝二拍手一拝だが、七五三のときは若干異なり、「二拝二拍手祈願」そして「二拍手一拝」で終わる。なお寺院では柏手は打たず、合掌だけですませる。

5　寺院の組織と分類　寺院にも格による序列がある

◇組織

早くから寺院の系列化はすすめられていたが、一六〇一年江戸藩府が＊本末《ほんまつ》制度を採用したことによって、寺院支配の強固な組織化が図られるようになった。明治時代になって制度的には崩壊したが、いまも当時の名残として次のような寺の格付けすなわち＊寺格《じかく》でよばれることが多い。また、寺格に応じて本山《ほんざん》に納める賦課《ふか》金の額も定められている。

・総本山《そうほんざん》

各宗派の最高位に位置する寺。天台《てんだい》宗、真言《しんごん》宗、浄土《じょうど》宗、日蓮《にちれん》宗などのように勢力の大きな宗派は総本山がトップだが、中・小規模の宗派、あるいは大規模ながらいくつかに分派されているもののなかには、総本山とよばずに大本山《だいほんざん》（本山）を最高位としているものも少なくない。

・大本山

総本山に準じる中心的な寺で、宗派によっては最高位にあたる。

・別格本山《べっかくほんざん》

大本山に準じて特別扱いされる本山の一つで、大本山から分離して独立した寺をいうことが多い。

・別院《べついん》

本寺や末寺《まつじ》の支院として別のところに建てられた寺のこと。とくに浄土真宗では、由緒の保存や末寺・＊門徒《もんと》の統轄のために数多く建立された。

＊本末制度

江戸時代初期、寺院の持つ特権を排除し統制支配するために幕府によって制度化されたもの。全国の寺院を本山を頂点として、中本寺、小本寺、平院という寺格による階級組織をつくりあげ、幕藩体制のもとでの封建制度を側面から支えた。これにより、葬祭を依頼する場合はいずれかの寺院に属さなければならない「檀家《だんか》制度」が成立したが、明治時代以降は制度的には崩壊した。

＊寺格

寺院の格付けは、人間の身分的な差別にもつながりかねないとの疑問の声も多い。東本願寺を本山とし一四の寺格を定めてきた真宗大谷派は、一九九一（平成三）年に寺格制度を廃止し、末寺という表現も使わないようにした。

◇分類

また、歴史的な背景や寺院が持つ性格などによって、次のようなタイプに分類することもある。

・氏寺《うじでら》

勢力の優勢な一族一門が建立し、その子孫が代々信奉し治めた寺。氏族の結束を強める役割を果たしたが、氏族が細分化していくとともに、のちに菩提寺《ぼだいじ》に代わられていった。藤原氏の興福寺《こうふくじ》（奈良市）、和気《わけ》氏の神護寺《じんごじ》（京都市）などがその代表格。

・菩提寺

先祖代々の墓をおき、葬儀*や法事を行ない先祖の霊を弔《とむら》う寺。かつては有力者のみに許されたが、江戸時代以降は民間にも浸透した。菩提とは「死後の冥福《めいふく》」を意味する。

・祈禱寺《きとうじ》

開運や厄除《やくよ》けなど、現世のご利益を人々に授けるとされる寺。商売繁盛の成田山新勝寺《なりたさんしんしょうじ》（千葉県成田市）、交通安全の川崎大師《だいし》（平間寺《へいけんじ》、神奈川県川崎市）などはいずれも祈禱寺の代表。

・修行寺《しゅぎょうじ》

仏道を実践する修行道場の寺で、僧侶は日夜、座禅などの行《ぎょう》に励む。本山や別格本山が多く、非公開を原則とする。曹洞《そうとう》宗の永平寺《えいへいじ》（福井県永平寺町）、真言宗の金剛峯寺《こんごうぶじ》（和歌山県高野町）などが有名。

・縁切寺《えんきりでら》

家庭不和などで悩む江戸時代の女性に、三年間尼僧《にそう》として修行することを条件に離婚の特権を与えた寺。別名「駆《か》け込《こ》み寺」ともよばれ、とくに東慶寺《とうけいじ》（神奈川県鎌倉市）

＊門徒

同じ宗派に属して宗教生活を送る信者のこと。本来は、同一宗派の僧侶をよんでいたが、のち浄土真宗において在家の信者の意味にも使われるようになり、室町期以降はもっぱら真宗信者の呼称となった。

＊葬儀

現在では葬式仏教と揶揄《やゆ》されるほど、寺と葬儀は密接な関係にある。しかし、僧侶が庶民の葬儀を行なうようになるのは江戸時代初期に檀家制度が確立されて以降のことで、菩提寺への財政支援の見返りとして檀家の葬儀や法要を請け負うようになった。それ以前は、寺院はひたすら国家鎮護や学問修行の場が使命で、葬儀役は埒外《らちがい》に置かれた。なお、喪服の黒色は第一次大戦後に米国の影響から広まったもので、かつては死装束《しにしょうぞく》同様に白が喪服の色であった。

が有名。

・門跡寺院《もんぜきじいん》

皇族や公家《くげ》の子弟などが出家して住んだ別格寺院で、江戸時代には宮《みや》門跡、摂家《せっけ》門跡、准《じゅん》門跡などに区分して制度化していた。大原の三千院《さんぜんいん》（京都市）や青蓮院《しょうれんいん》（同）などが名高い。門跡とは「一門の法跡」の略で、元々は祖師から弟子へと継承されていく宗門の教えの伝統をいった。

◇寺院名の由来

寺院の名は千差万別でありながら、やはり風格というか威厳に満ちたものが多い。しかし、名称はでたらめにつけられたものではない。よく知られている山号*や時代の流行もさることながら、そこにはある一定の法則がうかがえるのである。寺院名の由来を推理することは、旅のネタづくりの一つといってよいだろう。

・元号に由来

寺が建立されたときの元号にちなんだもので、とりわけ時の天皇や権力者の意向によって名づけられた場合が多い。仁和寺《にんなじ》（京都市）や建仁寺《けんにんじ》（同）、延暦寺《えんりゃくじ》（滋賀県大津市）、建長寺《けんちょうじ》（神奈川県鎌倉市）、寛永寺《かんえいじ》（東京都台東区）など。

・地名に由来

建立された場所の名を借りたもので、仏教伝来当時は盛んにこの手法が用いられた。室生寺《むろうじ》（奈良県宇陀《うだ》市）、鞍馬寺《くらまでら》（京都市）、石山寺《いしやまでら》（滋賀県大津市）、浅草寺《せんそうじ》（東京都台東区）など。境内から湧き水が出たことにちなむ三井寺《みいでら》（滋賀県大津市）もこれに含まれる。

・方角に由来

＊山号
寺院の名の上につける「山」の称号で、古代中国で、寺は山中や山上に建てられることが多かったことから生まれた風潮という。わが国は平安期には比叡山《ひえいざん》延暦寺といったように寺院の所在地の山名によったが、のち平地の寺院にもその風潮がとり入れられ、一般化した。東叡山《とうえいざん》寛永寺、成田山新勝寺のように使用する。

都が建設されたとき、宮城や中心となる大通りからの方角が決め手となったもの。東《とう》大寺《だいじ》や西大寺《さいだいじ》（以上奈良市）、東寺《とうじ》（京都市）など。

・人名に由来

中国や日本の高僧、建立者の僧名や院号*にちなむもの。法然《ほうねん》院や鹿苑《ろくおん》寺（京都市）など。日蓮出生の地に建立された誕生寺《たんじょうじ》（千葉県鴨川市）、唐の鑑真《がんじん》が開祖となった唐招《とうしょう》提寺《だいじ》（奈良市）なども人名由来に含まれよう。

・教義に由来

仏教の各宗派の特徴を表す用語を使用したもので、浄土系では大念仏寺《だいねんぶつじ》（大阪市）、本願寺《ほんがんじ》（京都市）、極楽寺《ごくらくじ》（神奈川県鎌倉市）、日蓮宗系では久遠寺《くおんじ》（山梨県身延《みのぶ》町）、法華寺《ほっけじ》（奈良市）など。このほかにも、妙、大、徳、本、円など大乗仏教の特徴を示す文字を借用した寺名も見られるが、最も多いパターンはこれである。

・仏像に由来

仏像の名または本尊にちなんだ寺名。全国各地にある観音寺《かんおんじ》、阿弥陀《あみだ》堂、薬師寺《やくしじ》、弥《み》勒寺《ろくじ》、四天王寺《してんのうじ》など。

・俗称

正称以上に俗称で有名になった寺がある。代表的なものに、金閣寺《きんかくじ》＝鹿苑寺《ろくおんじ》（京都市）や銀閣寺《ぎんかくじ》＝慈照寺《じしょうじ》（同）、苔寺《こけでら》＝西芳寺《さいほうじ》（同）、山寺《やまでら》＝立石寺《りっしゃくじ》（山形市）など。川崎大師＝平間寺《へいけんじ》（神奈川県川崎市）、とげぬき地蔵＝高岩寺《こうがんじ》（東京都豊島区）など本尊の名称でよばれるものも少なくない。

＊院号

一般には天皇の死後におくる追号をはじめ、天皇の妃や母親、上皇などの尊称をいう。のちにこれら貴人による建立あるいはゆかりの仏教関係の施設に使用され、寺院名として定着したものも多い。寂光《じゃっこう》院、知恩《ちおん》院、智積《ちしゃく》院などが有名。

■全国の主な神社・寺院

中尊寺
毛越寺
瑞巌寺
立石寺
塩竈神社
弥彦神社
日光東照宮
輪王寺
笠間稲荷
戸隠神社
鹿島神宮
善光寺
氷川神社
新勝寺
北野天満宮
八坂神社
清水寺
知恩院
龍安寺
鹿苑寺
慈照寺
三千院
那谷寺
諏訪大社
川崎大師
神田神社
明治神宮
浅草寺
永平寺
久能山神社
鶴岡八幡宮
建長寺
延暦寺
熱田神宮
鳳来寺
修禅寺
日吉大社
豊川稲荷
出雲大社
石清水八幡宮
伏見稲荷
三仏寺
住吉大社
伊勢神宮
法隆寺
春日大社
東大寺
唐招提寺
薬師寺
金剛峯寺
厳島神社
道成寺
金刀比羅宮
熊野本宮大社
防府天満宮
石手寺
宇佐神宮
宗像大社
筥崎宮
太宰府天満宮
祐徳稲荷
霧島神宮
鵜戸神宮

民間信仰のはじまり

日本人は一般に宗教心が薄いといわれる。しかし、それはキリスト教徒やイスラム教徒のように唯一絶対神へ帰依《きえ》しなかったというだけで、単に価値観のちがいにすぎない。神を相対化してしまうのではなく、実際には身辺にさまざまな神を祀《まつ》り、場合によっては神格さえ忘れてしまうほどに一体化し、英語でいう全知全能の「ゴッド」ではなく、むしろ「スピリット」に近い存在ともなっている。

これが日本人特有の信仰観であり、大衆に熱く支持されている多くの神々を知ることは、日本人の思想の原点を探る作業ともいえる。

1　路傍の神々　喜怒哀楽を民衆とともにした地域密着型の神様

われわれが神様とよんでいる祭神の多くは、通常は神社に祀られている畏《おそ》れ多い存在だ。しかし、なかには一般民衆の間で自然につくり出された土臭い神々も少なくない。彼らは民衆の生活と背中合わせに密着し、日々の不満や欲求といった世俗的な悩みに的確に応えてくれる、きわめて親しい存在でもある。

◇道祖神《どうそじん》

村境や峠に祀られ、災いや悪霊の侵入を防いで共同体（ムラ）を守ると考えられた最

●日本人の多神教

すべての存在を生きたものとみる精霊信仰（アニミズム）の影響で、日本人は身近にさまざまな神を祀る典型的な多神教徒である。無数の神々がそれぞれに役割分担し、たとえば風の神、田の神から、竈の神、便所の神、貧乏神、死神にいたるまで、あらゆる場所や事物に神の存在をみてきた。

このような背景から、初詣は神社にお参りし、結婚式はキリスト教の教会で挙げ、葬式は仏式で行ない、キリスト教徒でもないのにクリスマスを祝う、といったような宗教のチャンポン化が日本人の信仰観の本流となっている。

も古い民俗神。ここから旅の安全をつかさどる道の神としての性格を持つようになった。同時に猿田彦《さるたひこ》や地蔵《じぞう》などと混同されて多様な性格を持ち、縁結びや出産、子守りの神ともいう。

*左義長《さぎちょう》などの小正月《こしょうがつ》の火祭りは、多くは道祖神の祭りと考えられている。

◆庚申《こうしん》

*庚申待《こうしんまち》とよばれる、干支《えと》でいう六〇日ごとの庚申《かのえさる》の日の夜に行なわれた俗信から生まれた神。とくに延命長寿、病魔退散、五穀豊穣《ほうじょう》の現世利益《げんせりやく》があるが、粗末に扱うとたたりやすい神ともいわれた。庚申の申からサルとのゆかりが深く、六〇年ごとの庚申の年に村はずれなどに建てられる庚申塔には、三猿像や*青面金剛《しょうめんこんごう》像が刻まれることが多い。

◆神農《しんのう》

古代中国の伝説上の帝王。農具を発明し薬草を教えたことから、農業や医薬の祖といわれている。この王がのちに神格化されたもので、人身牛頭で、草の葉の衣をまとった姿で表され、現在も薬屋や香具師《やし》などの守護神として祀られる。最も有名な神社は、通称「神農さん」とよばれる大阪の少彦名《すくなひこな》神社で、例年一一月二二〜二三日には神農祭がにぎやかに行なわれる。

■道祖神

■近江八幡市の左義長まつり

近江八幡観光物産協会

＊左義長

門松《かどまつ》や注連縄《しめなわ》の正月飾りや書き初めなどを一か所に集めて焼き、その火で焼いた餅《もち》を食べて無病息災を祈願するという小正月の行事。地方によっては「どんど焼き」ともいう。火を神聖視した信仰と、年初の吉凶占いなどが結びついたものという。滋賀県近江八幡市《おうみはちまん》で行なわれる「左義長まつり」は、最も規模が大きい。

＊庚申待

道教の三尸《さんし》説に基づいた陰陽道《おんようどう》系の俗信。庚申の日の夜、人が眠ると体内にひそむ三尸とよばれる虫が体内からこっそり抜け出て天に上り、天帝にその人間の悪事を告げて寿命を縮めようと企《くわだ》てる。したがって、この夜は知人縁者が集まり夜を徹して語り明かすと、告げ口の主である三尸は体外に出ることができず、その結果長生きできると信じられた。ただし、この夜に孕《はら》んだ子供は盗賊になるといわれ、肉食の禁止も含めてあくまで身を慎んで夜を過ごさねばならなかった。

◆子安神《こやすがみ》

子授けや安産の願いをかなえて、子の安らかな成長を見守る神。仏教との結びつきが強く、主に西日本では子安観音、東日本では子安地蔵とよばれるが、東日本では出産適齢期の女性が集団で祈願する「子安講《こやすこう》」という組織もあった。また、神道と結ばれて木《この》花開耶姫《はなさくやひめ》を祭神とする子安神社も各地に分布する。

◆荒神《こうじん》

正しくは「三宝荒神《さんぼうこうじん》」とよばれ、竈《かまど》の神または火の神として家内のいろりや竈に祀られる。俗に「竈神」「オカマ様」ともいう。竈の墨《すみ》は荒神墨といい、これを塗ると悪霊の災厄から逃れられ、河童《かっぱ》の難からもまぬかれるといわれる。

◆地蔵

地獄におちた者の苦しみを救う冥界《めいかい》の救済者であり、同時に子供を守り、安産や子授けのご利益があるとされている菩薩《ぼさつ》。左手に宝珠《ほうじゅ》、右手に錫杖《しゃくじょう》を持ち、頭を丸めた子供のような姿でたいへん親しまれているが、地蔵は冥界へいく者を救うとされていることから、道祖神などと混同されて、一般に村境や辻に祀られることが多い。↓p五二

２　七福神　福徳・金運の夢を約束する七人の神様

福徳をもたらす神とされる七人の神々からなる日本独自の庶民信仰で、七福神巡り*や宝船、福神漬にいたるまで、商売繁盛のめでたい縁起物キャラクターとして庶民の間で深く崇《あが》められている。現在のメンバーにほぼ固定されたのは江戸前期の元禄《げんろく》期以降とい

＊青面金剛

庚申待の本尊といわれている青面の鬼神。元来は密教で病魔・病鬼を払い除く童子神で、三つの眼に六本の腕を持ち、頭髪はさか立って怒りの形相をしている。一般にヘビを身体にまとい、足元に鬼を踏みつけている姿で描かれる。

＊七福神巡り

七福神詣《もうで》とも。新年に七福神ゆかりの社寺を巡拝してその福徳にあやかろうというもので、行楽もかねて江戸時代中期以降盛んに行なわれた。朱印や小さな神像を集めるのが「正しい」巡りかたで、いわば江戸時代のスタンプラリーであった。現在も全国各地に見られるが、東京では深川七福神（富岡八幡宮～冬木弁天堂～心行寺～円珠院～龍光院～深川稲荷神社～深川神明宮）、隅田川七福神（三囲神社／三囲神社～多聞寺～弘福寺～長命寺～百花園～白鬚神社）、大阪では大阪七福神（今宮戎神社～大国主神社～大乗坊～法案寺～長久寺～三光神社～四天王寺）などが有名。

うが、その選出基準や経緯はまったく不明。ただし、七の由来は、経典の「七難即滅《しちなんそくめつ》・七福即生《しちふくそくしょう》」や*竹林《ちくりん》の七賢《しちけん》にならったと推測されている。

◆恵比須《えびす》

西宮《にしのみや》神社（兵庫県西宮市）の祭神で、通称「えべっさん」。イザナギとイザナミの子といわれ、古くは海の幸を運んでくる食物の神として信仰され、のちに商売繁盛の神となった。七福神のうち唯一日本生まれだが、元来は異郷の世界からやってきた漂着神である。一般に烏帽子《えぼし》をつけ、右手に釣竿、左手に大きな鯛をかかえた姿で描かれ、心清らかで私欲がなく「清廉」の福徳ありという。江戸時代から大都市を中心に、商売イベント的なえびす講が盛んに行なわれた。

◆大黒天《だいこくてん》

恵比須大黒と二神でコンビをなす通称「*大黒さま」。古代インドの戦闘的な武神マハーカーラが原型で、大黒とはその意訳。日本に渡来して大国主命《おおくにぬしのみこと》と混同され、農作を約束する台所の神となり、白ネズミを使いとする。「大きな袋を肩にかけ……」と歌われるように、左肩に大袋を背負い右手に打ち出の小槌《こづち》を持ち、頭巾《ずきん》をかぶって米俵の上にどっしりと座ったニコニコ顔の様相で知られる。善人に大福徳をほどこす「有福」の福徳ありという。

◆弁財天《べんざいてん》

七福神のうちの紅一点で、インドの河の女神サラスバティが原型。通称「弁天さま」とよばれる妖艶《ようえん》な神様。芸事、知恵、弁舌の神といわれ、のち仏教にとり入れられて吉《きっ》祥天《しょうてん》と同一視されることもある。使いはヘビ。宝冠をいただき琵琶《びわ》を持つ女神像が定着しているが、銭洗《ぜにあらい》弁天（神奈川県鎌倉市）や江ノ島弁天（神奈川県藤沢市）に見られ

＊宝船
七福神が乗り込み種々の財宝を積み込んだ千石船の絵で、正月の縁起物の一つ。江戸時代中期以降は正月二日の夜、この絵に「なかきよのとおのねふりのみなめさめなみのりふねのおとのよきかな」という回文《かいぶん》を記して、枕の下に入れて寝ると縁起のよい初夢を見ると信じられ、悪い初夢の場合には絵を水に流せばよいといわれた。宝船の発想は古くからあり、遠い海の彼方《かなた》の異郷から金銀財宝を満載した福神の船が来訪するという俗信が基本となっている。

＊竹林の七賢
三世紀半ばの中国晋《しん》代、世俗を逃れて河南省の竹林で酒と音曲を楽しみながら、老荘思想に基づく哲学的な清談にふけったとされる七人の賢者。阮籍《げんせき》、山濤《さんとう》、王戎《おうじゅう》、劉伶《りゅうれい》、阮咸《げんかん》、向《しょう》秀《しゅう》、嵆康《けいこう》。

＊大黒
中国では大黒は豊作の神として祀られ、さらに食糧を貯える場所である台所の神となった。古い民家などに

るように、河の神から水にゆかりのあることが多い。人々から愛される「愛敬《あいきょう》」の福徳ありという。

◈毘沙門天《びしゃもんてん》

インド神話で暗黒界の悪霊をつかさどるバイシュラバナ神で、ヒンドゥー教では北方の警備神クベーラ。のち仏教の守護神として*四天王《してんのう》の一人に列せられ、「多聞《たもん》天《てん》」ともよばれた。世界の中央にそびえるといわれる須《しゅ》弥山《みせん》の北を守護し、災厄を退け外敵から身を守る武神で、勝負事の神でもある。通常は、頭に鳥形の冠をかぶった髭《ひげ》もじゃ顔で、甲《かぶと》を身にまとった武将姿で現れる。七福神のうち唯一、無愛想で憤怒の容貌を持つが、「威光」の福徳ありという。

◈布袋《ほてい》

中国・唐代末の禅僧で、七福神のうち唯一実在したという。本名を契此《かいし》といい、乞食坊主であるにもかかわらず、生前から弥勒《みろく》菩薩の化身として敬《うやま》われた。福々しい大きな腹（ほてい腹）と半裸体、いつも大きな袋を背負っていたといわれるが、わが国には室町時代にこの奇僧のことが伝わり、その福徳円満な姿から夫婦円満・家内安全の神様とされた。度量の大きさをいう「大量」の福徳ありという。

■七福神

◆福禄寿《ふくろくじゅ》

道教でいう仙人の理想像で、福徳・禄（富貴）・長寿を示し、南極星の化身ともいう。鶴を連れ、ひょうたん形の長頭と長いあご髭がトレードマーク。わが国には水墨画の題材としてその存在が伝わったが、単独では信仰の対象にならなかった。寿老人としばしば混同される。その容貌から「人望」の福徳ありという。

◆寿老人《じゅろうじん》

福禄寿と混同されて印象は薄いが、宋《そう》代に実在した人物との説もある。武運長久・不老長寿を授ける神。小柄な身体にシカをともない、巻物をつけた杖を持っているというのがパターン化された姿で、福禄寿と同様に水墨画の題材として移入された。人の寿命の長短をつかさどり「長生」の福徳ありという。

3 招福縁起物 街角で見かける開運を呼び込むマスコット

八百万《やおよろず》の神の国といわれるように、古くから日本人は森羅万象《しんらばんしょう》あらゆるものに神がかり的な存在を認めてきた。これらに＊陰陽五行《いんようごぎょう》思想があいまって、民間ではさまざまな縁起物が生まれている。

◆招き猫

千客万来、金運を招き寄せる福の神という縁起物。前脚を上げた、おいでおいでの愛敬あるスタイルが、近年では外国人旅行者の間でラッキーキャットとよばれ、土産《みやげ》物としても人気を集めている。その大半は、愛知県の常滑《とこなめ》で焼かれている陶器製だ。

ある家屋の支柱ともいうべき太い柱を大黒柱というのは、柱の片側が必ずといっていいほど台所に面していることに由来する。つまり食べることを保証する台所の神、大黒に守られているという意味である。なお、僧侶の妻を「だいこく」とよぶのも台所を仕切る主婦の役割を表している。

＊四天王
仏教を守護する天上界の王である帝《たい》釈天《しゃくてん》に仕える四人の神。世界の中央にそびえるといわれる須弥山の中腹に住んで東西南北の四方をつかさどり、東に持国天《じこくてん》、南に増長天《ぞうちょうてん》、西に広目天《こうもくてん》、北に多聞天（毘沙門天）がそれぞれ配されている。

＊陰陽五行
古代中国ではじまった世界観。宇宙の万物に働く相反する二つの陰陽（男・女、太陽・月、昼・夜、天・地など）に、宇宙を構成する五要素である五行（木・火・土・金・水）を組み合わせて、自然現象や天文、人間の未来などを解釈したもの。わが国には六世紀ごろ伝わり、とくに

由来には諸説あって、よく知られているのは江戸・世田谷の＊豪徳《ごうとく》寺発祥説だが、おそらくは猫が顔を洗う仕草と民間伝承が結びついたものであろう。猫の焼き物（今戸《いまど》焼）がのち伏見《ふしみ》焼にとり入れられ、伏見稲荷の商売繁盛と結びついて小判を持つ姿になったとされる。

昭和の初期までは、遊郭《ゆうかく》や小料理屋などもっぱら水商売関係に置かれていたが、最近は飲食店をはじめあらゆる小売業の店頭で見かけるようになった。形態により、ご利益も次のように変わるという。

・右手上げ猫＝金運を招き、家庭用で昼の商売向け
・左手上げ猫＝人を招き、とくに夜の商売向け
・三毛猫＝開運招福　・黒猫＝厄除け
・金猫＝金運　・赤猫＝病魔除け、無病息災
・緑猫＝合格祈願　・ピンク猫＝恋愛成就《じょうじゅ》

◇開運だるま

中国禅《ぜん》宗の開祖、達磨大師《だるまだいし》の座禅姿をモデルとした縁起物で、中国・明《みん》代につくられた「不倒翁《ふとうおう》」という張り子の起上《おきあが》り小法師《こぼし》にはじまるという。

日本では、一七六〇年代に江戸で張り子の起上りだるまが生まれ、七転び八起きのご利益をかつぐ縁起物となった。現在は、選挙など必勝祈願の片目だるまがよく知られるが、目なしだるまは、努力すれば報われるという人生訓と＊大仏開眼《だいぶつかいげん》にあやかって考案されたといわれる。目入れは開眼同様、向かって右側が先。赤い地肌は、玩具でいう「赤もの」に通じ、子供のかかりやすい天然痘《てんねんとう》除《よ》けを意味したという。

各地にだるま市が見られるが、なかでも一月の少林山達磨寺《しょうりんざんだるまじ》（群馬県高崎市）と西新《にしあら》

神秘的な面が強調されて独自の陰陽道として発展した。

＊豪徳寺発祥説　寛永年間（一六二四〜四四年）に彦根藩藩祖の井伊直孝《いいなおたか》が、荒れ寺の門前で白猫の手招きに引き寄せられて雷雨の難を逃れ、これも御仏の因縁として寺は井伊家の菩提寺《ぼだいじ》となり栄えたとする説。寺再興のきっかけをつくった猫の徳をしのび、のち御堂の脇に猫塚が立てられた。ただ、この逸話はおそらくは後世の創作とされ、実際に土製の招き猫が現れるのは一七八九年の今戸焼からといわれている。

■豪徳寺の招き猫

井大師《いだいし》（東京都足立区）、三月の深大寺《じんだいじ》（東京都調布市）が有名。なお、関東のだるまは主に目なしの「縁起だるま」だが、関西は目入りで鉢巻きをした「勝ちだるま」が多いという。

◆福助《ふくすけ》

頭でっかちで裃《かみしも》をつけ、かしこまって正座している人形。

元禄期の京の呉服屋「大文字屋」の旦那、または一九世紀初頭に近江《おうみ》国柏原のもぐさ屋「亀屋左京」の番頭がモデルという。いずれも短身で頭でっかちの容貌ながら実在したと伝えられる人物で、正直で勤勉一途のため大いに商売は繁盛し、その徳にあやかろうと伏見焼で人形に焼かれてから人気者になった。

現在よく見かける子供の顔をした正座スタイルの「おじぎ福助」は、一九〇〇（明治三三）年に「福助足袋《たび》」が売り出されたときの商標がルーツという。裃姿、座布団、扇子《せんす》が福助の三点セットだが、裃と座布団は接客する際のかしこまった姿を、扇子はめでたさを象徴している。

■おじぎ福助

◆福狸《ふくだぬき》

居酒屋やソバ屋など飲食店での定番の置物で、店頭で威風堂々「いらっしゃいませ～」としているところがユーモラス。考案者は、陶芸家で号を狸庵《りあん》と称した藤原銕造《てつぞう》とされ、一九二八（昭和三）年に滋賀県の信楽《しがらき》焼で始めたという。タヌキの酒好き*という俗説に基づき、昭和二〇年代後半に飲食店を中心に全国的に置かれるようになった新しい縁起物で、時代劇などに登場するのは時代考証の明らかなミス。

＊大仏開眼
新しくつくられた大仏の完成直前に、目を描き込んで仏像に魂を迎える儀式。七五二（天平勝宝五）年の奈良東大寺における盧舎那仏《るしゃなぶつ》の場合がとくに知られている。

＊タヌキの酒好き
昔から狐狸・妖怪は油を好むといわれる。古くは狸が一つ目小僧などに化けて、瓢箪《ひょうたん》をぶらさげて油を買いにいくスタイルが一般的であった。のち月夜の晩には狸囃子《たぬきばやし》に興じるという風聞が広まると、宴会の席に油では無粋だから酒ということになり、狸の好物は酒という俗信が生まれたとされる。

＊八畳敷伝説
なぜかタヌキのふぐりは八畳分あるといわれてきた。八と狸との関連は狸の背から胸にかけて八の字形の白い斑模様が見られることに由来するが、事実、八畳敷をはじめ、徳利に描かれた八の字や松山藩お家騒動の八百八狸など因縁浅からぬ関係がある。また、八畳敷の有力説としては江戸時代の金職人たちが金箔をつく

それぞれ意味づけがなされており、たとえば狸の語呂合わせから「他を抜く」縁起よさ、通い帳は信用の証明、大きなキンタマは「前金でお願い」で、＊八畳敷伝説の陰嚢《いんのう》は客をたくさんよび込める、笠は災い除けといったところだ。

4　俗信と縁起かつぎ　暮らしのなかに根づいている非合理主義

現代は科学万能の時代といわれ、合理的かつ生産的な志向が何よりも重視されている。科学的でない思考は俗信・因習とさげすまれ、前近代的で封建的ともみなされている。だが、いわれるほどに現代人は合理的な生き方を優先させてきただろうか。

たとえば、結婚式の大安はともかく、友引の葬式、＊三隣亡《さんりんぼう》の棟上げは避けるといったように、「お日柄」はいまも日常生活にしっかりと根づいている。迷信と割り切ればそれまでだろうが、だからといって仏滅の日に婚礼を強行しようとする人は圧倒的に少数派だ。むしろ、合理主義の塊と思える都会人のほうが、土に根を下ろさない生き方に不安感がぬぐえないだけに、縁起や占いなどへの執着は強いくらいだ。現在まで脈々と根を張っている身近な俗信や縁起かつぎの一例を紹介しよう。

◈六曜《ろくよう》

行事の吉凶を定める基準となる「お日柄」。古代中国の陰陽五行思想に由来し、三〇日を指の数で割った六日ごとに区切ったもので、七曜同様に単に日を区別する符号にすぎない。室町前期に日本に伝わり、明治初期の改暦以後、官暦ではない民間の暦によって吉凶を占う日として俗信にとり込まれ、とくに第二次大戦後に大流行するにおよんだ。

る際、狸の毛皮あるいはふぐりに金一匁《もんめ》を包みこみ、上から叩いて金を引き延ばしたことに由来するといわれる。この方法によって金は大きく薄皮状態に広がり、ここから狸のふぐりは八畳敷という大げさな言い伝えが広まったとか。

＊三隣亡
六曜とともに現在でも民間に根強く生き続けている暦上の迷信。この日に建築を行なうと、文字どおり隣三軒まで火災に巻き込んで滅ぼすとされる大凶日だが、言葉上のこじつけにすぎない。また建築関係者の厄日ということから、登山など高いところに登るのもよくないとされる。一、四、七、一〇月は亥《い》の日、二、五、八、一一月は寅《とら》の日、三、六、九、一二月は午《うま》の日にあたる。

何の根拠もない代表的な迷信だが、市販のカレンダーの多くに記載されて無視できないのが現状。六曜の吉凶は、通常次のように説明される。

・**大安**《たいあん》

たいへんにめでたい日で、万事が吉。婚礼にとくによし。旅行に出かけるのもこの日がよいという。

・**仏滅**《ぶつめつ》

大凶日で、不要不急の外出は控え、婚礼、開店、引越しなども避けるべし。当初は物《もの》滅《めつ》とよばれたが、同音がわざわい?して仏滅になった。

・**先勝**《せんかち》

午前中は吉。先手必勝、速断即決で万事急げば良運。ギャンブルや訴訟、旅行などにもよし。

・**先負**《せんまけ》

先勝の逆で午後が吉。万事おとなしく待ったほうが無難といわれ、急用、争いごと、見合いなどは避けるべし。

・**友引**《ともびき》

朝夕は吉、昼間は凶。共引とよばれた引き分けの日で本来は吉凶なし。共引から友引の語呂合わせで災いが友におよぶといわれ、葬儀・法事は厳禁とされ火葬場が休みの地方もある。

・**赤口**《しゃっく》

正午のみ吉で、他はすべて凶の日。赤を連想させるものはとくに凶で、大工や板前など刃物を扱う職人、生理中の女性は要注意。宴会は避け、火の元にも気をつけるべし。

◆厄年

陰陽五行思想をもとに室町時代から信じられるようになった迷信で、災難や病気に遭《あ》いやすいので注意すべきといわれている年齢（基本は数え年）。中国や韓国にも似たような習俗があり、医学的見地からは部分的ながら合理性があるという。

男＝二五、四二、六一歳

女＝一九、三三、三七歳

このうち男四二、女三三は大厄《たいやく》といわれ、前厄《まえやく》、後厄《あとやく》とともに身を慎まなければならない。一九は「重苦」、三三は「散々」、四二は「死に」という語呂合わせとの俗説ではあるが、身体的、社会的に負担が増す年回りを定めたとみるのが妥当だろう。

◆賀寿《がじゅ》

長生きの祝いをいう。ある年齢によって、現在ではそれぞれ次のような祝いの名がついている。

・還暦《かんれき》＝満六〇歳。十干十二支の組み合わせは六〇通り。六〇年で一巡する人生を生き、次の年から生まれ直って新しい人生がはじまると考えたことから。赤いチャンチャンコ*を着せるのは赤ん坊にもどるとの意。

・古希《こき》＝七〇歳。唐代の詩人杜甫《とほ》の句「人生七十古来希《まれ》なり」から。

・喜寿《きじゅ》＝七七歳。喜の草書体が七十七と読まれることから。

・傘寿《さんじゅ》＝八〇歳。傘の略字体の「仐」が八十と読めることから。

・半寿《はんじゅ》＝八一歳。半の字が八十一に分解できることから。

・米寿《べいじゅ》＝八八歳。米の字が八十八に分解できることから。

・卒寿《そつじゅ》＝九〇歳。卒の通用異体字「卆」が九十と読まれることから。

***チャンチャンコ**

子供用の袖なし羽織で、多くは袷《あわせ》や綿入れにして家庭着や防寒着として着用される。色は男女児ともに白、ないしは男児は淡いブルー、女児は淡いピンクの色を用いることが多い。江戸時代に鉦《かね》を叩きながら飴を売り歩いた清国人の服装に由来するとされる。

- 白寿《はくじゅ》＝九九歳。百の字から一画分引くと白になることから。
- 百賀《ひゃくが》＝一〇〇歳。文字通り一〇〇歳の祝い。
- 茶寿《ちゃじゅ》＝一〇八歳。字体を崩すと二十と八十八の計一〇八になることから。
- 川寿《せんじゅ》＝一一一歳。字体が一一一に読めることから。

神仏のご利益を知る

神様仏様の大好きな日本人は、古来、神仏の力にあやかってさまざまな願いや恵みを授かろうとしてきた。信仰無用を訴える人であっても、実際には心のどこかで何かを求めすがろうとしていることは疑うまでもない。年々盛んになっている初詣《はつもうで》や各種の占いをはじめ、日常生活にすっかり溶け込んでいる交通安全のお守りや合格祈願の絵馬などが、それを雄弁に物語っている。

1　祈願とご利益　神様にもある得手・不得手

社寺とうたっている限り、どのような規模であろうと祭神や本尊は祀《まつ》られており、人々は、それらの神仏へ願《がん》かけするためにお参りするのである。かつては雨乞いや農作祈願、虫送り*などの「共同祈願」が多かったが、最近では、招福や厄除《やくよ》け、病気治癒《ちゆ》などの「個人祈願」が中心となっている。

大半の神仏なら、厄除けや福徳を授けるくらいの能力はそなえているが、神仏にもそれぞれ得意不得意があって、ご利益《りやく》の効きめにも大きな差があるようだ。願かけの内容によって、参拝する側も神仏の専門領域をあらかじめ調べておかないと無駄骨に終わってしまいかねない。

*虫送り
稲田につく害虫を追い払うために行なわれた儀礼。かつて害虫は浮遊霊のしわざと考えられ、夜間、松明《たいまつ》をたいた村人が鉦《かね》を鳴らし、はやし立ててあぜ道をまわりながら村境まで虫を追い出し、そこで焼き捨てたり川に流し捨てたりした。

とはいえ、中国やインドから伝わった渡来神と日本古来の神とがチャンポンになったり、複雑に絡みあっている場合も少なくないため、必要以上に構えることはない。次にとくに代表的といわれているご利益をあげてみよう。カッコ内は祭神の別称。

- 恵比須《えびす》（コトシロヌシノミコト）＝金運、商売繁盛
- 稲荷《いなり》（ウカノミタマノカミ）＝商売繁盛、家内安全、交通安全
- 金比羅《こんぴら》（オオモノヌシノカミ）＝航海安全
- 薬師《やくし》＝病気治癒
- 天神《てんじん》＝学業成就
- 布袋《ほてい》＝家内安全
- 大黒天《だいこくてん》（オオクニヌシノミコト）＝縁結び、五穀豊穣《ほうじょう》、交通安全
- 歓喜天《かんぎてん》＝夫婦円満、縁結び
- 弁財天《べんざいてん》＝芸事、弁舌
- 牛頭《ごず》天王（スサノオノミコト）＝疫病《えきびょう》除け、五穀豊穣
- 猿田彦《さるたひこ》＝交通安全
- 鬼子母神《きしもじん》＝安産、子育て
- 地蔵《じぞう》＝子育て
- 住吉三神《すみよしさんじん》（オオワタツミノカミ）＝航海安全、大漁　※三神は「さんしん」ともよばれる。
- 鹿島《かしま》神社（タケミカヅチノミコト）＝武運長久
- 秋葉《あきは》神社、愛宕《あたご》神社（ヒノカグツチノカミ）＝防災、防火

■全国の主な神仏ご利益

【縁結び】
⑩江ノ島弁財天（藤沢市）
⑬伊豆山神社（熱海市）
㉘八重垣神社（松江市）
㉙出震大社（出雲市）
㊷佐用姫神社（唐津市）

【安産】
③前橋八幡宮（前橋市）
⑤水天宮、鬼子母神堂（東京都）
⑭音無神社（伊東市）
⑳中山寺（宝塚市）
㉓法華寺（奈良市）

【病気治癒】
⑫新長谷寺（関市）
㉖壺阪寺（高取町）
㉗摩尼寺（鳥取市）
㉘持田神社（松江市）
㉝讃岐国分寺（高松市）
㉟泰山寺（今治市）
㊱多賀神社（宇和島市）
㊳延光寺（宿毛市）

【水難・盗難などの厄除け】
⑤柴又帝釈天（東京都）
⑦薬王院（八王子市）
⑪冨士浅間神社（宮士吉田市）
⑮尊永寺（袋井市）
⑰吉田神社（京都市）
㉑門戸厄神東光寺（西宮市）
㉔松尾寺（大和郡山市）
㉜薬王寺（美波町）

【学業成就】
①盛岡八幡宮（盛岡市）
⑤湯島天神（ 東京都）
⑰北野天満宮（京都市）
⑲大阪天満宮（大阪市）
㉕文殊院（桜井市）
㉛防府天満宮（防府市）
㊲山内神社（高知市）
㊶太宰府天満宮（太宰府市）

【商売繁盛】
⑨銭洗弁財天（鎌倉市）
⑯豊川稲荷（豊川市）
⑰伏見稲荷（京都市）
⑲今宮戎神社（大阪市）
㉑西宮神社（西宮市）
㉒長田神社（神戸市）
㊸祐徳稲荷（鹿島市）

【交通安全】
④新勝寺（成田市）
⑥高幡不動（日野市）
⑧川崎大師（川崎市）
⑲住吉大社（大阪市）
㉚速谷神社（廿日市市）
㉞金刀比羅宮（琴平町）
㊴宗像大社（宗像市）
㊵住吉神社（福岡市）

【旅行安全】
②鹿島神宮（鹿嶋市）
⑨鶴岡八幡宮（鎌倉市）
⑱石清水八幡宮（八幡市）
㊵筥崎宮（福岡市）
㊹宇佐神宮（宇佐市）

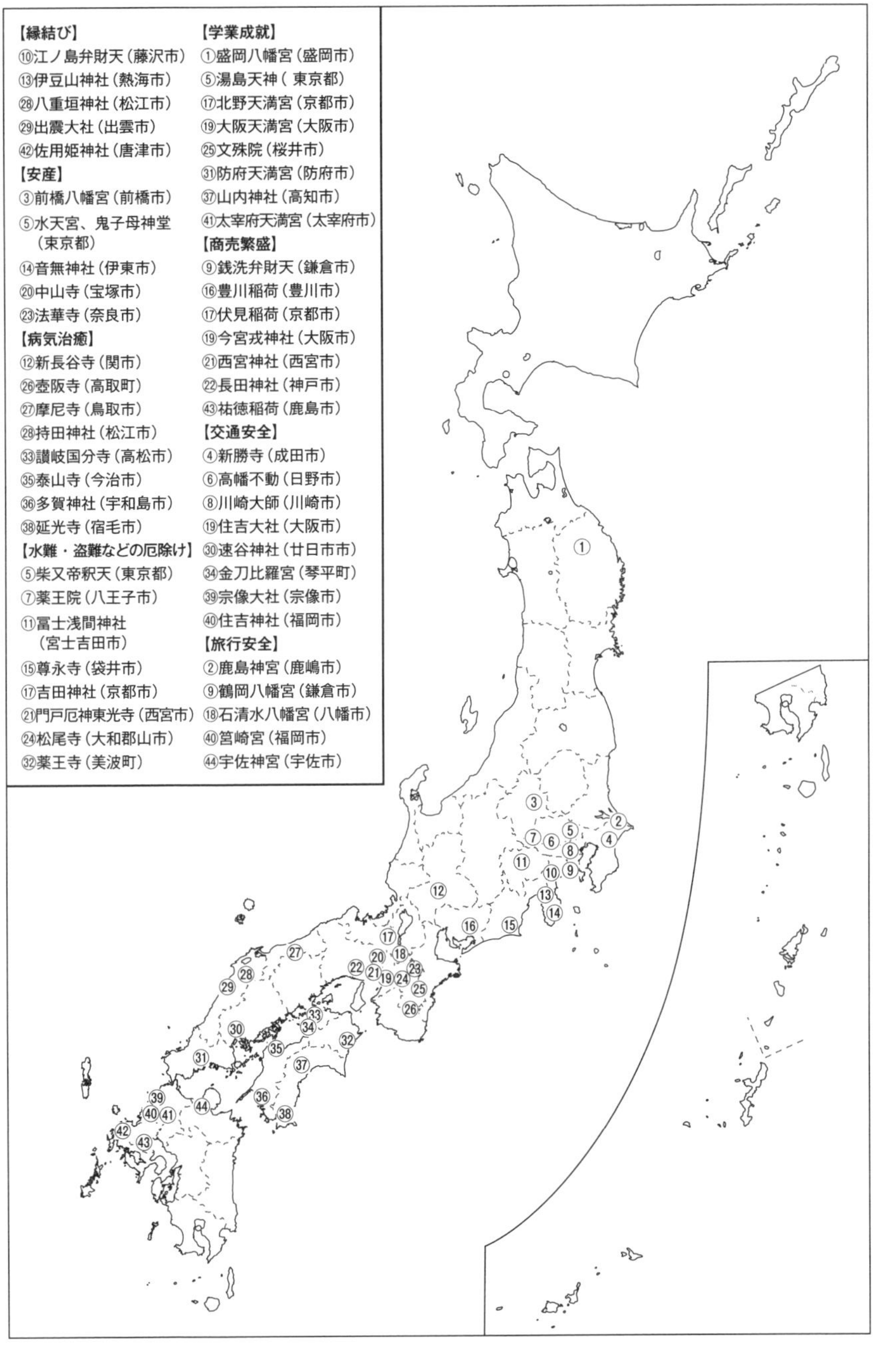

2 社寺の脇役たち 狛犬や注連縄は何のためにある?

普段は初詣や特別の願かけ以外に立ち寄ることの少ない社寺だが、やはり日常生活とは異なる心安らぐ場所として親近感を覚えるのも確かだろう。しかし、社寺は祭神や本尊が祀られているだけではない。さまざまな脇役や小道具があってこそ、ご利益に一段とありがた味が加わるというものだ。願かけを演出する強力な脇役たちの背景を探ってみよう。

◈狛犬《こまいぬ》

社寺の入口で「いらっしゃいませ」している霊獣。犬とよばれているが、もともとはライオンである。古代オリエント地方ではライオンは力の象徴・魔除けであり、エジプトではスフィンクスに、インドでは仏教に結びついた。さらに仏教伝来にともなって、唐《とう》（中国）では唐獅子《からじし》となり、朝鮮半島の高麗《こま》をへて日本にもたらされるが、これを異国の犬つまり高麗犬とよんだのがはじまりともいう。

神域の守護神で、仁王像の*阿吽《あうん》に基づいて向かって右側は口を開け、左側は口を閉じ、通常は一対で狛犬といわれるが、厳密には左側の立ち耳をしている雄が狛犬で、右側の垂れ耳の雌は獅子。厳島《いつくしま》神社（広島県廿日市《はつかいち》市）や宗像《むなかた》大社（福岡県宗像市）などの狛犬が名品として知られる。

◈石灯籠《いしどうろう》

いまでこそ、供養塔《くようとう》あるいは夜間の照明具とみなされているが、元来は神仏に捧げる

＊阿吽

古代インドのサンスクリット語の悉《しっ》曇《たん》（五十音の起源）で、阿は最初の音「あ」で開口音、吽は最後の音「ん」で閉口音となる。社寺の山門にある一対の狛犬や仁王像の形相も阿吽とよばれ、吐く息と吸う息をも意味している。「阿吽の呼吸」という慣用句もここから。なお密教では、阿は物事のはじまり、吽は終わりをそれぞれ表す。

■狛犬

神聖な火を入れる施設であり、主に昼間の仏事で使われた。当初は堂の正面に一基置かれたが、室町末期から左右一対に配されるようになったという。

◈注連縄《しめなわ》

本殿《ほんでん》や鳥居《とりい》など神聖なところにはどこでも見られ、縄を巻いて四手《しで》*とよばれる紙を垂らしている。新年に門口にも張っておくように、神社の専売特許ではなく、元来は境界を示す目印であって特別に神聖なものではなかった。のちに、神域とされる一画にも注連縄が張られるようになると、霊力によって邪気や災いをはらいのける、いわゆるバリアとしての役目を持つことになった。

◈御籤《みくじ》

神仏に祈って事の吉凶を占うために引く護符《ごふ》（ふだ）で、「おみくじ」ともいう。古くは、家督の相続者や祭りのときの神事役を選ぶ際に考案された、いわゆるくじ引きであった。のちに江戸時代になって武家による社寺詣が盛んになると、参拝客へのサービスとしてはじまり、とくに関係者自身が引く「引きくじ」がとり入れられて以降大いに盛り上がったが、歴史的背景からいって、書かれている内容に一喜一憂するほどのものではない。

凶を引いたときは、正式には逆手《さかて》（右利きなら左手）で境内《けいだい》の木の枝に結ぶが、これは大地に根を張る神木を通じて聖なる他界へ凶をもどす意味からという。しかし、吉を枝に結ぶのは運を流すのでまちがいで、通常は財布などに入れて向こう一年間のお守りとするのが正しい。

◈玉砂利《たまじゃり》

神社本殿の境内に欠かせないのが玉砂利だが、元来は古代の王宮の造りにならったも

＊四手
注連縄のほかに玉串《たまぐし》や大麻《おおぬさ》などにも下げる薄手の紙だが、古くは木綿《ゆう》を用いた。清浄かつ神聖であることを表示するもので、紙垂とも書く。

■注連縄と四手

のである。御殿の前庭に飾りと清めをかねて敷かれたのがはじまりといわれ、奈良時代以降、朝廷による手厚い社寺の保護にともなって、王宮のミニコピー版に近い社寺建築が盛んになった。こうして玉砂利の風習も、そっくり移されたのである。

3 祈願と縁起物　具体的に願いをどのように表現するか

願かけをしようとする場合、心の中だけで念じれば十分のはずだが、やはりモノあるいは行動をとらないと人は安心できないらしい。神職者や僧侶が使用する祭祀《さいし》用具や仏具もあるが、そういった大げさなモノではなく、祈願する側が手元の小道具や手軽な実践で手っ取り早く済ませる方法もある。

お百度《ひゃくど》参り

願かけ、とくに病気回復のために、社寺の拝殿《はいでん》・本堂と*百度石《ひゃくどいし》の間を百回往復し、一回ごとに礼拝して祈願すること。最近ではほとんど見かけなくなったが、元来は百日、二百日と続けてお参りすると極楽浄土にいけるという信仰に基づいて、平安時代の貴族の間ではじまった風習である。のちに簡略化され、参詣《さんけい》一回分で数を重ねてお参りするとどのような願いもかなうといわれるようになった。しかし、切実な願いが背景にあることから、行為が人の目に触れては願いはかなわないという言い伝えもある。

玉串《たまぐし》

*榊《さかき》の小枝に*木綿《ゆう》または四手（紙）をつけて、魂をこめて神前に捧げるもの。賽銭《さいせん》の原形。古くは、祭神が鎮座する場所を示す木として地上に立てていたが、のちに神前に奉《たてまつ》るも

*百度石
社寺の境内で、お百度参りの往復の目印として立てられている大きな石。神前で祈願したのちに石の周囲を一度回り、ふたたび神前へもどるという動作をくり返す。

*榊
暖地の山中に自生するツバキ科の常緑小高木。枝葉を神事に用いるのは、年中青々と葉を繁らせ永遠の生命力と神の無限のエネルギーの象徴と見られたため。語源も「栄える木」からという。

*木綿
神事の際に榊にかけて垂らす素材の一つ。コウゾの樹皮をはいで、その繊維分を蒸したのち水に浸し、裂いて糸状にしたもの。

のとなった。正式な玉串拝礼は、《左図》に示したように、①神職から出された玉串を、右手が榊の根元を持つように両手をそえて玉串を受け取り、前にすすみ出て軽く一礼する。②玉串を立て、両手で榊の根元を持って祈念をこめる。③穂先を右に回しながら、榊の根元を神前に向ける。④左手を添えるようにして神前の台に奉り、二拝二拍手一拝して神前を退く。

◆破魔矢《はまや》

正月に神社から渡される開運除魔の縁起物で、破魔弓《はまゆみ》につがえて放つ矢。元来は、射《じゃ》礼《らい》という正月の行事で弓矢を射たことに由来する競技具で、京都の石清水《いわしみず》八幡宮の授与品であったが、戦後明治神宮や鶴岡《つるがおか》八幡宮など初詣客の多い神社でも授与するようになり、全国的に有名になった。持ち帰って神棚などに祀るとご利益があるという。しかし、ハマとはもともとわら縄でこしらえ中央に穴をあけた射礼用の的のことで、本来は神事やおはらいとは関係がないといわれている。破魔は単なる当て字。

◆神札《しんさつ》・神符《しんぷ》

いずれも神社から出される護符《ごふ》の一種。神札は一般に「お札《ふだ》」とよばれ、縦長の紙や木に社名や祭神名、祭神ゆかりのシンボルなどを中央に大きく記し、家内安全、無病息災、商売繁盛などの祈願内容を明示する。普段は神棚に納めるが、門、戸口、柱、天井などに貼りつけることもある。

■玉串礼拝の順序

錦や上質の守り袋に納められている神符は、いわゆる「お守り」のこと。携帯可能で個別に持ち歩けることから、祈願内容も安産、厄除け、学業成就《じょうじゅ》、交通安全など、神札に比べてより個人的な願かけが多いのが特徴である。

◈神使《しんし》

「神使い」「使わしめ」ともいわれるように、由緒ある神社には、祭神伝説にまつわる文字どおり神との間の仲立ちをし、その補佐をする眷属《けんぞく》としての鳥獣がいる。直接神様におすがりするのは畏《おそ》れ多いとして、とくに選ばれた動物を伝令役に立てて、神様のご機嫌をうかがいつつ願いを届けようとする仲介役が神使だ。稲荷神社に鎮座するキツネはその典型だが、ほかにも次のようなものが有名である。

- 二荒山《ふたらさん》神社（栃木県日光市）＝ハチ
- 三峯《みつみね》神社（埼玉県秩父市）＝山犬
- 気多《けた》大社（石川県羽咋《はくい》市）＝キジ
- 三嶋《みしま》大社（静岡県三島市）＝ウナギ
- 熱田《あつた》神宮（名古屋市）＝サギ
- 伊勢《いせ》神宮（三重県伊勢市）＝ニワトリ
- 日吉《ひよし》大社（滋賀県大津市）＝シカとサル
- 北野天満宮《きたのてんまんぐう》（京都市）＝ウシ
- 松尾大社（京都市）＝カメ
- 石清水八幡宮（京都府八幡《やわた》市）＝白ハト
- 春日《かすが》大社（奈良市）＝シカ
- 熊野三社（和歌山県田辺市／新宮市／那智勝浦町）＝カラス

・出雲《いずも》大社（島根県出雲市）＝ヘビとセキレイ
・厳島神社（広島県廿日市市）＝シカ

4 絵馬の効用　切実な願いを託して納めた絵入りの板

願い事や祈願成就のお礼のしるしに神社に納める絵入りの額で、とくに馬の絵柄のものが知られる。多くは板製で、上のほうが山形になっている。古代、人々は馬には霊力が宿ると考え、神の乗り物として敬《うやま》った。やがて有力者や神社に馬を献上する風習がはじまり、のち生きた馬の代わりに馬をかたどったものを奉納することになったという。

しかし、絵馬の柄は馬に限らず、きわめて広範囲でバラエティに富んだものだ。たとえば、日吉系では災難が去るとの縁起をかついでサル、稲荷系では神の使いであるキツネ、赤城神社ではお足（金銭）が多いということで商売繁盛に結びつけたムカデの絵が納められた。このほかにも、手足のイボ治癒のためにタコ、夫婦円満を象徴した二股《ふたまた》ダイコン、不動尊《ふどうそん》に奉納する剣、ばくちグセを治すためにサイコロといったように、民間信仰に基づいたさまざまな変わり種絵馬がある。

つまり絵馬とは、人々の切実な願いを絵などで表現したものであり、目を病んでいる者は目の絵を、手足が不自由な者は手足の絵を描いて、神に治癒することを願って奉納したのである。現在では、もっぱら合格や進学のために、学業の神様である天神《てんじん》さまに捧げる習わしが盛んだが、これは世相を反映した一種の流行にすぎない。

■絵馬

神仏の系統をたどる

わが国では「八百万《やおよろず》の神」といわれるほどに数多くの神*が各地で祀《まつ》られてきた。人間の性格が一人一人異なるように、神様の霊験《れいげん》や性格もそれぞれに異なるのである。日本人の信仰の移り変わりとともに歩んできた神々。しかし、その正体や本拠地などは意外と知られていない。主な神々のプロフィールを拾ってみよう。

1 古代からある信仰 お稲荷さんから八幡さままで

全国の神社に祀られている祭神は、遡《さかのぼ》ればその多くは古くから信仰されてきたさまざまな祖神にたどりつく。格式と由緒のある正統派の神様もいれば、いつのまにか庶民の間からかつぎ出された民俗神もいる。しかし、発生の背景で見ると、特定の土地だけの守り神である「産土《うぶすな》型」と、神の分霊を各地に移して祀る「勧請《かんじょう》型」とに二別される。

◆産土

ある集落の人々が土着神を共同で祀ったもので、その土地に関わりのない人が参拝する神社ではない。地域や集落の守り神として長い間崇《あが》められたため、のち「鎮守《ちんじゅ》さま」ともよばれるようになり、建物を建てるときに行なわれる地鎮祭《じちんさい》*は、鎮守さまの仕事といわれる。なお、出産の神である産神《うぶがみ》と混同されることがあるが、まったく別の神なの

*神
アルタイ語系でKhanまたはKhami(上に立つ、偉大なの意)が語源とされ、上《かみ》や韓国の韓も語源は同じという。太古の神は山頂や巨木、滝などに宿ると考え、これを依り代《よしろ》といいご神体として崇めた。のち豊作祈願や収穫感謝の対象として、身近に神をお迎えする器を必要として社殿を建てたが、これを御家《みや》(宮)という。

*地鎮祭
この習慣は、日本全土に神々がいるという前提のもとにはじまったもので、正式にはトコシズメノマツリという。四隅に葉つきの竹を立て、注連縄《しめなわ》を張りめぐらして神官がおはらいをし、「この所うしはきます大地主《おおところぬし》の神」といった祝詞《のりと》を行なうが、これによって初めて土地の神からその地を使うことが許されるのである。

で要注意。

◈稲荷《いなり》

「稲成り」が語源といわれるように五穀豊穣《ほうじょう》の神で、稲の精霊である宇迦之御魂神《うかのみたまのかみ》を祭神とする。稲を荷《にな》うと表記されるため、近代以降は主に商いの神としてデパートや本社ビルの屋上などに祀られることも多い。神使いがキツネ*であることは有名だが、これは尻尾が黄金色の稲穂を連想させるうえに、穀物を食い荒らす野ネズミの天敵*として古くから霊獣と信じられたことに基づくといわれる。庶民の間で稲荷信仰とキツネが結びつくのは江戸期以降で、二月の最初の日に行われる初午《はつうま》は稲荷を祀る行事として有名。

三万二千の分社がある全国最多の神社で、東日本の多くの屋敷には邸内社として稲荷を祀っている。京都の伏見《ふしみ》稲荷が総本社で、祐徳《ゆうとく》稲荷（佐賀県鹿島市）と豊川《とよかわ》稲荷（愛知県豊川市）または笠間《かさま》稲荷（茨城県笠間市）を合わせて「三稲荷」とよぶ。

◈八幡《はちまん》

応神《おうじん》天皇を祭神としたもので、古くは農耕の神であったがのち仏教を守護する神として大菩薩《だいぼさつ》とよばれるようになった。国家安泰や安産・子育ての神だが、同時に源氏の氏神で武勇の神でもあり、「南無《なむ》八幡大菩薩」の唱え言葉は「神（八幡さま）に誓って」の意。

若宮神社を含む全国二万五〇〇〇の分社があり、総本社は宇佐《うさ》神宮（大分県宇佐市）で、筥崎宮《はこざきぐう》（福岡市）と石清水《いわしみず》八幡宮（京都府八幡市）を合わせて「三八幡」ともよぶが、鎌倉の鶴岡《つるがおか》八幡宮も有名。

◈伊勢《いせ》

古くから皇室を祀ってきた全国神社の最高峰で、正称は単に「神宮」とよび、諸神の総氏神でもある。天照大神《あまてらすおおみかみ》と豊受大神《とようけのおおかみ》を祭神とし、庶民の間でも「お伊勢さま」とよ

＊キツネ

キツネと稲荷の関係は、平安時代以降の神仏習合の結果、稲荷神が荼枳尼天《だきにてん》の仮の姿と曲解されたことも一因という。荼枳尼天は、人の死を予知してその肝を食らうインド伝来の鬼神で、キツネの習性とも似ていたことから、その本性をキツネの霊と結びつける通俗的な解釈が広まったとみられる。なお、イナリズシはキツネの毛色と、油揚が好物という俗説に基づいた名にすぎない。

＊野ネズミの天敵

ネズミの天敵といえばネコが真っ先に思い浮かぶ。しかし、ネズミの害を防ぐためにネコが中国から日本に渡来したのは奈良時代の末期といわれ、それ以前はヤマネコ以外のネコは日本に存在せず、もっぱらキツネがその役を果たしたと考えられている。

ばれて人気を集め、中世以降は伊勢参《まい》りが盛んに行なわれた。全国には神明社《しんめいしゃ》とよばれる一万八千の分社があり、伊勢神宮（三重県伊勢市）が総本社で、内宮《ないくう》と外宮《げくう》からなる。

◈天神《てんじん》

平安前期の政治家、菅原道真《すがわらのみちざね》を祭神とした天満天神《てんまん》をいう。一般に「天神さま」とよばれ、実存した人物が神に昇格した代表例。陰謀によって九州大宰府《だざいふ》に左遷された道真が、怨霊となり災いを招くことから鎮魂のため北野神社に祀ったのがはじまり。

学問の神、合格祈願の神としてとくに有名で、全国に一万四〇〇余の分社があり、総本社は京都の北野天満宮と太宰府天満宮（福岡県太宰府市）。これに防府《ほうふ》天満宮（山口県防府市）を合わせて「三天神」とよぶ。

◈諏訪《すわ》

主祭神は建御名方神《たけみなかたのかみ》と八坂刀売神《やさかとめのかみ》で、古くから風の神として知られ、のちには狩猟神となり農耕神の色彩をおびた。東日本を中心に全国に約五千の分社があり、諏訪大社（長野県諏訪市／下諏訪町／茅野市）が総本社で、七年めごとに盛大な御柱祭《おんばしら》*が行なわれる。

◈出雲《いずも》

大黒《だいこく》さま、すなわち大国主命《おおくにぬしのみこと》を祀るわが国最古の神社信仰といわれる。縁結びの神としてとくに有名で、ほかに国家安泰、農耕、医薬の分野でも信仰されている。出雲大社（島根県出雲市）を総本社とし、氷川《ひかわ》神社など全国に約一三〇〇の分社を持つ。

◈住吉《すみよし》

表筒男命《うわつつのおのみこと》、中筒男命《なかつつのおのみこと》、底筒男命《そこつつのおのみこと》のいわゆる「住吉三神《さんじん》」を祀る。古来、水に関係の深い神として知られ、海上の守護神、和歌の神で、船乗りや漁師の守り神である船霊《ふなだま》は、この三神の子といわれる。住吉大社（大阪市）を総本社とし、全国の海岸や河口付

＊御柱祭
本宮、前宮、春宮、秋宮の四か所に分散している諏訪大社に、御柱とよばれるモミの大木計一六本を曳き立てる行事。重さ約一〇トン以上の巨木を切り出すため、ケガ人が続出するという荒っぽい祭りで、七年目ごとの寅《とら》と申《さる》の年に行なわれる。

近に二一〇〇余の分社がある。

◈熊野《くまの》

家都御子大神《けつみこのおおかみ》を祀る熊野本宮大社、速玉大神《はやたまのおおかみ》を祀る熊野速玉大社、夫須美大神《ふすみのおおかみ》を祀る熊野那智大社のいわゆる「熊野三山」を中心とした信仰。古くから浄土思想の拠点とされ、国家安泰、延命長寿、無病息災などのご利益《りやく》があるという。熊野三山を総本社に、全国に約三千の分社がある。

◈日吉《ひえ》

酒の神、縁結びの神として信仰のあつい大山咋神《おおやまくいのかみ》を祀る。日枝《ひえ》神社や山王《さんのう》神社とよばれる神社も同じ系統のため、「山王信仰」ともいう。日吉《ひよし》大社（滋賀県大津市）を総本社とし、全国に約三千の分社を持つ。

◈浅間《せんげん》

木花開耶姫《このはなさくやひめ》を祭神とする富士山本宮《ほんぐう》浅間神社（静岡県富士宮市）を総本社とする古い自然信仰。火と水を崇める富士山信仰と深く結びつき、富士の眺望にすぐれた関東・東海地域を中心に約一三〇〇の分社が点在。

◈秋葉《あきは》・愛宕《あたご》

防火・鎮火の神である火之迦具土大神《ひのかぐつちのかみ》を祭神として祀る。秋葉神社（静岡県浜松市）を総本社として全国に八〇〇の分社を持ち、東京の秋葉原は、かつてこの地に秋葉神社の分社が祀られていたことに基づく地名。一方の愛宕信仰は、京都の愛宕神社が総本社で、迦具土大神ほか火の神の誕生にまつわる神々を祀っている。

◈鹿島《かしま》

茨城県鹿嶋市の鹿島神宮に鎮座する有力な地方神で、通常は千葉県の香取《かとり》の神と並び称せられる。祭神は武甕槌神《たけみかづちのかみ》。古来、軍神・武神として武人の信仰があついが、元来は香取とともに航海安全の神であった。香取と合わせて全国に約一三〇〇の分社を持つ。

◈宗像《むなかた》

海上交通の要衝である福岡県宗像市の宗像大社を総本社とし、全国に約六千余の分社を持つ。祭神は田心姫神《たごりひめかみ》・湍津姫神《たぎつひめかみ》・市杵島姫神《いちきしまひめかみ》のいわゆる「宗像三神」で、航海安全のほかに交通安全、商売繁盛などのご利益も。広島県の厳島《いつくしま》神社は、この神様を平清盛が勧請《かんじょう》してなった神社である。

◈戎《えびす》

商売繁盛、福徳の神として親しまれている戎（恵比須）を祭神に祀る。「えべっさん」の名で関西を中心に全国的な人気をよんでいる。西宮《にしのみや》神社（兵庫県西宮市）が総本社だが、大阪の今宮戎《いまみやえびす》神社も有名。

2 渡来神の信仰 古代日本に帰化した神たち

日本人が独自に創造した神ではなく、仏教伝来によってインドや中国の神々が日本風に変身したものも少なくない。なかには*神仏習合《しんぶつしゅうごう》の信仰により、すっかり日本化した神もいる。本尊としてほとんどは寺院に祀られているが、七福神以外でわが国に帰化した神々の源流を探ってみる。

◈観音《かんのん》

正しくは「観世音菩薩《かんぜおんぼさつ》」で*聖観音《しょうかんのん》をはじめ千手《せんじゅ》、十一面、如意輪《にょいりん》、馬頭《ばとう》など三三種

●実在人物の祭神例

「人は死ぬと神になる」と考える神道では、生前に強い影響力を誇示したり人々の崇敬を集めていた人物が、死後に一族や国家の守護神として祀られるケースは少なくない。天満天神の菅原道真のほかにも、神田神社（東京都千代田区）の平将門《たいらのまさかど》、晴《せい》明《めい》神社（京都市）の安倍晴明、上杉神社（山形県米沢市）の上杉謙信、日光東照宮（栃木県日光市）の徳川家康、松陰《しょういん》神社（東京都世田谷区）の吉田松陰などはとくに有名。

＊神仏習合

日本古来の八百万の神々と、外来宗教である仏教を結びつける考え方。神仏混淆《こんこう》ともいう。神々の実体は、さまざまな仏・菩薩が化身となって現れたものとする発想で、たとえば天照大神は観世音菩薩の化身であって、実体は同一であるとする。これを本地垂迹《ほんじすいじゃく》といい、平安時代末期から本格的に唱えられてきた。初詣は神社に、葬式は仏式といった民間習俗もこのような流れに沿うという。

の身に変身して人々に救いの手をさしのべる慈悲深い菩薩といわれる。わが国では観音の功徳《くどく》を広める目的で、古くから各地で観音霊場をめぐる「三十三観音巡り」が行なわれてきた。

観音信仰で有名なのは、瑞巌寺《ずいがんじ》（宮城県松島町）、浅草寺《せんそうじ》（東京都台東区）、清水寺《きよみずでら》（京都市）、長谷寺《はせでら》（奈良県桜井市）など。

金毘羅《こんぴら》

ガンジス川のワニ（クンビラ）が神格化し、のちに仏法の守護神となったもの。わが国に渡来してからは大物主神《おおものぬしのかみ》と混同され、航海安全、海難救助の神として祀られた。江戸時代後期は「伊勢参り」とともに「金毘羅参り」がとくに盛んであった。金刀比羅宮《ことひらぐう》（香川県琴平町《ことひら》）が総本社。

不動《ふどう》

正しくは不動明王。元来はヒンドゥー教の荒ぶる神シバが密教*にとり入れられて、大日如来*《だいにちにょらい》へ化身した姿といわれ、悪をくだして災厄や煩悩《ぼんのう》を取り除き、人々を仏道へ導かせる。外観は、怒りの形相をうかべ、右手に剣、左手に索《さく》（太い縄）を持ち、燃え盛る炎を背に石の台座に座っているが、この姿はわが国で完成したスタイルという。

不動信仰は、深川不動（東京都江東区）、高幡不動尊金剛寺《たかはたふどうそんこんごうじ》（東京都日野市）、聖護院《しょうごいん》（京都市）などが有名。

薬師《やくし》

人間のさまざまな病苦をいやし、内面の苦悩を取り除くことができるといわれる仏で、一般には「薬師如来」とよばれる。病苦のうちではとくに眼病に霊験がある。薬師信仰は、八世紀に中国から伝わり、道教の不老長寿思想を背景に現世利益《げんせりやく》として広く民間に

＊聖観音　聖観世音ともよばれる本来の姿の観音菩薩。観音は三三の姿に変身するために、変化《へんげ》観音に対するよび方。阿弥陀仏《あみだぶつ》の補佐役であり、一般には蓮華座《れんげ》の上に乗っている。

＊密教　秘密仏教の略称。宇宙の中心仏といわれる大日如来を教主とし、呪文や儀式を重んじて特別の資格者または修行者にのみ説かれる。古代インドの民族宗教であるバラモン教の神々も積極的にとり入れて仏教の守護神とし、のちに不動明王、帝釈天《たいしゃくてん》、梵天《ぼんてん》などの神へと変化した。日本へは真言宗や天台宗として伝えられている。

＊大日如来　密教の中心となる仏で、その教主。宇宙の法則である仏法そのものが、人間の姿をとってこの世に出現したものであるといわれ、釈迦《しゃか》を含めたすべての仏はこの大日如来の化身とされる。一般的な姿は、髪を高く結いあげて宝冠をかぶり、珠玉でできた装身具をまとっている。

普及した。江戸時代には「朝観音、夕薬師」といわれるほどに庶民の人気を集めたという。

薬師信仰で有名なところは、毛越寺《もうつうじ》（岩手県平泉町）、立石寺《りっしゃくじ》（山形市）、米山《よねやま》薬師（新潟県柏崎市）、薬師寺（奈良市）など。

◆地蔵

釈迦の没後、未来仏の弥勒《みろく》菩薩が出現するといわれる五六億七千万年後までの無仏の期間、人々を救済し導く菩薩。仏教ではクシティガルバとよばれ、わが国では平安時代から広く信仰されるようになった。一般に左手に宝珠、右手に錫杖《しゃくじょう》を持ち、頭を丸めた子供のような外観が特徴的で、慈悲深いこととその容貌から、庶民仏教の代表者として長く親しまれてきた。冥土《めいど》の救済者であるいっぽう、幼児を守り、安産や子授けのご利益があるとされ、石地蔵が赤い前垂れをしているのはこのためで、赤は疱瘡除《ほうそうよ》けや病魔除けを意味する。

水子《みずこ》地蔵、雨降り地蔵、子安《こやす》地蔵、咳止《せきど》め地蔵、延命地蔵など一〇〇以上におよぶバリエーションで親しまれており、とげぬき地蔵＝高岩寺《こうがんじ》（東京都豊島区）や建長寺《けんちょうじ》（神奈川県鎌倉市）などが本尊として地蔵を祀っている。

◆天王《てんのう》

インドの祇園精舎《ぎおんしょうじゃ》*の守護神といわれた牛頭《ごず》天王を祭神としたもので、元来は疫病《えきびょう》神の総取締役であった。牛頭とは、頭上に牛の頭をかたどった容貌に基づくが、荒ぶる性格からわが国に入って素戔嗚尊《すさのおのみこと》と同一視され、現在は疫病除け、農作物の害虫除けの神として祀られる。祇園社＝八坂《やさか》神社（京都市）をはじめ、各地にある八坂神社、八雲《やくも》神社がこの系統である。

＊祇園精舎
古代インドのコーサラ国の都シュラーバスティー郊外（現在のウッタルプラデシ州サヘートとマヘート）にあった仏教の寺院。須達《スダッタ》長者が釈迦とその弟子たちに寄進したもので、精舎とは「僧院」の意。釈迦もしばしば訪れたと伝えられ、ここで多くの経典《きょうてん》も説かれたという。わが国でも、『平家物語』の冒頭句「祇園精舎の鐘の声」などで広く知られている。

巡礼・霊場のこころ

いやしの時代といわれて久しい。寒々しいこころの隙間《すきま》を埋めようというのだろうか、各地で巡礼が静かなブームをよんでいる。しかし、現代版の巡礼は名所旧跡巡りとさして変わらない団体バスやマイカーによるお手軽な観光タイプが大半だ。時代の流れかもしれないが、それでも一部では、昔ながらの白装束《しろしょうぞく》に身をつつみ、修行を兼ねた徒歩巡拝《じゅんぱい》を試みようとする善男善女が復活しはじめているという。

1　巡礼　正しい手順といでたちを知っておこう

巡礼とは信仰を目的として、ゆかりの寺に参詣《さんけい》することをいうが、これだけならただの「お寺参り」にすぎない。ある特別の祈願を持ちつつ、定められた順路で、定められた場所（霊場あるいは札所《ふだしょ》）を参詣しながら巡ること、これが正しい巡礼の定義である。

《手順と分類》

最初に参詣する霊場で授戒《じゅかい》を受ける。これは＊十善戒《じゅうぜんかい》とよばれるもので、巡礼中は堅く守ることを誓わされる。

現在の巡礼の手順は、通常、めざす札所に着いたら、①紙製の＊納《おさ》め札《ふだ》を一枚おさめ、

＊十善戒
仏教でいう一〇の悪事を戒めることで、①あらゆる生物の殺生をしない、②盗みをしない、③異性にたわむれの言葉をかけない、④嘘や偽りをいわない、⑤お世辞をいわない、⑥悪口をいわない、⑦二枚舌を使わない、⑧欲張らない、⑨怒らない、⑩誤った考えを持たない、をいう。

＊納め札
札所の柱や梁《はり》などに貼る（現在では大半が納札箱の中へおさめる）紙札で、納札《のうさつ》ともいわれる。かつてはみずから経を書写した木札を、柱などに打ちつけるものであったが、現在はシールや和紙に住所、氏名、年齢などを印刷した簡易な物となっている。ただし、巡拝回数によって納め札の色が異なり、一〇回までは白、一一～二九回が銅色、三〇～四九回が銀色、五〇回以上が金色になる。

②本尊やお堂の前で線香を供えて経を唱え、③参詣のしるしとして納経帳《のうきょうちょう》に本尊の朱印を押してもらって参詣を終える、という簡素なもの。②の読経《どきょう》は一定したものではなく、本尊や経典《きょうてん》によってさまざまなバリエーションがある。

巡礼のタイプは、通常次のように分類される。

- 本尊巡礼＝西国《さいごく》三十三観音など特定の神仏を巡るもの
- 聖地巡礼＝四国巡礼など名僧ゆかりの霊場を巡るもの
- 名跡《みょうせき》巡礼＝特定のものにこだわらず宗教上の有名な社寺を巡るもの

ただし、弘法大師《こうぼうだいし》ゆかりの霊場を巡る四国巡礼だけは、巡礼ではなく一般に「*遍路《へんろ》」とよばれ、菅笠《すげがさ》に*同行二人《どうぎょうににん》と書きつけた巡礼者を「お遍路さん」という。

また、「札を打つ」という言葉が残されているように、納め札はかつては木札で本堂の板壁や柱に打ちつけるものであった。順番どおりに巡るのを「順打ち」、反対の順に巡るのを「逆《ぎゃく》打ち」、もとの道に戻るのを「打ち戻り」、同じ道を歩かず次の札所にいくのを「打ちぬけ」などという。

《正装》

各人の信仰態度にもよるが、巡礼者にはそれなりに定まったいでたちや身支度というものがある。一般には、①白装束に身をつつみ、②手の甲をおおう手甲《てっこう》、足部分を保護する脚絆《きゃはん》をつけ、③白地下足袋《しろじかたび》をはき、④金剛杖《こんごうづえ》、菅笠、*輪袈裟《わげさ》、念珠《ねんじゅ》、ずだ袋、持鈴《じれい》、経本、納め札、納経帳《のうきょうちょう》などの道具を持参する。

四国遍路の場合、白衣の背に「*南無大師遍照金剛《なむだいしへんじょうこんごう》」などと書き、その左側に同行二人と書く。同様に菅笠にも同行二人を書き記し、同時に「迷故三界城」（迷《まよう》が故に三界は

＊遍路
四国巡礼だけが特別に遍路とよばれるのか、詳しいことはわかっていない。ただし、江戸時代までは遍路ではなく辺路と記されていたことから、中央から見て四国が辺地であったこと、海辺の霊場を巡る道という意味も含めていたのではないかといわれている。

＊同行二人
弘法大師はいまも生き続けて各地を巡歴しているという、弘法大師を敬《うやま》う大師信仰からきたもの。苦しい道のりも大師が見守ってくださり、つねに大師と二人でいるという願いをこめた意味。

＊輪袈裟
幅六センチほどの輪状をした略式用の袈裟《けさ》。首にかけて胸に垂らし、手洗いなど不浄な場に立ち入る場合には取り外す。最近でこそ巡礼の必須用品といわれるが、元来は必要不可欠なものでもなかった。

＊南無大師遍照金剛
弘法大師（空海）の名号で、読経の際これを七回繰り返して唱えることも多い。南無大師は大師に帰依《きえ》することで、遍照金剛は元来は密教でい

■遍路のいでたち

城なり）「悟故十方空」（悟《さとる》が故に十方は空なり）「本来無東西」（本来東西無く）「何処有南北」（何《いず》処《くんぞ》南北有らん）と記す。

また、金剛杖は観世音《かんぜおん》菩薩と弘法大師の分身として大切に扱うもので、宿に着いたら大師の御足を洗うごとく杖の先を洗い、床の間に立てて寝るのが礼儀である。

2　四国遍路　弘法大師と苦楽をともにする修行

四国の讃岐《さぬき》出身である弘法大師（空海）ゆかりの四国霊場八十八か所を巡る旅をいう。古くは鎌倉時代末にはじまり、江戸時代中期には伊勢参りや西国《さいごく》巡礼などとともに盛んに行なわれた。

第一番である阿波《あわ》（徳島県）の霊山寺《りょうぜんじ》にはじまり、海岸沿いに右回りして讃岐（香川

海が中国留学中に授かった名号で空海そのものをいう。

■白衣の背と菅笠

県）の大窪寺《おおくぼじ》までの道のりで、健脚で最低三〇日、順調に歩いても約五五日間の苦行の旅になるという。霊場は、ごく少数の寺を除いてすべて真言宗系である。また八八か所の数字は、八八の煩悩《ぼんのう》を消し去って八八の功徳《くどく》がもたらされることに由来するとも、米という字の分解とも、男の厄年《やくどし》四二に女の三三、子供の一三を合計したものなどさまざまな解釈があるが、いずれも定かではない。

　このように順路は、阿波、土佐《とさ》（高知県）、伊予《いよ》（愛媛県）、讃岐の順に回るのが一般的だが、逆からあるいはどこから回ってもとくに規制はないといわれる。なお、出発点の阿波は発心《ほっしん》の道場、土佐は修行の道場、伊予は菩提《ぼだい》の道場、最後の讃岐は涅槃《ねはん》の道場であるといわれ、四つの国は仏教思想をもとにそれぞれ意義づけがなされている。

3　その他の霊場巡り　こんなにある各地の観音霊場

　四国遍路と並び称されるものに、関西を中心とした西国三十三か所観音があげられる。七一八年に長谷寺《はせでら》を開いた徳道上人《とくどうしょうにん》が観音の功徳を世間に知らしめようと行なったのがはじまりというが、物語性が強い。実際に巡礼がはじまったのは一〇世紀末ごろから、順番が定まったのは一五世紀半ばからといわれている。

　紀伊《きい》（和歌山県）の那智山青岸渡寺《なちさんせいがんとじ》からはじまり、美濃《みの》（岐阜県）の谷汲山華厳寺《たにぐみさんけごんじ》までの三三か所の観音霊場を、哀愁をおびた＊御詠歌《ごえいか》を歌いながら巡る。

　霊場は、天台宗系と真言宗系の寺が多いが、ほかにも法相《ほっそう》宗や救世《ぐぜ》観音《かんのん》宗などもあって一定していない。数字の三三は、観音菩薩が三三の身に変身して人々を救済するとい

＊御詠歌
観音霊場を巡る際に唱える歌で、巡礼歌ともいわれる。観音菩薩は三三の身に変身して人々を救うという言い伝えに基づき、独特の節をつけて鈴をふりながら歩き歌う。

う言い伝えにちなんだものだ。

このほかにも、各地に次のような霊場巡りが見られる。

- 津軽三十三観音＝青森県弘前《ひろさき》市の護国山久渡寺《くどじ》～弘前市の観音山普門院
- 最上《もがみ》三十三観音＝山形県天童市の鈴立山若松寺《れいりゅうざんじゃくしょうじ》～鮭川《さけがわ》村の庭月山月蔵院《にわつきさんがつぞういん》
- 会津《あいづ》三十三観音＝福島県喜多方市の紅梅山常安寺《じょうあんじ》～会津坂下《ばんげ》町の羽黒山西光寺《さいこうじ》
- 秩父《ちちぶ》三十四観音＝埼玉県秩父市の誦経山妙音寺《ずきょうさんみょうおんじ》～皆野《みなの》町の日沢山水潜寺《にったくさんすいせんじ》
- 安房《あわ》三十四観音＝千葉県館山市の補陀落山那古寺《ふだらくさんなごじ》～鴨川市の大山寺滝本堂《おおやまでらたきもとどう》
- 武蔵野三十三観音＝東京都練馬区の東高野山長命寺《ひがしこうやさんちょうめいじ》～埼玉県飯能《はんのう》市の天王山八王寺《はちおうじ》
- 坂東《ばんどう》三十三観音＝神奈川県鎌倉市の大蔵山杉本寺《だいぞうざんすぎもとでら》～千葉県館山市の補陀落山那古寺
- 越後《えちご》三十三観音＝新潟県上越市の円命庵名立寺《みょうりゅうじ》岩屋堂～三条市の明白山最明寺《さいみょうじ》
- 信濃《しなの》三十三観音＝長野県麻績《おみ》村の仏眼山法善寺《ぶつがんざんほうぜんじ》～小川村の宝珠山高山寺《ほうしゅさんこうさんじ》
- 伊豆横道《よこどう》三十三観音＝静岡県西伊豆町の東海山延命寺《えんめいじ》～南伊豆町の翁生山普照寺《ふしょうじ》
- 九州西国三十三観音＝福岡県添田町の英彦山霊泉寺《ひこさんれいせんじ》～太宰府《だざいふ》市の清水山観世音寺《せいすいざんかんぜおんじ》

■四国八十八か所霊場

■徳島県（阿波）
①竺和山霊山寺
②日照山極楽寺
③亀光山金泉寺
④黒巌山大日寺
⑤無尽山地蔵寺
⑥温泉山安楽寺
⑦光明山十楽寺
⑧普明山熊谷寺
⑨正覚山法輪寺
⑩得度山切幡寺
⑪金剛山藤井寺
⑫摩廬山焼山寺
⑬大栗山大日寺
⑭盛寿山常楽寺
⑮薬王山國分寺
⑯光耀山観音寺
⑰瑠璃山井戸寺
⑱母養山恩山寺
⑲橋池山立江寺
⑳雲鷲山鶴林寺
㉑舎身（心）山太龍寺
㉒白水山平等寺
㉓医王山薬王寺

■高知県（土佐）
㉔室戸山最御崎寺（東寺）
㉕宝珠山津照寺（津寺）
㉖龍頭山金剛頂寺（西寺）
㉗竹林山神峯寺
㉘法界山大日寺
㉙摩尼山国分寺
㉚百々山善楽寺
（妙色山安楽寺）
㉛五台山竹林寺
㉜八葉山禅師峰寺
㉝高福山雪蹊寺
㉞本尾山種間寺
㉟医王山清瀧寺
㊱独鈷山青龍寺
㊲藤井山岩本寺
㊳蹉跎山金剛福寺
㊴赤亀山延光寺

■愛媛県（伊予）
㊵平城山観自在寺
㊶稲荷山龍光寺
㊷一環三仏木寺
㊸源光山明石寺
㊹菅生山大寶寺
㊺海岸山岩屋寺
㊻医王山浄瑠璃寺
㊼熊野山八坂寺
㊽清滝山西林寺
㊾西林山浄土寺
㊿東山繁多寺
(51)熊野山石手寺
(52)瀧雲山太山寺
(53)須賀山円明寺
(54)近見山延命寺
(55)別宮山南光坊（大積山）
(56)金輪山泰山寺
(57)府頭山栄福寺
(58)作礼山仙遊寺
(59)金光山国分寺
(60)石鎚山横峰寺
(61)栴檀山香園寺
(62)天養山宝寿寺（一宮山）
(63)密教山吉祥寺
(64)石鉄山前神寺
(65)由霊山三角寺

■香川県（讃岐）
(66)巨鼇山雲辺寺
(67)小松尾山大興寺
（小松尾寺）
(68)七宝山神恵院
（琴弾八幡）
(69)七宝山観音寺
(70)七宝山本山寺
(71)剣五山弥谷寺
(72)我拝師山曼荼羅寺
(73)我拝師山出釈迦寺
(74)医王山甲山寺
(75)五岳山善通寺
(76)鶏足山金倉寺
(77)桑多山道隆寺
(78)仏光山郷照寺
(79)金華山天皇寺（高照院）
(80)白牛山国分寺
(81)綾松山白峯寺
(82)青峰山根香寺
(83)神毫山一宮寺
(84)南面山屋島寺
(85)五剣山八栗寺
(86)補陀洛山志度寺
(87)補陀洛山長尾寺
(88)医王山大窪寺

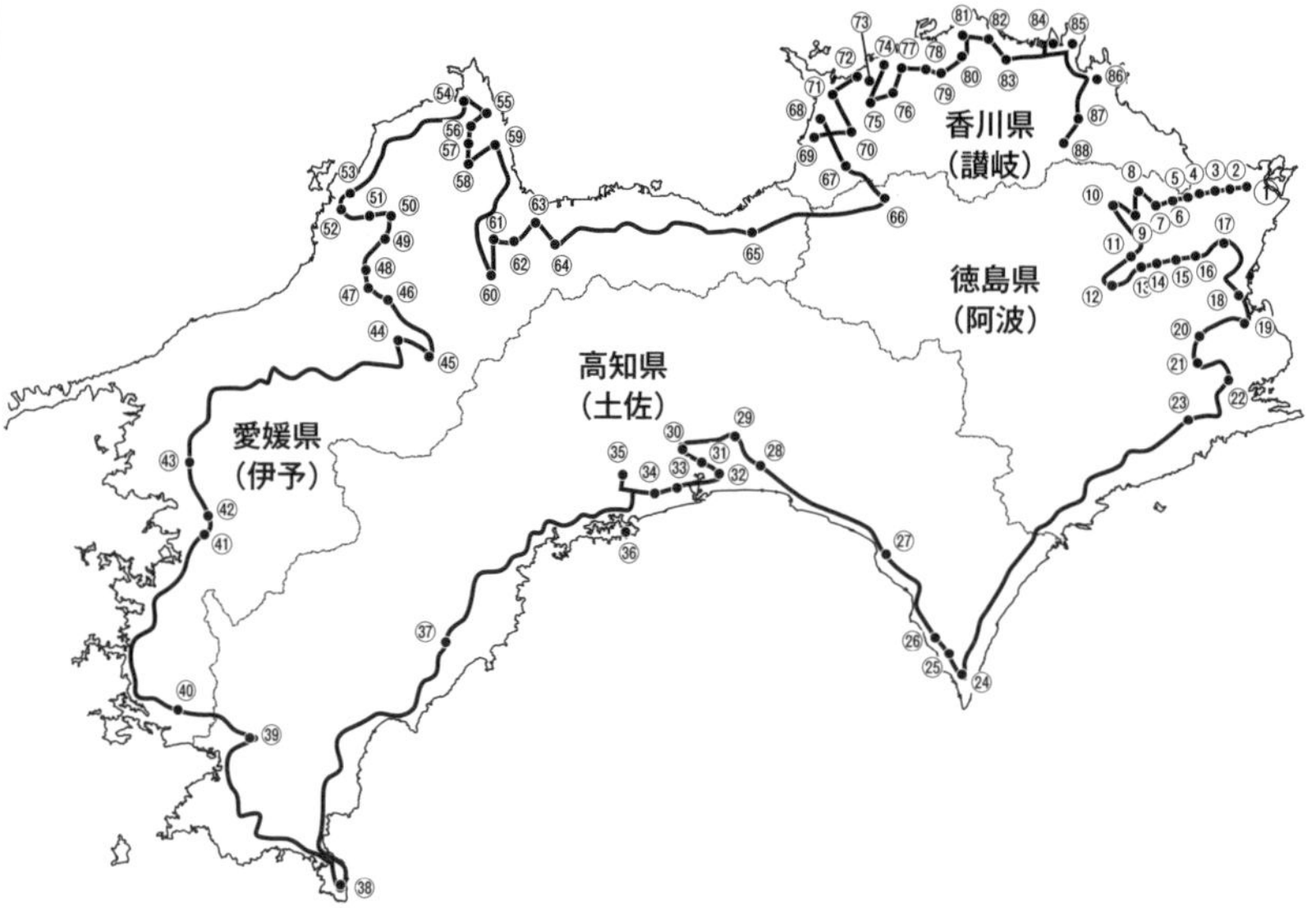

第2章　祭りと芸能

祭りの図式

日本人は、世界でも有数の祭り好き民族といわれている。真偽のほどはともかく、ほぼ一年中、全国のどこかで祭りという名の行事が開催されているというが、それもまた否定できない事実かもしれない。一千年以上も続いている伝統的な宗教儀式に近いものから、市民参加のパレードや商店街活性化目的のイベントまで、文字どおり「お祭り列島」という表現がピッタリくるほどだ。いずれにしても、かつての厳かな「祀《まつ》り」から、年中行事の「祭り」へと様変わりした現在、観光には欠かせないビッグな要素となっている。

1　祭りの定義　神にお供えして仕えることが基本

祭りの語源は、尊い方のそばにいてお仕えするという意味の「まつろう」に由来するといわれ、祀るはその変形である。したがって、元来は、神あるいは祖霊と人間との間でとり行なわれる厳粛な宗教的儀式であったわけで、祭りと祀るの語源が同じということがそれを明快に物語っている。

人間に恵みを与えてくれる神や祖霊を迎えて感謝と祈りを捧げ、神と一体化することによって強力で神秘的な霊力を分けていただくことが祭りの目的である。これを「神人《しんじん》合一《ごういつ》」というが、そのためにはお供え物をして歌舞《かぶ》などでにぎやかにもてなす必要があった。とりわけ酒は、俗に「お御酒《みき》あがらぬ神はなし」といわれるように、古代の人々にとっては、アルコール分が誘い出す酔いが神と合体した、いわゆる神がかり状態になったと感じたにちがいない。祭りに酒が欠かせないのはこのためだ。

ところがのちに、見物人を集めて大量の酒食がふるまわれるようになると、にぎやかさや華やかさが強調されて、本来の宗教的行事からかけ離れていき、祭りの誤用がはじまる。このため民俗学者の柳田国男《やなぎたくにお》は、「祭り」と「祭礼」を明確に区分して使用していた。

たとえば、神をもてなしお供えすることが祭りの基本であるなら、各家庭で行なわれる神棚への祈願や年中行事も祭りになるが、これらは外に向けて開かれているわけではない。しかしこれとは逆に、公共に開かれ神社で行なわれるが神事としての要素が薄まったものを祭礼という。つまり部外者である見物人をともないにぎやかに行なうものが祭礼、そうでないものを祭りと定義づけたわけだが、この伝でいくと、通常、われわれが祭りとよんでいる行事は、本来なら祭礼とよぶべきなのだろう。

とはいえ、○○温泉祭りや商店街の○○フェスティバルなどは、宗教的儀礼とはまったく無関係な単なる「お祭り騒ぎ」にすぎない。にもかかわらず、人々が集まり楽しんでいるのは、祭りがすでに大衆娯楽（レジャー）として認知され定着しているからにほかならず、人々の価値観や世界観の変化が反映した結果とみても差し支えないと思われる。

2 祭りの分類 多種多彩、日本の祭り模様

現在まで伝えられている祭りの多くは、長い間にさまざまな要素が入り組んだため、明瞭に系統立てることは難しいという。したがって、はっきりと区分けできないが、比較的特徴の濃いものを発生や形態の観点から大まかに分類してみよう。

◇例祭・縁日*

神社における祭神、あるいは寺院におけるご本尊を祀る重要な行事で、この日に参詣《さんけい》すると特別なご利益《りやく》に与《あずか》れるという。一般に祭神などを乗せる神輿《みこし》や巨大な山車《だし》などがくりだされ、にぎやかに行なわれる。

三社《さんじゃ》祭（東京都浅草神社）、神田祭（東京都神田神社）、山王《さんのう》祭（東京都日枝神社）、高山祭り（岐阜県高山市）、祇園《ぎおん》祭（京都市八坂《やさか》神社）、葵《あおい》祭（京都市下鴨《しもがも》神社・上賀茂《かみがも》神社）、天神《てんじん》祭（大阪市天満宮）、博多祇園山笠《はかたざおんやまかさ》（福岡市櫛田神社）など大規模な祭りの大半はこのタイプである。

◇豊作祈願祭

五穀豊穣《ほうじょう》を神にお願いする祭りで、冬から春にかけて行なわれるものが多い。言葉どおり豊作を祈る「祈願祭り」、天候良好で気象災害が少なく防虫害を祈る「防災祭り」、雨乞いなどの「天気祭り」、収穫を祝う「感謝祭り」などに分けられる。えんぶり（青森県八戸市）、竿燈《かんとう》（秋田市）、越中《えっちゅう》おわら風《かぜ》の盆《ぼん》（富山市）、青柏祭《せいはくさい》（石川県七尾市）、全国各地に見られる田植え祭りや農漁祭りなどが代表例。

＊縁日

薬師の八日、阿弥陀の一五日、観音の一八日、大師《だいし》（空海）の二一日、地蔵の二四日、天神の二五日、不動の二八日など、特定の神仏に縁のある日。この日に参詣すると、特別なご利益に与れるといわれる。とくに七月一〇日の東京浅草寺《せんそうじ》のほおずき市が開かれる「四万六千日《しまんろくせんにち》」は有名。参詣者を見込んで門前には多くの市がたち、縁日を屋台のことと勘違いしている人も多いほどだ。なお、関東ではその当日をいうが、関西では前夜を縁日とよぶ習慣がある。

◆供養《くよう》

祖霊や死者の霊に供え物をし、冥福《めいふく》を祈るための祭事。各地の祖霊祭がそれで、典型的なものが盆踊り。阿波《あわ》踊り（徳島市）、郡上《ぐじょう》踊り（岐阜県郡上市）、エイサー（沖縄県各地）などがとくに名高い。このほかに、各地で行なわれる「針供養」「筆供養」もこのタイプとなる。

◆厄《やく》払い・疫病除《えきびょうよ》け

病に決定的な治療法もなかった昔は、祈りこそが何ものにも勝る治療法であった。病魔を追い出し、無病息災や病気治癒《ちゆ》への切実な願いは、現在の比ではなかったにちがいない。ねぶた*（青森県青森市、弘前《ひろさき》市）、なまはげ（秋田県男鹿《おが》市）、おけら参《まい》り（京都市）をはじめ、労役《ろうえき》馬の息災を祈るチャグチャグ馬コ（岩手県滝沢市／盛岡市）などが代表的。

また、国府宮《こうのみや》のはだか祭（愛知県稲沢市）や西大寺会陽《さいだいじえよう》（岡山市）などに見られるような、玉やお守りを奪い合う裸祭りの多くも、裸になることによって身のけがれをはらうという意味がある。けがれを肩代わりしてもらう流し雛《ながしびな》（鳥取市）もこの一種であろう。

◆年占《としうら》

その年の農作物の作柄や天候などの吉凶を占う行事。占い方はさまざまだが、大規模な祭りにまで発展したものには、相撲《すもう》、綱引き、流鏑馬《やぶさめ》といった競技ものが圧倒的に多い。相馬野馬追《そうまのまおい》（福島県南相馬市）、玉せせり（福岡市）、川内《せんだい》綱引き（鹿児島県薩摩川内《さつませんだい》市）などが有名。

また、俗に「けんか祭り」とよばれる荒っぽい行事もこれにあたり、対立するものへの鬱憤《うっぷん》晴らしであると同時に、共同体の交流と連帯を前提とした。灘《なだ》のけんか祭り（兵

＊ねぶた
東北三大祭りの一つといわれる「ねぶた」は、青森市だけの専売特許ではない。津軽地方の各地で行なわれ、ねぶたとは、夏の眠気を追い払う行事すなわち「ねむた流し」に由来する言葉といわれている。なお、青森市では「ねぶた」と濁るが、弘前市では「ねぷた」とよばれるので注意を要する。

庫県姫路市）や一の宮けんか祭り（新潟県糸魚川市《いといがわ》）などが知られる。

◈季節祭り

春の農作占いや秋の収穫祭、宮中で催された*節会《せちえ》などから発展したものが多い。梅まつり（茨城県水戸市）や弘前さくらまつり（青森県弘前市）などの「花祭り」、かまくら（秋田県横手市）、各地の七夕《たなばた》をはじめ、奈良・東大寺の修二会《しゅにえ》（主にお水取り）、各地の田植え祭りやど*んど焼きも広義には季節祭りに含まれる。

◈火祭り

祭りに使われる火は、さまざまな意味をもっている。単なる照明用や暖をとる以外に、祖霊を招き入れるための照明、火の粉をあびて無病息災を祈願する浄化作用などを表すこともある。また、火を自由にあやつると信じられた*修験者《しゅげんじゃ》の秘儀からはじまったものも少なくない。代表的な祭りには、吉田の火祭り（山梨県富士吉田市）、大文字《だいもんじ》五山送り火（京都市）、お松明《たいまつ》（奈良県東大寺二月堂）、那智《なち》の火祭り（和歌山県那智勝浦町）などがある。

◈偉人・英雄祭り

歴史上の偉人や英雄、あるいは伝説上の人物をしのぶ祭りで、大規模なものには戦国武将にまつわるものが多い。金沢百万石まつり（石川県金沢市）、信玄公《しんげんこう》祭り（山梨県甲府市）、赤穂義士《あこうぎし》まつり（兵庫県赤穂市）などが有名で、各地に見られる武者行列のたぐいもこの分野に入る。

◈市民祭り

神々への儀式とは関係のない、娯楽要素の強いイベント的な祭り。町の活性化と商業目的が結びついたもので、*博多《はかた》どんたく（福岡市）のように古くからあるものを除き、

＊節会
季節の変わり目などを祝うために宮中で行なわれた宴会。平安時代に盛んになり、のちに元日や端午《たんご》などを含んだ五節会はとくに有名になった。

＊どんど焼き
小正月の火祭りの行事。一般には正月一四日または一五日、長い竹数本を円錐形などに組み立てて、正月の門松《かどまつ》や注連《しめ》飾り、書き初めなどを持ち寄って焼く。その火で焼いた餅《もち》を食べると、一年中の病を除くという。左義長《さぎちょう》ともいう。

＊修験者
密教的な儀礼を行なって霊験を会得しようとする修験道に励む修行者のことで、山伏《やまぶし》の名でも知られる。頭に兜巾《ときん》とよばれる独特な頭巾をかぶり、金剛杖《こんごうづえ》を持ち、ほら貝などを鳴らし、山野をめぐりながら修行した。

○○市民祭りや○○フェスティバルなどと称する新興の祭りの大半がこのタイプ。さっぽろ雪まつり（北海道札幌市）、広島フラワーフェスティバル（広島市）、よさこい祭り（高知市）などが代表的で、華やかなパレードがつきものとなっている。

以上のほかに、「子供祭り」（かまくら、鳥追い、七五三など）や「海祭り」（管絃祭《かんげんさい》、金毘羅《こんぴら》祭り、長崎ペーロンなど）といった分類も可能である。

3　祭りの構造　「お祭り騒ぎ」も一定の秩序にしたがって

祭りにも各種各様のタイプがあるが、祭神をよび寄せる神社主催の祭りには一定の順序があって、それは一つの決まりごととして行なわれることになっている。具体的には、①神迎え、②神人合一、③神送り、から構成され、原則としてこの順でとり行なわれる。

◆神迎え

古来、神は祭りのたびに現出すると考えられた。そのため降臨する山や海まで出迎えにあがり、里にお連れする儀式を要した。これが神迎えである。

神が現れるときに宿ると考えられている目印は「依《よ》り代《しろ》」といい、さまざまなものがあげられるが、とくに巨石や巨木、幟《のぼり》、*鉾《ほこ》、御幣《ごへい》などが主な依り代とされた。現在の祭りでは境内《けいだい》に木を立てることが多いが、なかでも巨木を立てる諏訪《すわ》大社の御柱《おんばしら》祭（長野県諏訪市／下諏訪町／茅野《ちの》市）はつとに有名だ。

依り代の周辺には、榊《さかき》や笹《ささ》、竹などで囲いをつくり、それに注連縄《しめなわ》を張って清浄な空間とする。ちなみに注連縄とは占め縄であり、神が縄の内部を占有するという意味であ

＊博多どんたく
五月の大型連休中の国内最大イベントで、仮装をしてシャモジをたたきながら市内を陽気に練り歩き、仮設舞台で踊りや隠し芸を披露する市民祭り。黒田藩主への参賀行事「博多松囃子《まつばやし》」からはじまったが、一八七九（明治一二）年に禁止令が出たため、当時の流行《はや》り言葉であったどんたく（オランダ語で「休日」の意のゾンタークの訛《なま》り）と改称して復活したという。土曜日のことを半ドンというのはここから。

＊鉾
両刃の剣に長い柄《え》をつけたもので、長刀《なぎなた》はその一種。魔除けと武力を象徴し、ある種の呪術的な力を持つものとして、のちに宗教的な儀式や神事にも用いられるようになった。

る。準備が整うと、依り代に神霊を招くために供え物をし、神主《かんぬし》は祝詞《のりと》などを読み上げるが、神の来臨は深夜といわれ、このために前夜祭ともいうべき「宵宮《よいみや》」が行なわれる。

◈神人合一

依り代に神が降り立つと、その強力な霊力を分けていただくために、神と合体して一種の神がかり状態になる必要があるが、これを総称して「神態《かみわざ》」という。神楽《かぐら》などの神事芸能の基本は、人が神をもてなすのではなく、演じる人に神が乗り移り、その動作を介して神が意思表示しているとみる。

また、神意を読み取るために、相撲や綱引き、お守りの奪い合いといったさまざまな競技が演じられるいっぽう、神輿や山車に神を乗せてにぎやかに巡行《じゅんこう》する。ここでもまた、神輿が激しく揺れるのは担ぐ者が意識的に行なうのではなく、あくまで神のなせるわざと考え、巡行は神の霊験を広く見物客に知らしめる絶好のデモンストレーションでもあった。神態が終わると、供え物を下げて、神と一緒の共同飲食すなわち「直会《なおらい》」を行なって、霊力を身体にとり込むのである。

◈神送り

一連の神人交流が滞りなく終了すると、神は祀られている本宮に一旦引き返し、その後本来の居どころにそそくさと帰っていく。日本の神は、原則として一か所に常駐せず、一時的に来臨するものと考えられた。神の帰りは夜明け、ないしは夕刻といわれているが、神送りとして特別な神事を行なうことはない。

4 祭りの用語　この程度は知っておかないと神様に失礼

神輿、行列、演芸など、祭りを表面から見る限りは、華やかで難しいものではない。しかし、本来はほとんどの祭りは信仰と深く結びついており、実際には祭り用語ともいわれる特別な言葉が使用される。簡単に解説しておこう。

◈禊《みそぎ》

神を出迎えるに先立ち、川の水などでけがれを洗い流して身を清めることで、水垢離《みずごり》ともいう。裸祭りや、神輿担ぎの男がふんどし姿なのはこの禊の名残である。

◈御幣《ごへい》

神が現れるときに宿ると考えられている代表的な依り代。神に祀るために紙や布を細長い木にはさんで垂らしたもので、ヌサともいう。不浄を清めるともいわれ、おはらいのときに使用する。

◈神饌《しんせん》

神への感謝と祈りをこめて供える飲食物で、いわゆるお供え物のこと。酒と餅《もち》以外は、祭りのタイプによって供え物は異なる。

◈渡御《とぎょ》

ご神体として祀られている本宮から、神がその居場所を一時的に移すこと。祭りの期間中、神は遠くの山頂から人里にお出ましになるとされ、その際、神輿や台車に乗せられて里を巡行するのが常だが、一般に渡御

■御幣

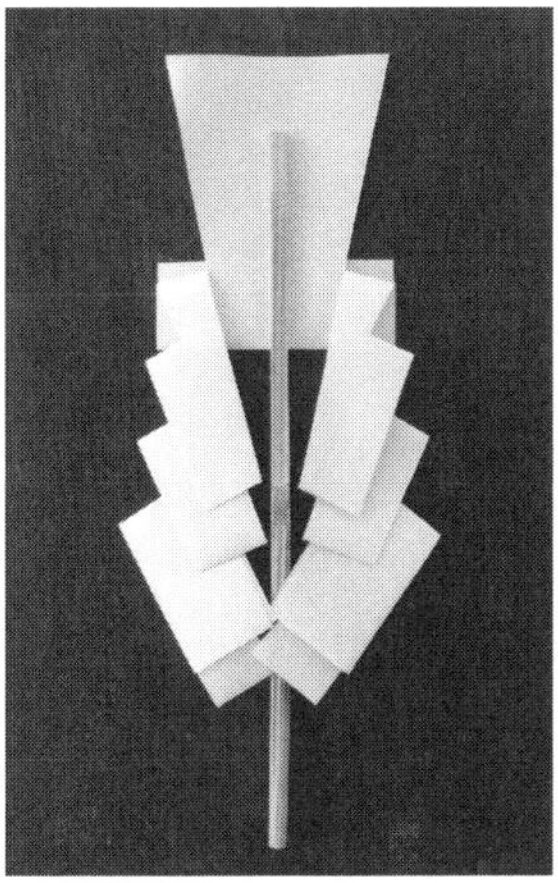

とは神輿に乗せられて神が人前にお出ましになることをいう。神幸《しんこう》、おわたりともいう。

◈風流《ふりゅう》

神輿や山車などの巡行の行列で、見物客の耳目を楽しませるみやびな神事芸能の総称。鉦《かね》や太鼓の祭り囃子《ばやし》*をはじめ、舞踊、提灯《ちょうちん》、旗竿などすべてをいう。優雅な趣のことを「風流《ふうりゅう》」とよぶのはここに由来。

◈御旅所《おたびしょ》

神輿が本宮から出て、しばらく留まる場所。神が里を巡行する際に、仮に祀られる特設の休憩所といったもので、お仮屋《かりや》*ともいう。

◈宮出し・宮入り

神が神輿に乗せられて本宮を出ることを宮出し、里を巡行して本宮に帰って祭りの終わりを告げることを宮入りという。

◈御座船《ござぶね》

神輿に乗った神は、川や海など水上巡行することもある。船渡御、川渡りなどとよぶが、神輿やご神体を乗せた船を御座船という。

◈宵宮《よいみや》

本祭りの前夜あるいはその数日前に行なわれる夜祭りのことで、宵祭り、宵山ともいう。本来はこのときに神が来臨するといわれ、夜半から夜明けまで行なわれた宵宮こそが祭りの中心であった。昼間の祭りは、これが変形したものにすぎない。

＊祭り囃子

祭りをにぎやかに盛りあげるための必須のアイテムだが、元来は神をお迎えするための一種の「乱声《らんじょう》（舞楽の前奏曲）」であった。江戸時代における祭りの風流化にともなって、祭り囃子はますますにぎやかになり、祇園囃子や神田囃子などとして広まっていった。

＊お仮屋

文字どおり小さな仮小屋だが、巡行にとっては重要な意味をもっている。なぜこのようなみすぼらしい小屋が必要かといえば、元来、神とは一か所に常住するのではなく、祭りのたびに来臨し、祭りが終われば本来の場所に帰っていくと考えた。したがって、祭りの場はそのつど設営し、終われば取り壊したからである。のちに永続的な神社建築の発達で神も神社に常住できるようになったが、お仮屋はそれ以前の古い形式を伝える建築物の名残といえるだろう。

5　神輿と山車　「祭りの華」にもちがいがある

神輿や山車を抜きにして例祭は語れない。神が里にお出ましになり巡行するときの乗り物だから、祭りの華であり心臓部といっていい。しかし、神の乗り物にもさまざまなタイプや呼び方がある。ちがいを簡単に説明しておこう。

◈神輿

古代、天皇が乗った籠《かご》が原型といわれ、形は四角、六角、八角があるが、四角が最もポピュラーである。しかし、一般に見られるような神輿が登場したのは、東京では明治以後と意外に新しい。神輿を担ぎ上げるのは、霊力のあるものを揺り動かすと一段とパワーアップすると考えられていたからで、神社参拝の際に鈴

■江戸神輿

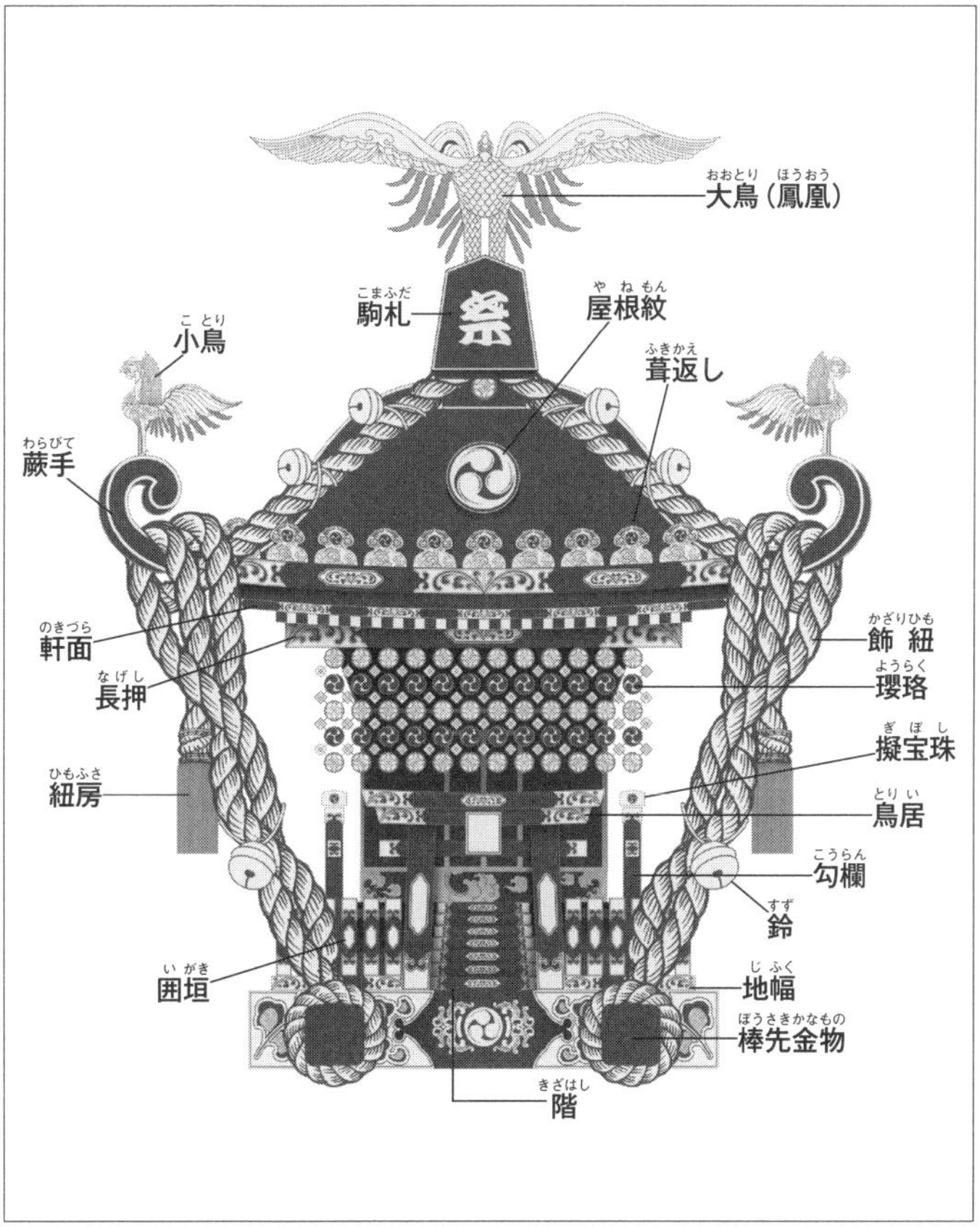

を打ち鳴らす魂振《たまふり》や柏手《かしわで》も同じ理屈である。「ワッショイ」のかけ声は神への元気づけであるといわれ、その意味は朝鮮語のワッソ（お出まし）からというものの詳細は不明。

なお、東京で山車よりも神輿が主流であるのは、相次ぐ震災や戦災で山車が焼失したために、フットワークがよくかつ安上がりにつくられる神輿にシフトしてしまった結果といわれている。

◈山車

さまざまな飾り物をとりつけた移動式屋台の総称。台車に乗せて曳《ひ》く場合が多いが、担いで回るものもある。通常は人が乗り込んで祭り囃子などをはやしたりする。地域により屋台、山鉾《やまぼこ》、曳山《ひきやま》、山笠、檀尻《だんじり》、舟などさまざまによばれているが、もともと「だし」とは依り代として屋台の中央に突き出た飾り物をつける「出し物」に由来する。八坂神社の祇園祭が最初という。

■祇園祭の山鉾

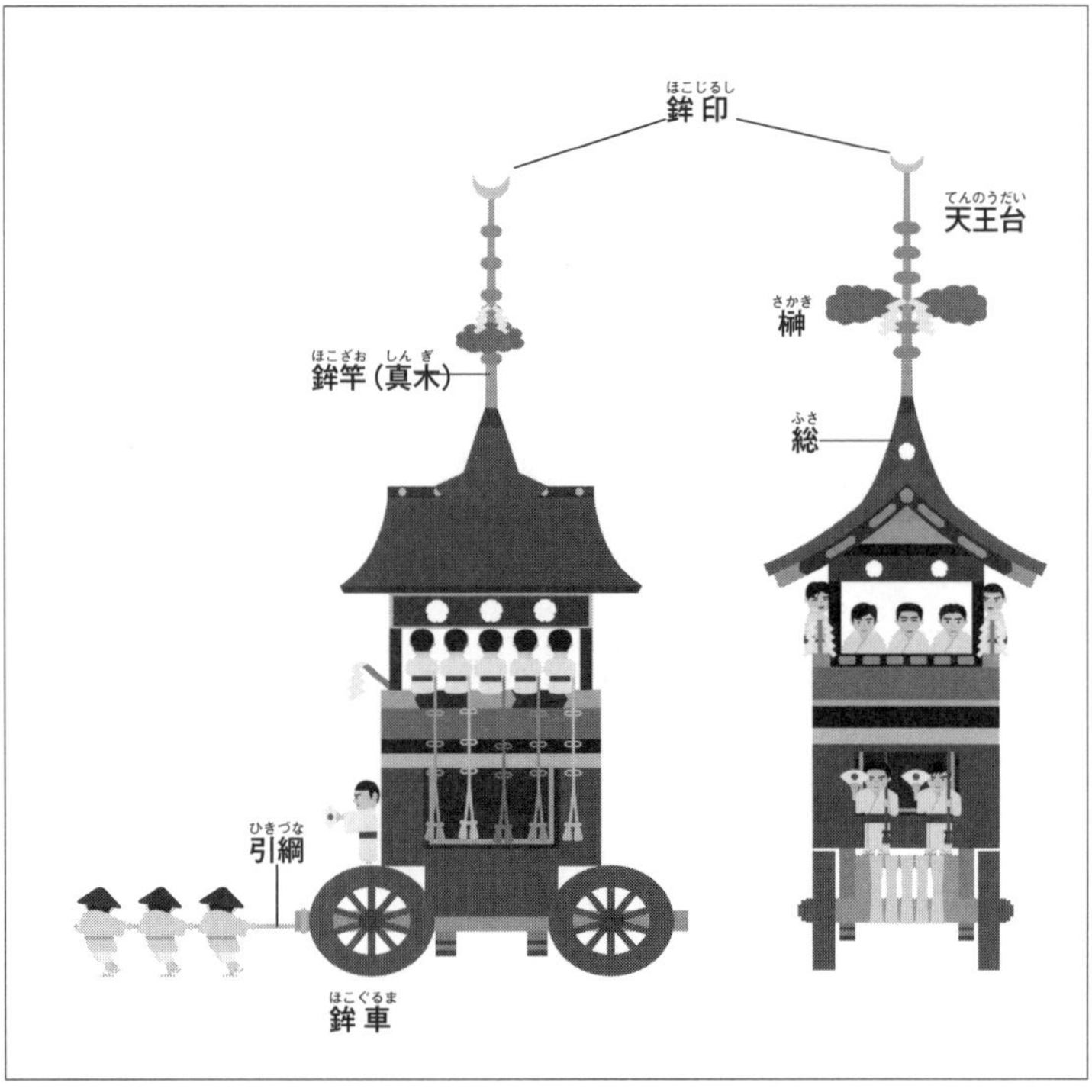

◇曳山

飾り物を山形につけた山車の一種で、現在では曳山と山車はほとんど同じ意味で使われている。元来、神は里よりも一段と高い場所、つまり山を本拠地にしているとされたが、動かない自然の山から、担ぐ山（神輿）や曳く山（曳山）など移動可能な山に乗り移った場合でも、そのまま「やま」とよばれた。

◇檀尻

大阪を中心とする関西でよばれる山車のことだが、鉾を立てないものだけをいう。地車とも書き、大阪府岸和田市の荒っぽいだんじり祭りは有名。

◇山鉾

山車の一種で、台車の上に山形の飾り物をつけ、鉾や長刀《なぎなた》などを立てて力を誇示したもの。京都の祇園祭の山鉾は有名。

■手ぬぐい（ねじり）の巻き方

①
手ぬぐいの片方だけをねじる。ねじりあがったら中心を額にあて、頭の後ろで交差させる

②
手ぬぐいの片方を、交差部のところで内側にすべり込ませる

③
②と同じように、もう片方の端を、下から内側へとすべり込ませる。女性の場合はおだんごの上で結ぶ

④
形よく整えてできあがり

■全国の主な祭り・伝統行事

民俗芸能としくみ

民俗芸能とは民間の素朴な信仰行事にともなう芸能をいい、郷土芸能あるいは伝統芸能ともよばれる。現在では各地に多種多様な民俗芸能が伝えられ、その数は二万余といわれているが、これは歌や踊りを好む国民性もさることながら、民俗芸能そのものが民間の信仰と深くかかわり、その強い信仰心に支えられてきた点は否定できない。芸能界や芸能人などとよばれて脚光を浴びている「芸能」という言葉も、遡《さかのぼ》れば神前で演じられてきた宗教的儀式であり、祭りの出し物の一部にほかならなかったのである。

1　発生の背景　神前で演じられた厳粛な儀礼だった

大半の民俗芸能は、祭りのなかから生まれ、祭りによって磨かれ発展してきたといえよう。無病息災、五穀豊穣《ほうじょう》、悪霊退散などを神に祈る宗教的儀礼からはじまったものが祭りで、そのような場において、祈りや感謝の表現法として生まれたのが芸能である。

当初は人が神に扮して歌い、舞い、踊ったが、それが才能をそなえた者の間でくり返し伝承されていく過程において、好むと好まざるとにかかわらず洗練され、さらに観客がそれを楽しむようになったのもごく自然な流れであった。民俗芸能の娯楽化・ショー化が、これである。

　こんにち、一見して祭りとは無関係に思われている能楽《のうがく》や歌舞伎《かぶき》といった古典芸能も、もともとは民俗芸能からスタートしたが、基本におかれたのはあくまでも信仰であって、芸術性云々の性格のものではなかった。やがて多くの観客を得て中央に進出し、流行芸能として社会的にも文化的にも認知されるようになると、芸術性を高めた芸能として徐々に磨きがかけられ、完成されていったにすぎない。

　ところで、民俗芸能を信仰の面からとらえると、次のように大きく二分される。

　一つは、めでたい口上を述べることによってそれが実現するという「祝福的性格」である。これは*言霊《ことだま》信仰に基づくもので、万歳《まんざい》や*春駒《はるごま》、獅子舞《ししまい》、田遊びといった芸能が該当する。いっぽう、けがれや災い、悪霊や疫病を追い払おうとする「除災的性格」という側面もある。各種の神楽《かぐら》やなまはげ、*念仏踊り、太鼓踊りなどの多くにこの性格を見てとることができる。

　しかし、この二つの信仰的性格は表裏一体として祭りそのものの二面性を示し、一方だけを目的に行なわれたのではなかった。次項で述べる鬼の存在などは、その典型的な例といえるだろう。

2　象徴と動作　芸能の起源は遊び心から

　民俗芸能の多くは、素朴な信仰心と遊び心から発生したといってよい。遊びを何度もくり返しているうちに、演じ方や演奏法などが上達し、一つの固まったスタイルができ

＊言霊
言葉に宿ると信じられている霊妙な力。古代の日本人は、神からの託宣《たくせん》を信じるだけでなく、声に出した言葉は現実のことがらに何らかの影響をあたえると信じてきた。よき言葉を唱えると吉事をよびこみ、不吉な言葉だと凶事がおこると考えたわけで、個人的なジンクスが言葉へと普遍化されたのである。「めでたい」に通じるお頭《かしら》つきのタイはその極めつけだが、植物のアシが「悪し」では縁起が悪いからヨシとよび変え、男の四二歳は「死に」につながるため大厄《たいやく》といったような風潮も生まれた。

＊春駒
新春に行なわれていた門付《かどづけ》芸能の一つで、木製の馬の頭のつくり物を持ち、三味線《しゃみせん》や太鼓などではやしながら祝言《しゅうげん》の歌を歌ったり舞ったりした。現在も佐渡や山梨県の一部に伝わる。

＊念仏踊り
平安時代初期の空也上人《くうやしょうにん》がはじめたとされる踊り。太鼓や鉦《かね》などを鳴らしながら、南無阿弥陀仏《なむあみだぶつ》と唱えつつ

あがっていく。このような流れの背景を読みとることによって、民俗芸能の基本とポイントがはっきり見えてくる。

◇神の存在

民俗芸能にしばしば登場するものに、鬼や天狗《てんぐ》がいる。鬼は、元来は災いの象徴であり、悪鬼としても恐れられたが、一方では鬼神《きしん》として人々に祝福を与える存在でもあった。さらには、悪鬼や疫病退散の宮中行事「追儺《ついな》（鬼やらい）」が民間で変形して節分の豆まきの対象にされたり、間の抜けた人間臭い鬼が登場するなど「道化役」としても欠かせない存在となっている。

いっぽう天狗は、かつては鬼同様に深山にすむ妖怪とみなされてきた。のちに、国造り神話で神々の先導役となった鼻の大きな*猿田彦《さるたひこ》のエピソードなどと混同され、祭りや山車《だし》の行列では、邪悪の追い払い役として天狗面の男が先頭に立つことが多い。祭りのいわば「露払い役」として、軽視できない貴重なキャラクターとなったのである。

→ｐ二九九

◇動作

圧倒的に多いのが舞である。能の舞、*幸若舞《こうわかまい》などさまざまなスタイルが見られるが、基本はぐるぐると回る動作にある。この旋回動作は神を導き、依《よ》りつきやすくするための動作で、くり返し旋回していると、演じる人は恍惚《こうこつ》感に陥り、神がかり状態にいたる。神迎えの巫女《みこ》が最初の舞手であったというのも、うなずける話だ。

足拍子もしばしば見られる技法である。これは、大地を踏みならしたり叩くことによって、神々の霊力の発動を促すことができると信じられたことに基づく行為で、世界各地でも同様の動作がある。代表的な例として大地の霊力をパワーアップさせるために竹馬

踊るもので、無学な民衆への布教活動の一環として全国的に流行し、のちに女歌舞伎にもとり入れられた。

＊猿田彦

日本神話の国つ神の一人。ニニギノミコトが天孫降臨する際、先頭に立って道案内し、のちに伊勢の五十鈴《いすず》川上に鎮座したという。容貌はサルの化け物のような異形で、鼻は巨大で高く身長は七尺余と伝えられる。芸能や夫婦和合、厄除《やくよ》けの神であり、神輿《みこし》の先頭を切って歩く赤ら顔で鼻の高い猿面の神も猿田彦である。

＊幸若舞

室町後期を中心に流行した舞曲。桃井直詮《もものいなおあき》（幼名・幸若丸）が創始したといわれ、武士の世界を素材とした物語を謡《うた》うのを特色とする。烏帽子《えぼし》や直垂《ひたたれ》を着用して鼓《つづみ》にあわせて謡い、勇壮な箇所では謡い手が舞い巡るもので、『平家物語』『義経記』『曽我《そが》物語』と共通の題材が多い。現在は、福岡県みやま市の大江天満宮にだけ伝わっている。

で畑の上を乗り回るという行為がそれだ。わが国の祭りで、神輿《みこし》を担いで激しく揺さぶる行為と発想は同じといってよい。

◆鳴物《なりもの》

三味線《しゃみせん》、太鼓、笛、鉦《かね》、びんざさら*などの楽器、あるいはそれらによって演奏される音曲《おんぎょく》を鳴物という。いずれも神霊が飛来したり、降下するときに発する音を表しているという。ちなみに、大げさに宣伝することを「鳴物入り」というが、これは鳴物を入れてにぎやかに演奏することに由来する言葉である。また、鳴物によって演じられるBGMを囃子《はやし》（お囃子）という。特定のリズムを生んで、雰囲気を盛り上げるために行なわれるものだが、鳴物に限らずかけ声や手拍子だけでも囃子とよばれる。

3 民俗芸能のタイプ　ハレの日に演じるのが原則

民俗芸能は、祭りなどハレ*の日に行なわれるのがきまりである。ささげる対象は、神仏、自然、あるいは英雄偉人であったりとさまざまだが、発生やスタイルなどから、次のように系統立てることが可能である。

◆神楽

各地の神社で行なわれるわが国の代表的な神事芸能の一つ。神事にともなう舞やお囃子が主体となっているが、神楽の語源が「神座《かむくら》」といわれるように、かつては神聖な場である神座に神をよびおろし、そこに宿った神の霊力を人々に分け与える「魂振《たまふり》」とよばれるわざが起源であった。

＊びんざさら（写真）
数十枚の杉板にひもを通して札状に並べた楽器で、主に田楽《でんがく》などに使用される。両端の取っ手を持って揺り動かすと、板どうしが打ち合って一種独特の音が出る。

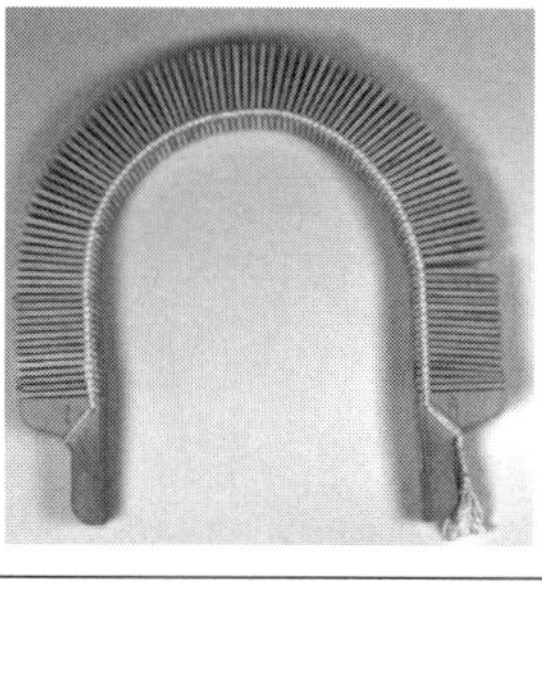

＊ハレの日
冠婚葬祭など特別な行事が催される日のこと。農作業や季節の節目ごとに祭りごとが行なわれ、それがのちに年中行事化してハレの日となった。この日は仕事を休み、酒を飲んでごちそうを食べ、ハレ着を着て行事を祝ったが、ハレ以外つまり普段の日は「ケ」とよばれた。↓p九二

形態や信仰内容から、神楽は次の四タイプに分類される。

•**巫女《みこ》神楽**＝神がかりとなった巫女が鈴や扇などを持ち、舞いながら祈禱《きとう》する神楽。宮中で演じられた舞がのちに民間に広まったもの。

•**採物《とりもの》神楽**＝採物*の舞と神話を題材とした仮面舞踊劇の二部構成によって清めを行なう。出雲《いずも》系神楽ともいう。

•**湯立《ゆだて》神楽**＝神前にすえた大釜に湯をたぎらせ、笹《ささ》を振りつつ周りの人に湯を振りかける神楽。これによってけがれを払い清め、魂が再生できるとされた。伊勢《いせ》系神楽ともいう。

•**獅子《しし》神楽**＝獅子頭《ししがしら》をご神体とし、獅子舞を行なうことによって悪魔払いや火伏せを祈願するもの。山伏神楽、太《だい》神楽*などをいう。

◈田楽《でんがく》

平安期半ばから流行した稲の豊作を祈って行なう諸芸能の総称で、形態から次のタイプに大別される。

•**田遊び**＝年間の稲作作業をものまね的に演じるもので、普通は年始めの正月に行なわれた。

•**田植踊り**＝着飾った早乙女《さおとめ》が田植えのさまを演じるもの。

•**田楽踊り**＝楽器を打ち鳴らしつつ幾何学的な動きを見せる豊作祈願のための舞。豆腐《とうふ》料理の「田楽（現在のおでん）」は、その舞姿に似ていることに由来するもの。

◈風流《ふりゅう》

華やかに飾られた風情ある神輿や山車などの行列で、見物客の耳目を楽しませてくれるみやびな演出効果は風流ものとよばれた。大半の祭りには欠かせない獅子舞、念仏踊

＊採物
神楽などの神事舞踊をする人が手にとって舞う物。古くから弓、剣、杖《つえ》、榊《さかき》、笹など一〇種の採物が知られているが、これを手に持って打ち振ることで神がかり的な状態になれると信じられた。

＊太神楽
伊勢神宮で行なわれた奉納神楽で、のち曲芸やこっけいな表現が加わった雑芸。獅子舞などの「舞」と傘回しなどの「曲」に二分される。かつて「おめでとうございま〜す」で人気を博した海老一《えびいち》染之助・染太郎の曲芸は太神楽の本流を受け継いでいる。元来は代神楽と表記したが、これは伊勢の神官が地方を巡回して信者の参拝を代行したためという。

り、雨乞い踊り、太鼓踊り、鷺舞《さぎまい》、盆踊りといったものはすべて風流踊りである。浮立《ふりゅう》ともいい、趣深いの意の「風流《ふうりゅう》」という言葉も語源はここから。なお、風流踊りは、二〇二二（令和四）年に、ユネスコの無形文化遺産に登録された。

◇祝福芸

言葉を巧みにあやつる一種の語り物芸。元来はめでたい言葉を唱えて祝福すれば、そのとおりの幸運が得られるとされた言霊信仰から生まれたという。新年に家々を回って祝言《しゅうげん》を述べ歌舞を演じる万歳や獅子舞、猿まわしといった門付芸《かどづけ》が代表的で、二人で演じた万歳はのちに寄席《よせ》演芸のツッコミとボケの漫才へと発展した。また、映画『男はつらいよ』の寅さんの十八番である香具師《やし》による物売り口上など、多くの大道芸もその流れをくんでいる。

◇外来芸

六～七世紀に中国から伝わった舞楽《ぶがく》*や伎楽《ぎがく》*などの影響を受けたとされる延年《えんねん》*などの諸芸能。能楽、歌舞伎、人形浄瑠璃《じょうるり》などもこの分野に入るが、これらについての詳細は次節の「古典芸能を楽しむ」（p八〇）を参照。

＊舞楽
奈良時代以来、中国や朝鮮などから伝わった古典的な音楽舞踊の雅楽《ががく》のうち、舞をともなうものの総称。各地に伝わって現在でも多くの社寺で行なわれているが、なかでも大阪の四天王寺、奈良の春日《かすが》大社、広島の厳島《いつくしま》神社のものが名高い。

＊伎楽
わが国最初の外来舞楽で、六一二年に百済《くだら》からの帰化人によって伝えられたといわれる。楽器演奏をともなう野外の無言仮面劇で、獅子舞なども含まれる。中国で集大成された芸能だが、源流はチベットやインドなど各地にたどれる。

＊延年
平安時代から鎌倉・室町時代にかけて行なわれた寺院芸能の一つ。仏事集会のあとに猿楽《さるがく》（軽業《かるわざ》や奇術のたぐい）、田楽、稚児舞《ちごまい》などさまざまな要素をとり入れた遊宴歌舞で、一種の総合芸能大会風な趣《おもむき》があった。現在も毛越寺《もうつうじ》（岩手県平泉町）の延年は有名。

■全国の主な民俗芸能

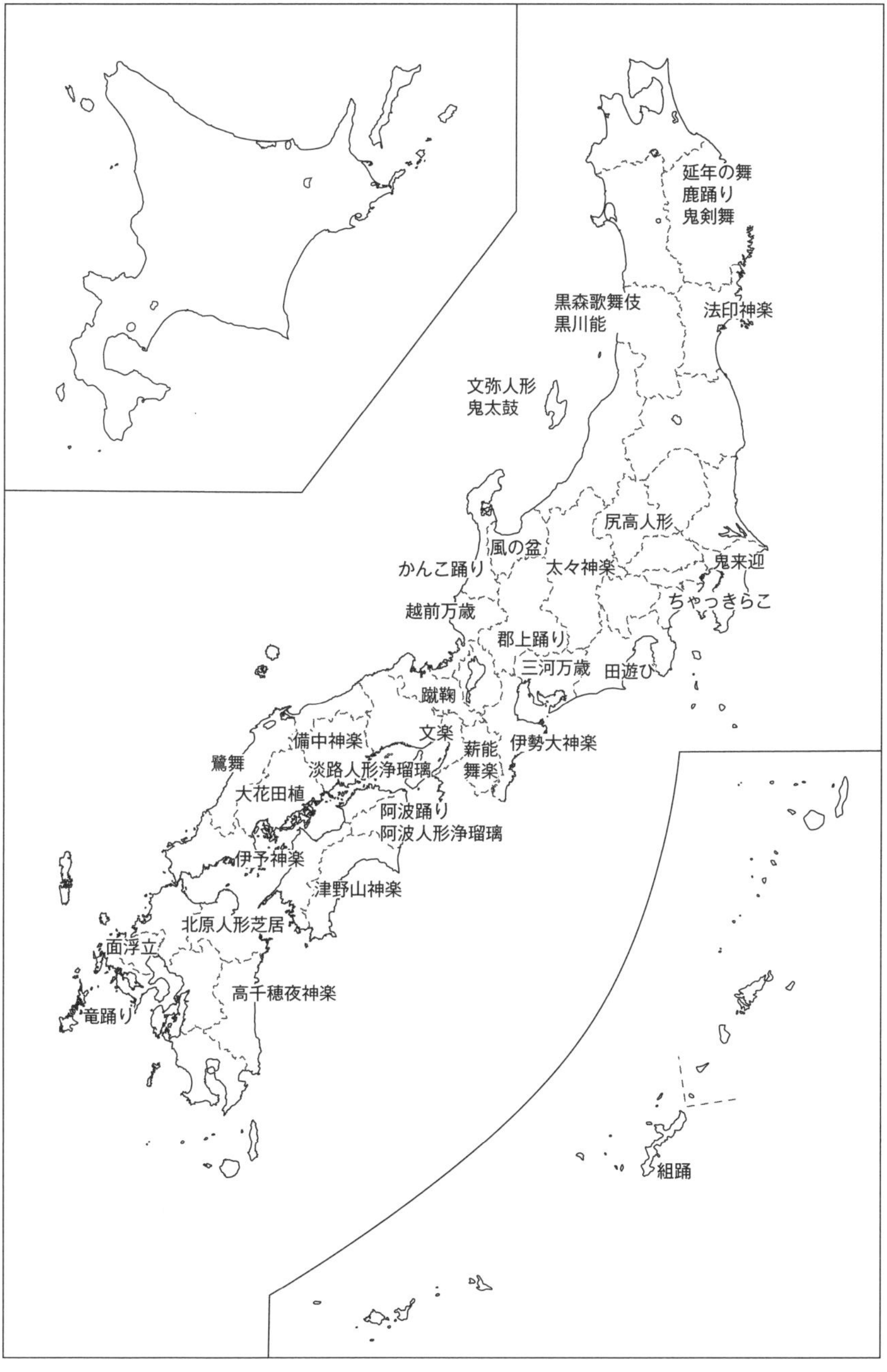
延年の舞
鹿踊り
鬼剣舞
法印神楽
黒森歌舞伎
黒川能
文弥人形
鬼太鼓
尻高人形
風の盆
かんこ踊り
太々神楽
鬼来迎
ちゃっきらこ
越前万歳
郡上踊り
三河万歳
田遊び
蹴鞠
文楽
伊勢大神楽
新能
舞楽
備中神楽
淡路人形浄瑠璃
鷺舞
大花田植
阿波踊り
阿波人形浄瑠璃
伊予神楽
津野山神楽
北原人形芝居
面浮立
高千穂夜神楽
竜踊り
組踊

古典芸能を楽しむ

能《のう》は舞い、歌舞伎《かぶき》は踊るといわれる。いずれも日本を代表する古典芸能だが、その洗練された独特の様式美によって、こんにちでは前衛劇としてむしろ海外での評判が高まっているほどだ。古典芸能にはじめて接するときは、ある種のカルチャーショックをともなうが、わが国の重厚な伝統文化を再発見する糸口となることは確かだろう。なお、能楽《のうがく》、歌舞伎、文楽は、ユネスコによる「人類の無形文化遺産」に登録されている。

1 能 旋回動作による「舞」の芸能

能は、日本を代表する舞台芸術の一つで、狂言と合わせて「能楽」という。室町初期の一四世紀に観阿弥《かんあみ》・世阿弥《ぜあみ》の親子が、写実的な物まね芸の＊猿楽《さるがく》を中心に歌舞や音曲《おんぎょく》をとり入れて完成した。

能の基本要素は舞、謡《うたい》、囃子《はやし》の三つから構成される。すなわち、おもて（面）をつけたシテとよばれる主役が、神や英雄などの物語を地謡《じうたい》（合唱）や囃子（伴奏）とともに謡い舞う芸能で、跳躍や激しい動きを見せる歌舞伎などとちがって、すり足で水平的な静かな歩行（運び）が多いのが特徴である。

＊猿楽

平安期にはじまった演芸で、唐の散《さん》楽《がく》が転訛《てんか》したものという。奇術や軽業、こっけいな物まね、言葉芸が中心で、のちには一時の座興のこっけいな動作も猿楽とよんだ。広義では田楽《でんがく》も含む。鎌倉期に入って演劇化し、能と狂言になる。

＊薪能

かがり火の明かりを照明にして夜間行なわれる野外の神事能。古くから奈良・興福寺で旧暦の二月に催されていたが、明治期にいったん廃絶。昭和三〇年代に鶴岡《つるがおか》八幡宮で鎌倉薪能が演じられて急速に復活、現在では全国各地で演じられるようになり、夏の夜の風物詩となっているほど。

能の曲目は、もともと一七〇〇種以上あるといわれるが、現在レパートリーとして演じられるのは二三五種という。能舞台は桃山時代から現在見られるような様式に固定化され、一八八一（明治一四）年東京の芝公園に能楽堂が建てられるまで、原則として舞台は野外に置かれてきた。大名から演者がほうびを受け取るときに使用した白洲梯子《しらすばしご》、役者が登退場する橋懸《はしがか》り、松の木などはこうした野外にあったころの名残である。また、近年は夜間にかがり火をたいて演じる*薪能《たきぎのう》も盛んになっている。

◈役柄と構成

能を演じる人を能楽師《のうがくし》という。能楽師はシテ方、ワキ方、狂言方、笛方、小鼓《こづつみ》方、大鼓《おおづつみ》方、太鼓方の七つの専門職に分けられ、シテ方、ワキ方、狂言方の演技・声楽担当の役者を「立ち方」、笛方以下の器楽担当の四役は「囃子方」とよばれている。それぞれに流派をもち、各流派で昔から伝承されてきた方式がある。

- **シテ**＝物語の主人公で、謡や舞によって物語の内容を演じてみせる主役。亡霊や化身、鬼、神仏役など超自然的な存在が多く、通常は面をつけて登場する。シテに連れ添ってその補助的な役割を演じるツレもいるが、これもシテ役の一部。
- **ワキ**＝文字どおりシテの脇役で、シテによる話の聞き回り役。直面《ひためん》（面なしの素顔）で超人的な役に扮することはなく、

■能舞台

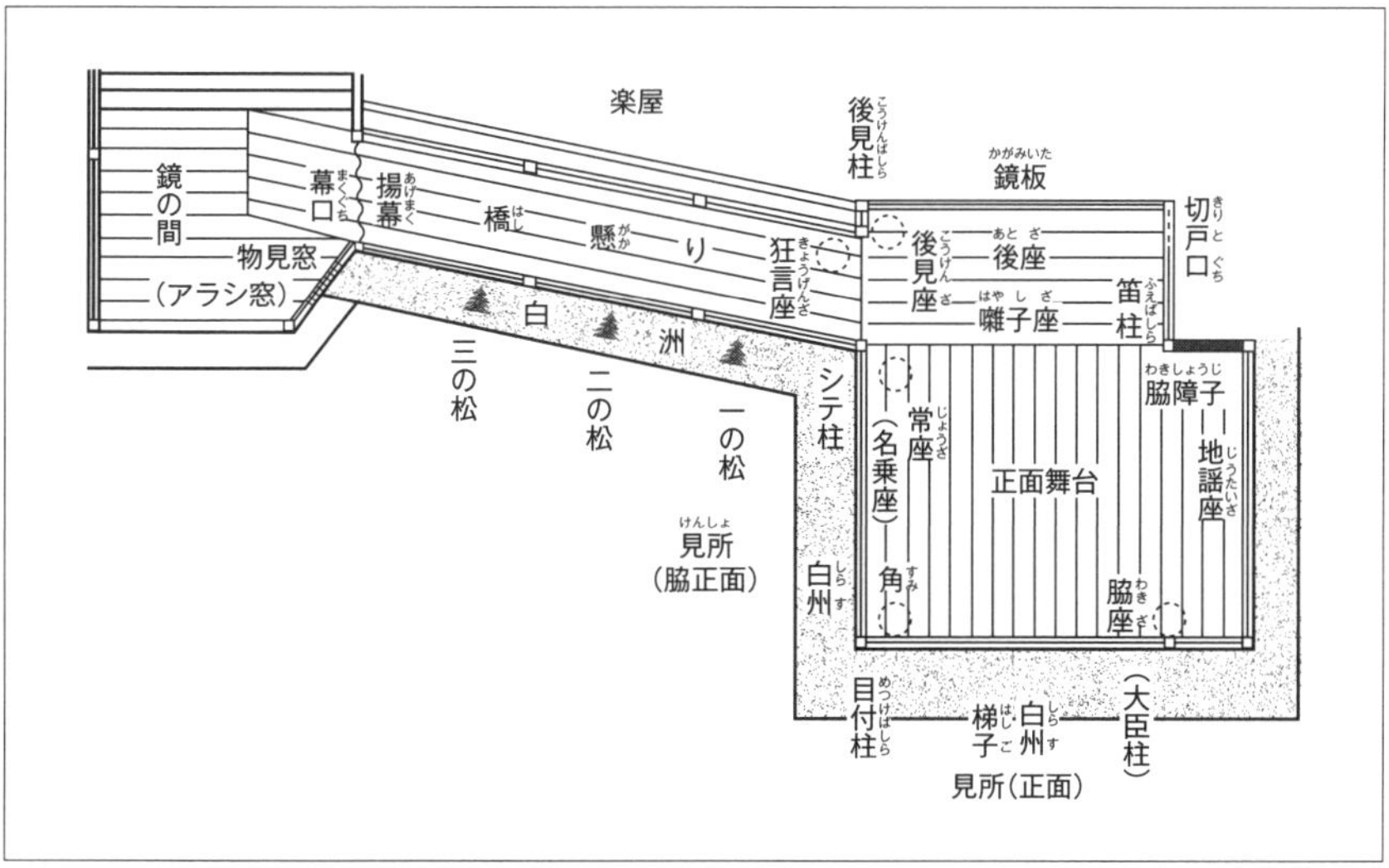

旅の僧や山伏など人間役であることが多い。ワキに連れ添う役をワキツレという。

◇能の種類

すべての作品は、冒頭の「翁《おきな》」を除いて次の五つのいずれかに分類される。能の番組はすべてこの順で演じられ、それぞれの間に狂言計四本が入り、これを「神《しん》、男《なん》、女《にょ》、狂《きょう》、鬼《き》」と俗称される「五番立て」とよぶ。

- **翁**＝冒頭部分で演じられる儀礼的な曲目で、以下の分類とは別格的な扱いとなる。天下太平や五穀豊穣《ほうじょう》を祈る内容となっている。
- **脇能物《わきのうもの》**＝神霊が舞うめでたい祝言《しゅうげん》もので、初番目物《しょばんめもの》ともいう。『老松《おいまつ》』『高砂《たかさご》』『白髭《しらひげ》』などの曲目が有名。
- **修羅物《しゅらもの》**＝源氏や平家など武将の亡霊を主人公とするもので、二番目物ともいう。『清経《きよつね》』『頼政《よりまさ》』『敦盛《あつもり》』など。
- **鬘物《かずらもの》**＝源氏物語の女性や天女など美女の妖精が主人公となるもので、三番目物ともいう。幽玄味の最も濃いもので、能のなかでも最高に位置する。『羽衣《はごろも》』『井筒《いづつ》』『杜若《かきつばた》』など。
- **雑能物《ざつのうもの》**＝『三井寺《みいでら》』などの狂乱物、『道成寺《どうじょうじ》』などの執念ものといったように、他の分類に入らない作品すべてがここに入る。四番目物ともいう。ほかに『安宅《あたか》』『葵上《あおいのうえ》』などが有名。
- **切能物《きりのうもの》**＝最後に演じられるもので、五番目物ともいう。天狗《てんぐ》や鬼など活発な神霊が現われ、にぎやかでテンポが早く、フィナーレにふさわしく華やかな雰囲気のものが多い。『猩々《しょうじょう》』『土蜘蛛《つちぐも》』『鞍馬天狗《くらまてんぐ》』など。

■主な能面

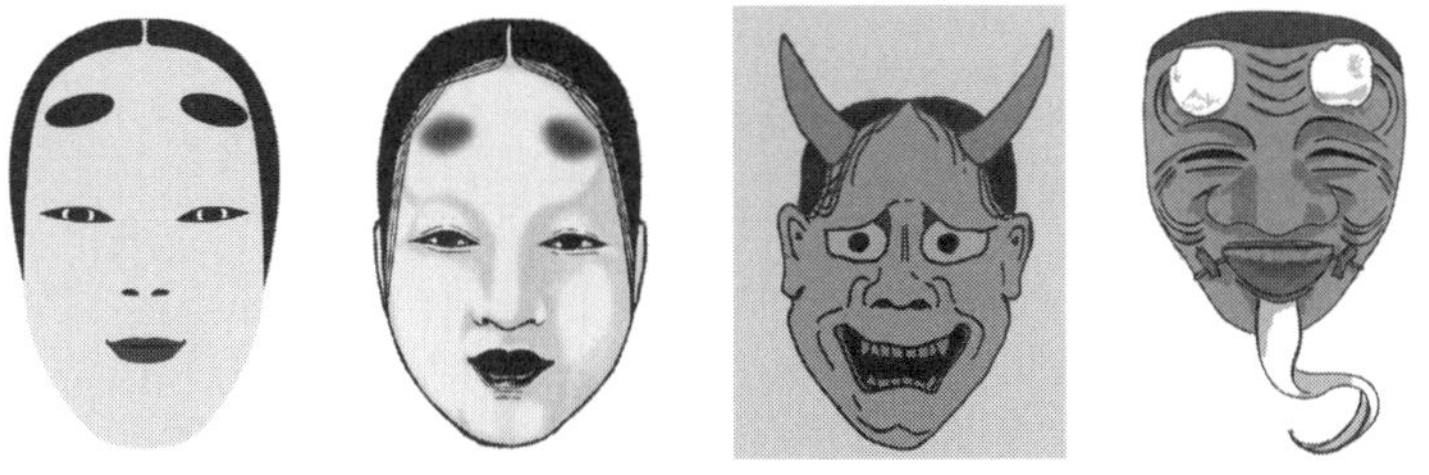

小面《こおもて》　若女《わかおんな》　般若《はんにゃ》　翁《おきな》

◇面《おもて》

能面は能の演出をつかさどる核的な存在であり、シテだけに許されている特権である。種類はおよそ二〇〇種あるといわれ、仮装するための手段ではなく、あくまでも能の理念を映し出す鏡である。したがって、一般の演劇の仮面に比べて、顔をおおうに足るだけの小型にできており、面はかぶるといわず「かける」という。

俗に「能面のような顔」といわれるように、能面には無表情なものが多い。その際には、面をあおむかせて喜びの表情を出す「てらす」、うつむかせて哀しみを表す「くもる」といった演技法によって劇的表現は避けるが、これは泣いたり笑ったりの喜怒哀楽をあからさまに出すと「美」を損なうとの配慮によるものといわれる。感情はできるだけ抑えて、さりげなく見せるにとどめることが主眼であり、俳句や茶道でいう「侘《わ》び」「寂《さ》び」の精神世界に通じているといえよう。能面には、姥《うば》、翁《おきな》、中将《ちゅうじょう》、若男《わかおとこ》、般若《はんにゃ》、増《ぞう》、若女《わかおんな》、小面《こおもて》などがある。

2　歌舞伎　跳躍動作による「踊り」の芸能

歌舞伎は、江戸開幕直後、出雲《いずも》大社の巫女《みこ》であった阿国《おくに》が、京都の四条河原で興行した念仏踊り*の一つ「かぶき踊り」をはじまりとする日本の代表的な伝統演劇。歌舞伎とは、もともと「奇異な、突飛な」を意味する傾《かぶ》くの名詞形で、これは「アメリカかぶれ」といった言葉と語源は同じ。同時に歌（音楽）、舞（舞踊）、伎（演技）を組み合わせた当て字でもある。

*念仏踊り
↓ｐ七四

当初は女歌舞伎や若衆《わかしゅ》歌舞伎であったが、風紀が乱れるということで再三禁止になり、やがて成人男性が舞台に上がる野郎歌舞伎が確立する。現在のように立役《たちやく》（善人の男役の主人公）、女方《おんながた》（女性役）、敵役《かたきやく》（悪人の男役・悪役）などのように役柄が細分化し、演劇性の高い方向に深化したのは一七世紀末の元禄《げんろく》期以降である。

◇構成と特色

歌舞伎は日本の風土や生活習慣に合った歌と踊りをともなうショーで、*見得《みえ》や*六方《ろっぽう》といった演技の型、錦絵のような絵画的な様式美などは、西洋演劇には見られない日本特有のものである。また舞台装置は、回り舞台、*セリ、*がんどう返しといったように、能よりいっそう立体的かつ複雑な効果をあげている。

演出は、超人的な主人公の武勇を強調した江戸歌舞伎の「荒事《あらごと》」に対し、男女の恋愛や風俗を描いた優美な上方《かみがた》歌舞伎の「和事《わごと》」に大きく二分される。このほかに、荒事系の芝居に登場する英雄や敵役などが役柄の個性を最大限に引き出して見せるために施す独特の*化粧「*隈取《くまどり》」、男だけで演じられるために女方《おやま》とよばれる女性役の役者と*義太夫《ぎだゆう》節に合わせた発声法による声色《こわいろ》、見せ場で「〇〇屋！」といった絶妙のタイミングで*屋

■歌舞伎の舞台

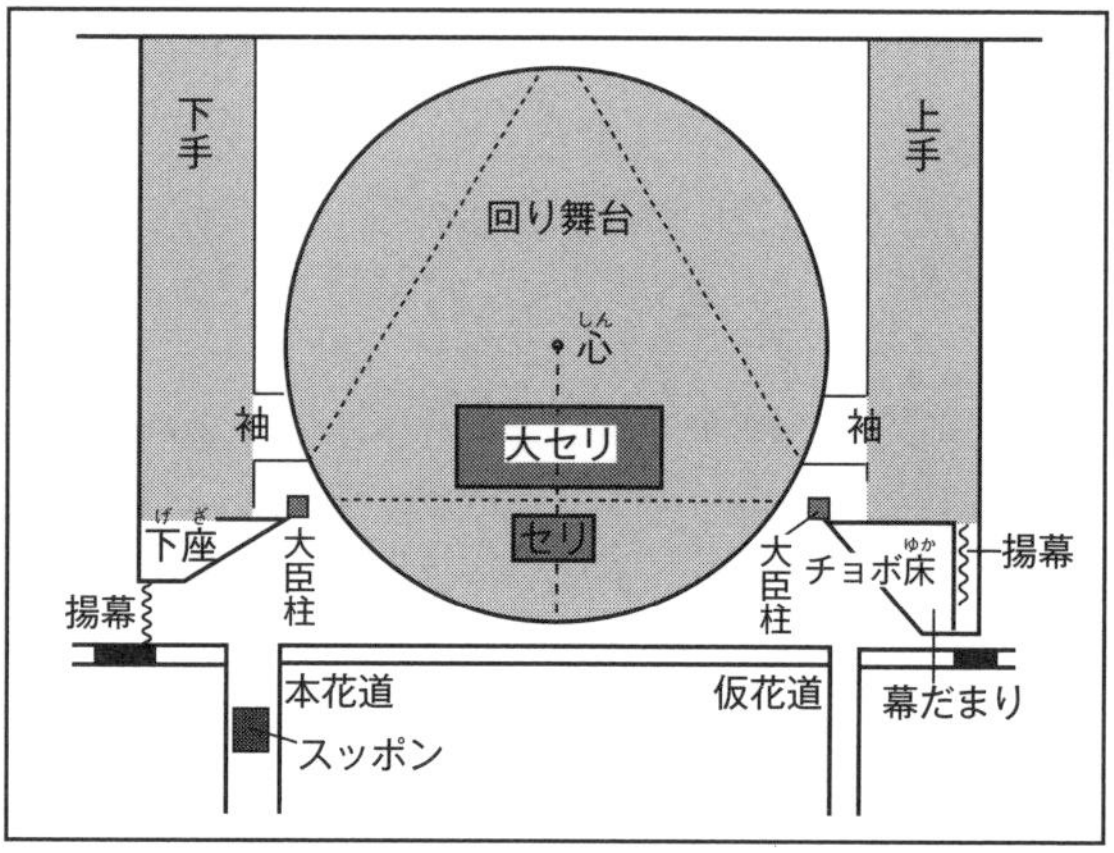

＊見得
劇的な場面で、その感情を形に表して一時止めて見せる歌舞伎独特の大げさなストップモーション。映像でいうズームアップの効果を狙ったもので、そのポーズによって観客の視線を集めることから、「見得をきる」という。

＊六方
役者が花道を入る際に、手を振りながら足を高く上げ、「おっとっと」といったようにたたらを踏む感じで歩く独特の演技。勇ましくかつ動作を大きく見せるための工夫で、「飛び六方」（『勧進帳《かんじんちょう》』の弁慶）などさまざまな様式がある。

＊セリ
舞台装置の一つ。舞台の一部を切り抜き、そこから俳優や大道具などを徐々に押し上げたり押し下げたりする装置。花道のセリ上げ装置は「スッポン」とよばれる。

＊がんどう返し
舞台装置のうち最も大仕掛けなもので、どんでん返しともいう。場面転

号の声がかかる「大向《おおむこ》う」なども歌舞伎の大きな特色の一つとなっている。

◇演目の種類

・時代物＝貴族、僧侶、武士などかつての支配階級に題材を求めた作品。平安時代の貴族を扱った「王朝物」、源平から戦国武士までが主題の「時代物」、江戸時代の大名のお家騒動などを題材とした「お家物」の三種に細分化される。『暫《しばらく》』『勧進帳《かんじんちょう》』『忠臣蔵《ちゅうしんぐら》』『義経《よしつね》千本桜』など。

・世話物＝時代物に対する作品で、江戸時代の町人の日常生活に題材を求めたもの。一般の世話物のほかに、さらに儀式性の強い「時代世話」、下層階級の世相人情をリアルに描いた「生世話《きぜわ》」、明治時代の風俗もの「散切《ざんぎり》物」などに細分化される。『曽根崎心中《そねざきしんじゅう》』『心中天網島《しんじゅうてんのあみじま》』『与話情浮名横櫛《よわなさけうきなのよこぐし》』『東海道四谷怪談』など。

・所作事《しょさごと》＝義太夫、*長唄《ながうた》、*常磐津《ときわず》などによって踊る舞踊劇のこと。男女の駆け落ちを描いた情緒的な題材が多く、これらをとくに「道行《みちゆき》物」という。『藤娘』『娘道成寺《むすめどうじょうじ》』など。

・新歌舞伎＝明治時代以降、近代西洋思想をとり入れて歌舞伎に近代劇のスタイルをミックスさせたもの。坪内逍遥《しょうよう》『桐一《きりひと》葉《は》』、岡本綺堂《きどう》『修禅寺《しゅぜんじ》物語』など。

3　文楽　魂を吹き込んだ「人形」の芸能

文楽は、日本固有の人形芝居の一つで、*浄瑠璃《じょうるり》に合わせて人形を操ることから人形浄

換の場合、舞台の大道具を後ろに九〇度倒し、代わって次の舞台をセリ上げるよう工夫されている。

＊化粧
元来はハレの日に、巫女が神を憑依《ひょうい》させる際に行なった、常の状態とは異なる装いのこと。一種の変身願望で、仮装、気配ともいう。のちこの手法を広く女性がまね、仮装は化粧とも表記されて、美容全般を意味する言葉となった。

＊隈取
どの演目でも使われるわけではないが、これによってだいたいの役どころがわかる。たとえば、白塗りに紅の隈取は正義の味方、藍色は怨霊や敵役、茶色は鬼や妖怪など人間以外の無気味な役に使われることが多い。顔を赤く塗った「赤っ面」は敵役。

＊義太夫節
元禄期に竹本義太夫が創始した上方浄瑠璃の一つ。三味線声曲の一種で、人形の動作に合わせて語るようにつくられたため、人形浄瑠璃ともいう。登場人物のせりふや会話を節をつけ

瑠璃ともいう。起源は江戸開闢《かいびゃく》前後に求めることができるが、一七世紀後半に大坂の竹本義太夫と近松門左衛門《ちかまつもんざえもん》が出現するにおよんで、現在のスタイルがほぼ固まった。ただし、人形が三人遣いになるのは一八世紀前半という。

文楽とよぶのは淡路出身の植村文楽軒《うえむらぶんらくけん》にはじまる芝居小屋が、一八七二（明治五）年に大阪・松島に「文楽座」と称する劇場を築いたことによるもので、人形浄瑠璃の伝統を唯一正統に受け継いだ文楽座の名称が、のちに人形浄瑠璃の代名詞となったのである。

◈演出と構成

文楽を演じるのは、人形を操る「人形遣い」、浄瑠璃の語り手である「太夫《たゆう》」および「三味線《しゃみせん》弾き」から構成され、これを「三業」という。

人形は、かしら（頭と首）、胴、手、足、衣装からなり、全長一メートル前後の大きさがある。このため、端役は一人で一体を操るが、主役は「三人遣い」といって三人で一体を操る。すなわち、人形の首と右手を動かす「主遣い《おもづかい》」、足を動かす「足遣い」、左手を動かす「左遣い」の三人の息がピッタリ合ってはじめて、人形に細かく微妙なしぐさをさせることができるのである。三人とも黒衣《くろご》という黒い着物に黒い頭巾《ずきん》をかぶって顔を見せないのが原則だが、クライマックスの切場《きりば》などの場面では、主遣いだけが「出遣い」といって紋付袴《はかま》姿で顔を出して操る。

舞台向かって右側の上手は床《ゆか》とよび、ここに衝立《ついたて》を背後にして太夫と三味線弾きが座して浄瑠璃を演じる。太夫は、登場人物一人一人のせりふを使い分けて情を語っていくが、多くは江戸時代の大阪言葉のため、慣れるまで理解しにくいところもある。

なお、代表的な演目には、『国性爺合戦《こくせんやかっせん》』『傾城阿波鳴門《けいせいあわのなると》』『仮名手本忠臣蔵《かなでほんちゅうしんぐら》』『菅原《すがわら》伝授手習鑑《でんじゅてならいかがみ》』『義経千本桜』などがあるが、後者の三作品は通常「三大浄瑠璃」とよばれ、

ずに語る「詞《ことば》」、抑揚をつけて旋律的に語る部分の「地合《じあい》」、音楽的旋律だけの「節《ふし》」の組み合わせからなりたっている。

＊屋号

江戸時代、苗字を名のることが許されなかった庶民が商売上の屋号を苗字がわりとしたように、歌舞伎役者も屋号を名のった。それは一種の愛称で、大向うからの声援などに用いられる。役者の屋号は、音羽屋（尾上松緑、菊五郎）、澤瀉《おもだか》屋（市川猿之助）、高麗《こうらい》屋（松本幸四郎）、中村屋（中村勘九郎）、成駒《なりこま》屋（中村歌右衛門）、成田屋（市川団十郎）、大和屋（坂東玉三郎）、高島屋（市川左団次）、播磨《はりま》屋（中村吉右衛門）など。

＊長唄

歌舞伎踊り唄や上方唄などを基に発達した三味線音楽で、江戸長唄ともいう。歌舞伎で演奏されているお囃子や鳴物《なりもの》入りのにぎやかな邦楽が長唄で、義太夫などほかの邦楽の多くはせりふ入りだが、長唄は詞だけでせりふがないのが特徴。『勧進帳』

いずれものちに歌舞伎にとり入れられて大ヒットをとっている。

◇阿波人形浄瑠璃

徳島県下に伝わる淡路人形浄瑠璃の流れをくむ人形芝居。洗練された大阪の文楽と異なり、主に小屋掛けの仮設舞台や農村舞台など客席規模の大きい屋外で演じられる。このため、遠目にもよく見えるよう人形も文楽に比べて大ぶりで、目鼻立ちもくっきり彫られ、照りのある塗りを特色とする。

農村舞台では、巧妙な仕掛けによって背景を次から次へと場面転換する「ふすまカラクリ」が独立した演目として上演されるなど、文楽とは異なる趣向も見られる。最盛期は明治二〇年代で、その後衰退するものの伝統芸能として引き継がれ、一九九九（平成一一）年には国の重要無形民俗文化財に指定されている。

4　その他の芸能　代表的な芸の一部を紹介

◇狂言

能とともに日本を代表する演劇の一つで、能の番組の間に演じられる対話形式のせりふ劇。能と同様、猿楽を母体として生まれたが、能が音曲や舞をとり入れたのに対して、風刺のドラマ性を強調して分化したのが狂言で室町初期に成立した。

元来は漢語で「冗談」といったような意味を持ち、狂言自殺などという使われ方がなされるように、人間の精神の荘重さを表現する能に比べて、人間がもつ愚かさ、こっけいさなどをせりふや物まねなどで演じる芸。

など劇にともなうもの、『越《えち》後《ご》獅《じ》子《し》』など舞踊にともなうもの、『吾《あ》妻《づま》八《はっ》景《けい》』など舞台を離れた素唄物の三種がある。

＊常磐津
江戸時代中期に常磐津文字太夫が創始した、江戸育ちの浄瑠璃の一流派。曲風は義太夫に近く、語り物に唄い物の要素を加味した曲風で、江戸の生活に適合して庶民階級に広まった。歌舞伎舞踊の伴奏に適し、主に歌舞伎の出語りをつとめている。代表作に『関の扉《と》』『将門《まさかど》』『乗合船』などがある。

＊浄瑠璃
三味線の伴奏による語り物の一つで、義太夫（義大夫）の別称。当初は琵《び》琶《わ》などを伴奏として語られていたが、のち人形芝居と結びついて三味線となった。三河《みかわ》の長者の娘である浄瑠璃姫と牛若丸の恋物語を語った『十二段草子』が爆発的にあたったため、以後この種の節回しを浄瑠璃とよぶようになったという。

■主な能と歌舞伎ゆかりの地

【歌舞伎】

❶伽羅仙台萩《めいぼくせんだいはぎ》（仙台）
❷奥州安達原《おうしゅうあだちがはら》（二本松）
❸助六由縁江戸桜《すけろくゆかりのえどざくら》（東京）
　三人吉三廓初買《さんにんきちざくるわのはつかい》（〃）
　東海道四谷怪談《とうかいどうよつやかいだん》（〃）
❹与話情浮名横櫛《よわなさけうきなのよこぐし》（木更津）
❺白浪五人男《しらなみごにんおとこ》（鎌倉）
　暫《しばらく》（〃）
❻蔦紅葉宇都宮峠《つたもみじうつのみやとうげ》（宇津ノ谷峠）
❼勧進帳《かんじんちょう》（安宅ノ関）
❽伊勢音頭恋寝刃《いせおんどこいのねたば》（伊勢）
❾菅原伝授手習鑑《すがわらでんじゅてならいかがみ》（京都）
❿妹背山婦女庭訓《いもせやまおんなていきん》（吉野）
　義経千本桜《よしつねせんぼんざくら》（〃）
⓫壺坂霊験記《つぼさかれいげんき》（高取）
⓬京鹿子娘道成寺《きょうかのこむすめどうじょうじ》（川辺）
⓭心中天網島《しんじゅうてんのあみじま》（大阪）
　夏祭浪花鑑《なつまつりなにわかがみ》（〃）
　曽根崎心中《そねざきしんじゅう》（〃）
⓮一谷嫩軍記《いちのたにふたばぐんき》（一ノ谷）
⓯仮名手本忠臣蔵《かなでほんちゅうしんぐら》（赤穂）
⓰平家女護島《へいけにょごのしま》（硫黄島）

【能】

①黒塚《くろづか》（二本松）
②羽衣《はごろも》（三保の松原）
③紅葉狩《もみじがり》（戸隠山）
④安宅《あたか》（安宅ノ関）
⑤実盛《さねもり》（加賀）
⑥班女《はんじょ》（関ケ原）
⑦竹生島《ちくぶじま》（竹生島）
⑧自然居士《じねんこじ》（大津）
⑨大原御幸《おおはらごこう》（京都）
⑩葵上《あおいのうえ》（〃）
⑪野宮《ののみや》（〃）
　小督《こごう》（〃）
⑫井筒《いづつ》（天理）
⑬道成寺《どうじょうじ》（川辺）
⑭弱法師《よろぼし》（大阪）
⑮船弁慶《ふなべんけい》（尼崎）
⑯高砂《たかさご》（高砂）
⑰老松《おいまつ》（太宰府）
⑱景清《かげきよ》（宮崎）
⑲鬼界島《きかいがしま》（硫黄島）

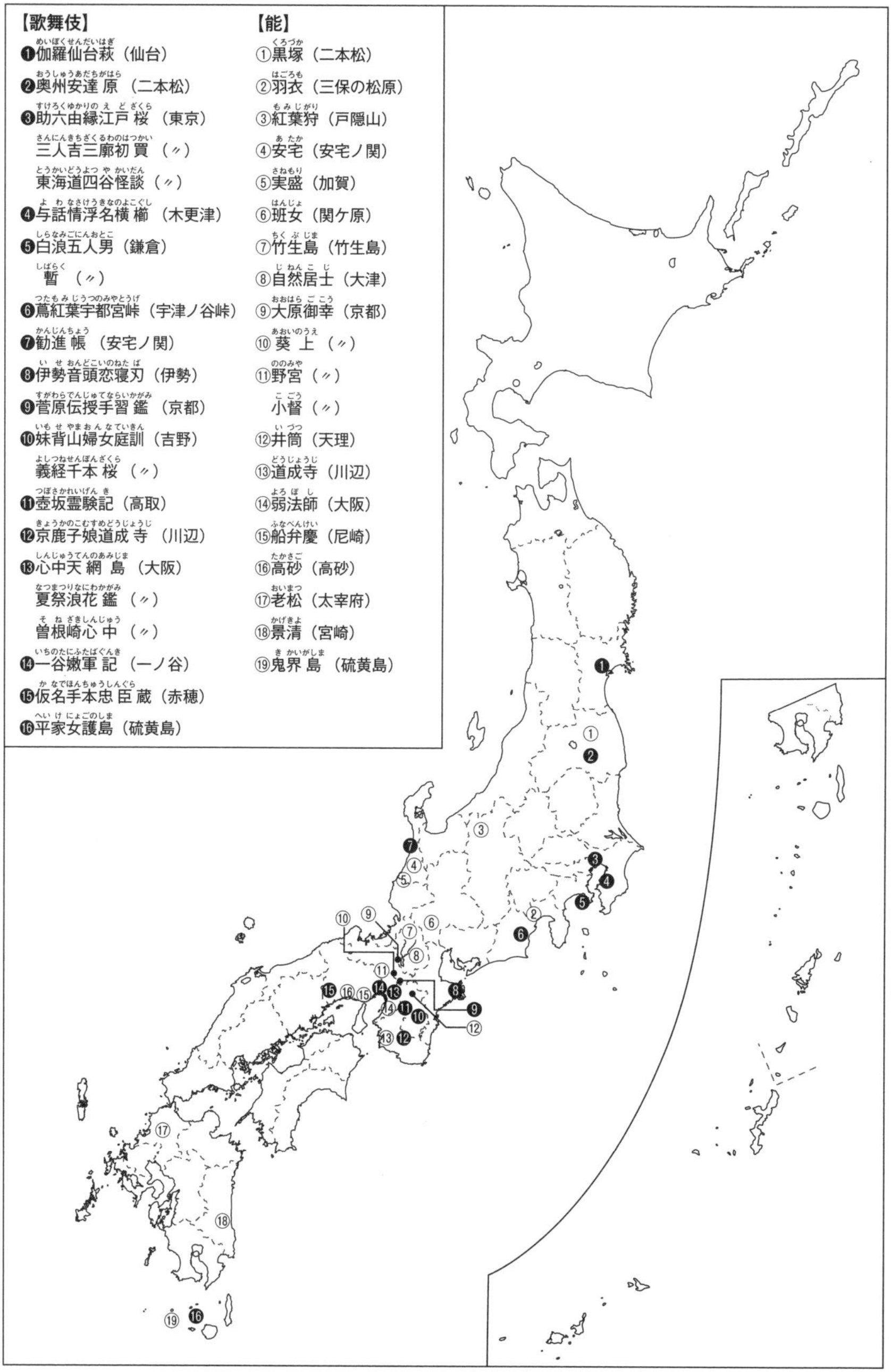

主役は「シテ」または「オモ」、相手役を「アド」といい、役柄には、大名とその召し使い（冠者《かじゃ》）などが多く見られる。狂言は、祝言の儀式で能とともに演じられる「三《さん》番叟《ばそう》」、能のあいまにナレーション的な役割をする「間《あい》狂言」、独立したストーリー性を持つ「本狂言」に分類される。かつて、長い間能の付属的な芸能として扱われてきたが、現在は独立して演じられる本狂言も人気を集めている。

◆落語

代表的な庶民芸能の一つで、身振りを加えながらこっけいな話をし、最後にオチ（サゲ）をつけて聞き手の笑いをさそう話芸。室町時代末期から、武将の側近にあって逸話を語ったり雑談の相手となる「御伽衆《おとぎしゅう》」とよばれる職があったが、これを源流として江戸時代初期に安楽庵策伝《あんらくあんさくでん》という風流人が大名にこっけい談を語ったのが最初と伝えられる。のち身振りを入れる仕方噺《しかたばなし》に発展して芸能化し、江戸と大坂を中心に流行した。

当初は単に「はなし」とよばれていたが、その後上方では「軽口ばなし」、やがて江戸では「落としばなし」になった。落としばなしが落語とよばれるようになったのは一八八七（明治二〇）年ごろからという。

落語は創作年代によって、話芸を完成の域にまで高めた明治期の巨匠である三遊亭円《さんゆうていえん》朝《ちょう》以前につくられた「古典落語」、それよりのちの「新作落語」に二分される（厳密な定義ではなく、最近では第二次大戦前までの作品を古典落語という場合が多い）。また江戸落語と上方落語の地域性で分ける方法もある。江戸落語は遊郭《ゆうかく》を舞台としたくるわ話、上方落語は市井の人情話が主流を占め、一般に上方のほうが三味線や太鼓などの鳴《なり》物《もの》がにぎやかで陽気な傾向が見られる。

また、江戸は前座《ぜんざ》、二つ目、真打《しんうち》といったような落語家にランクをつける階級制度が

■阿波人形浄瑠璃

提供：阿波農村舞台の会

あるが、上方落語にはそういった制度がないかわりに、落語を中心に毎日演じる常設の定席《じょうせき》もない。このため、実力がものをいうが、バラエティ番組や司会など本職以外で活躍している落語家が多いのも事実。

講談

落語とともに日本を代表する話芸の一つだが、最近は落語や漫才に押されて低調である。江戸前期の元禄時代の『太平記』語りや辻講釈からはじまったとされ、講談というよび方は明治以後のことで、それ以前は講釈といった。釈台《しゃくだい》とよばれる小机を置き、張《は》り扇《せん》で打ちながら調子をとって、軍記や武勇伝、敵討ちなどを独特の節をつけて語るというもの。最近では、女性問題や社会問題などをテーマとした新講談をはじめ、英語講談や実験講談など新しい試みもなされている。

浪曲

浪花節《なにわぶし》ともよばれる語り物の一つ。第二次大戦前までは、講談とともに庶民芸能の雄で、落語や漫才をしのぐ人気だった。神仏の説法を源流として、江戸後期の一九世紀初めに浪花伊助《なにわいすけ》という人物が創作したと伝えられ、一八七三（明治六）年に公式に浪花節とよばれるようになった。三味線の伴奏に合わせて歌う部分と、語りの部分からなるが、すべて一人で演じる芸。主題は、軍記、講談、演劇、文芸などから幅広くとり込んでいる。

漫才

こっけいな軽口問答をする寄席演芸。太夫と才蔵の掛け合いによる門付《かどづけ》芸能の万歳《まんざい》が近代化したもので、明治後期に大阪からはじまったという。当初はお囃子をとり入れた古典的スタイルで、落語の添え物的な立場にあったが、大正末期に吉本興業の横山エンタツと花菱《はなびし》アチャコのコンビが話芸（しゃべくり漫才）を考案すると爆発的な人気を博した。一九三三（昭和八）年ごろ漫才と呼び名を変え、東京へ進出。

通常はボケ役とツッコミ役とよばれる二人のコンビで演じる。ボケは冗談や明らかなかんちがいを織り込んで笑いを誘う所作をする役で、ツッコミはまちがいを大げさに指摘し笑いどころを観客に示す役割を担う役で、ボケとはとぼけから転訛《てんか》したものという。

なお、最近のお笑いの多くは単なるドタバタ芸であって、本来の漫才路線から逸脱し話芸を演じていないとみる批判的な声も少なくない。

◈都々逸《どどいつ》

三味線とともに歌われる俗曲の一種。一八世紀末に生まれ、音曲師が寄席や座敷などで演じる出し物で、主として男女間の情愛を題材として扱うことが多いため情歌ともよばれる。

当初は七・七・七・五調にまとめればどのように歌おうが自由であったが、現今の節回しは天保年間（一八三〇～四四年）に都々逸坊扇歌《どどいつぼうせんか》によって完成されたといわれる。

明治以降は寄席芸としても広まり、「はげ頭抱いて寝てみりゃ可愛いものよ、どこが尻やらアタマやら」のように、しゃれや下ネタなどの即興句としても流行した。

年中行事さまざま

日本人の大半は、新年に注連《しめ》飾りや門松《*かどまつ》を飾り、鏡餅《かがみもち》を供え、雑煮《ぞうに》、お節《せち》、お屠蘇《とそ》で祝う。パンとコーヒーで迎えてはならないというきまりはないが、これでは普段の日と少しも変わりないし、そもそも正月気分が出ない。なぜそうするのか、という思いにまでなかなかいたらないが、信仰を背景にあるいは暮らしの知恵として、年中行事はさまざまな形で日常生活の中に溶け込んでいる。年中行事はまた、季節の風物詩でもある。現在では春夏に甲子園で開催される高校野球や大晦日《おおみそか》の紅白歌合戦など恒例の行事もその対象になっているほどだ。

1　発生と背景　ハレの日に行なうめでたいイベント

毎年一定の時期に行なわれる同じ様式の民間の行事を年中行事というが、個別に考察してみると、由来も歴史的な経緯もまちまちである。しかし、基本的には、長い一年間の単調かつ質素な生活に一定のリズムをとり入れ、メリハリをつけようとしたことにはじまる。その日はきつい労働から離れ、神に奉仕し、ごちそうをつくって酒食を楽しみ、そして着飾ったが、このような特別な行事がある日を「ハレ」といい、労働に従事する普段の日の「ケ」に対応した。もっともハレやケをもつ事情はわが国だけに限らず、農

＊門松
門松の由来は、年神が降臨するときの依り代《よりしろ》（目印）といわれている。古代人は巨木や巨石などに神が宿ると考えたが、当初は松や竹に限らず栗、榊《さかき》なども立てていた。また、飾りつけは一二月二八日までにするものだが、これは二九日の松を九松（苦待つ）といって縁起が悪いと嫌ったためで、大晦日も一夜松とよんで避けた。取り去る日は地方によって異なるが、現在では一般に一月七日とされる。

耕を主とする社会ではどこも似たような慣習が定着していることはいうまでもない。

　ハレといわれる日にはさまざまなものがある。たとえば、新年を祝う正月、桜の花を愛《め》でる花見、農作業と関連の深い八朔《はっさく》*や収穫祭などの行事、あるいは祖霊を迎える盆行事、月の満ち欠けと関連する月見の行事、季節の節目ごとに行なわれる節句《せっく》といったように枚挙にいとまがない。こうしたハレの日のために特別にめかしこむことを晴れ姿といい、着るものを晴れ着とよんだのである。

　これらの行事の多くは、特殊な食べ物と密接に結びついている。正月の餅と雑煮、七草の粥《かゆ》、節分の豆、雛《ひな》祭りの菱餅《ひしもち》と白酒、端午《たんご》の節句の柏餅とチマキ、彼岸《ひがん》のおはぎ、十五夜の団子など、ハレの日と食べ物との関連も見落とすことができない要素を含んでいる。

　いっぽう、ケの生活が順調にいかなくなる状態を「気枯れ」つまりケガレといい、とくに病気や出産、死などはその代表として忌み嫌われた。

*八朔
旧暦八月の朔日《ついたち》のこと。古くからこの日は、農家では新しい稲の贈答や豊作祈願、予祝《よしゅく》などの行事が行なわれたが、のちに一般化して贈答の習慣を生んだ。江戸時代には、徳川家康がこの日に江戸に入城したことから、幕府は正月に準じて盛大に祝ったという。

2　主な年中行事　知られざる深いいわれと伝統の裏側

　年中行事というのは、日々の生活の流れの中で年単位でくり返される行事である。なかでも、正月には門松を立て、三月には雛人形を飾り、五月には鯉のぼりを立て、お盆には帰省ラッシュをくぐって家族そろうといったしきたりや慣習は、日常生活における大きなアクセントともなっている。なかでも、観光と関連の深い行事のしきたりについては、その背景くらい簡単に知っておきたいものだ。

◇正月

正月は年のはじめである。年神（*歳徳神《としとくじん》）を迎え、お飾りとして白い紙の上に裏白《うらじろ》であるシダやゆずり葉をあしらい、大小二つの餅を重ね、さらにその上に橙《だいだい》や昆布《こんぶ》、串柿などを載せた。この飾りは最も大切な供え物とされ、一一日の鏡開きまでは神棚に飾ることを原則とした。また、一年の邪気をはらい長寿を願うため*屠蘇《とそ》酒も飲まれてきた。

江戸時代には、左記のような正月のめでたい飾り物を「十飾り」とよんで縁起をかついだ。いずれも語呂合わせに近いが、黒豆＝マメ（健康）に暮らす、数の子＝子だくさんといったように現在までその流れは続いている。

- ゆずり葉＝新芽が出て古い葉が落ちるため、家督《かとく》相続がとどこおりなく行なわれることの象徴。
- 勝栗＝敵を制しおのれに克《か》つこと。
- 裏白＝心が明白で後ろ暗さがない。
- 橙＝代々、一門の繁栄を示す。
- 炭＝住みよい土地に住む。
- 野老《ところ》＝ヤマイモ科のつる草で根が食用。分にやすんじ、所を得ることを示す。
- 熨斗《のし》＝アワビを乾燥させたもので、身代をのし上げることを意味する。
- 昆布＝よろこぶの語呂合わせ。
- 串柿＝財宝をカキ寄せる。
- 伊勢海老《いせえび》＝夫婦ともに長寿を願う*偕老《かいろう》に基づく。

◇初詣《はつもうで》・初日の出

新年に初詣や初日の出の御来光《ごらいこう》を参拝するのは、いまでは国民的行事といってよいほ

＊歳徳神
陰陽道《おんようどう》でいうその年の福徳をつかさどる神。この神がいる方角を恵方《えほう》といって万事に吉とされる。わが国では米つくりの神でもあり、正月に家々を回ってその年の稲作の豊作を約束してくれる神であった。したがって、この神が訪れないということは年が明けない、つまりその年の収穫の保証が得られず、生計の目途が立たないことでもあった。

＊屠蘇酒
山椒《さんしょう》、肉桂《にっけい》、防風《ぼうふう》、白朮《びゃくじゅつ》など七、八種の薬草を調合した屠蘇散を酒またはミリンに浸したもの。お屠蘇ともいう。中国から伝わり、宮中では平安初期の八一一（弘仁二）年にはじまったとされる。年少者から順に飲むのが正式で、屠蘇とは屠（死）蘇（蘇生）、つまり古い年が死に新しい年へ生まれ変わるの意。

＊偕老
海老と偕老の掛詞《かけことば》で、偕老とは夫婦が老年までむつまじく連れ添うこと。同時に海綿動物の偕老同穴《かいろうどうけつ》の生態に基づく故事来歴で、体腔《たいこう》内に雌雄一

どだが、これは信仰儀礼でもなければ古くからの民間伝承でもない。いずれも江戸末期から明治時代に形成された創*られた伝統である。

かつて元旦*は、屋内にこもって年の神をお迎えするときであった。しかし、商業活動が活発な大都市にあっては、年神の訪いを座して待つのではなく、自ら吉の方角にある社寺に詣でてその福にあやかろうとする風潮が広まった。これが初詣のはじまりで、当初は商売繁盛を祈願する七福神巡り*であったという。

初日の出も同様で、日の丸や太陽暦の使用が一般化するにつれて、昇る太陽がめでたさの象徴となり、国の発展や子孫繁栄を祈願する行事に変容したにすぎない。

どんど焼き

*小正月《こしょうがつ》（一月一五日前後）に行なわれる年神を送り出す行事で、左義長《さぎちょう》ともよばれる。門松や注連縄《しめなわ》などの正月飾りを一か所に集めて焼き、その火で焼いた餅を食べて一年の無病息災を祈る。火を神聖視した信仰と年占いなどが結びついたものという。この日をもって正月行事はすべて終了する。滋賀県近江八幡《おうみはちまん》市の左義長まつりはとくに有名。

鳥追い

田畑に集まる害鳥を追い払うための小正月の行事。子供たちが正月飾りでつくった小屋に火をつけながら鳥追い唄を歌うなど、どんど焼きと共通した要素も多く見られる。北日本や東日本で顕著で、関連行事ではほんやら洞（新潟県十日町市）が有名。

節分

かつては四季の変わり目の日をいったが、現在は立春の前日の代名詞となっている。つまり旧暦の大晦日にあたったわけで、古くからこの日には疫病《えきびょう》をもたらす悪鬼がやってくるという、中国を起源とする迷信が伝わっていた。このため、やきかがし（悪臭を

対のドウケツエビが生息し生涯外に出ることなく一緒にすむということで夫婦和合の象徴となった。

＊創られた伝統

一見、日本古来の伝統文化と思い込んでいる習俗・行事は少なくない。幕末維新以後にはじまったものの中には、初詣・初日の出以外に、お年玉、大安仏滅などの六曜、神前結婚式、万歳《ばんざい》三唱、中元《ちゅうげん》や歳暮《せいぼ》などがある。

＊元旦

元旦の旦は朝という意味であり、元旦は元日の朝以外には使えない言葉。したがって元旦の日とか元旦の夜というのはまちがいで、それをいうなら元日、元日の夜というべきである。

＊七福神巡り

↓p二七

＊小正月

旧暦一月一日（または一日〜七日）の大正月に対する言葉で、別名「女正月」ともいう。大正月は男中心の行事のため、女性はゆっくりと休む間もないが、小正月になってようや

放つ焼いたイワシの頭とトゲのあるヒイラギの小枝）によって、悪鬼を退散させるような配慮がなされたが、その習俗はいまに残っている。

　豆まきは室町中期からの風習で、元来は厄《やく》落としであり、新しい年がくる前に豆にけがれをつけて捨てると災いが取れるといわれた。穀物のなかでも大豆《だいず》は、とくに呪術的な力が強いと信じられたため、炒った豆が使われたという。また、年齢と同じ数の豆を食べると、邪気を払い福を招くともいわれる。新勝寺《しんしょうじ》（千葉県成田市）、浅草寺《せんそうじ》（東京都台東区）、壬生寺《みぶでら》（京都市）などの節分行事は大規模で有名。

◈彼岸

　日本で生まれた独特の行事で、春分と秋分の日を中心とする前後三日間の計一週間をいう。先祖の霊を供養し、墓参などが行なわれるが、彼岸が春秋二回あるのは、太陽がその日は真西に沈み、西方浄土信仰と関連づけて極楽に往生できるとの発想によるという。

　なお、この日のお供え物の定番に「ぼた餅」と「おはぎ」があるが、実態はほとんど同じもので、春の彼岸に供えるのが春の花の牡丹《ぼたん》にちなんだ牡丹餅すなわちぼた餅、逆に秋の彼岸は秋の草花である萩《はぎ》にちなんでおはぎとよぶのが正しいとされる。

◈花見

　桜前線という季語があるほど日本人に最も親しまれている行楽行事の一つ。しかし、もともと雛《ひな》祭りと同様、けがれを払うために家を空けて山野に出かける宗教儀式に近いものであった。やがて、散りゆく花をいとおしみ愛でる美意識が生まれると、平安貴族の間で花見の宴が定着していくが、花見が庶民のものとなり、大騒ぎが一般化するのは江戸前期の元禄《げんろく》期からという。規模の大きな花見祭りとしては、弘前《ひろさき》さくらまつり（青森県弘前市）や角館《かくのだて》桜まつり（秋田県仙北《せんぼく》市）などがあげられる。

く一段落し女性も羽を伸ばすことができた。もともとわが国では満月の日すなわち旧暦一五日を正月として祝う風習があり、小正月はその名残という。

◆盂蘭盆《うらぼん》

サンスクリット語の「ウランバナ（さかさ吊りの苦しみの意）」が語源で、俗に盆、お盆ともいう。旧暦の七月一三～一五日で、東京周辺や東北地方では新暦に沿うが、西日本では一般に八月一五日前後に行なわれる。日本古来の祖霊祭りと仏教が合体したもので、「盆と正月が一緒にくる」という言い回しがあるように、年中行事のうちでも正月と双璧《そうへき》をなす。祖霊の乗り物と考えた牛馬の形にしたナスやキュウリを飾ったり、祖霊をあの世に送り返す灯籠《とうろう》などを流したりする。

また、旧暦一五日前後は*満月の時期にあたり、人々が寄り集まって踊る盆踊りが行なわれる。元来は、一時的にもどってくる祖霊をもてなし送り出すための芸能であり、*念仏踊りを起源とするが、現在のようなスタイルは一五世紀初めごろに確立された。女性はかつて、白い手ぬぐいを一様に頭にかぶる葬儀の風俗で踊ったという。代表的な盆踊りには、郡上《ぐじょう》踊り（岐阜県郡上市）、阿波《あわ》踊り（徳島市）、エイサー（沖縄県各地）など。

◆十五夜

旧暦八月一五日で「中秋《ちゅうしゅう》の名月」ともいい、現在もこの夜はススキの穂に団子、里芋、クリ、枝豆などの供え物とともに月見をする習俗がある。平安時代に中国から伝わった行事で、この夜は子供たちが月見団子をかすめとったり、他人の畑の作物を盗むことはむしろ奨励された。これは、古代には月を神として祀《まつ》り、その神に捧げた収穫物を多くの人がわかち合ってこそ、その恩恵にあずかれると考えたからである。

この日にはまた、川内《せんだい》綱引き（鹿児島県薩摩《さつま》川内《せんだい》市）をはじめ南九州で「中秋綱引き」という綱引き行事が盛んに行なわれるが、これは豊作祈願・年占行事の変形である。

＊満月の時期
月の満ち欠けによる周期的変化を基準に定めた旧暦では、十五夜の満月といえばその月の一五日であった。電燈のない時代にあっては、神社の例祭など宴を催すには満月の光をたよりとしたため一四～一五日に集中する傾向があり、現在でもその伝統を受け継いで盆踊りなどは月半ばに行なわれることが多い。

＊念仏踊り
→p七四

◆亥子《いのこ》

旧暦一〇月の亥の日に行なわれる一種の収穫祭。亥（イノシシ）の多産にあやかり、新米でついた亥子形の餅を食べて無病息災と子孫繁栄を祈る。同時に新しいワラまたは丸石に縄を何本も巻きつけて、これを子供たちが持って家々を回って庭先の地面をたたく「亥子突き」も行なわれるが、これは神楽《かぐら》や四股《しこ》などと同様に土を叩くことによって、大地の生産力を高めようという呪術的な意味合いがあるためであろう。亥子はとくに西日本で盛んで、東日本の収穫祭「*十日夜《とおかんや》」も同類の行事という。

◆七五三

一一月一五日に行なわれる三、五、七歳の子の通過儀礼としての祝い。もともと武家社会の習わしで、男児は三歳と五歳、女児は三歳と七歳に晴れ着を着て宮参りをする。かつては*髪置きの行事を通して、三歳から一人前の少年少女として扱われた。また、男子が袴《はかま》を着けるのは五歳、女子は帯を締めるのは七歳という習わしから、のちに五歳、七歳の祝いも加わったが、これは主に江戸での習俗で全国共通ではない。

七五三という区切りのよさは、奇数を縁起のよい数（陽数）とみなす中国からの影響が大きいと思われる。一一月一五日なのは、徳川五代将軍綱吉の嫡子《ちゃくし》徳松の三歳の祝いを行なった日に由来するという説がある。

◆酉《とり》の市

一一月の*酉の日に行なわれる大鳥《おおとり》神社の祭礼に立つ市。一一月の最初の酉の日を「一の酉」、以下「二の酉」「三の酉」とよぶが、三の酉のある年は火事が多いという俗信があった。これは鶏のとさかの赤から連想されたものというが確かなことはわからない。

江戸時代中期から福徳や財宝をトリ込むという言葉に結びつけて、熊手《くまで》やヤツガシラな

＊十日夜
旧暦一〇月一〇日の夜で、とおかんやとは「とおかのよる」の意。東日本ではこの日、刈入れが終わって田の神が山へ帰るとして祀り、かかし上げをしたり、ワラ束で地面を叩いて回るなどの行事がある。西日本の亥子とともに重要な農村行事。

＊髪置き
髪の毛が結えるよう、幼児の髪を長く伸ばしはじめる儀式で、赤子から子供になるという意味をもつ。三歳の誕生日までは男女とも頭をそるのが習わしだったが、この日には白髪をかぶせ頭頂部におしろいをつけて、くしで左右にすいて祝った。

＊酉の日
中国で古くから考えられた干支《えと》（十干十二支）に基づいて考案された暦日の一つ。基本は十二支であるため、一二日ごとに巡ってくる計算になり、一か月に二回ないしは三回生じることになる。

どの縁起物を売るようになったが、とくに東京・下谷の鷲《おおとり》神社の行事が有名。

3　五節句　日本人なら知っておこう、節句の由来

年中行事を行なう日のうち、節日《せちにち》（季節の節目の日の意）とよばれる日には神に供え物をする節供《せちく》があったが、のちにこれが節日そのものをいうようになり、表記も節句となった。多くの節句のうち、とくに重要な区切りの日である五節句の祝いは中国唐代にはじまった風習で、日本に伝えられて江戸時代に一般化した。そのほとんどは現在も特別な日として全国規模で祝われている。

◈人日《じんじつ》

旧暦一月七日で、文字どおり人間の日のことをいう。古代中国では元日から八日まで順に、鶏、犬、羊、猪《いのしし》、牛、馬、人、穀を大事に扱う風習があり、七日の人の日には罪人の恩赦《おんしゃ》が行なわれたという。

なお、この日は同時に「七草《ななくさ》」の日で、七種の野草（セリ、ナズナ、ゴギョウ、ハコベ、ホトケノザ、スズナ、スズシロ）が入った粥を食べると邪気をはらい、万病を治すと信じられた。この風習は、屋内にこもる正月期間が一段落すると、運動不足解消もかねて山野に出かけ、食べ過ぎて弱った胃腸を薬草の粥で整えるという意味もあったといわれる。ちなみに、春の七草には次のような意味があるという。

- セリ＝物事にせり勝つ
- ナズナ＝撫《な》でてけがれを取り除く

・ゴギョウ＝御形すなわち仏の身体
・ハコベ＝ハコベのように増え栄える
・ホトケノザ＝仏の安座
・スズナ＝神をよび起こす鈴
・スズシロ＝大根のことで、花と根の白さからけがれなき清潔さ

◇上巳《じょうし》

旧暦三月三日に雛人形や桃の花を飾って女児の成長を祝う行事。古代中国では、とじこもっていた冬季の垢《あか》を洗い落とす水浴びが三月上旬の巳《み》の日に行なわれていた。この風習が日本に伝わると、厄や災いを人形に託してけがれをはらう形となり、平安時代以降は紙製か土製の人形を川に流して厄払いをすることが一般的となるが、その習俗は現在も鳥取地方の行事「流し雛」へ受け継がれている。やがて流し雛は公家《くげ》の間で雛人形を飾る華美なイベントへ変わり、これが現在の女児の節句になったという。

この日は、一般に金糸卵《きんしらん》をかけた散らし寿司に和合を象徴するハマグリのすまし汁、白酒と草餅などを飲食する。菱餅の三色は小豆《あずき》餅・白餅・草餅を合わせたもので、桃の花は古来、邪気をはらう仙木として考えられたことの名残。白酒は、桃の赤に合わせた紅白でめでたさを強調したもの

●二十四節気表　※2000～07年

※2000～07年

四季	節気	名称	太陽暦日付	意味・特徴
春	正月節	立春《りっしゅん》	2月4日	春の気が立つ（節分の翌日）
	中	雨水《うすい》	2月19日	氷雪が溶け、雪が雨に変わる
	2月節	啓蟄《けいちつ》	3月5～6日	冬眠していた虫が穴から這い出す
	中	春分《しゅんぶん》	3月20～21日	陰気・陽気の中分、昼夜半分
	3月節	清明《せいめい》	4月4～5日	清浄明潔で、草木の芽が出る
	中	穀雨《こくう》	4月20日	春雨が降り、百穀が生育する
夏	4月節	立夏《りっか》	5月5～6日	夏の気が立つ
	中	小満《しょうまん》	5月21日	身が育ち満ち、草木が繁る
	5月節	芒種《ぼうしゅ》	6月5～6日	芒《のぎ》のある穀類の種まき（田植え）
	中	夏至《げし》	6月21日	夏の頂点で、日の長さが最大
	6月節	小暑《しょうしょ》	7月7日	大暑の来る前、梅雨明け
	中	大暑《たいしょ》	7月22～23日	暑気が最高となる
秋	7月節	立秋《りっしゅう》	8月7～8日	初めて秋の気が立つ
	中	処暑《しょしょ》	8月23日	暑さが終わる
	8月節	白露《はくろ》	9月7～8日	草木に朝夕、白露が宿る
	中	秋分《しゅうぶん》	9月23日	陰気・陽気の中分、昼夜半分
	9月節	寒露《かんろ》	10月8～9日	露が冷気にあって凍ろうとする
	中	霜降《そうこう》	10月23～24日	露が霜となって降る
冬	10月節	立冬《りっとう》	11月7～8日	冬の気が立ち、寒くなる
	中	小雪《しょうせつ》	11月22～23日	雨も雪となって降る
	11月節	大雪《たいせつ》	12月7～8日	雪がいよいよ降りつもる
	中	冬至《とうじ》	12月21～22日	太陽が南に行き、日の短い頂点
	12月節	小寒《しょうかん》	1月5～6日	寒気が増し、冷え冷えする
	中	大寒《たいかん》	1月20～21日	寒気が最高となる

という。

端午《たんご》

旧暦五月五日の男児の成長を祝う行事。端午とは月初めの午《うま》の日のことで、のち午と五が同音であることから月初めの五日の意味になった。しかし、本来は女性の節句だったといっていい。

古くからこの時期は、田植えの主役を務める女性が屋内にこもって身を清める「さつき忌《い》み」という、田の神を迎え祀るための行事があった。のち、邪気をはらうために菖《しょ》蒲《うぶ》やヨモギの薬草を軒に吊るす中国の慣習がこれにとり込まれていった。

鎌倉時代になると、菖蒲《しょうぶ》が尚武や勝負に通じるという語呂合わせのよさから武家の間で宴が開かれるようになり、のちに武者人形が登場するにおよんで男児の節句に変わったという。さらに、滝を登った鯉は竜に変わるという古代中国の故事（登竜門）にあやかり、わが子の出世を願う鯉のぼりの縁起物も生まれた。なお、チマキを食べる風習は、紀元前三世紀の中国・楚《そ》の政治家屈原《くつげん》が、国の行く末を案じてこの日に入水《じゅすい》したと伝えられ、その霊を慰めるためにチマキを供えたという故事と結びついたまでで、端午の節句との関連性は何もない。

七夕《しちせき》

旧暦七月七日に行なわれる牽牛《けんぎゅう》星と織女《しょくじょ》星を祀る星祭りで、天の川をはさんで年に一度出会うことができるという古代中国のロマンチックな伝説。「たなばた」とよばれるのは、機織《はたお》り女性が神の一夜妻になると村のけがれを持ち去ってもらえるという古来の「棚機女《たなばたつめ》」伝承が当て字されたものという。

わが国ではこの日は飾った笹竹*を川や海に流し、厄払いをすることが中心で、祖霊祭

*笹竹
生命力の強い竹は、「かぐや姫」伝説などでも知られるように、古くは神の宿る清浄な植物と考えられていた。

りの一つでもあった。このような水に関する習俗の合作により、現在の七夕が生まれたといわれる。五色の短冊《たんざく》に願い事を記すとかなうという俗信は、中国伝来の乞巧奠《きっこうでん》*が起源だが、広く定着するのは江戸後期の寺子屋で手習い上達の方便に用いられて以降という。仙台七夕、平塚七夕（神奈川県平塚市）、尾張《おわり》一宮の七夕（愛知県一宮市）は、規模の大きさで俗に「三大七夕」とよばれている。

◇重陽《ちょうよう》

旧暦九月九日の菊の節句のことで、古くから菊の花を飾り菊酒をくみ交わして厄をはらい、収穫を祝うことを習わしとした。古来、中国では九は最大の陽数（奇数）であり吉数であるが、その風習が平安期に日本に伝わると、九が重なることから重九《ちょうく》＝長久に通じてめでたいとされ、この日は御九日《おくんち》ともよばれた。とくに九州北部の福岡、唐津、長崎の各おくんち祭りは有名。

*乞巧奠
「技巧を乞う祭り」の意。牽牛・織女の二星を祀り、手芸や芸能の上達を祈願する旧暦七月七日の行事。奈良朝半ばに中国から伝わり、宮中で盛んに行なわれてのちに七夕にもとり入れられた。

第3章

自然と温泉

自然と景観

日本列島はそびえ立つ山々に多くの渓谷と河川が刻まれるいっぽう、出入りの複雑な海岸線に沿って大小無数の島々が浮かぶなど、きわめて変化に富んだ地形を描いている。しかも南北に細長く、四季による移ろいがはっきり見られるのが大きな特徴だ。こうした豊かな自然に恵まれて、先人たちは「まほろばの国」とよんでその景観を大切にし誇りとしてきた。風光明媚な景観は、伝統・文化とは一見無縁のように思われるが、日本人はそれらを信仰や伝説、美意識、食、文芸などさまざまな分野から暮らしのなかに巧みにとり入れ、自然と共存することで生活の奥行きを広げてきた。自然と折り合う風土を抜きにして、日本人は語れないのである。

1 山への崇拝 山こそが日本人の信仰の原点

山国日本とよばれるわが国は、全土の約六割が山岳地で占められ、標高一〇〇メートル以上の丘陵地を含むと、七二パーセントがいわゆる「やま」とよばれる地形だ。ちなみに、全土の平均標高は三八二メートルに達する。

同時に世界有数の火山国としても知られ、*活火山の数だけで現在は一一一か所におよぶ。火山は自然災害の元凶ではあるが、その美しい山容と無数の火山湖、山麓《さんろく》に湧出す

＊活火山

現在は、火山活動の形態を活火山、休火山、死火山といった分類はしない。とくに休火山と死火山の定義はあいまいで、不確定な要素も多いため、活火山とそれ以外の火山に二分する。活火山も国際的には一万年以内に噴火した火山とするのが主流となり、火山噴火予知連絡会も二〇〇三（平成一五）年に「おおむね過去一万年以内に噴火した火山および現在活発な噴気活動のある火山」を活火山と再定義した。さらに、活動度に応じて、過去一〇〇年以内に数回またはそれ以上の噴火があった次の一三火山をAランク扱いしている。このうち浅間山、大島三原山、阿蘇山、桜島は「四大活火山」とよばれる。

・十勝岳《とかちだけ》、樽前山《たるまえ》、有珠山《うす》、北海道駒ケ岳、浅間山、大島三原山、三宅島、伊豆鳥島、雲仙岳《うんぜん》、阿蘇山、桜島、薩摩硫黄島《さつまいおう》、諏訪之瀬島《すわのせ》

＊修験道

日本古来の神道と仏教を融合させた神仏一体の宗派。七世紀後半、役小角《えんのおづぬ》が大和の葛城山《かつらぎ》にこもって生み出

る温泉などは、観光や行楽に大きな恵みを与えているのである。

◇山岳信仰

日本は国土の七割以上が山であるがゆえに、世界でも希《まれ》な山岳宗教が起こった。古代の日本人は、天空にいる神々が地上に降臨する際は、尖《とが》った山頂をもつ高山がもっともふさわしい場と信じていた。とくに、その秀麗な山容は、自然を崇拝する原初的なこころを突き動かしたことだろう。こうして各地に霊山が選ばれ、そこで超人的な修行を積む風潮が強まっていく。これが*修験道《しゅげんどう》である。

大和《やまと》の大峰山《おおみねさん》や紀伊《きい》の熊野山は、早くから山岳修験者を生んだ霊山として知られるが、地方でも加賀《かが》の白山《はくさん》、越中《えっちゅう》の立山、木曽の御岳《おんたけ》、奥州の羽黒山、四国の石鎚山《いしづちさん》、九州の英彦山《ひこさん》などは独自の聖地として、山全体を神体として崇《あが》めていた。近世になると、一般庶民たちも集団参詣《さんけい》を目的とした「講《こう》」を組んで登拝する風習が見られるようになり、とくに名峰富士は全国規模で*富士講が結成されて人気をよび、人々は神仏のご利益《りやく》が授かるよう「*六根清浄《ろっこんしょうじょう》」を唱えながら登ったという。

◇地方富士・あやかり富士

日本一の名山富士山に似た円錐形をした秀峰は各地に見られる。裾野を広げた*コニーデ火山が大半だが、富士山にあやかってとくに観光面で通称○○富士とよばれる山が少なくない。以下代表的なものと正称を紹介してみよう。

- 蝦夷《えぞ》富士＝羊蹄山《ようてい》（北海道）
- 知床《しれとこ》富士＝羅臼《らうす》岳（北海道）
- 渡島《おしま》富士＝駒ケ岳（北海道）
- 津軽富士＝岩木山（青森県）

したと伝える。呪力を修得しようと、山中での苛酷な修行に努める者は山《やま》伏《ぶし》ともよばれた。修験宗は一八七二（明治五）年に解体され、天台、真言の密教系に転属。

＊富士講
江戸時代、富士登山のための費用を積み立てて実行した町人層を中心とした集団の総称。登山指導の先達がリーダー役となり、数年計画で費用を積み立てて、満期になると講員をともなって富士登山を行なった。開祖は江戸前期の行者・長谷川角行《かくぎょう》といわれる。

＊六根清浄
六根とは、感覚や意識をつかさどる眼、耳、鼻、舌、身、意の六器官のけがれた執着を断ち、清浄な精神を会得するという仏教用語。登拝集団は、「さんげ、さんげ、六根清浄、お山は晴天」とかけ声をかけながら登ったが、山はそれほどに神聖な場であった。

・南部富士＝岩手山（岩手県）
・出羽《でわ》富士＝鳥海《ちょうかい》山（山形県）
・会津《あいづ》富士＝磐梯《ばんだい》山（福島県）
・越後《えちご》富士＝妙高《みょうこう》山（新潟県）
・信濃《しなの》富士＝黒姫山（長野県）
・伯耆《ほうき》富士＝大山《だいせん》（鳥取県）
・石見《いわみ》富士＝三瓶《さんべ》山（島根県）
・豊後《ぶんご》富士＝由布《ゆふ》岳（大分県）
・薩摩《さつま》富士＝開聞《かいもん》岳（鹿児島県）

◇日本アルプス

わが国の地形は、フォッサマグナ*によって東北日本と西南日本の二大山系に大別される。このフォッサマグナに沿うようにして、富士火山帯と乗鞍《のりくら》火山帯が縦断し、三千メートル級の険しい山脈群「日本アルプス」が連なり、それは北から飛驒《ひだ》山脈の北アルプス、木曽山脈の中央アルプス、赤石《あかいし》山脈の南アルプスに三分される。

日本アルプスの名は、一八八一（明治一四）年に英国人技師のW・ガウランドがヨーロッパアルプスに見立てて命名し、一八九六年には日本近代登山の父とよばれる英国人宣教師ウォルター・ウェストンが『日本アルプスの登山と探検』をロンドンで刊行して、一躍知れわたることとなった。

しかし、当初は飛驒山脈だけに限定されていたが、のち日本山岳会初代会長で登山家の小島烏水《うすい》が日本アルプスの定義を大山系の総称と拡大解釈、北・中・南に分けてよぶことを提唱した。

＊コニーデ

成層火山ともよばれ、溶岩と火山灰などが交互に噴出し堆積《たいせき》して形成された火山で、円錐形の山容と広い裾野をもち、火山のなかでは最も美しい山容という。富士山をはじめ、羊蹄山、岩手山、鳥海山などが有名だが、現在は火山成因の分類として、コニーデという語は使わない傾向にある。

＊フォッサマグナ

本州の中央部を縦断する地溝帯（細長く帯状に裂けた断層地形）で、日本を東北日本と西南日本に二分する大断層地帯。ラテン語で「大きな溝」を意味し、ドイツの地質学者ナウマンが命名。西縁は静岡と糸魚川《いといがわ》を結ぶ（静岡・糸魚川構造線）が、東縁は明らかになっていない。東西のさまざまな文化や習俗のギャップも、実はこの山岳断層帯によって、長い間文化経路や流通経路がさえぎられ、人的な交流が不活発なことが背景にあったとする説が有力。

2　河川と渓谷
暴れ川と急流が日本の河川の特徴

◇河川

日本の川は、*日本三大河とよばれる川であっても一般に小規模であり、傾斜が急で流れの速いのが特徴だ。たとえば*河況《かきょう》係数からいうと、ヨーロッパの大型河川などに比べて平均一〇〇倍以上も数値が大きくなっている。とくに東北日本よりも西南日本の係数が大きいのが目立つ。

いいかえれば、わが国には急流がすこぶる多いという事実を裏づけている。日本三急流は、東北の最上《もがみ》川、東海の富士川、九州の球磨《くま》川といわれるが、これは日本の東部、中部、西部におけるそれぞれの代表的な急流を指称したものであって、ほかにも阿賀野《あがの》川、常願寺《じょうがんじ》川、黒部川、大井川、天竜川、紀ノ川、仁淀《によど》川など名だたる急流は枚挙にいとまがないほどだ。

また舟下りもさることながら、観光資源として河川が占める役割はきわめて大きい。日本一の清流といわれる四万十《しまんと》川、鵜飼《うかい》で有名な長良《ながら》川や三隈《みくま》川、*「日本ライン」とよばれて流域の景観に優れる木曽川、無数の滝がかかる赤目四十八滝《あかめしじゅうはったき》の滝川をはじめ、各地の河川はさまざまに自然景観に彩を添えている。

◇渓谷

清流の美観や河川敷での行楽も捨てがたいが、やはり変化に富む渓流や滝の妙味が河川最大の魅力であろう。

＊日本三大河
本州、九州（筑紫《つくし》）、四国の三地域のなかで、古来、最大の川とよばれ親しまれてきた利根川（坂東太郎）、筑後川（筑紫次郎）、吉野川（四国三郎）をいう。したがって、長さや流域面積の大きさ順というわけではない。

＊河況係数
河川の定地点での最大流量と最小流量との比率で、河状係数ともいう。係数が大きいほど暴れ川つまり氾濫《はんらん》する確率が高いことになる。たとえば、利根川中流の栗橋（埼玉県）は係数四八四だが、英国テムズ川のロンドンは八にすぎない。オランダ人設計技師で明治時代のお雇い外人ヨハネス・デ・レーケが、富山の常願寺川を称して「これは川ではない、滝だ」と驚いた逸話は有名。

＊日本ライン
木曽川の美濃《みの》太田付近から犬山までの約一三キロの峡谷。地理学者志賀《しが》重昂《しげたか》が、ドイツのライン川峡谷に景観が似ていると、一九一三（大正二）年に漢詩に詠《よ》み込んで峡谷美を

舟下り、釣り、キャンプといったアウトドアが最大限に楽しめるのは、渓流という自然が造った造形美が備わってこそである。舟下りの盛んな河川は、最上峡（山形県）、鬼怒《きぬ》川（栃木県）、阿賀野川ライン（新潟県）、天竜峡（長野県）、日本ライン（岐阜県・愛知県）、保津《ほづ》峡（京都府）、大歩危《おおぼけ》・小歩危《こぼけ》（徳島県）、球磨川（熊本県）が代表例といえる。

そそり立つ岩壁と雄大な景観としては、層雲《そううん》峡（北海道）、猊鼻《げいび》渓（岩手県）、鳴子《なるこ》峡（宮城県）、黒部峡谷（富山県）、祖谷《いや》渓（徳島県）、高千穂峡（宮崎県）などがあげられよう。また、新緑紅葉や奇岩怪石、流れ落ちる無数の滝など周辺の風景の全体的な調和で渓谷美が優れるのは、奥入瀬《おいらせ》渓流（青森県）、吾妻《あがつま》渓谷（群馬県）、御岳昇仙《みたけしょうせん》峡（山梨県）、瀞《どろ》峡（和歌山県）、寒霞《かんか》渓（香川県）、耶馬《やば》渓（大分県）などが名高い。

◇滝

渓流が多いことは、同時に無数の滝の存在を意味する。滝は、かつては山岳信仰の修行場であり、雨乞いの場であるなど信仰と密接に結びついてきた。事実、日本三名瀑《めいばく》*の一つ那智《なち》ノ滝などは滝全体がご神体となっている。

絶え間ない轟音《ごうおん》とダイナミックな景観の男性的な滝から、白糸のような繊細で優美に流れ落ちる女性的な滝まで、滝にもさまざまな形態が見られる。

- **直瀑《ちょくばく》**

一気に落下する男性的な滝で、名瀑とよばれるものの多くはこの形態。華厳滝《けごんのたき》、那智ノ滝など。

- **分岐瀑《ぶんきばく》**

落下の途中でいくつかに分流する女性的な滝をいう。日光の霧降滝《きりふりのたき》など。

称えたことに由来。現在では、阿賀野川ライン、鬼怒川ラインなど同様の呼称が各地に点在する。

＊日本三名瀑
袋田ノ滝（茨城県）、華厳滝（栃木県）、那智ノ滝（和歌山県）の三滝。

・**段瀑《だんばく》**

段階状の地層を滑りながら落下する滝で、袋田《ふくろだ》ノ滝、立山の称名《しょうみょう》滝など。

・**渓流瀑《けいりゅうばく》**

傾斜の大きな渓流を滑り落ちるように流れてくるもの。日光の竜頭滝《りゅうずのたき》など。

・**潜流瀑《せんりゅうばく》**

溶岩層などに潜り込んでいた水流が崖の中腹から吹き出したもの。富士宮市の白糸ノ滝など。

・**海岸滝《かいがんたき》**

落下する滝が、断崖から一気に海に落ち込むもの。知床《しれとこ》半島のカムイワッカの滝など。

■滝の形態

①直瀑

②分岐瀑

③段瀑

④渓流瀑

⑤潜流瀑

⑥海岸滝

■国立公園・国定公園

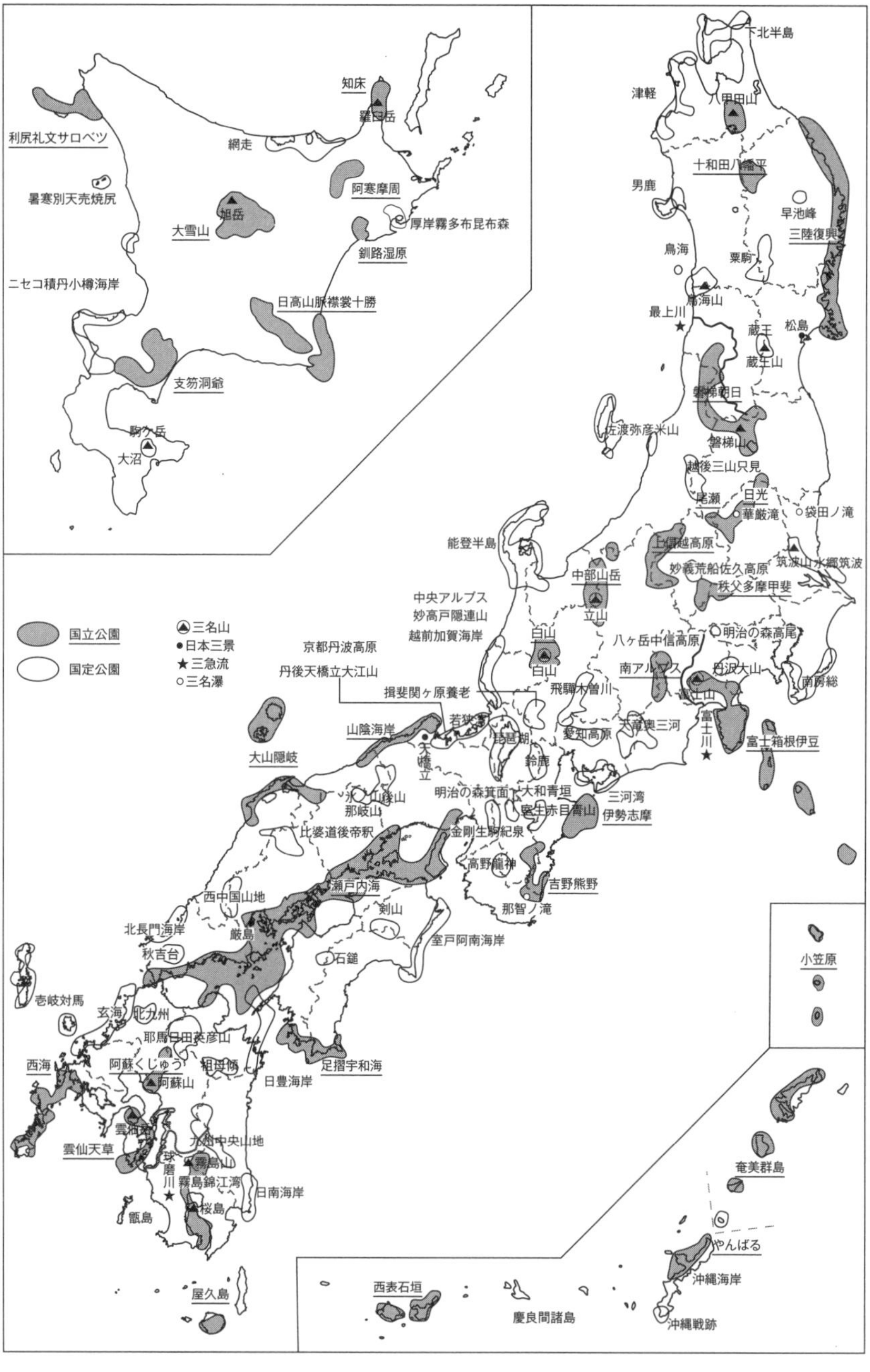
国立公園
国定公園
三名山
日本三景
三急流
三名瀑
利尻礼文サロベツ
暑寒別天売焼尻
知床
羅臼岳
網走
阿寒摩周
大雪山
旭岳
厚岸霧多布昆布森
釧路湿原
ニセコ積丹小樽海岸
日高山脈襟裳十勝
支笏洞爺
駒ヶ岳
大沼
下北半島
津軽
八甲田山
十和田八幡平
男鹿
早池峰
三陸復興
鳥海
栗駒
鳥海山
最上川
蔵王
松島
蔵王山
磐梯朝日
佐渡弥彦米山
磐梯山
越後三山只見
尾瀬
日光
華厳滝
袋田ノ滝
能登半島
上信越高原
筑波山水郷筑波
妙義荒船佐久高原
中部山岳
秩父多摩甲斐
中央アルプス
妙高戸隠連山
越前加賀海岸
立山
白山
明治の森高尾
京都丹波高原
八ヶ岳中信高原
丹後天橋立大江山
南アルプス
丹沢大山
南房総
揖斐関ヶ原養老
飛騨木曽川
富士山
若狭湾
山陰海岸
琵琶湖
愛知高原
天竜奥三河
富士川
天橋立
大山隠岐
富士箱根伊豆
鈴鹿
氷ノ山後山那岐山
明治の森箕面
大和青垣
室生赤目青山
三河湾
伊勢志摩
比婆道後帝釈
金剛生駒紀泉
高野龍神
瀬戸内海
吉野熊野
西中国山地
那智ノ滝
剣山
北長門海岸
厳島
室戸阿南海岸
秋吉台
石鎚
小笠原
壱岐対馬
玄海
北九州
耶馬日田英彦山
西海
阿蘇くじゅう
祖母傾
足摺宇和海
阿蘇山
日豊海岸
雲仙
九州中央山地
雲仙天草
球磨川
霧島山
霧島錦江湾
日南海岸
奄美群島
甑島
桜島
やんばる
沖縄海岸
屋久島
西表石垣
慶良間諸島
沖縄戦跡

３　海岸と島「わだつみの国」の心のふるさとは海だ

島国日本という。出入りが激しい海岸線の総延長距離は三万三八八九キロにも達するが、これは赤道の長さの八五パーセントに相当する。国別ではカナダ、インドネシア、ロシアなどに次ぐ世界六位で、米国や中国よりも長い。

しかも、リアス海岸、海岸砂丘、砂州、隆起サンゴ礁《しょう》など、海岸地形のほとんどすべてが見られ、各地で変化に富んだ景観が楽しめる。日本三景*のいずれもが海を背景とした景勝地であることが、わが国の海岸線の複雑さを物語っている。海岸や島々は、山岳と同様に国内観光最大の演出要素といっていいだろう。

◇主な海岸地形

・リアス海岸

山地が沈降したことによって生じたノコギリ歯状の出入りの激しい海岸。多くは景勝地で国立公園や国定公園に指定され、三陸海岸（岩手県／宮城県）、志摩《しま》半島（三重県）、若狭《わかさ》湾（福井県）、豊後《ぶんご》水道（大分県／愛媛県）、五島《ごとう》列島（長崎県）などがその代表例。

・溺れ谷

リアス海岸の一部で、山地が沈降したために渓谷内に海水が侵入して形成された出入りの激しい入江。志摩半島の英虞《あご》湾（三重県）、五島列島の玉之浦湾（長崎県）などが有名。

＊日本三景

林春斎著『日本国事跡考』（一六四三年）の中で紹介された国内で最も景勝に優れているとされた地で、松島（宮城県）、天橋立《あまのはしだて》（京都府）、厳島《いつくしま》（広島県）の三か所。いずれも岩浜や砂浜に囲まれて緑のマツにおおわれる、いわゆる「白砂青松」の特色をよく備えていることが選定基準になったと思われる。しかし、江戸時代初期の自然環境と価値観に基づいて選ばれたもので現代人の好みと必ずしも一致せず、国立公園に属するのも厳島だけ。

・砂浜海岸

浅い海底部が隆起して陸地部分となったもので、広い砂浜が続き海水浴などの好適地となっているものが多い。九十九里《くじゅうくり》浜（千葉県）、湘南《しょうなん》海岸（神奈川県）、鳥取海岸（鳥取県）などが代表例。

◈砂嘴《さし》

海流によって土砂などが徐々に堆積《たいせき》し、海岸から長く突き出したカギ状の地形。野付《のつけ》崎（北海道）、富津《ふっつ》岬（千葉県）、三保《みほ》の松原《まつばら》（静岡県）などが有名。

◈砂州

砂嘴がさらに発達し、入江の対岸まで細長い砂の堤防となった地形。サロマ湖（北海道）、天橋立《あまのはしだて》（京都府）、弓ケ浜（鳥取県）など。

◈陸繋島《りくけいとう》

砂州の発達によって、対岸の島が陸地とつながってしまったもの。江ノ島（神奈川県）、潮岬《しおのみさき》（和歌山県）、志賀島《しかのしま》（福岡県）などが代表例。

◈海岸段丘

数度の隆起などによって、沿岸部が階段状に形成されたもので、全般に平地に乏しい地形。襟裳《えりも》岬（北海道）、紀伊半島（和歌山県）、室戸岬、足摺《あしずり》岬（以上高知県）などが代表例。

■海岸地形の種類

◈人工海岸

埋め立て・護岸工事・用地造成・港湾建設などの目的によって人工的に造られた海岸で、巨大都市圏や太平洋ベルト地帯に集中している。現在、人工海岸の比率は全国の三四パーセントに達しているが、千葉県の幕張《まくはり》海浜公園の人工渚《なぎさ》、東京都の葛西《かさい》海浜公園、東京港野鳥公園などのように、自然に近い海浜を保全整備するようなケースも見られる。

◈島の形態

海岸線の長さが一〇〇メートル以上の島の総数は、全国で六八五二島（最も多い地方自治体は、長崎県で九七一島）。このうち有人島は約四〇〇におよぶが、島の形態や形成にもいくつかのパターンがある。

・火山島

海底火山の噴出などで生じた島。利尻《りしり》島（北海道）、伊豆諸島、小笠原諸島（以上東京都）などが代表例。

・サンゴ礁

サンゴ虫の死骸や分泌物が堆積してできた石灰質の岩礁。水温二五度以上の透明な海域に形成され、発達の段階によって裾礁《きょしょう》、堡礁《ほしょう》、環礁などの形態に分類される。裾礁は奄美《あまみ》大島、徳之島（以上鹿児島県）など比較的大きな島の沿岸に見られ、堡礁は沖縄の伊江《いえ》島や久米島などに発達している。

・多島海《たとうかい》

起伏の多い台地や丘陵部が沈降し、多くの頂上部が大小無数の島々として残されたもの。ギリシアのエーゲ海に代表される地形だが、日本では瀬戸内海をはじめ、宮城県の松島湾、長崎県の九十九《くじゅうく》島などが有名。俗にいう三大松島*も多島海の一種。

＊三大松島
松島（宮城県）、九十九島（長崎県）、天草松島（熊本県）をいう。

温泉の楽しみ方

　火山列島であるわが国は、同時に世界一の温泉王国といわれる。深山の秘境地から大都会の心臓部まで全国いたるところにいで湯が湧き、その数は二九三四か所（宿泊施設のある場所）にのぼり、源泉数*だけに限っていえば二万七千を超える。クアハウスの本場といわれるドイツでさえ温泉地は一〇〇足らずだからケタちがいの規模だ。温泉利用の宿泊客は年間およそ一億三二〇〇万人、したがって老若男女、年に最低一回以上は温泉に宿泊している計算になる。歓楽、保養、産業とその使われ方はさまざまだが、われわれ日本人は、古くからこの天与の恵みを十二分に享受してきたことだけはまちがいない。

1　温泉の定義　何を基準として温泉とよぶのか

　温泉は、読んで字のごとく温かい湧き水のことだ。言葉のうえでの定義では、湧き出す湯の温度がその地方の年平均気温よりも高いこととされているが、これでは温泉となりうる条件の温度が場所ごとに異なってしまう。北海道と九州では温泉の内容は明らかに齟齬《そご》をきたすことになるだろう。

　このため温泉法では便宜上、「地中から湧く泉のうち温度が二五度以上、あるいはそ

●日本三名泉

江戸時代初期の儒学者林羅山《はやしらざん》によると、国内を代表する名泉として、草津（群馬県）、下呂《げろ》（岐阜県）、有馬（兵庫県）の三温泉を推している。ただし現在では、規模からいうと熱海（静岡県）、白浜（和歌山県）、別府（大分県）で、これらを通常「日本三大湯」とよぶ。いっぽう、泉質が皮膚に効能があるとして「日本三大美人湯」とよばれる湯もあるが、これは川中（群馬県）、龍神（和歌山県）、湯ノ川（島根県）をいう。

＊源泉数

源泉とは「温泉水が地上に湧出するところ」。総数は拡大傾向にあるが、二万本近くはポンプで汲みあげる動力泉で、自然に湧出する自噴泉は一九九九（平成一一）年の毎分八九万リットルをピークに減少を続けている。掘削してまで温泉を求めようとする開発優先のツケで、近年は資源が枯渇するところも出はじめている。

れ以下でも一定の成分を含んでいること」を温泉と定義している。また、温泉の湧出口における温度を「泉温」といい、わが国では五〇度前後が最も多いとされているが、環境省の『鉱泉*分析法指針』では、四二度以上を「高温泉」、三四～四二度を「温泉」、二五～三四度を「低温泉」、二五度未満を「冷鉱泉」とよんで、厳密には区別している。

また、温泉とは源泉からの湧き水をそのまま浴槽にとり込む、いわゆる「源泉かけ流し」であると利用者の多くは考えてきたが、二〇〇四（平成一六）年、一部の温泉利用施設で入浴剤を使用したり、水道水や井戸水を沸かすだけの偽装表示などが明るみに出て、利用者の不信感は一気に高まった。

環境省は温泉事業者の的確で正確な情報提供を推進するために、二〇〇五年五月に従来の温泉法施行規則を改正し、①加水、②加温、③ろ過装置などの循環装置使用、④入浴剤の添加および消毒処理、の四項目に該当する場合は、温泉事業者に対して明確な表示の義務づけを行なった。

- **加水**＝温泉の供給量不足を補う、あるいは高温泉を冷ますために水を加えること。
- **加温**＝低温泉や冷泉を入浴に適した湿度に保つ、あるいは貯湯槽の衛生管理の目的から水温を意図的に上げること。
- **循環装置**＝浴槽で一度使用された温泉を、汚れをろ過する装置にかけて滅菌し再び浴槽にもどして何度も使用すること。
- **入浴剤や消毒処置**＝入浴剤を添加して意図的に濁りや匂いをつくり出したり、衛生管理の目的で塩素系薬剤などを使用すること。

理想的な温泉形態は、「かけ流し」であることはいうまでもない。しかし、「源泉かけ流し式」と「ろ過循環式」の優劣は、新鮮で豊富な温水量、利用者数や浴槽の衛生管理

＊鉱泉
塩分、硫黄、カルシウム、マグネシウム、ラドンなどさまざまな鉱物質の成分を一定量以上含んでいる湧き水、すなわち温泉と同義。狭義には二五度以下の冷泉（冷鉱泉）をいう。

状態などによっても異なり、単純比較はできない。また、適切な維持管理に基づくろ過循環装置の使用も、温泉資源の有限活用、衛生的な入浴状態の確保の点から一概に否定すべきではないとの指摘も一部にはある。

2 温泉効果を高める方法　気任せに入浴すればよいわけではない

温泉に浴したり、温泉を飲んだり、その温泉の蒸気やガスを吸入するなどして医療効果を高めることを「療養泉」という。これは、温泉の成分が直接体内に吸収されて効能があることのほかに、温度や水圧、浮力などが身体各部の機能を高める刺激を与えるという効果も大きい。さらに転地によって、新鮮な大気やオゾンで新陳代謝が高められてストレスが和らぎ、心身ともにリフレッシュの妙薬ともなりうるのである。

しかし、療養泉に医薬のような即効性を求めるのは無理な相談で、最低でも一～三週間の期間が必要だ。温泉療養を上手に利用するには、まず泉質はもとより入浴温度、回数、入浴方法などを事前に調べ、心身の状態に適《かな》う温泉の選択にはじまる。入浴回数は一日二回、多くて三回までにとどめ、食事の直前・直後は避ける。かぶり湯は十分行ない、身体をならしてから浸《つ》かる。また、皮膚についた成分は徐々に体内に吸収されていくため、浴後三〇分から一時間程度は十分休息をとることも温泉療養の基本姿勢といえよう。

戦前までは温泉といえば、このような長期療養向け湯治温泉が主流であったが、高度経済成長以降はほとんどが、現在見られるような短期滞在型の歓楽温泉に衣替えしてしまったことはいうまでもないだろう。

●温泉選びのポイント

拡大の一途をたどる温泉だが、その実態は一様ではない。外見や料理はAクラス級だが、肝心の湯の質はお粗末という温泉宿も多い。銭湯とは違い温泉の本質は湯のよさだ。良質な温泉探しの留意点を挙げてみる。

①理想は源泉かけ流し式。

②湯を抜いて浴槽を清掃する頻度の確認。

③浴槽から絶えず湯があふれ出ているか。出ていない場合は、湯の湧出量が乏しいか源泉からの引き湯で、ろ過循環式の可能性が高い。

④源泉は低地に湧出しやすく、川沿いなどの宿は外れがない。

⑤浴槽内に強力ポンプの吸い込み口の有無。多くはろ過循環式。

⑥無色透明無味無臭で、飲泉を禁じている。これらはすべてろ過循環式。

⑦掲示証に湧出量、成分、源泉などを詳しく説明しているか。

⑧三〇室前後以上の規模で大浴場付きの宿の大半は、ろ過循環式と考えてよい。

第3章　自然と温泉

◇理想的な入浴

できれば半身浴のほうがよい。脚部が温まって疲れが取れ熟睡できる。とくに、高血圧、胃弱、心臓の弱い人は、首までどっぷりつかる全身浴は避け、腰から下の部分浴にとどめたほうが無難。全身浴は臓器に負担のかからない健康体で、疲労回復、神経痛、筋肉痛などを対象とした場合に限るが、湯疲れしやすく就寝前はかえって避けたほうがよい。

入浴時間は、たとえば四二度の場合では約三分、休憩四〜五分、これを三、四回くり返す。一〇分続けて長湯するより湯冷めしにくく、成分の効きめも高い。ほかに温冷交互浴があり、湯に三分、シャワー冷水一分（下半身のみ）。これを三、四回くり返す。

3　温泉の泉質　こんな症状ならこんな泉質へ

温泉地やガイド本などでは、単純泉や硫黄泉など具体的な泉質表示をみかける。だが温泉法では、一定以上の化学成分を含むものを温泉と定めているが、泉質については一切触れていない。これらはあくまで『鉱泉分析法指針』に基づいて便宜的に分類されたものであって、現在九種に分けられている。しかし、利用者にはわかりづらいということで、一般には次のような旧来どおりの一一種で表示することが多い。カッコ内は正式呼称。

◇単純泉（単純温泉・アルカリ性単純温泉）

含有成分が単純というわけではなく、さまざまな固形成分の含有量が全体に薄く、泉水一キログラム中一〇〇〇ミリグラムに満たないものをいう。身体に与える刺激が少な

⑨入浴料の高い宿は、施設整備費（循環施設など）の上乗せ分と考えて差し支えない。

いため利用範囲が広く、無色透明の無味無臭で、最も一般的にみられる温泉。薬研《やげん》（青森県）、花巻（岩手県）、飯坂《いいざか》（福島県）、鬼怒川《きぬがわ》（栃木県）、下部《しもべ》（山梨県）、鹿教湯《かけゆ》（長野県）、湯原《ゆばら》（岡山県）、道後《どうご》（愛媛県）、内牧《うちのまき》（現・阿蘇《あそ》温泉、熊本県）、由布院《ゆふいん》（大分県）など。

炭酸泉（単純二酸化炭素泉）

炭酸ガスを多く含む温泉で、一キログラム中に一〇〇〇ミリグラム以上の含有量がある。温泉での掲示用泉質名は二酸化炭素泉。泉水中に気泡がみられるため、俗に「泡の湯」「ラムネ湯」ともよぶ。心臓に負担をかけずに血行を良くし、飲用するとサイダーのような清涼感があり、胃腸にも効能がある。白骨《しらほね》（長野県）、長湯（大分県）など。

重炭酸土類泉（カルシウム・マグネシウム炭酸水素塩泉）

カルシウムやマグネシウムの固形成分が、一キログラムの泉水中に一〇〇〇ミリグラム以上含まれているもの。温泉での掲示用泉質名は炭酸水素塩泉。無色透明だが、ほかの成分と混合している場合が多く、石鹸は溶けにくい。アレルギー疾患《しっかん》やリウマチ性疾患、皮膚病、じんましんなどに効能がある。内牧（熊本県）、ラムネ（鹿児島県）など。

重曹泉（ナトリウム炭酸水素塩泉）

重炭酸ナトリウム（重曹）を多く含む温泉で、一キログラム中に固形成分一〇〇〇ミリグラム以上の含有量がある。皮用の表面を軟化させてすべすべにさせるため、俗に「美人の湯」とよばれ、皮膚病や切り傷にも効能がある。飲用すると胃の活動を活発化させるので、慢性胃炎にもよく効く。夏油《げとう》（岩手県）、瀬波（新潟県）、湯村（兵庫県）、竜神（和歌山県）、白浜（同）、嬉野《うれしの》（佐賀県）など。

食塩泉（ナトリウム塩化物泉）

塩分を多く含む温泉。一キログラム中の塩分含有量が一五〇〇ミリグラム以上を強食塩泉、五〇〇～一五〇〇ミリを食塩泉、五〇〇ミリ未満を弱食塩泉と区別している。掲示用泉質名は塩化物泉という。塩分が皮膚に付着して休熱を保持し身体が温まるため、「熱の湯」ともよばれる。浅虫《あさむし》（青森県）、塩原（栃木県）、四万《しま》（群馬県）、熱海《あたみ》（静岡県）、渋《しぶ》（長野県）、有馬（兵庫県）、城崎《きのさき》（同）、小浜《おばま》（長崎県）など。

◇硫酸塩泉（硫酸塩泉）

ナトリウム、カルシウム、マグネシウムなどを含む温泉で、成分によって*芒硝《ぼうしょう》泉、石膏《せっこう》泉、正苦味《せいくみ》泉に分けられる。苦味が強いため別名「苦味泉《くみせん》」ともよばれる。酸ケ湯《すかゆ》（青森県）、作並《さくなみ》（宮城県）、水上《みなかみ》（群馬県）、山代《やましろ》（石川県）、湯ケ島《ゆがしま》（静岡県）など。

◇鉄泉（鉄泉）

湧出時は透明だが、鉄分を含んでいるため空気に触れると酸化して赤茶色に変色する温泉。貧血症や病後の回復に効能があるが、飲用・入浴いずれも透明なうちに使うほうが効果的という。蔵王《ざおう》（山形県）、伊香保《いかほ》（群馬県）、強羅《ごうら》（神奈川県）、鉄輪《かんなわ》（大分県）、指宿《いぶすき》（鹿児島県）など。

◇緑礬泉《りょくばん》（鉄Ⅱ硫酸塩泉）

泉水一キログラム中に緑礬を主成分とする固形成分が一〇〇〇ミリグラム以上含まれているもの。強酸性の温泉が多く、皮膚や粘膜の炎症を抑える効能がある。また造血作用にも優れ、飲用・入浴のいずれも貧血に効く。十勝岳《とかち》（北海道）、えびの高原（宮崎県）など。

◇硫黄泉（硫黄泉）

泉水一キログラム中に硫黄分を二ミリグラム以上含有している温泉で、白濁している。

＊芒硝泉
泉水一キログラムあたり硫酸ナトリウムを一〇〇〇ミリグラム以上含む温泉で、飲用すると胆汁の分泌を促して腸の運動を盛んにするという。芒硝は硫酸ナトリウムの一〇水和物の俗称。

硫化水素を含んでいるため、卵が腐敗したような独特の臭いを放ち、「湯の花*」という硫黄の沈殿物も見られる。解毒作用が強く、薬物中毒や慢性皮膚病に効能があるが、長湯すると湯あたり*やただれを起こしやすい。登別《のぼりべつ》（北海道）、鳴子《なるこ》（宮城県）、日光湯元（栃木県）、草津（群馬県）、芦之湯（神奈川県）、別所（長野県）、野沢（同）、えびの高原（宮崎県）など。

◈**酸性泉**（酸性泉）

塩酸や硫酸、硼酸《ほうさん》などを多量に含んでいて酸味も強い温泉。殺菌力が強いため、肌の弱い人は一度の入浴でただれてしまうほど。古くから「かさの湯」とよばれ梅毒の治療などに用いられたが、現在では水虫やがんこな皮膚病などに効能がある。登別（北海道）、玉川（秋田県）、土湯《つちゆ》（福島県）、草津（群馬県）など。

◈**放射能泉**（単純弱放射能泉）

泉水一リットル中にラドンを三〇キュリー以上含む温泉で、別名「ラジウム泉」ともいう。飲用や浴用よりも吸入に効能があり、痛風や神経痛、糖尿病などに効果をあげる。遠刈田《とおがった》（宮城県）、増富《ますとみ》（山梨県）、三朝《みささ》（鳥取県）、関金《せきがね》（同）など。

4　温泉の入浴スタイル　入浴法にもさまざまな形態がある

入浴法や温泉療養には、各温泉によってさまざまなスタイルがあり、ただ漫然と浸かっていればいいわけでもない。効能を高めるにはどのように入浴すればよいのか、そこには長年の経験から生み出された知恵がある。

＊湯の花
温泉中の固形成分が沈殿したもので、硫黄泉や塩類泉に多く見られる。規模においては別府の明礬《みょうばん》温泉がとくに有名。硫黄泉では硫黄が沈殿するが、これらを持ち帰って家庭の風呂に溶かし込むと同じ効能があるとして、古くから温泉みやげとして売られてきた。入浴剤の元祖のようなものだが、長く使用すると硫黄分が鉄や銅を腐食させるから要注意。

＊湯あたり
通常は長風呂しすぎて気分が悪くなることを湯あたりというが、湯治では二～三日目に逆に症状が悪化したような気分になるときがあり、これを湯あたりとよんでいる。一種の温泉中毒だが、入浴は控えめにしビタミンCの豊富な果物や緑黄色野菜を大量にとるとよい。その後、症状は徐々に快方に向かいだすことが多い。

打たせ湯

高いところから温水を落下させ、それを患部に当てて療法する古くからみられる圧温療法の一つで、「湯滝」「あんま湯」ともよばれる。肩こり、筋肉痛、腰痛などに効能があり、患部には斜めに当てることがコツだが、頭部や腹部は打たせてはならない。黒湯（秋田県）、白布《しらぶ》（山形県）、筋湯《すじゆ》（大分県）など。

蒸し湯

天然の蒸気と熱で発汗を促し、血行を良くして新陳代謝を盛んにするサウナ式の療法。水圧がかからないため高血圧の人には安心。リューマチや神経痛に抜群の効能がみられる。*「まんじゅうふかし」の名で知られる酸ケ湯（青森県）、箱から首だけ出す「箱風呂」の後生掛《ごしょがけ》（秋田県）や玉川（同）、「痔蒸《じむ》し」の瀬見《せみ》（山形県）、鉄輪（大分県）など。

砂湯

温泉の湧出場所を掘り、その穴に身体を埋めて温泉熱と含有成分を吸収しようとする原始的な療法で、「砂蒸し」ともいう。温泉蒸気をたっぷりと吸った砂の重さが心地よい密着感を与えてくれる。肥満症、痔疾《じしつ》、神経痛などに効能あり。海沿いにある指宿温泉（鹿児島県）がとくに有名。別府中心街の竹瓦《たけがわら》温泉（大分県）は屋内砂湯で知られる。

時間湯

強酸性で高温の湯を、『草津湯もみ歌』を歌いながら板でかき回して冷ます方法。加水によって成分が薄まることを防ぐためで、一回三分以内ときめられた時間内での入浴を一日三～四回くり返す。別名「湯もみ」といい、運動浴と吸入浴を湯もみの段階で行なうというもので、明治中期に草津温泉（群馬県）で考案された独特の療法。

＊まんじゅうふかし

地中から噴き出している熱い蒸気の上に木箱をおき、その上に腰掛けて患部を当てるという一種の天然サウナ。意外と身体の深部まで温熱が浸透し、痔疾や胃腸病などに効能があるという。

◆かぶり湯

入浴前に頭から何度も湯をかぶる方法。のぼせ予防のために、あらかじめ脳内の血管を拡張させる。患部へ何十回と湯をかける「かけ湯」もかぶり湯の一種。那須湯本（栃木県）、岩井（鳥取県）が有名。

◆持続湯

体温に近い温度の湯に長時間入浴して神経をほぐし、成分を皮膚からの吸収と呼吸器からの吸入で摂取しようとする方法。けがの予後や自律神経失調症などによいという。二〜三時間はあたり前で、場合によっては一晩中浸かり通す「夜づめの湯」というケースもある。

◆合わせ湯

性質の異なる二つの温泉を併用することによって、効能を高めようとする方法。強い湯で生じた湯ただれなどを弱い湯でもどして肌の荒れをおさめるのが一般的な方法で、たとえば、草津温泉に入ったあと近くの川原湯《かわらゆ》温泉（群馬県）に入り直して仕上げるというようなもの。

◆泥湯《どろゆ》

温泉成分を含む湧出地の泥や沈殿物を温泉で溶いて、患部に厚く塗って部分的に温泉の効果をあげるタイプと、全身に塗りたくるタイプがある。イスラエルの死海沿岸部には泥浴《でいよく》温泉が多いが、わが国では明礬《みょうばん》温泉（大分県）や地獄温泉（熊本県）などでみられる程度。

◆飲泉

薬効のある温泉を飲み、消化器官から直接温泉の成分を吸収するとともに、温泉熱が内臓を刺激することによって体内の老廃物や毒素を排出させる方法。なかでも胃腸を中心とした消化器系統や肝機能の疾患には絶大な効果を示すといわれている。古くから「胃腸の名湯」とよばれているところは、同時に飲泉も奨励されている。

❖クアハウス

温泉を利用して総合的な健康づくりを目指す多目的保養施設で、入浴法ではなく施設について使われる語。ドイツではじまったもので、「保養館」の意。入浴施設やトレーニング設備を使い、温泉利用指導者や健康運動指導士が医学や運動生理学に基づいて行なうが、かぶり湯や打たせ湯などの従来の入浴法のほかに、スチームバス、サウナ、バブルバスなどリハビリ用の浴槽や、岩盤浴*なども併設されている。夏油（岩手県）、那須（栃木県）、長島（三重県）など。

5　入浴に関するマナー　雰囲気を壊さないための作法心得

他人の目を無視したり不快感をあたえるような無作法な入浴を嘆く声が、昨今では強まっている。温泉は公共の場であることを何よりも認識し、入浴マナーを守って互いに気分よく楽しむのが利用する側の義務である。どこでも通用する基本的なマナーには次のようなものがあげられよう。

①入浴前には、かならずかかり湯をとる。心臓から遠い順に湯をかけ、とくに下半身を丁寧に洗うのは最低限のマナー。

②浴槽には飛び込まない。

＊岩盤浴
温水や熱線などで温められた天然の鉱石の上に横たわり、サウナのような発汗作用を得られる、湯を使わない風呂。湯水に浸からないため、身体への負担が軽く、新陳代謝が促進される効能があるといわれる。

■全国の主な温泉

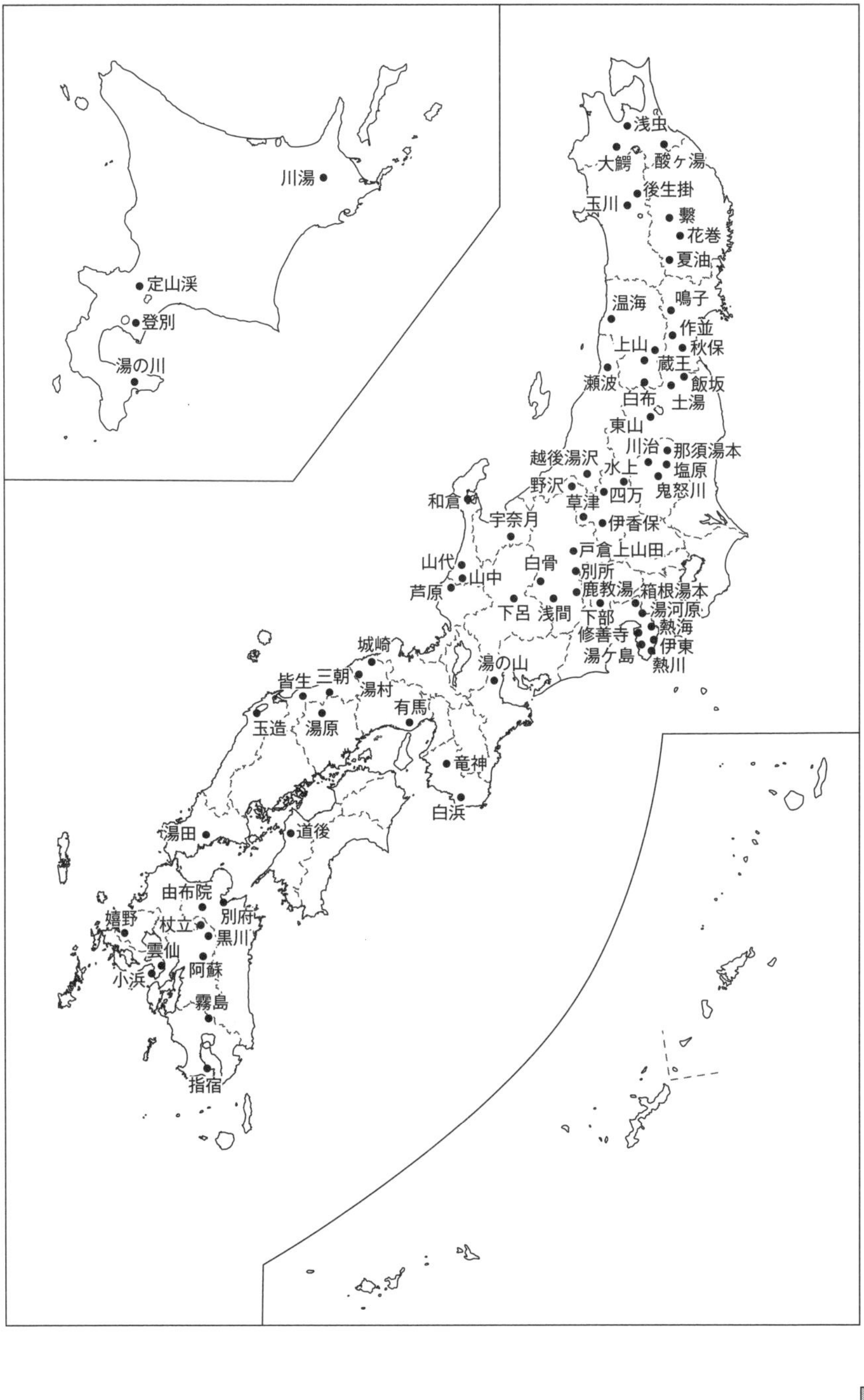
川湯
定山渓
登別
湯の川
浅虫
大鰐
酸ヶ湯
後生掛
玉川
繋
花巻
夏油
温海
鳴子
作並
上山
秋保
蔵王
瀬波
飯坂
白布
土湯
東山
川治
那須湯本
越後湯沢
水上
塩原
野沢
四万
鬼怒川
和倉
草津
伊香保
宇奈月
戸倉上山田
山代
白骨
別所
山中
芦原
鹿教湯
箱根湯本
下呂
浅間
下部
湯河原
熱海
修善寺
伊東
湯ケ島
熱川
城崎
湯の山
皆生
三朝
湯村
有馬
玉造
湯原
竜神
白浜
湯田
道後
由布院
別府
嬉野
杖立
黒川
雲仙
阿蘇
小浜
霧島
指宿

③浴槽にタオルを入れない。タオルは頭にのせる。
④湯から上がるときは、浴場でタオルでよく拭いたのち脱衣所へ。

　このほかでは、①食後や飲酒直後の入浴、②大声で話したり歌をうなる、③水着着用の入浴、なども同様に控えるべきである。近年、水着着用を認める無節操な温泉ホテルも一部で見かけるが、裸による入浴を伝統とし、そうした自然な雰囲気を大事にしてきたのが日本の温泉文化だ。温水プールではないのだから、特別な事情がない限り水着は自制するのがルールであり、混浴など人前での裸体が恥ずかしければ、バスタオルを巻いて（本来はマナー違反だが特例として）入浴すればすむことである。

　なお、露天風呂などで先客がいる場合は、「失礼します」と一言挨拶《あいさつ》して入るくらいの心配りも欲しい。

●天然温泉マークの由来

温泉マークくらい実際のイメージにピッタリの地図記号はないといわれる。地図を見ていてこの記号を目にすると、湯気がユラユラ立ちのぼっている温泉を思い浮かべて、旅心がくすぐられる。温泉マークの原型は、一八八五（明治一八）年に内務省地理局が日本の近代式地図を作成するにあたり、一目でそれとわかるように図案化したのにはじまるという。現在のサカサクラゲとよばれるデザインに変更されたのは、一九〇〇（明治三三）年の図案からだが、第二次大戦後、温泉地以外のいわゆる連れ込み旅館でこの記号が乱用されたことから、誤解を与えるとして、（一社）日本温泉協会では一九七六（昭和五一）年から天然温泉に限り、温泉マークの使用を認めることになった。

花と日本人

花鳥風月や雪月花《せつげつか》、あるいは、はなやぐ、はなやか、人生の花といった言葉があるように、古来、日本人は花に対して独自の「花文化」を築きあげてきた。美しさのなかに散りゆくはかなさを見る美意識、生け花に見られる見事な造形と芸道にまで高める美的理念。英国式ガーデニングなどがもてはやされるはるか以前から、日本人は無意識のうちにも生活のなかに花を描いてきたのである。

1 花と日本人　四季の花々に託した日本人のこころ

日本で「花」といえば、サクラを指すことが多い。サクラのサは「田の神」*を、クラは「神や霊の宿る物体」を意味するとの説が有力だ。つまり「田の神が宿る樹木」ということだが、これは一年周期の稲作において、春のモミまきや田植えは秋の収穫を約束するために欠かせない作業であり、人々はそのような季節に華やかに咲き誇るサクラを、田の神が里に下りてきたことと同化させせつつ歓迎したのだろう。

とはいえ、日本人はサクラだけを愛《め》でてきたわけではない。万葉時代までは花といえばもっぱら渡来種のウメのことをいった。サクラが注目されるのは平安前期の『古今集』の時代以降で、貴族の庭園にヤマザクラが移植されて園芸化されるようになってからだ。

＊田の神
稲作の豊穣《ほうじょう》をもたらしてくれる神の総称。春になると山から田んぼに下り、田仕事をする農民を見守り、秋になると豊かな実りを見届けてから山に帰るといわれた。農神、作神ともよばれ、地方によっては山の神と同体と考えられている。東日本の十日夜《とおかんや》や西日本の亥子《いのこ》などの秋祭り、春の田植祭りは田の神を祀《まつ》る代表的な行事。なお、サクラのサは、早乙女《さおとめ》、早苗《さなえ》、皐月《さつき》などのサと同義という。

同じころ、落花をいとおしみ愛でる美意識が強調されるにしたがって、宮中では花見が催されるようになり、以来平安貴族の間で花見の宴が定着していく。花見が庶民のものとなり、ドンチャン騒ぎが一般化したのは江戸前期の元禄《げんろく》時代からだが、花の下での宴を国民的規模で楽しむ習俗があるのは日本だけという。

しかし、花見とは単にサクラの美しさを愛でるばかりではなく、にぎやかに飲食して騒ぐ行為は神への奉納であり、きまりでもあった。なぜなら、田の神の写し身であるサクラの咲きぐあいにその年の作柄の予兆を見、宴をすることで豊かな実りも約束されると信じていたからである。

また、花そのものを着物の柄として描き、これを愛着するのも日本人独特の服飾文化だ。その代表例は*辻《つじ》が花《はな》染めだろう。中国にも蓮華唐草《れんげからくさ》や牡丹唐草《ぼたんからくさ》の模様を織り出した花文様はあるが、すべて抽象化されたもので花そのものを描く日本のそれとは趣《おもむき》は異なる。むろん、わが国にも*花文様をはじめ家紋や花札といったように花を図案化したものも数多くみられる。

花はまた宗教とも関係が深い。仏前を装飾するために花を供えるという仏教的儀礼としての「供花《くげ》」は、室町時代に入ると*池坊専慶《いけのぼうせんけい》らによって自由で純粋な自己表現の手段へ脱皮した。これが生け花のはじまりである。当時の生け花は「立花《りっか》」とよばれるものが大半で、そのどれもが力強く、毅然として天を指す大ぶりなものであった。やがて、花は「立てる」から「入れる」「活《い》ける」へと変化するが、それにつれて花に対するこころも変わり続けていったのであろう。

＊辻が花染め
室町時代から江戸時代初頭にかけて行なわれた模様染めの一種。みやびな花模様の輪郭を糸で縫い絞《しぼ》り、その部分を竹皮と油紙で包んでかたくしばって染色した絞り染め。金銀箔を付着させることが多く、ときには刺しゅうも施したが、短い期間に考案され消え去ったことから、幻の染物ともよばれる。

＊花文様
物の表面を飾るためにつけられた図柄の一種で、花柄模様のこと。ほとんどが様式化された連続模様で、花柄にはウメ、サクラ、キク、ボタン、フジ、ハギ、アオイ、キキョウ、竹など数十種類ある。

＊池坊専慶
室町時代半ばの人物で、池坊花道すなわち生け花の祖だが、生没年は不詳。京都池坊の六角堂の僧侶で、供花から立花への展開をもたらし、生け花を芸術的に高めた。のち専応、専好らによって池坊流が確立された。

2 花と祭り　花を愛で、花と共に遊ぶ

年中行事を中心に、花が主役となる場面を拾い上げてみよう。

春の訪れを祝い、爛漫《らんまん》と咲き乱れる花々を愛でる行事があるが、その代表は何といっても各地で催される「花見」である。なかでも規模の大きな花見祭りは、「角館《かくのだて》桜まつり」（秋田県仙北《せんぼく》市）、「弘前《ひろさき》さくらまつり」（青森県弘前市）、「松前《まつまえ》さくらまつり」（北海道松前町）があげられる。

四月八日の「灌仏会《かんぶつえ》」は釈迦《しゃか》の生誕を祝う行事で、寺院内に花御堂《はなみどう》を築き、釈迦の誕生仏を安置して参拝者が甘茶をかけて供養する。灌仏会はまた、「花祭り*」ともよばれる。

四月半ばに岐阜県美濃《みの》市の八幡《はちまん》神社で行なわれる「美濃まつり」は、特産の美濃紙を桜色に染めた花を神輿《みこし》に飾り、花神輿をくり出す祭りとして知られる。同じころに京都では、サクラの花が散るころは疫神が分散する兆しとみて、落花を鎮めるための「やすらい祭り」が行なわれる。

しかし、サクラだけが花祭りの対象ではない。三月末から四月上旬にかけて行なわれる「花会式《はなえしき》」（奈良市薬師寺）は、金堂のまわりを桃、ウメ、サクラ、ツバキなど一〇種の造花で飾り、最終日には法要の前後に鬼追いの行事でにぎわう。四月一七日の「弥生祭」（栃木県日光市二荒山《ふたらさん》神社）は、ヤシオツツジの造花で飾った花屋台をくり出して、市中を練り歩くというもので、日光に春をよぶ祭りとして知られている。六月一七日に奈良で催される「三枝《さいくさ》祭」（奈良市率川《いさがわ》神社）は別名「ゆりまつり」とよばれ、三輪山

＊花祭り
釈迦生誕祭と花祭りは、元来は別の祭りである。古くからこの時期には、竹の先にツツジなどの花束をつけて庭に立て、農耕開始にあたって田の神を祀り豊作を祈願する風習があった。これらが同じ時期の釈迦生誕に結びつけられたといわれ、灌仏会を花祭りともよぶようになるのは一九〇一（明治三四）年以降で、戦前までは稚児《ちご》行列や舞踊など子供向け祭礼の性格が強かった。

で摘まれたヤマユリ三千本を神前にささげて、巫女《みこ》が舞を奉納するというみやびなものだ。

このほかの新しい花祭り・イベントとしては、名物のツバキを愛でる「伊豆大島椿まつり」（東京都大島町）、ウメの名所として有名な偕楽《かいらく》園で一か月にわたってさまざまなイベントが催される「水戸梅まつり」（茨城県水戸市）、四～五月の羊山公園（埼玉県秩父市）「芝桜まつり」や「チューリップフェア」（富山県砺波《となみ》市）、五月下旬に大通公園を舞台にくり広げられる「ライラックまつり」（北海道札幌市）、六月のアヤメのシーズンにアヤメ鑑賞を楽しむ「水郷潮来《すいごういたこ》あやめまつり」（茨城県潮来市）など、各地でさまざまな花祭りが色とりどりの趣向を凝らして行なわれている。

３　花の名所　列島花めぐりの旅

遠く万葉の昔から、日本人は花見を楽しんできた。花の名所はサクラを中心に、紅葉、ツツジ、ウメ、キク、ボタンなど全国各地で見られる。なにしろわが国にはサクラ前線*や紅葉前線といった風変わりな言葉があるほどだ。このことは、日々の暮らしのなかで、人々がどれほど花を愛でてきたかということを如実に物語っていよう。

なかでもサクラは、一月の沖縄をスタートして南北に長い日本列島を縦断し、五月半ばに北海道に到達する。ソメイヨシノに次いでヤマザクラ、さらにその後を追ってヤエザクラの開花前線が北上するのである。

***サクラ前線**

サクラの花は、平均気温が一〇度くらいになると咲きはじめるが、この語は冬から春への移り変わりのバロメーターとして親しまれている。起点は一月初旬の沖縄・名護中央公園のカンヒザクラで、ソメイヨシノを中心に日本列島を縦断し、六月初旬の北海道大雪《だいせつ》山系黒岳山麓《さんろく》のチシマザクラで終わる。前線が北上するスピードは、四国の高知から南関東までは平均して一日三〇キロ、東京から北へは二〇キロ前後という。

●花言葉

それぞれの花のもつ特徴や性質などに基づいて、ある特定の意味をもたせたもの。元来は国や民族によって異なったが、現在使われているものの多くは、ギリシア・ローマ神話に端を発したヨーロッパ式の花言葉といわれる。代表的なものに、バラ＝愛、オリーブ＝平和、月桂樹＝栄光、リンゴ＝誘惑、クローバー＝わがものとなれ、シクラメン＝内気、スイセン＝自己愛、忘れな草＝真の愛、スミレ＝誠実などがある。

◇代表的なサクラ名所

松前公園（北海道松前町）、弘前公園（青森県弘前市）、北上市立公園展勝地（岩手県北上市）、檜木内川堤《ひのきないがわつつみ》・武家屋敷（秋田県仙北市）、桜山公園（群馬県藤岡市）、大宮公園（埼玉県さいたま市）、飛鳥山《あすかやま》（東京都北区）、上野恩賜公園（東京都台東区）、衣笠《きぬがさ》山《やま》公園（神奈川県横須賀市）、村松公園（新潟県五泉市）、兼六園（石川県金沢市）、足《あす》羽山《わやま》公園、（福井市）、高遠《たかとお》城址公園（長野県伊那市）、さくらの里（静岡県伊東市）、宮川堤（三重県伊勢市）、嵐山（京都市）、円山《まるやま》公園（京都市）、大阪造幣局（大阪市）、吉野山（奈良県吉野町）、打吹《うつぶき》公園（鳥取県倉吉市）、鶴山《かくざん》公園（岡山県津山市）、常盤《ときわ》公園（山口県宇部市）、琴平《ことひら》公園（香川県琴平町）、城山公園（愛媛県松山市）、西公園（福岡市）、大村公園（長崎県大村市）、岡城址公園（大分県竹田《たけた》市）、名護城《なんぐすく》跡（沖縄県名護市）

◇代表的なウメ名所

湯田川温泉梅林公園（山形県鶴岡市）、偕楽園（茨城県水戸市）、吉野梅郷（東京都青梅市）、曽我梅林（神奈川県小田原市）、信州伊那梅苑（長野県箕輪《みのわ》町）、熱海梅園（静岡県熱海市）、南部《みなべ》梅林（和歌山県みなべ町）、太宰府《だざいふ》天満宮（福岡県太宰府市）

◇代表的な紅葉名所

定山《じょうざん》渓（北海道札幌市）、十和田湖（青森県十和田市ほか）、最上《もがみ》峡（山形県戸沢村ほか）、奥日光（栃木県日光市）、奥只見《おくただみ》（新潟県魚沼市）、九頭竜《くずりゅう》峡（福井県大野市）、御岳昇仙《みたけしょうせん》峡（山梨県甲府市）、上高地（長野県松本市）、香嵐《こうらん》渓（愛知県豊田市）、嵐山（京都市）、瀞《どろ》八丁（和歌山県新宮市）、長門《ちょうもん》峡（山口県山口市ほか）、寒霞《かんか》渓（香川県小豆島《しょうどしま》町）、耶馬《やば》渓（大分県中津市）

◈国指定天然記念物のサクラ

国の天然記念物に指定されているサクラの樹は、全国三九か所にもおよぶ。樹齢、風格などいずれも圧倒されるものばかりだが、とくに故事来歴などで高名なサクラの樹には次のようなものがある。

- 盛岡石割桜《いしわりざくら》（岩手県盛岡市）＝周囲二一メートルの花崗岩《かこうがん》を断ち割って咲くエドヒガンザクラ。
- 三春《みはる》滝桜（福島県三春町）＝樹齢一千年以上のベニシダレザクラで、一〇メートルの高さから花がなだれ落ちるような様は圧巻。日本三大巨桜の一つ。
- 山高神代桜《やまたかじんだい》（山梨県北杜《ほくと》市）＝幹の太さは日本最大といわれる樹齢一八〇〇年以上のエドヒガンザクラ。日本三大巨桜の一つ。
- 薄墨《うすずみ》桜（岐阜県本巣《もとす》市）＝花の色が独特の薄墨色で知られる樹齢一五〇〇年以上のヒガンザクラの老樹。日本三大巨桜の一つ。
- 飛騨一ノ宮臥龍《がりゅう》桜（岐阜県高山市）＝四方に張り出した四つの幹は東西二〇メートル、南北三〇メートルという壮大さで、「花の雲をよぶ」とまでいわれるエドヒガンザクラ。
- 白子不断《しろこふだん》桜（三重県鈴鹿市）＝子安観音で名高い白子観音寺にある樹齢一二〇〇年のサトザクラ。
- 九重《ここのえ》桜（京都市）＝樹高の倍の長さはあるといわれる枝ぶりから降り注ぐように花が咲く高雅なベニシダレザクラ。

◈日本人が好む花

日本人は世界屈指の花好きな国民といわれている。生け花、盆栽、生け垣、造園をはじめ、現在ではフラワーデザインやガーデニングの分野までが加わって、多彩な花文化を形成している。

　では、日本人に最も好まれる花は何だろうか。ある世論調査によると、トップはいうまでもなくサクラ、以下バラ、キク、チューリップ、スズラン、コスモス、ツツジ、スミレ、ウメ、カーネーションの順で、以上が上位一〇まで。ただし、男女差というものがあり、男性が支持するのはサクラ、キク、ツツジ、バラ、チューリップの順、逆に女性はサクラ、バラ、スズラン、コスモス、キクの順という。とくに男性は、全世代にわたってサクラが圧倒的にトップであった。

■全国の主な梅・桜・紅葉の名所

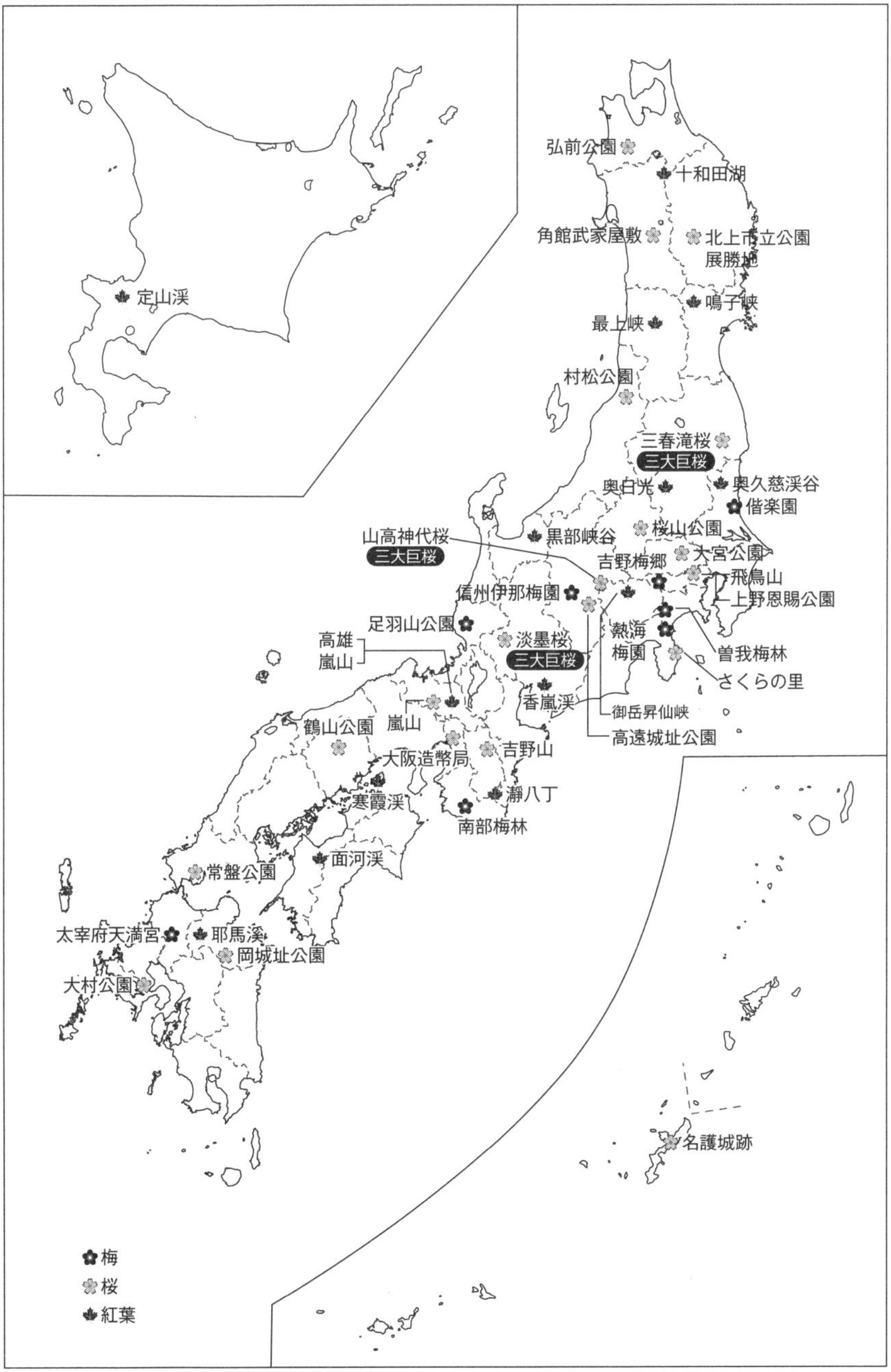

第4章

建築と美術

神社建築の伝統

古代、神は自然物のなかに宿っていると考えた日本人は、高山や滝、自然石や巨木などをご神体として崇《あが》めた。やがて豊作祈願や収穫感謝の対象として、身近に神をお迎えするための「器《うつわ》」が必要となり、そのための建物すなわち社殿を構えるようになったのである。社殿は「御家《みや》」といってのち宮の字があてられ、社殿のない場合は榊《さかき》などを立てて家屋の代わりである「屋代《やしろ》」となり、のちに社の字があてられた。つまり、宮と社は元来は別々のものであった。ちなみに、現存するわが国最古の神社は、五〜六世紀の出雲《いずも》大社からはじまるという。

1 基本構造　寺院とはどんな点が異なるのか

神社の存在は、古墳《こふん》時代初期まで遡《さかのぼ》るといわれ、およそ二千年の歴史を保っていることになる。早くからその様式は、＊切妻屋根《きりづま》、＊高床式《たかゆか》、白木《しらき》造りというわが国固有のスタイルにかたくなにこだわってきた。

仏教伝来によって、奈良時代から平安時代にかけては春日《かすが》や賀茂《かも》、八幡《はちまん》などにみられるように、仏教建築の様式も一部にとり入れられたが、古くからある神社は意識的に仏教的な要素を排除しようとした。たとえば、屋根の素材は瓦葺《かわらぶき》の寺院に対して神社は

＊切妻屋根
棟の両側に葺《ふ》きおろした山形をなす屋根の形式で、原始的かつ簡素なもの。〈図はp三五二〉

＊高床式
地面に立てた柱の上に高く張った床をもち、湿気を払い風通しを良くするために工夫された建築様式。わが国では弥生時代にはじまり、倉庫や神社建築などに見られた。

＊檜皮葺
ヒノキの樹皮を細かく裂いたもので屋根を葺くこと、またはその屋根。

＊こけら葺
スギ、サワラ、ヒノキなどの薄い削り板で屋根を葺くこと、またはその屋根。

檜皮葺《ひわだぶき》やこけら葺、造りも寺院に多い*寄棟《よせむね》や*入母屋《いりもや》ではなく切妻を原則とした。また、仏堂は基本的に土間であるが、神社本殿《ほんでん》は板敷きの床を張った高床とし、壁もあくまで板壁で、寺院の土壁とは異なった造りとなっている。

２　本殿の様式　神様の本拠地にもさまざまなスタイルがある

本殿にはさまざまな様式がみられるが、大まかにいって*妻入《つまいり》と*平入《ひらいり》に二分される。また、神明造《しんめいづくり》、大社《たいしゃ》造、住吉《すみよし》造の三様式は古形式とよばれて最古のタイプだが、現存する神社で最も一般的な様式は流《ながれ》造で全体の五六パーセントを占め、ついで春日造の二〇パーセント。いずれも遅くとも平安時代には成立している。

❖大社造

切妻造り、妻入の高床式の建物で、内部は一室で中央に心御柱《しんのみはしら》とよばれる太い柱があるのが特徴。出雲大社（島根県出雲市）に代表されるが、この様式はきわめて希《まれ》。

❖神明造

切妻造り、平入の高床式の建物で、外観は直線的。正面に階段をつけ、破風《はふ》は長く突き出て先端は千木《ちぎ》となる。内部は一室。伊勢《いせ》神宮正殿（三重県伊勢市）に代表されるが、ほかの造りと区別するため唯一《ゆいいつ》神明造という。

❖春日造

切妻造り、妻入の高床式の建物。左右に反りあがる屋根、朱塗り彩色など寺院様式が随所にとり入れられている。内部は一室。建物正面に庇《ひさし》がつく。春日大社（奈良市）な

＊寄棟
屋根の形式の一つ。最上部の棟（大棟）から四面の屋根を四方に葺きおろしたもので、二つの台形と二つの二等辺三角形からなる。〈図はｐ三五二〉

＊入母屋
屋根の形式の一つ。上部を切妻、下部を寄棟で重ねたようにし、庇《ひさし》を四方に葺きおろした形式で、社寺建築に多くみられる。〈図はｐ三五二〉

＊妻入
棟の方向に対して直交する側、つまり四角い建物で壁の小さい側に正面入口がある建築様式。妻とは「建物の端」の意。

＊平入
棟の方向に対して、平行な側に正面入口がある建築様式。妻入りの反対。

ど近畿地方に多くみられる。

◇八幡造

切妻造り、平入の二棟の建物を前後に連結した高床式の建物。内部はつなぎの部屋を入れて三室からなる。宇佐《うさ》神宮（大分県宇佐市）や石清水《いわしみず》八幡宮（京都府八幡市）など八幡系の神社に多くみられる。

◇住吉造

切妻造り、妻入の建物で、外観は直線的で細長く、内部は内陣《ないじん》と外陣《げじん》の二部屋からなる。大阪市の住吉大社（大阪市）が典型的なタイプ。

◇流造

切妻造り、平入の高床式の建物。神明造を基本に仏教様式をとり入れたもので、左右に反りあがった屋根、前流れの屋根が庇状に長く延びているのが特徴。京都の下鴨《しもがも》

■神社建築の様式

神社や上賀茂《かみがも》神社の本殿をはじめ、全国的に最も一般的な様式。

◈日吉《ひよし》造

切妻造り、妻入の高床式の建物。正面からだと入母屋造に見えるが、背後に庇がないため、入母屋の屋根の後ろを切り落としたような特殊な形をなす。内部は内陣と外陣の二室からなる。日吉大社（滋賀県大津市）の本殿だけにみられる様式。

◈その他

このほかにも、大鳥《おおとり》大社（大阪府堺市）に見る「大鳥造」、京都八坂《やさか》神社が代表的な「祇園《ぎおん》造」、二階建ての「浅間《せんげん》造」、全国各地にある「入母屋造」、複合した社殿の様式である「権現《ごんげん》造」などがある。

また、大神《おおみわ》神社（奈良県桜井市）のようにご神体そのものが三輪山とよばれる山で、本殿を持たない神社もある。熊野那智《くまのなち》大社（和歌山県那智勝浦町）もご神体は那智ノ滝といわれるが、これらは古来の自然崇拝の形態を残すものである。

3　本殿の意匠　外観には欠かせない威厳と飾り

◈千木《ちぎ》

交差する二本の木を屋根の上においた飾りで、神社の威厳の象徴ともなっている。通常は、先端部を垂直に切って尖《とが》らせているのが男神、水平に切ってあるのが女神を表すという。神明、大社、住吉など古代の伝統的な神社建築には欠かせない飾りだが、仏教建築の要素がとり込まれて以降は見られなくなる。

◈**堅魚木《かつおぎ》**

社殿の棟木《むなぎ》の上に、横に並べた数本の円柱形の棒のこと。通常は千木と併せて用いられる。元来は棟木の防風用として設けられたものだが、現在は神社の神聖の象徴となっている。男神には奇数を、女神には偶数をおくのが基本で、語源はカツオ節の形に似ていることにちなむ。

◈**破風《はふ》**

屋根の切要部分に打ちつける合掌形《がっしょう》をした厚い板、またはそれに囲まれた三角形の部分。多くは切妻破風をいうが、屋根正面につけられた八の字のような形状の「千鳥《ちどり》破風」、合掌部が丸く湾曲したような形の「唐《から》破風」などの種類がある。

4 鳥居の様式　バラエティに富む神域への入り口

鳥居《とりい》は、神社の神域への門を象徴する。古代、鳥は祖霊の写し身として崇められ、神社に祀《まつ》られる神々の使いであるとも信じられた。この神の使いが羽を休める場所として、鳥居という言葉が生まれたという説が有力だが、ほかにも「人が通《とお》り入《い》る門」*や「けがれをとどめるところ」などの解釈があって定説はない。そもそも鳥居の起源自体が、いまだによくわかっていないのである。

素材は、木、石、鉄、コンクリートなど多種多様だが、本来の姿は白木造りである。

■神社建築の部位

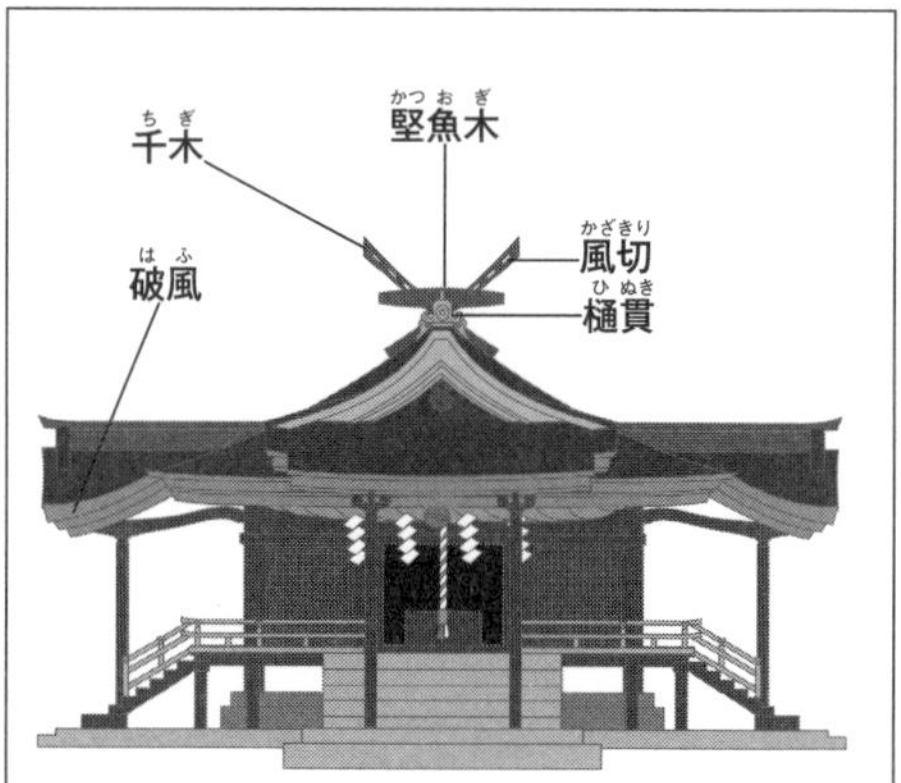

■唐破風

■鳥居の名称

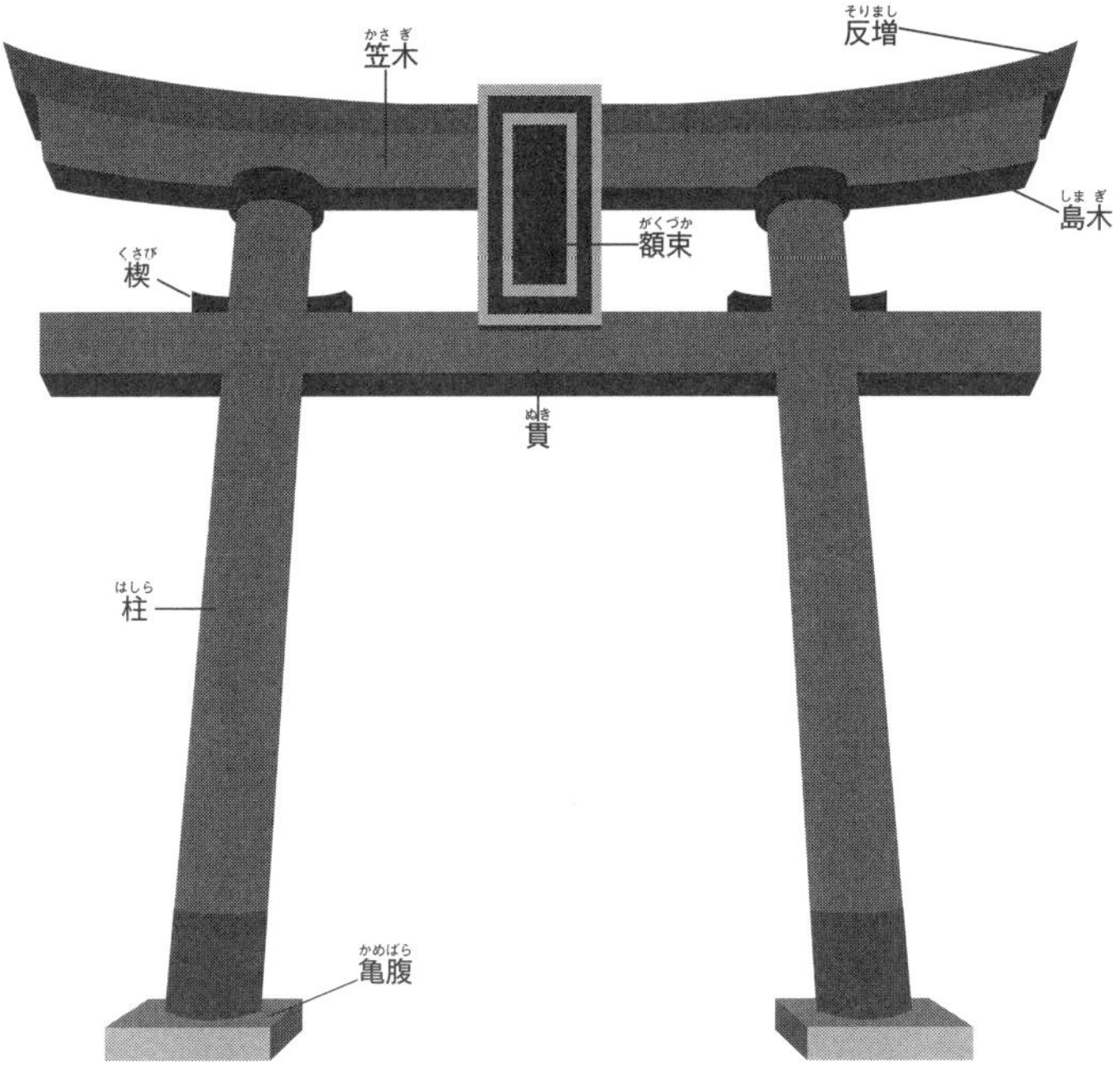

明神鳥居

両部鳥居

神明鳥居

また、鳥居の様式もさまざまだが、最もポピュラーなスタイルは明神《みょうじん》鳥居であり、朱塗りが多いのは、腐食止めのほかに古来赤が魔除けと信じられてきたからだ。

なお、石を投げて鳥居の上にのせるとご利益があるという迷信は、「幸運がとりつく」という言葉の妙と、鳥に代わって運にあやかりたいという慣習からきたものという。

＊鳥居の起源

わが国で鳥居に関する記述の初出は、七七〇年代の光仁天皇の官符だが、鳥居そのものはそれ以前といわれる。地方によって高麗《こま》の名でよばれる神社もあり、満州地方に起源をもつ家屋への結界印が朝鮮文化とともに渡来し、日本化したとする向きが根強い。事実、満州地方では古くから立柱祭といって、南東の方角に向けて柱を立て上部にたくさんの鳥の造形物をのせる習わしがある。日の出・日の入りを象徴するのは鳥の鳴き声であると考えられ、太陽神を祀る風習だったという。

寺院建築へのこだわり

六世紀半ばに大陸から仏教が伝わると、国家の保護を受けて各地に相次いで寺院が建てられていった。最古の寺院は飛鳥寺《あすかでら》（本元興寺《もとがんごうじ》）といわれるが、当初は百済《くだら》の様式を模倣《もほう》したものだったという。のちに和様《わよう》、唐様《からよう》、大仏様、そしてこれらが一体化した折衷様《せっちゅうよう》など、さまざまなスタイルへと変化しながら寺院特有の配置が整備され、現在みられるような建築様式が定着していくのである。

1　様式と配置　学問や修行の場は何とよばれているのか

さまざまな建築群からなる寺院は、神社のそれに比べるとはるかに複雑である。寺院建築を大別すると、本尊など礼拝の対象を祀《まつ》る「堂塔《どうとう》」と、僧侶が居住する「僧房《そうぼう》」とに分けられる。寺院見学にあたっては、あらかじめ寺務所に立ち寄り、その寺院の創建年代をはじめ、境内にある建物の由来や配置などを聞いておくとよい。

《伽藍《がらん》》

サンスクリット語のサンガーラーマ（僧園《そうおん》）に由来し、元来は「僧侶が集い、修行する清浄な場所」の意味だが、のちに大きな寺院の主要建造物群の総称をいうようになっ

＊七堂伽藍
一般には七つの主要な建物という意味に解されているが、もともと七堂とは「悉堂《しつどう》」がのちに転訛《てんか》したものといわれる。悉堂とは「必要な建物がすべてそなわった堂宇」という意味で、七つの建物がそろっていることではない。この様式は奈良時代に成立したと見られるが、《図》（p一四五）に見られるように建物の種類や名称は宗派によって異なり、一定していない。

＊南都六宗
奈良時代に成立した六つの初期の学派仏教。三論《さんろん》、法相《ほっそう》、倶舎《くしゃ》、成実《じょうじつ》、華厳《けごん》、律《りつ》の各宗派で、遣唐使によってもたらされたものである。いずれも平安以降に成立した諸派に比べると、信仰や布教よりも仏教の論を中心とした宗派で、学問的研究を重視した。

た。伽藍の多くは、七つの主要な建物から構成されるため*七堂《しちどう》伽藍《がらん》ともよばれる。七堂とは、*南都六宗《なんとろくしゅう》では次の金堂から食堂までの七つの建物をいう。

◈金堂《こんどう》

伽藍のいわば、心臓部で、本尊を安置する。内部を金色に塗ったことに由来し、本堂（根本中堂《こんぽんちゅうどう》の略）ともいわれ、禅宗では仏殿、浄土真宗では阿弥陀《あみだ》堂、浄土宗では御影《みえい》堂とよぶ。初期のものは、完全に仏のための専有空間ですこぶる閉鎖的であり、礼拝などは堂の外で行なわれていた。現存する最古の金堂は、法隆寺金堂（奈良県斑鳩《いかるが》町）。

◈塔

釈迦《しゃか》の遺骨である仏舎利《ぶっしゃり》を安置する半球状のストゥーパに由来する言葉で、禅宗では山門《さんもん》にあたる。中国に渡って楼閣《ろうかく》建築と結びつき、屋根付きの層塔へ変貌した。日本では供養《くよう》や祈願などのために建てられ、大規模なものはすべて木造で、三重塔や五重塔といった多層塔《たそうとう》、法華経《ほけきょう》でいう*多宝塔《たほうとう》などが見られる。墓所などに立てる切り込みが入った塔の形の細長い板を卒塔婆《そとば》というのも、同じくストゥーパが語源。

◈講堂《こうどう》

金堂の後方にある説法や講義などを行なう建物で、禅宗では法堂《はっとう》とよぶ。多くの僧が入るため、金堂よりも大きくつくられるが、構造は比較的簡素である。中央に本尊を安置した仏壇を設け、その左右に論議台を置く。今でも学校内で式典などを行なう巨大な建物を講堂とよぶのは、この名に由来する。

◈鐘楼《しょうろう》

鐘《かね》を吊るすための堂で、「かねつき堂」ともよばれる。鐘は宗教的なムードを盛りあげるための鳴物《なりもの》であり、江戸時代以降は時刻を知らせる目的にも使われた。鐘の代わり

＊多宝塔

法華経の中心的な仏である多宝如来《にょらい》と釈迦の二仏を祀った塔。基壇の上に二重の構造をもった宝塔で、下層は方形、上層の基部は円筒形で、屋根は方形をなす。日本で生まれた独自の塔形で、現存するものでは滋賀県石山寺《いしやまでら》のものが最古。

■寺院の配置図

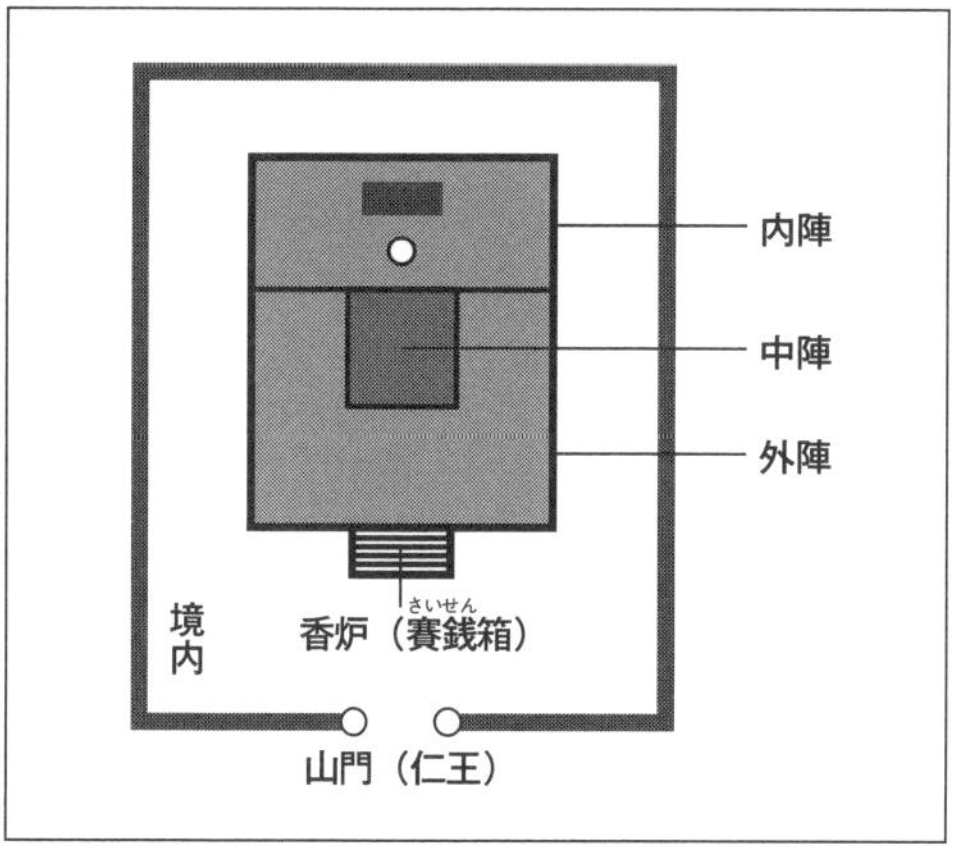

■七堂伽藍の配置例

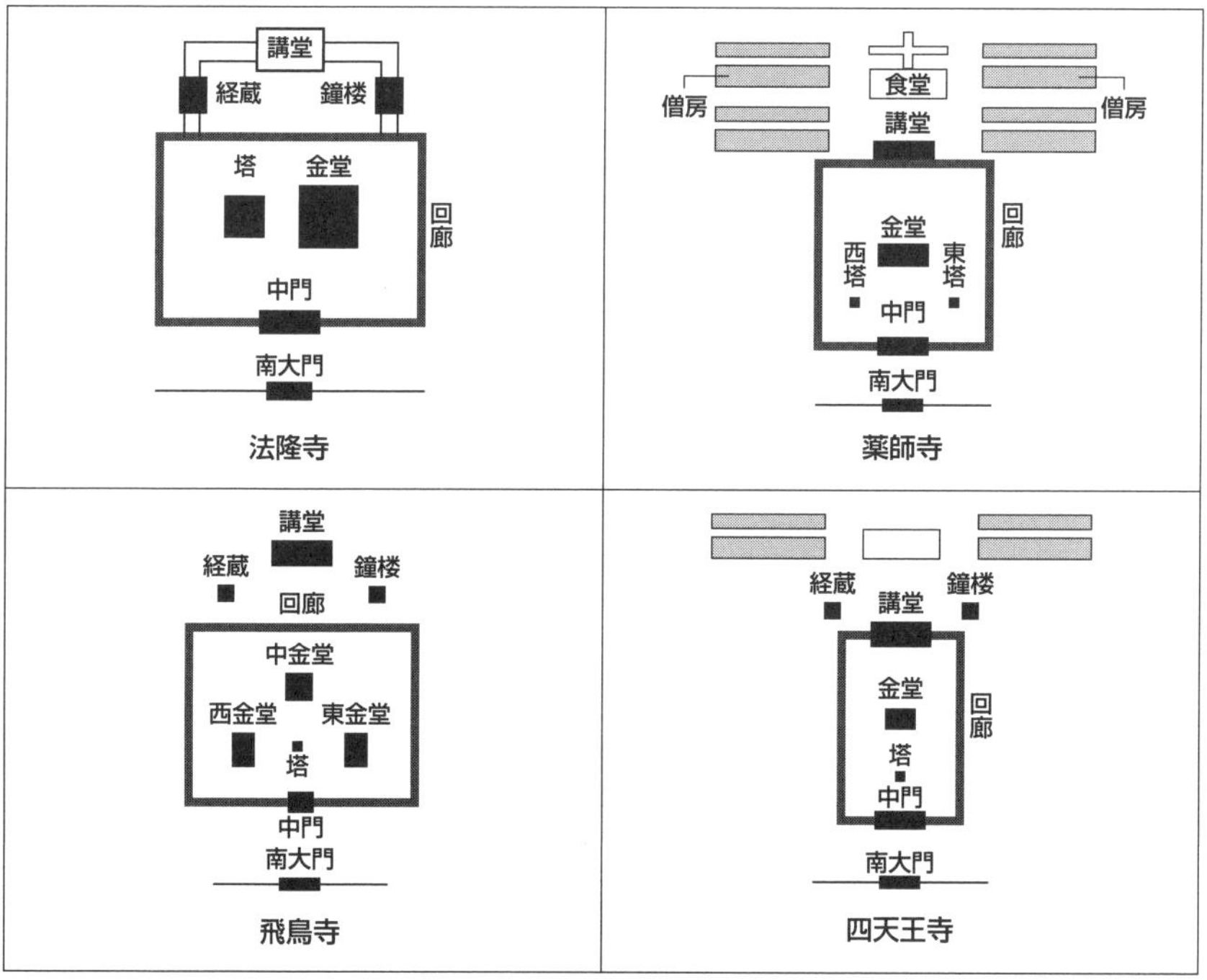

に太鼓を置くこともあるが、その建物は鼓楼《ころう》という。金堂の後方右側に設けることが多い。現存する最古の鐘楼は法隆寺西院《さい》（奈良県斑鳩町）のもの。

◈**経蔵**《きょうぞう》

経典《きょうてん》を納める蔵のことで、元来は、経典類が傷まないように高床式でつくられていた。多くは金堂の後方左側に位置するが、現存する最古の経蔵は、鐘楼と同様に法隆寺西院のものである。

◈**僧房**《そうぼう》

僧が生活し修行する建物で、古くは伽藍の東・西・北の三方に設けられることが多く、「三面僧房」ともよばれた。一般に細長い建物だが、鎌倉時代に僧たちが別院を建ててそこに居住するようになると、僧房は次第に仏堂などに改築されていった。なお、禅宗では座禅をする修行の場を僧堂または禅堂とよび、最も神聖な場の一つで、通常は山門から正面の仏殿に向かって左側に位置している。

◈**食堂**《じきどう》

僧が食事をするための建物。食事を整える台所は庫裏《くり》というが、現在では住職と家族が居住するところを庫裏とよんでいる。なお、現代語の食堂《しょくどう》も、ここに由来する。

◈**東司**《とうす》

禅宗寺院でいう便所のことで、東浄《とうちん》ともいう。禅宗では寺院を運営管理する職位を東《とう》序《じょ》、西序《せいじょ》と二分するが、その際東序の僧が使用する便所を東司、西序のものを西浄《せいちん》とよぶ。ちなみに、便所の別名を雪隠《せっちん》というのは、西浄が訛《なま》ったものといわれる。

◈**奥院**《おくのいん》

寺院で本殿の奥にあって、開祖にゆかりのある霊仏や秘仏などを祀った堂。多くは本殿の後方の山上や岩窟《がんくつ》などに設けられる。とくに空海（弘法大師《こうぼうだいし》）ゆかりの高野山奥院（和歌山県高野町）は有名。

2　屋根と門の基本形式　屋根の形のちがいくらいは理解しておこう

仏を祀る寺院は、建物の耐久性や装飾性に力を入れてきた。建築学的な視点からいえば、寺院は生きている日本の建築史といっても過言ではない。門の形から、塔の変遷、柱の飾り、仏像のスタイル、あるいは屋根の形にいたるまで建築様式の発展にともなってさまざまに変化したものが少なくないが、ここでは寺院建築における屋根と門の代表的な形式をあげてみよう［〈図〉は「屋根の基本形式」（p三五二）参照］。

《屋根》

・切妻《きりづま》造り

棟の両側に流れる二面からなる山形をした屋根で、最も単純かつ最も古いタイプがこれ。山梨県や北陸の一部に多く見られる。

・寄棟《よせむね》造り

最上部の棟（大棟《おおむね》）から四方に四面の屋根を葺《ふ》きおろしたもので、二つの台形と、一つの二等辺三角形からなる。四注《しちゅう》造りともいう。奈良時代に多くつくられた最もポピュラーな形式で、関西地方を除いてほぼ全国的に見られる。

・入母屋《いりもや》造り

上部を切妻、下部を寄棟で重ねたようにして四方に庇を葺きおろしたもので、寺院建築の代表的な形式。とくに北陸から関西に多く見られる。

・宝形《ほうぎょう》造り

中央頂部から四分割して四方に葺きおろした形式で、方形《ほうぎょう》造りともいう。中央頂部に*相輪《そうりん》などを載せる。ただし、建物が六角になると屋根は六面、八角になると八面になるが、それでも宝形造りという。

■相輪

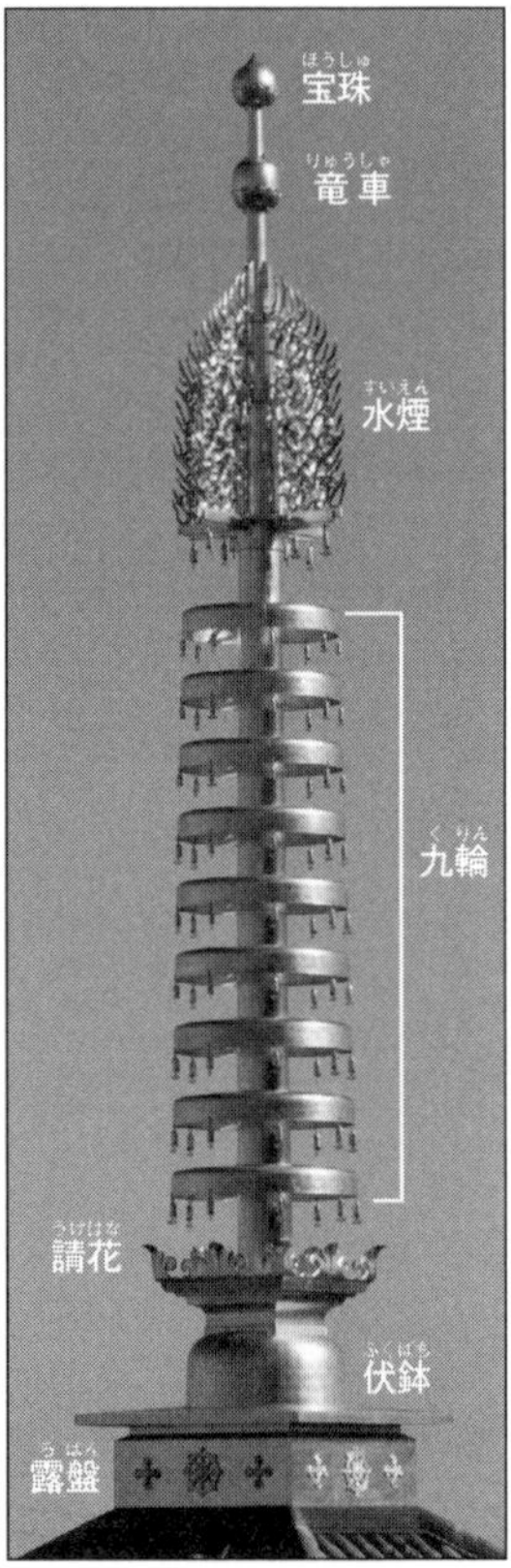

＊相輪
仏塔の最上部にある青銅製や鉄製の装飾部分で、九輪《くりん》ともいう。基本形は、《左図》のように七つの部分からなり、インドのストゥーパ（仏塔）を象徴化したもので最上部の宝珠《ほうしゅ》は完全無欠を表し、仏舎利を納めるところといわれる。比叡山延暦寺《ひえいざんえんりゃくじ》西塔《さいとう》（滋賀県大津市）や日光輪王寺《りんのう》（栃木県日光市）の相輪が有名である。

《門》

寺院の門は、入り口であると同時に、俗世界と仏道の世界を隔てる大きな境界でもある。寺院では重要な施設といえる門は、設置される位置によって次のようによばれている。

・中門《ちゅうもん》

本堂など主要建造物群の正面入口にあたり、寺の最高の門とされる。回廊《かいろう》内に塔がある場合は、*仁王《におう》像が安置される。金剛力士は、金剛の知恵によって煩悩《ぼんのう》を打破するという祈りがこめられたもので、仏を安置する聖域を守るために門前に設けられるようになった。

・南大門《なんだいもん》

寺院と外部を隔てる重要な門で、一般にはこれが正門となる。寺院は原則として南を正面に建てられるため、正面入口を南大門とよんだことにちなむが、大規模な寺院では大門外側の寺の領域の四方に東大門、南大門、西大門、北大門を設ける。その場合、規模でいえば南大門が最大で、通常は中央の本柱の前後に四本ずつ計八本の柱からなる「八脚門《やつあしもん》」というスタイルをとる。なお禅宗系では総門《そうもん》という。

・山門《さんもん》

密教寺院が山中に建てたことから、山麓《さんろく》の参道入口をまたぐように設けられた門。仁王像を置くことから仁王門ともいう。のち平地に建てられた寺も、正門は昔どおりに山門とよぶようになった。

・三門《さんもん》

主に禅宗系の寺院で仏殿（本堂）の前にある正門。古代寺院の中門にあたる。三門の由来は、寺院の本堂に入るのに通らなければならないとされた「*三解脱門《さんげだつもん》」が省略されたものという。

＊回廊

本堂の周囲をとりまいている屋根のかかった一種の渡り廊下。当初は聖域をとりまいて保護するとともに垣根としての機能をもっていたが、のちに廊下としても使用されるようになると本堂や講堂ともつながるようになった。

＊仁王

仏法を守護する神で、金剛力士が変化したものという。怒りの形相をなし、一対の神像として山門の両側に安置されることが多い。口を開けたほうを阿形《あぎょう》、閉じたほうを吽形《うんぎょう》という。

＊三解脱門

迷いの世界から涅槃《ねはん》（悟りの境地）の世界に入る際、通らなければならないとされている三つの門。空《くう》門、無相《むそう》門、無作《むさ》門の三つをいい、本来ならこの三門はすべての寺院の門に採用されなければならないところだが、実際に用いているのは禅宗系の寺院だけである。

仏像の読み方

仏像とは本来、仏法の内容を具体的かつビジュアルに表現し、修行の補助手段となることを願ってつくられたものである。したがって、強い信仰心に突き動かされてつくられた仏像は、経典《きょうてん》にも匹敵するほどの信仰対象であり、本来は、芸術作品や歴史的文化財として「観る」以前に、「拝む」べき対象である点をしっかりと認識しておこう。

1 仏像の種類 バラエティに富んだ日本の仏像たち

紀元前のインドでは釈迦《しゃか》（仏陀《ぶっだ》）を写実的な人間の姿で表すことはなく、菩提樹《ぼだいじゅ》や*仏《ぶっ》足石《そくせき》、*法輪《ほうりん》などのように釈迦にゆかりの深いもので代用されていた。もともとこれは、仏教が偶像否定の立場にあったことを示している。

しかし、一世紀末にギリシア文化の影響によってガンダーラ*地方に初めて仏像が登場すると、各地でさまざまな仏像がつくられるようになり、礼拝の対象とされていった。

わが国へは、六世紀半ばの仏教伝来とともに仏像も伝わったが、現存する最古の像は六〇六年の飛鳥《あすか》大仏（飛鳥《あすか》寺《でら》）といわれている。

仏像とは、本来は釈迦すなわち如来《にょらい》の像だけをいうのが正しいが、日本では仏教で崇

＊仏足石
釈迦の足跡の形を紋様風に刻んだ石で、一世紀後半ごろから仏像が出現する以前に古代インドで行なわれていた釈迦の象徴表現の一つ。わが国には唐を経て伝わり、奈良薬師寺《やくしじ》のものが有名。仏跡信仰の一種で、足跡にとどまらす歯や髪なども信仰の対象となっている。

＊法輪
本来は、古代インドの戦闘で使用された戦車のような形をした武具。のちに仏教を象徴する車輪形をした紋章にとり入れられ、通称チャクラ、正式にはダルマチャクラという。輪を回すことによって悪や一切の欲望を破壊し、釈迦の教えを広めることができるとされている。

＊ガンダーラ
南アジアのパキスタン北東部、ペシャワルやタクシラなどを中心とした地域の古称。アフガニスタンからインドへ通じる交通の要地にあたり、紀元前から西方文化の伝達路として発達した。インドの伝統とヘレニズム美術の様式が融合した独特の仏教美

拝されるそれ以外の尊者までを含めて、通常は次の五種をいう。

如来

正しい悟りを開いて最高の状態に達した者の称号で、かつては釈迦だけにあたえられる尊称であった。やがて釈迦如来、薬師《やくし》如来、阿弥陀《あみだ》如来、大日《だいにち》如来など、無数の如来がいると幅広く解釈されるようになっていく。

全体にふくよかで肉付きのよい僧侶のスタイルのうえ、真言宗系の大日如来以外はいずれも衲衣《のうえ》（簡素な薄い衣）をつけたきわめてシンプルな出家姿で表される。また薬壺《やくこ》を持つ薬師如来は特例ながら、手には何も持たないのが原則であり、各如来の区別は手の形すなわち印相《いんぞう》によって見分けるほかない。

菩薩《ぼさつ》

如来が偉大すぎて近寄りがたいという理由から、衆生《しゅじょう》のためにより身近な現世利益《げんせりやく》の願いを聞き届けてくれる仏として出現したのが菩薩である。修行を積み重ねて如来の境地に達しようと努めている者をいい、当初は現世において修行中の釈迦のことを菩薩とよんでいた。したがって、多くは釈迦が出家する以前の王子のような姿で表され、通常は上半身は裸だが、宝冠をいただき下半身には装身具をつけている。表情は女性的な柔和な顔立ちで、やさしそうな眼差しが特徴的だ。

数々の経典をもとに、観音《かんおん》菩薩、弥勒《みろく》菩薩、地蔵《じぞう》菩薩、文殊《もんじゅ》菩薩、普賢《ふげん》菩薩など多くの菩薩が出現しているが、わが国では観音と地蔵の両菩薩信仰がとくに厚い。

明王《みょうおう》

救いがたい衆生を厳しく強引に教え導く諸仏で、如来の化身といわれる。このため、一般には上半身裸で燃え盛る炎を背景に怒りの形相で表現され、不動明王以外は複数の

術であるガンダーラ美術が開花し、とくに一～二世紀に仏像の生まれた地として知られ、中国や日本の仏像彫塑《ちょうそ》にも大きな影響をおよぼした。

腕をふり回している。明王の前身はほとんどがバラモン教（のちのヒンドゥー教）の諸神であったが、やがて徐々にその役目や名を変えながら密教にとり込まれ、のちに密教における仏となった。

不動明王をはじめとする五大明王*のほかに、愛染《あいぜん》明王や孔雀《くじゃく》明王などがいる。明王は、元来は他宗教の神であったために、わが国でも神道と結びつき、春日《かすが》大明神や稲荷《いなり》大明神などとよばれるようになるが、明神とは明王と神を結びつけた尊称といわれる。

◈天

明王と同様にバラモン教の諸神から取り入れられた諸仏。仏法の守護神であり、天界に住んでいることから天とよぶ。現在、天は明王の従者ということになっているが、成立の順からいえば天が先で、そこから一部のエリートが出世して明王になったと思われる。また、明王とちがって男女の別があるのも天の特色の一つで、通常、男性の天は甲《かっ》冑《ちゅう》に身を固めた武人姿、女性の天はひれ袖のついた長いたもとの上衣をはおった天女《てんにょ》姿で、いずれも仏像というよりは神像に近い。

非常に数多くの天が存在するために、性格や服装、役割もさまざまだが、次の三グループに大別することができる。

- 武神＝四天王*をはじめ、梵天《ぼんてん》*、帝釈天《たいしゃくてん》、仁王など
- 福神＝毘沙門天《びしゃもんてん》、大黒天、歓喜天《かんぎてん》など
- 女神＝弁財天、吉祥天《きちじょうてん》、鬼子母神《きしもじん》など

◈羅漢《らかん》・祖師《そし》

羅漢は、サンスクリット語のアラハン（尊敬をうけるに値する人々の意）の漢訳である阿羅漢の略。仏教で人々の尊敬と供養をうける資格をそなえた聖者のことをいう。ま

＊五大明王
さまざまな明王が出現するなかで、わが国で古くから最も深く信仰された五人の明王。不動明王を中心に、東に降三世《ごうざんぜ》明王、南に軍荼利《ぐんだり》明王、西に大威徳《だいいとく》明王、北に金剛夜叉《こんごうやしゃ》明王がそれぞれ配される。

＊愛染明王
愛欲にとらわれた煩悩《ぼんのう》を自覚したままで、悟りの境地へ転化させることができる力をもった明王。全身が赤色で、怒りの表情を示す。のちに曲解されて、恋愛成就《じょうじゅ》の神、染物業者の守り神などとして祀《まつ》られている。

＊四天王
仏教を守護する天上界の王、帝釈天に仕える四人の神。東西南北の四方を司《つかさど》り、東の持国天《じこくてん》、南の増長天《ぞうじょうてん》、西の広目天《こうもくてん》、北の多聞天《たもんてん》（毘沙門天）をいう。

＊梵天
ヒンドゥー教三大神の一人、創造神のブラフマーがのち仏教にとり入れられ、帝釈天とともに仏陀の守護神となったもの。

とめて「五百羅漢」などともよばれるが、日本ではしばしば釈迦十大弟子*の形で表現される。十大弟子像は、通常は釈迦像の左右に置かれる。

　各宗派の開祖や高僧たちを祖師といい、鑑真《がんじん》、空海《くうかい》、親鸞《しんらん》、日蓮《にちれん》、達磨大師《だるまだいし》など多くの像が見られる。

2　持物と印相　持ち物や指の形には重要な意味がある

《持物《じもつ》》

　仏像の見分け方の一つに、手に持っている器物すなわち持ち物から判断する方法がある。これを持物あるいは契印《けいいん》といい、その仏の法力や徳を表し、代表例では次のようなものがあげられる。

・薬師如来＝薬壺（病魔除去）
・観音菩薩＝水瓶《すいびょう》（本尊の供養）、蓮華《れんげ》（浄土の理想）、宝珠《ほうじゅ》（財宝の獲得）
・地蔵菩薩＝錫杖《しゃくじょう》（善意の施し）
・明王＝*金剛杵《こんごうしょ》（智恵）、宝剣（悪魔撃退）、*羂索《けんさく》（衆生救済）

《印相《いんぞう》》

　印相とは、指をさまざまな形に折り曲げて、仏や菩薩の法力を表したもので、持物と合わせて契印と

■金剛杵

＊釈迦十大弟子
釈迦の多くの弟子のうち、主だった一〇人をいう。智慧《ちえ》第一の舎利弗《しゃりほつ》、神通第一の目犍連《もくけんれん》、説法第一の富楼那《ふるな》、解空《げくう》（人間の究極的真理を説くこと）第一の須菩提《しゅぼだい》、戒行第一の羅睺羅《らごら》、論議第一の迦旃延《かせんねん》、頭陀《ずだ》（無執着心の行）第一の大迦葉《だいかしょう》、天眼《てんげん》（天人が所有する眼力）第一の阿那律《あなりつ》、持律《じりつ》（戒律にとくに詳しい）第一の優波離《うばり》、多聞《たもん》（釈迦説法の聴聞の記憶）第一の阿難陀《あなんだ》をいう。

＊金剛杵
古代インドで武器として使用され、のち密教の法具へとり入れられた。両端に鋭い刃をつけ、悩みをうち砕き仏の智恵を象徴するという。

＊羂索
青・黄・赤・白・黒の五色の糸をなってつくられた縄状の仏具で、本来は鳥獣を捕るワナ。一端に金剛杵の半形をつけ、片方に鐶《かん》（金属製の輪）をつける。不動明王や不空羂索観音などの必須アイテムで、衆生救済の象徴とする。

もいう。表情や外観だけでは仏像が何を語ろうとしているのか伝わりにくいことも多いが、仏像の手は口と解釈してもよいほどに重要な表現手段である。古くから南アジア各地では、契印には特別な意味をもたせており、現在でも東南アジアやインドの民族舞踊に片鱗《へんりん》を見ることができるほどだ。

最も身近な印相はわれわれが仏前で手を合わせる合掌《がっしょう》印である。基本的な印相は、釈迦が行なった特定の身ぶりに由来するといわれているが、代表的なものが次の「根本五印」である。

- 転法輪《てんぽうりん》印＝説法《せっぽう》することによって迷いを打破する印
- 禅定《ぜんじょう》印＝瞑想《めいそう》に入っているときの状態を示す印で、座禅のときこの印を結ぶ。法界定印《ほっかいじょういん》ともいう
- 降魔《ごうま》印＝魔を退散させるときの印。触地印《そくちいん》ともいう
- 施無畏《せむい》印＝人々の心の不安や恐れをとり除こうとするときの印
- 与願《よがん》印＝人々の願いをかなえることを示す印。施願印《せがんいん》ともいう

このほか、心の安定を示す「弥陀定印《みだじょういん》」をはじめとする阿弥陀如来に見られる九種類の印「九品《くほん》印」、人々の迷いを菩薩に転じる大日如来の「智拳印《ちけんいん》」などもよく知られている。

3 造形法と姿勢　どんな材料からつくられているか

■印相の種類

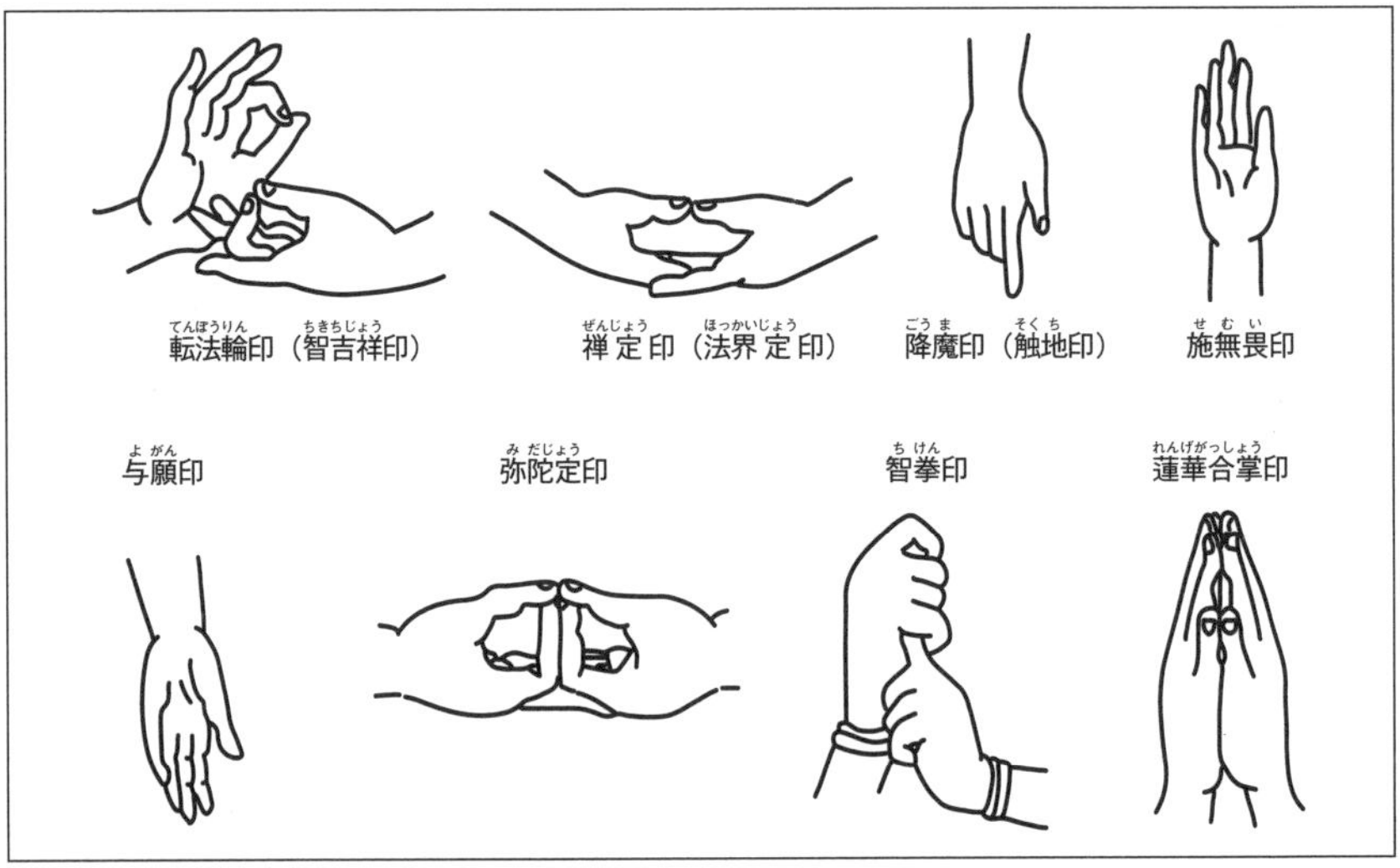

《素材》

仏像の素材は多種多様で、木材、金属、*乾漆《かんしつ》、粘土、石材、象牙などからなるが、最も一般的なのは木材である。木像の場合、頭部と胴体部の主要部分を一本の木から丸彫りした「一木造り《いちぼく》」と、主要部分を複数の木材を寄せ集めてつくった「寄木造り《よせぎ》」がある。金仏は、銅と錫《すず》を融合して鋳造《ちゅうぞう》した「金銅仏《こんどうぶつ》」が多く、その代表格が奈良の大仏である。

また、地蔵や道祖神《どうそじん》など民間信仰と結びついた路傍《ろぼう》の石仏も全国各地に見られる。数は少ないが、石窟《せっくつ》内の壁に彫った「石窟仏」や、断崖に直接刻んだ「磨崖仏《まがい》」などもあるが、規模や芸術的な見地からいえば中国のほうがはるかにすぐれている。

《姿勢》

仏像は、次のようなさまざまな姿勢をとる。

- 立像＝立ち姿の像。なかでも最もポピュラーな像は両足をそろえた正立像《しょうりゅう》で、観音像のほとんどはこれ
- 座像＝基本は結跏趺坐《けっかふざ》（座禅の形）で、如来や明王などの仏像にとくに多く見られる
- 倚像《い》＝台座に腰をかけ、両足を前に垂らしている姿の仏像。片足を組み頬に手をあてて考えている奈良・中宮寺の「菩薩半跏像《はんか》」や京都・広隆寺の「弥勒菩薩半跏像」もこのタイプ
- 涅槃像《ねはん》＝釈迦の死を示す横臥《おうが》した像で、とくに東南アジアで広く分布する。日本では岡寺《おかでら》（奈良県明日香村《あすか》）の涅槃像が有名

＊乾漆
古代にはじまった漆《うるし》工芸の一つで、漆を固めたもの。乾漆像は、土あるいは原木に木屑などを混ぜあわせた漆をくり返し塗りこめてかたどる。

《その他の観賞ポイント》

◈台座

仏像を安置する台で、仏の種類によって使用する台座は定まっている。最も一般的でかつ重要な台座はハスの花をかたどった蓮華座《れんげざ》で、如来や菩薩、明王の一部などに使用される。このほかに、如来は須弥座《しゅみざ》、不動明王は瑟瑟座《しつしつざ》、諸天は岩座とおおよそ決まっている。

◈光背《こうはい》

仏像の背後にあって、仏身から発する光を象徴的に様式化した装飾。俗にありがたい気持ちを「後光がさす」と表現するが、それが光背のこと。頭部のみに発する「頭光《ずこう》」と身体からの「身光《しんこう》」に大別されるが、光背はのちにキリスト教の宗教絵画へもとり入れられ、イエスやマリアの頭上に輝く光輪のモチーフになったという説もある。

◈脇侍《きょうじ》

仏像の両脇にひかえて仏の教えを助けるといわれる、いわば補佐役。仏像ごとに異なり、釈迦如来は普賢と文殊の両菩薩、阿弥陀如来は観音と勢至《せいし》の両菩薩、薬師如来は日光《にっこう》と月光《がっこう》の両菩薩などが左右に置かれる。

◈肉髻《にっけい》

仏の頭頂部にある鏡餅《かがみもち》のようなふくらみで、ここには智恵がつまっているといわれる。

◈白毫《びゃくごう》

仏の眉間《みけん》にある突起は白毫といわれ、釈迦の額に右巻きに生えていた白い毛を表したもので、仏像では玉や水晶をはめ込んで表現される。

日本絵画の探訪

さまざまな解釈がなされているが、一般に日本絵画は平安時代後期の「大和絵《やまと》」にはじまるといわれている。その後も中国や朝鮮などの影響も少なからずあったが、ほぼ一千年にわたって独自の技法と様式を磨きあげ、確立してきたことになる。現在ではそれらの多くは国宝あるいは重要文化財として、観る者を楽しませてくれるのである。

1　日本絵画の潮流　古代壁画から明治期の日本画まで

日本の美術とくに絵画の流れを大きく時代区分すると、古代（飛鳥《あすか》時代～平安時代後期）、中世（平安時代末期～室町時代末期）、近世（安土桃山時代～江戸時代末期）、近代以降（明治時代以後）の四つの流れに分けられよう。

①古代

仏教伝来にともなって絵画技法が飛躍的に発展したが、初期のころは法隆寺金堂《ほうりゅうじこんどう》（奈良県斑鳩町《いかるが》）、高松塚古墳《たかまつづかこふん》やキトラ古墳（奈良県明日香村）、上淀廃寺《かみよどはいじ》跡（鳥取県米子市）に見られるように壁画が中心であった。

奈良時代に入ると宗教画の黄金時代を迎え、當麻寺《たいまでら》の『當麻曼荼羅図《たいままんだら》』（奈良県葛城市）

に代表される曼荼羅、薬師《やくし》寺の『吉祥天《きちじょうてん》像』（奈良市）や正倉院《しょうそういん》の『鳥毛立女屏風《とりげりゅうじょびょうぶ》』（奈良市）のような美人風俗画、極楽浄土を願う来迎《らいごう》図などが相次いで描かれたが、平安時代後期までは中国や朝鮮の絵画技法を模倣《もほう》する時代でもあった。

②中世

それまでの中国風な唐絵《からえ》に代わって、日本的な自然や風俗をモチーフとした大和絵が登場、特に物語文学や寺社の縁起《えんぎ》などをテーマとした『源氏物語絵巻』（国立博物館・徳川美術館）、『鳥獣戯画《ちょうじゅうぎが》』（京都市）、『信貴山縁起《しぎさんえんぎ》絵巻』（朝護孫寺《ちょうごそんじ》、奈良県平群《へぐり》町）などや、地獄を描いた『地獄草紙《じごくぞうし》』『餓鬼《がき》草紙』の各種絵巻物が多数生まれた。また『源頼朝《よりとも》像』（京都市）をはじめとする肖像画が流行したのも、この時期である。室町時代は、禅宗を背景とした中国の山水画の流れをくむ「水墨画」が掛軸などを中心に大いに発展した。水墨画は、墨色の濃淡と簡潔なタッチだけで画面に緊張感をあたえることから、特に質実剛健を好む武家の間で人気をよび、室町末期の画僧雪舟《せっしゅう》によって完成の域に達したといわれる。

③近世

当初、狩野《かのう》派に代表される大画面の障壁画《しょうへきが》がもてはやされた。しかし、これらはすべて大名・武家のための絵画であり、しかも幕府御用絵師の狩野派と住吉派を別にすれば、ほとんどは上方《かみがた》を中心として発展したものであった。これに対して、江戸独自の絵画手法が開花するのは、浮世絵が圧倒的な人気を勝ち得る元禄《げんろく》期の町人文化の興隆まで待たねばならない。

浮世絵の登場は、いわば庶民による庶民のための絵画の誕生を意味し、とくに江戸後期の喜多川歌麿《きたがわうたまろ》や葛飾北斎《かつしかほくさい》、安藤広重《あんどうひろしげ》などの浮世絵師は、フランスの印象派など世界の近代絵画の発展に大きな影響をあたえ、日本が誇る最高の絵画デザインとして評価されるにいたった。また、この時代には円山応挙《まるやまおうきょ》などの写生画、与謝蕪村《よさぶそん》や池大雅《いけのたいが》らの知識人が趣味的に描いた文人画といったジャンルも流行し、それらは明治前期の画壇にも引き継がれていくのである。

④近代以降

明治時代に入ると、近代化政策のもとに西洋画技法のおびただしい流入がはじまり、日本画は大きな混乱期を迎える。しかし、従来の流派をこえた日本画運動をすすめる岡《おか》倉天心《くらてんしん》らによって新形式がうちだされ、その流れは横山大観《よこやまたいかん》、下村観山《しもむらかんざん》、菱田春草《ひしだしゅんそう》といった革新的な日本画家らへと受け継がれていった。

2　宗教画と世俗画　聖と俗の世界で成り立つ絵画テーマ

古代から近代までを通しての日本絵画の流れは、仏教を中心とした宗教画、庶民の生活を描いた世俗画が二大テーマであったといえる。宗教画は仏教の伝来にともなって早くから発達、とくに奈良や平安期でその頂点を迎えた。

いっぽうの世俗画は平安期の絵巻物から出発し、浮世絵でほぼ完成されたとみてよいだろう。

《宗教画》

◈曼荼羅《まんだら》

サンスクリット語の「本質を所有する」の意味で、密*教で悟りの境地に達するために図式化された視覚的なテキストであった。曼荼羅は、根本仏である*大日如来《だいにちにょらい》の真理にいたるまでの理あるいは物質的世界観を示した「胎蔵界《たいぞうかい》曼荼羅」、真理にいたるまでの智あるいは精神的世界観を表した「金剛界《こんごうかい》曼荼羅」に二分される。

密教寺院の堂内の向かって右側に掲げられる胎蔵界曼荼羅は、一二のパート（院）に分けられて計四一〇の諸仏が描かれ、中央の中台八葉院に宇宙の本源である大日如来をすえている。また、周りの諸仏もすべて大日如来の化身という。

いっぽう金剛界曼荼羅は本堂の左側に掲げられ、悟りの段階によって縦三列、横三段の九つのパート（九会《くえ》）に分割される。この二種の曼荼羅を合わせて「両界《りょうかい》曼荼羅」といい、物質的なカリキュラムといえる胎蔵界と、精神的なカリキュラムの金剛界の二つの世界の合体をもってすべての真理が表されると説く。

また、曼荼羅は色鮮やかな五彩色で知られるが、これらの色も《左図》のようにすべて意味をもち、「宇宙の写し絵」といわれる曼荼羅に無意味な描写は一つとしてない。

現存する曼荼羅図としては、京都の東寺《とう》の『両界曼荼羅』や神護寺《じんごじ》の『高雄《たかお》曼荼羅』などが有名。

◈来迎《らいごう》図

曼荼羅の密教絵画に対して、浄土信仰*に基づく浄土教絵画の代表的なテーマ。人々を極楽浄土へと救うため、阿弥陀《あみだ》如来が菩薩《ぼさつ》をしたがえて人間世界に下降してくる姿を描いたもので、とくに*末法《まっぽう》思想が流行した平安末期から鎌倉時代にかけて盛んに描かれた。夢幻的で耽美《たんび》主義のタッチを特徴としている。

代表的な来迎図は、奈良法華寺《ほっけじ》の『阿弥陀三尊来迎図』、高野山の『阿弥陀聖衆《しょうじゅう》来迎図』、京都の禅林寺の『山越《やまごし》阿弥陀図』や知恩院《ちおん》の『阿弥陀二十五菩薩来迎図』など。

＊密教
↓p五一

＊大日如来
↓p五一

＊浄土信仰
平安時代末期の末法思想の流行とともに広まった信仰。仏の姿を心に念じてひたすら念仏を唱えていれば、死後、阿弥陀仏のいる極楽浄土に生まれ変わることができると信じられた。

＊末法思想
仏教における予言思想。釈迦《しゃか》入滅後の五〇〇年間は正しい仏法が行なわれる正法《しょうぼう》の時代が続くが、その後の千年間は正しい修行が行なわれない像法《ぞうぼう》の時代、さらにそののち一万年は仏法の教えさえも行なわれない乱世の時代になるとする考え。わが国では平安時代の一〇五二年を末法元年とする説が広く信じられ、厭世《えんせい》観や危機感がかきたてられて浄土教の発達を刺激した。

■胎蔵界曼荼羅配置図

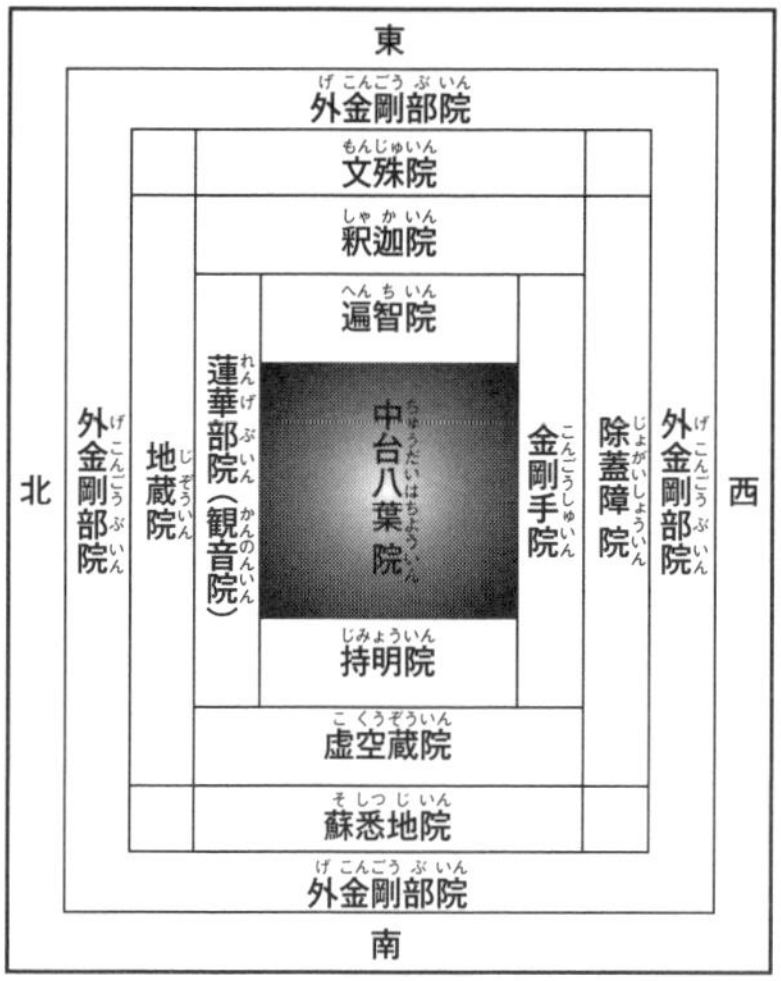

■金剛界曼荼羅配置図

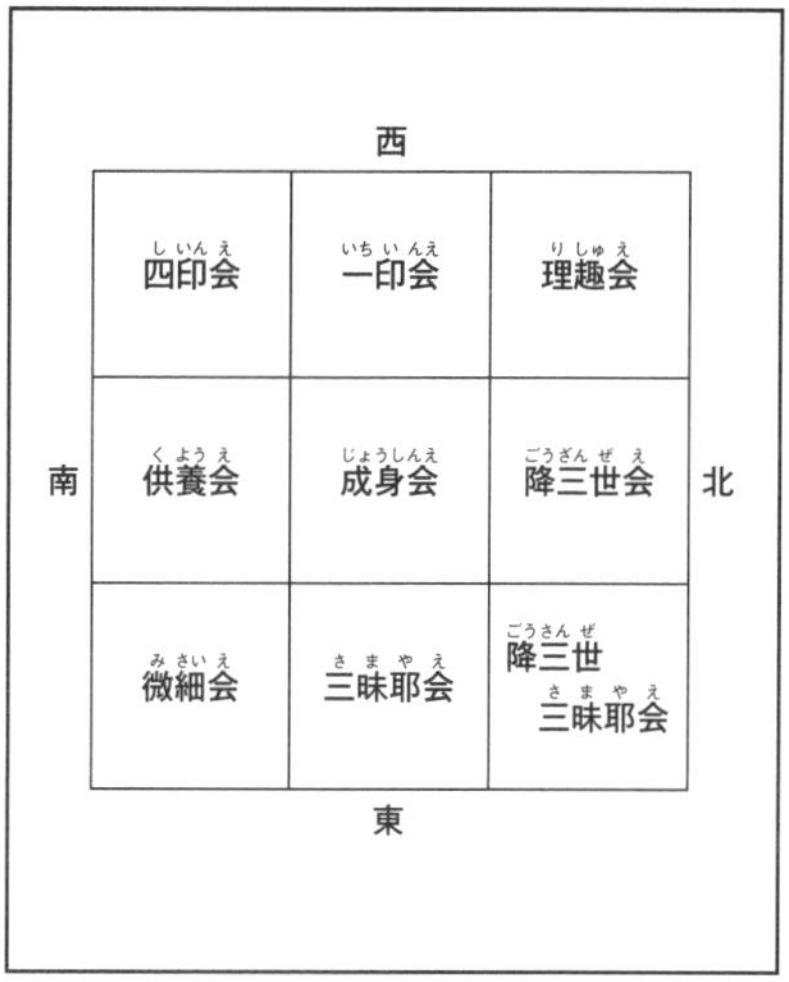

■曼荼羅五彩色の意味

方位	形	五字	五元素	五彩
南方	正方形 ★不生不滅の存在を示す。	ア（地）	地	黄 ★他の色を加えると光色が増す、増益の色。
中央	正円形 ★言語が無限に動く意を示す。	ヴァ（水）	水	白 ★一切衆生の根本である大日如来の色。
東方	三角形 ★煩悩を焼きつくす意を示す。	ラ（火）	火	赤 ★敬愛を表し、金剛界の色でもある。
北方	半月形 ★すべてのものを生み出す意を示す。	カ（風）	風	黒 ★涅槃を表す色。
西方	団形 ★すべてを意のごとくする如意宝珠を表す。	キャ（空）	空	青 ★すべてを支配する色。

◈地獄図

とくに末法思想を背景として、地獄のさまざまな様子をリアルに描いた絵画。来迎図と対をなすもので、主に浄土宗の民衆への布教のために描かれた。絵巻物の『地獄草紙』『餓鬼草紙』や聖衆来迎寺《しょうじゅうらいごうじ》（滋賀県大津市）の『六道絵《ろくどうえ》』などが代表的。

《世俗画》

◈絵巻物

絵と説明文（詞書《ことばがき》）を交えながら、物語の内容をわかりやすく解説した巻き物。平安後期から鎌倉時代にかけて流行した様式で、とりわけ新興の諸宗派が教化・布教を目的としたため大量生産された。内容的には、物語や文学などを絵解きした『源氏物語絵巻』（東京国立博物館・徳川美術館）や『紫式部日記絵巻』（東京国立博物館）、説話などを描いた『鳥獣戯画』（東京国立博物館）、社寺の縁起などを描いた『信貴山縁起絵巻』（朝護孫寺《ちょうごそんじ》、奈良県平群町《へぐり》）、『石山寺縁起絵巻』（東京国立博物館）などがある。

◈水墨画

元来は禅僧が修行の一環として描いた宗教画であったが、中国北宋時代に完成。墨の濃淡だけで色感や立体感を描いた単色画で、縦長の構図は高さと奥行きを強調する。自然そのものを主題とした水墨山水《さんすい》画はわが国独自の様式で、とくに武家が掛け軸などにして親しんだ。雪舟の『四季山水図』（東京国立博物館）はその頂点といわれるが、絵画にとどまらず＊枯山水《かれさんすい》などの作庭にも重要なモチーフとなった。

◈障壁画

襖《ふすま》、障子《しょうじ》、衝立《ついたて》などの大画面に描かれた屛風《びょうぶ》絵の総称。平安期の寝殿造《しんでんづく》りから見られたが、

＊枯山水
水を使用しないで、山水の自然景観を砂と石、植栽などによって表現した庭園様式。禅宗の影響を受けて、室町期にとくに武家の好みから大いに発展した。京都の龍安寺《りょうあんじ》石庭や大徳寺方丈庭園などが代表的。
→p一八一

飛躍的に発展したのは城郭や書院が建造されはじめた室町期以降で、スケールの大きな絵画手法が好まれたことが背景にある。一般に装飾的で金粉や金箔《きんぱく》などを使った豪華な色彩で描くことから、濃絵《だみえ》あるいは金碧画《こんぺきが》などともよばれ、水墨画の対極に位置する。

ことに狩野正信《かのうまさのぶ》にはじまる狩野派をはじめ、土佐《とさ》派や住吉派などの絵師を経て、江戸時代中期の尾形光琳《おがたこうりん》らの装飾画にまで受け継がれた。

◇浮世絵

浮世（世間の意）の風俗を描いた大衆絵画で、元禄期の菱川師宣《ひしかわもろのぶ》によってはじめられたという。当初は肉筆画が主流であったが、のち版画技法の発展改良にともなって大量生産が可能となり、一八世紀後半には鈴木春信《はるのぶ》によって多色刷りの「錦絵《にしきえ》」が考案され、美人画、風景画、役者絵、相撲《すもう》絵などが人気をよんだ。浮世絵は、絵師、彫師《ほりし》、摺師《すりし》の三者の共同作業からなる総合芸術であり、決して絵師だけの個人プレイではなかった。

しかし、あくまでも江戸だけでみられた特有の表現手法であったために、「東《あずま》錦絵」とよばれ、浮世絵というよび方が一般化するのは明治以降という。絵師には鳥居清長《とりいきよなが》、喜多川歌麿、東洲斎写楽《とうしゅうさいしゃらく》、葛飾北斎、安藤広重、歌川豊国《うたがわとよくに》らがとくに著名。

3　唐絵と大和絵　舶来か、純国産か、題材次第

日本画の長い歴史のなかで、テーマにおいては宗教画と世俗画に大別されたが、様式・画風においては唐絵と大和絵に大きく分かれる。むろんこうした図式は、西洋絵画の様式や技法がとり入れられた明治以降ではかならずしもあてはまるものではないが、江戸

＊漢画
中国絵画のことで、とくに宋元風の水墨画をいう。日本では鎌倉末期以降、周文や雪舟などによって興った水墨画の系統。の月次に由来する。

末期までの一千年以上は、この二大潮流に沿いながら日本絵画が発展してきたといってもよいだろう。

唐絵の様式は、古く飛鳥時代から導入されてきた。当初は中国から伝わった絵画あるいは中国の風物を題材として描いたものをいったが、鎌倉期や室町期に禅宗が盛んになると中国伝来の「水墨画」をも指すようになり、さらにそれらは江戸末期まで最大勢力を誇った狩野派のなかで一貫して見られる「*漢画《かんが》」、また文人画ともよばれた「*南画《なんが》」などへと影響をおよぼしていく。

これに対して大和絵は、平安期の半ばころに確立されたようだ。日本の風景や風俗、とりわけ季節ごとの風物や行事を主題とした*月次絵《つきなみえ》や四季絵などを総称して大和絵とよぶようになり、やがて和歌や説話などの日本文学と結びついて純日本的絵画は著しい発展をとげるのである。室町期から江戸期にかけては漢画系の狩野派に対して、土佐派や住吉派は画風を大和絵と標榜《ひょうぼう》したが、その流れはさらに尾形光琳や浮世絵などにも伝わっているとされる。

しかし、唐絵と大和絵の様式を厳密に定義することはおそらく不可能に近い。なぜなら、双方にとくに技法や表現上のちがいがあったわけではなく、この言葉はあくまでも題材が中国か日本のものかによる対立概念としての用語にすぎなかったからである。後世にはいくぶんちがいが表れたものの、それは筆のタッチや背景の描き方などによる画風であって、花鳥風月だから大和絵、深山幽谷だから唐絵といったように単純に割り切れるものではなかった。

＊南画

日本特有の用語で、文人画ともいう。一七世紀の明末の画風である南宗《なんしゅう》画を和風に焼き直して、江戸中期から盛んに描かれた中国趣味の濃い絵画様式の総称。南宗画の略称だが、独自の概念や手法があるわけではない。写実でなく写意を旨とし、気品に満ちあふれた「気韻生動」を理想とした。代表的画家に祇園南海《ぎおんなんかい》、池大雅、与謝蕪村、田能村竹田《たのむらちくでん》、浦上《うらかみ》玉堂《ぎょくどう》らがいる。

＊月次絵

一年一二か月の行事や風物を順に描いた絵。とくに平安期に、貴族の年中行事的生活とからんで鑑賞される四季の花木や草花、あるいは自然の風物や祭礼的な風俗を描いたものをいった。ちなみに、平凡でありふれていることをいう「月並み」は、毎月決まって行なわれるという意のこの月次に由来する。

名城・城郭建築を読み解く

城とは、本来軍事上の目的のために築かれた防御施設であり、日本中で城（あるいは城跡）と名のつくところは二万五千件を下らないといわれる。このうち「城」というイメージを残す建造物の大半は、一六世紀末から一七世紀にかけて築城された天守をもつ大名の居城だろう。明治維新当時には、天守は四〇以上も残っていたが、その後の破壊や戦災などで現在は一二か所を残すのみとなった。これらはいずれも国宝あるいは重要文化財指定をうけ、なかでも最も外観にすぐれた姫路城はわが国初の世界遺産*の一つにも登録された。

１　立地から見た城郭分類　お城にもさまざまなタイプがある

本格的な城づくりがはじまるのは六～七世紀ころといわれるが、時代の移り変わりとともに機能や形式も変容していく。とくに江戸時代中期の儒学者荻生徂徠《おぎゅうそらい》が、築城される立地条件によって山城《やまじろ》、平山城《ひらやまじろ》、平城《ひらじろ》と三分類して以降、築城のあり方はいくつかのタイプに系列化されることになった。

◈山城

独立した山体に築かれ、けわしい地形に防備を依存した最も古いタイプの城。あくま

＊世界遺産
世界的に貴重な自然および文化遺産の保護を目的として、一九七二（昭和四七）年ユネスコ（国連教育科学文化機構）の総会で採択された「世界の文化遺産および自然遺産の保護に関する条約（世界遺産条約）」に基づいてリストアップされている人類共有の遺産。自然遺産、文化遺産、複合遺産に分類される。日本は九二（平成四）年に同条約を批准し、二〇二四（令和六）年現在、自然遺産五件、文化遺産二一件が登録されている。わが国では、マスコミや旅行業者主導により、過熱気味ともいえる世界遺産ブームだが、ややもすると観光ビジネスあるいは地域振興の面が強調されがちで、人類共通の遺産を後世に伝えるという本来の理念と、そのための監視強化やモラル・ルールの順守などを再確認する時期にきている。

第４章　建築と美術

で独立した単体の山におかれることが条件で、山脈上の一角に築かれる場合は「山岳城郭」とよぶ。山城はのちに実戦に不向きとの理由から狼煙台《のろしだい》などに改築され、高《たか》取《とり》城（奈良県高取町）、備中《びっちゅう》松山城（岡山県高梁《たかはし》市）、岡城（大分県竹田《たけた》市）などごく一部を除いて多くは姿を消した。

◈平山城

城の防備のために、二〇～一〇〇メートルの丘陵地の地形の高低を利用して建造された城。近世初期の城に多くみられ、建造物の外観のバランスが引き立つとの理由から、各地で一二三段《ひふみだん》による段状の城づくりが流行した。犬山城（愛知県）、彦根城（滋賀県）、姫路城（兵庫県）、津山城（岡山県）、松山城（愛媛県）、熊本城など名城とよばれるものが多い。

◈平城

高低の地形が、戦術的にほとんど影響のない平地に築かれた城。周囲の城下町を発展させ、領国支配の拠点としての機能がいっそう重視されることによって考案された。平野を流れる河川周辺や沼地を利用して建造されたもので、広大な敷地がとれるという利点がある。松本城（長野県）、名古屋城（愛知県）、大坂城*、広島城など。

■平山城の代表格姫路城

◆水城《みずじろ》
平城の一種で、防備と景観を兼ねて海や湖に臨んで築かれた城。自然の水運に恵まれ、各地で「浮島城」とよばれる城がこのタイプ。湖城、海城《かいじょう》ともいう。諏訪《すわ》湖の南岸にある高島城（長野県諏訪市）をはじめ高松城（香川県）、中津城（大分県）などが典型例。

◆丘城《おかじろ》
丘陵の上部平面部分のみを利用して築かれた城で、「丘陵城郭」の略称。中世の城の典型的なタイプであるが、現存するもので著名な城はとくにない。

◆支城《しじょう》
ある一定の地域に支配力をもつ本城に対して、出先的な役割を果たし、連絡用や防備用として配された城塞。出城《でじろ》、枝城《えだじろ》ともいう。

◆家城《いえじろ》
戦術的な城郭としての重要性が薄れた江戸期になると、快適な居住性の面が逆に強まり、城内の各部も装飾に力点がおかれるようになる。これらを家城とよぶが、城を持たない下級大名の*陣屋《じんや》などがこれにあたる。

2 構築と城郭用語　縄張からはじまる城づくりの基本

城の構築は、まず「*縄張《なわばり》」といって立地条件や建物の配置計画、すなわち設計プランにはじまり、「普請《ふしん》」とよばれる掘割や石垣などの土木工事（基礎工事）にすすみ、最後に「作事《さくじ》」という建築工事によって完了する。完成した城は、*曲輪《くるわ》とよばれる区域に

＊大坂
大阪の名は中世後期にはじまり、当初は小坂《おさか》や尾坂《おざか》とよばれたが、近世になって大坂と改称、現在のように大阪と表記が変わったのは明治維新直後の一八六八（明治元）年から。坂の字は士が反《そむ》く、つまり武士が叛《そむ》くの意味になり縁起でもないということで、変更されたという。ただし、一八七七（明治一〇）年までは坂と阪が併用され混乱していた。

＊陣屋
江戸時代、城郭を持てなかった小藩大名が居住した館のこと。

＊縄張
日本の城は木造のために攻撃を受けやすいという欠点があるが、これを補うためにわざと石垣や建物などを迷路状に張り巡らせ、攻撃しにくいような縄張となっている。城見物の際、短い距離にもかかわらずグルグルと歩かされることが多いのはこのためだ。なお縄張とは、城を築く場所が決まったらその敷地内に縄を張り巡らせ、地形の境界区域を定めたことに由来する。動物などの勢力範

よって仕切られていた。

◈石垣

石垣は城にとっては欠かせない構造物で、城を美しく見せる要素の一つだが、実際に石を積みあげる工法が使われたのは一六世紀の後半からで、それ以前はただの土塁であった。本格的な石垣工法がはじまったのは、安土《あづち》城築城からといわれる。

一トン前後の巨石を積みあげるには、主に次の三通りの方法がとられた。すなわち加工していない自然石をそのまま積みあげ、空いたところに小石や砂利を押し込んだ「野《の》面積《づら》み」、自然石を積みやすい形に加工し表面を粗削りにした「打込《うちこみ》はぎ」、石を一つずつ方形に加工して組み合わせていく「切込《きりこみ》はぎ」である。

◈濠《ほり》（堀）

防備のために土地を掘って水を入れたもので、水濠《みずぼり》ともいう。ただし、水を入れない場合もあってこれを空濠《からぼり》といい、その中間の泥田濠もあった。濠幅の広いところは溜池《ためいけ》にしたり、水運の便を図って水門や舟入《ふないり》を設けたりした。

◈一二三段

姫路城や津山城など地形に高低差のある平山城に多くみられる形態で、本丸に近づくにつれて段状に高くなる曲輪の配置法をいう。「一」が本丸、「二」が二の丸、「三」が三の丸を意味するが、この段差によって外観がより美しく引き立つのである。

◈天守

城内の心臓部ともいえる重要な建物で、天守閣ともいう。本丸の一角、城内の最高所に建てられる。その形式は、①独立式＝一基だけが独立して建てられたもの、②複合式＝大天守に小天守*または櫓《やぐら》を付設したもの、③連結式＝独立した一基以上の天守をつな

囲（領域）を縄張というのも、この城郭用語に基づいている。

＊曲輪
周囲を城壁や堀などで仕切られた区域の内部で、一般に城内とよばれる言葉と同義。本丸を中心に二の丸、三の丸、馬場、倉庫などが設けられた。ちなみに、遊郭《ゆうかく》の別名を「くるわ」とよぶのは、周囲を堀などで囲んで城郭に見立て、特殊な区域であることを強調した言葉にすぎない。

＊小天守
大天守に比べて小規模につくられた天守。大天守の補助的な機能を果たした。

いだもの、④連立式＝大天守と二基以上の小天守がついてこれらの間をつなげたもの、などに分けられる。また、屋根の上に設けられた鯱《しゃちほこ》は、想像上の海獣である鯱《しゃち》は水を吹くといわれることから防火用のまじないであり、勇壮な姿から厄除《やくよ》けにもされたという。

◆本丸

天守が置かれ、さまざまな武家典礼が挙行される最も重要な藩政中枢の場。本城《ほんじょう》ともいう。本丸を中心としてその外側に、藩主の近親者や家臣団の居住空間で庭園などがある「二の丸」、補助的な機能をもつ「三の丸」などを配して防御を固めた。

◆櫓

物見や防戦のために城壁や城門の一部に設けられた塔で、かつては矢倉と記されたように武器庫として利用されていた。位置、用途、形状によって太鼓櫓、井戸櫓、鉄砲櫓、時鐘《じしょう》櫓、月見櫓などさまざまなよび方があり、その最大規模のものが天守。

◆城門

城郭の要所にある出入り口を虎口《こぐち》という。この

■縄張の基本形式

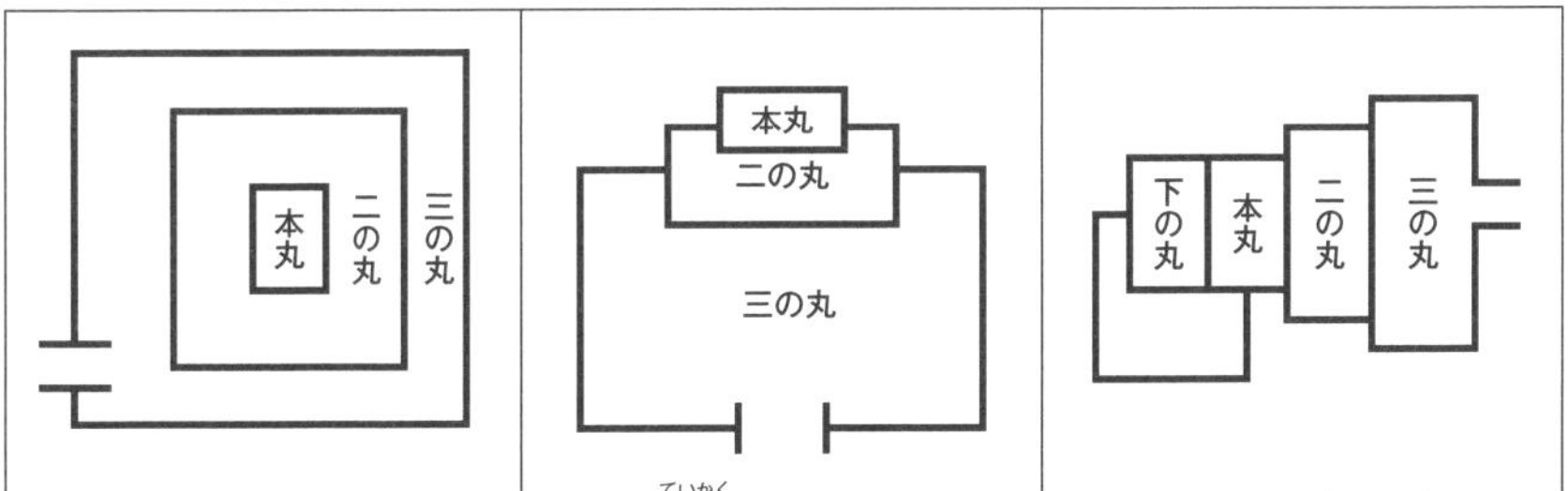

輪郭式（大坂城）　梯郭《ていかく》式（萩城）　連郭式（水戸城）

■石垣の積み方

野面積み　打込はぎ　切込はぎ

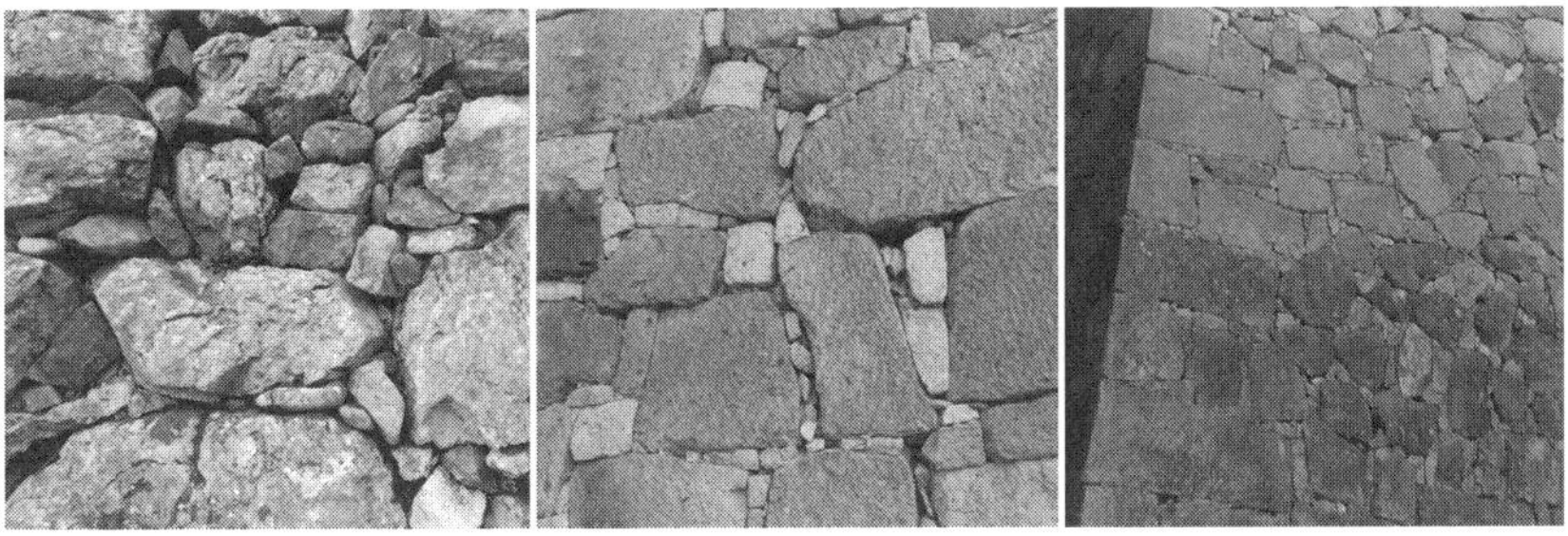

うち正面・南側にある門を大手門といい、本来は敵を追いつめる城門という意味から追《お》手《て》門とよばれていた。大手門に対して、城の裏門・北側は「からめ取る」を語源として搦手門《からめてもん》とよぶ。

◈**狭間《さま》**

石垣や櫓などに設け、外をうかがいながら矢や弾丸を放つための三角形や四角形の小窓。

3 天守構築の用語区分 復元と復興はこんなにちがう

一九三一（昭和六）年の大坂城天守の再建を皮切りに、全国で城郭建築の復元・復興が相次いだ。とくに一九五〇～六〇年代は名古屋城や熊本城など「大物」の天守再来ブームで沸いたが、一律に天守を評価することは慎みたい。なかには、観光の目玉として虚構の天守をでっちあげ、史実に反するニセ城も少なくないからだ。したがって、現在見られる天守もそのあり方によって、正しくは次のように区別しなければならない。

◈**現存天守**

建造された時点から現在にいたるまで、破却されずに存続している天守をいう。弘前《ひろさき》城（青森県）、丸岡城（福井県坂井市）、松本城、犬山城、彦根城、姫路城、松江城（島根県）、備中松山城、丸亀城（香川県）、松山城、宇和島城（愛媛県）、高知城の一二城で、このうち松本、犬山、彦根、姫路の城の天守は国宝に指定されている。

◈**復元天守**

一度破却されたが、その後史料や古写真、建地割図などに基づいて外観を忠実に再興した天守をいう。名古屋城、岡山城、広島城、熊本城など。

◇復興天守

かつて天守が存在したことは史料などでも確実に裏づけられているが、外観を知るための資料が存在しないため、やむを得ず専門家によって想定復元された天守をいう。岐阜城、浜松城（静岡県）、大坂城などがその代表。

◇模擬天守

本来、天守や櫓がまったく存在しなかったにもかかわらず、想像によって造られた天守をいう。館山城（千葉県）、洲本《すもと》城（兵庫県）、中津城（大分県）など。また、これとは別に、「どうも存在したらしい」と推測されるが、建造物が時代考証を踏まえていない天守を「復興模擬天守」という。大多喜《おおたき》城（千葉県）や岸和田城（大阪府）などがあげられる。なお、文化庁は二〇〇四（平成一六）年に、城郭復元指針を打ち出して模擬天守の乱造へ向けての歯止め策を示した。

◇名城の別名

名城とよばれる各地の城の大半は、形状や立地された地名などにちなんだ別名を持ち、なかには別名のほうが名高い城さえある。代表例をあげてみよう。

- 仙台城＝青葉城
- 会津若松《あいづわかまつ》城＝鶴ケ城
- 江戸城＝千代田城
- 松本城＝深志《ふかし》城、烏《からす》城
- 名古屋城＝金鯱《きんこ》城

・犬山城＝白帝《はくてい》城
・大坂城＝金城、錦城《きんじょう》
・姫路城＝白鷺《しらさぎ》城
・松江城＝千鳥城
・岡山城＝烏《う》城
・広島城＝鯉《り》城
・伊予《いよ》松山城＝勝山城、金亀《きんき》城
・福岡城＝舞鶴城
・熊本城＝銀杏《ぎんなん》城

4　城郭と城下町　どのように選地し町を開いたか

城下町の形成は、武士社会の発生と発展の歴史、城郭の築城の変遷、および経済交易や農民支配構造などと深いつながりをもっている。

土地の選定は、軍事・行政・生活の三本柱を基準とするが、そのためには何よりも水路の有無が最優先された。近世以降の城郭は、それ以前の山城と異なって平地に築かれるようになったが、濠をもうけるにも、石垣の巨石運搬*にも、あるいは住民の飲料水を確保するにも水路は欠かせない存在となったのである。仙台の広瀬川、水戸の那珂《なか》川、金沢の犀《さい》川と浅野川、和歌山の紀ノ川、岡山の旭川、広島の太田川、熊本の白川といったように大規模な城下町の大半は、つねに河川をともなって築城されている。

＊巨石運搬

一トン以上ある巨大な石を、当時どのように運んだのか興味のある点だが、これには陸上運搬と水上運搬があった。陸上の場合は、丸太を溝状に並べて、その上を大石が滑るようにした「修羅《しゅら》」とよばれる運搬用の滑道を使ったり、丸太のコロの上を滑らせたりしたという。水上運搬の場合は、そのまま船に載せることもあったが、一般には船や筏《いかだ》にしばって海中に釣るし、その浮力を利用して運ぶ方法がとられたという。こうした船は石釣《いしつり》船または底なし船とよばれた。

＊陰陽五行

↓p三〇

＊四神相応（左図）

中国の陰陽五行説に基づいた方位学・家相学の一つで、土地を選ぶ際に吉相とされる考え方。東に川、西に大通り、南に池、北に山のある土地を理想とし、これに基づいて町や家を建てれば災厄を免《まぬが》れることができるとされた。この思想に基づいて、平安京が選地されたことは有名である。

いっぽう、軍事上の城塞という性格がうすれて領国支配の拠点としての機能が重視されるようになると、平地にあるほうが交通や交易の利便性からも望ましい。築城や町づくりも容易であり、周辺に農民を住まわせることによって、ここを防衛などの最前線とすることも可能である。また、戦時のことを想定した場合、農産物などの新鮮な食糧が大量に入手しやすいという点からも平地のほうが圧倒的に魅力だった。

　こうした利便性のほかに、土地に宿る神秘的な力が人間におよぼす吉凶を占い、家屋や墓地などを定める古代中国の*陰陽《いんよう》五行《ごぎょう》に基づいて、「*四神相応《しじんそうおう》」とよばれる思想をとり入れている城下町もある。東に川、西に大通り、南に池、北に山のある土地を理想とするいわば地相で、松江城（島根県）や大洲《おおず》城（愛媛県）のように一部には北側の山を背景として築城し、南側に町を開いた例も少なくない。

■『作庭記』にみる「四神相応の植栽」の概念図

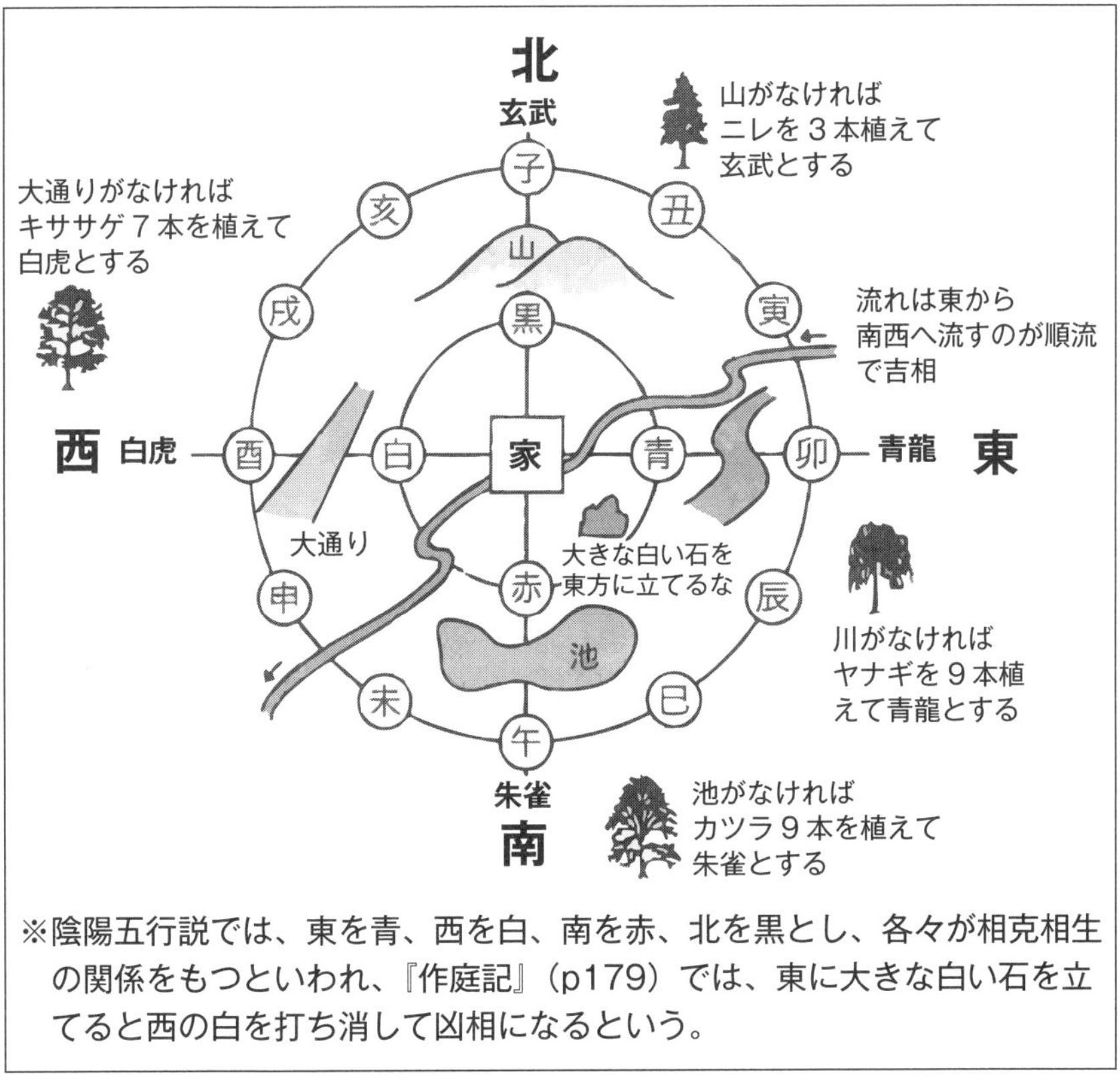

※陰陽五行説では、東を青、西を白、南を赤、北を黒とし、各々が相克相生の関係をもつといわれ、『作庭記』（p179）では、東に大きな白い石を立てると西の白を打ち消して凶相になるという。

しかし、城下町は大名領国の政治・経済・文化の中心地で、特権によって商工業は保護されていたとはいえ、町人町は武士の生活の必要性に迫られてつくられたものであり、基本的には軍事をつかさどる武士を中心とした町づくりであった点は否定できない。

《城下町と近代都市の関係》

城下町は、わが国近代都市のルーツといってよいほどだ。少なくとも、県庁所在地や地方の拠点都市の大半は、藩政時代からの城下町に遡《さかのぼ》ることのできるものである。

ためしに、市町村制が施行された一八八九（明治二二）年に最初に市制を施行した三九都市でいえば、かつて城下町であったのは、弘前、盛岡、仙台、秋田、米沢《よねざわ》、水戸、東京、富山、高岡、金沢、福井、甲府、岐阜《ぎふ》、静岡、名古屋、津、大阪、姫路、和歌山、鳥取、松江、岡山、広島、徳島、松山、高知、福岡、久留米《くるめ》、佐賀、熊本、鹿児島の三一か所で、全体の四分の三以上を占めている。さらに、明治末年までに市制を施行した六四都市のうちでも、宇都宮《うつのみや》、前橋、高崎、長岡、高田（現・上越）、松本、浜松、豊橋、高松、丸亀、小倉《こくら》（現・北九州）、大分の一二か所を加えて、四三か所と三分の二に達している。

藩政時代には、陣屋町を含めて四五〇余の城下町が存在したといわれるが、一九五〇（昭和二五）年にはその三分の一にあたる一一三が市制施行し、さらに一七四が町制を施行している。城下町の多くが、日本の近代都市発展の基盤となった事実を、これらのデータははっきりと裏づけている。

■全国の主な城郭

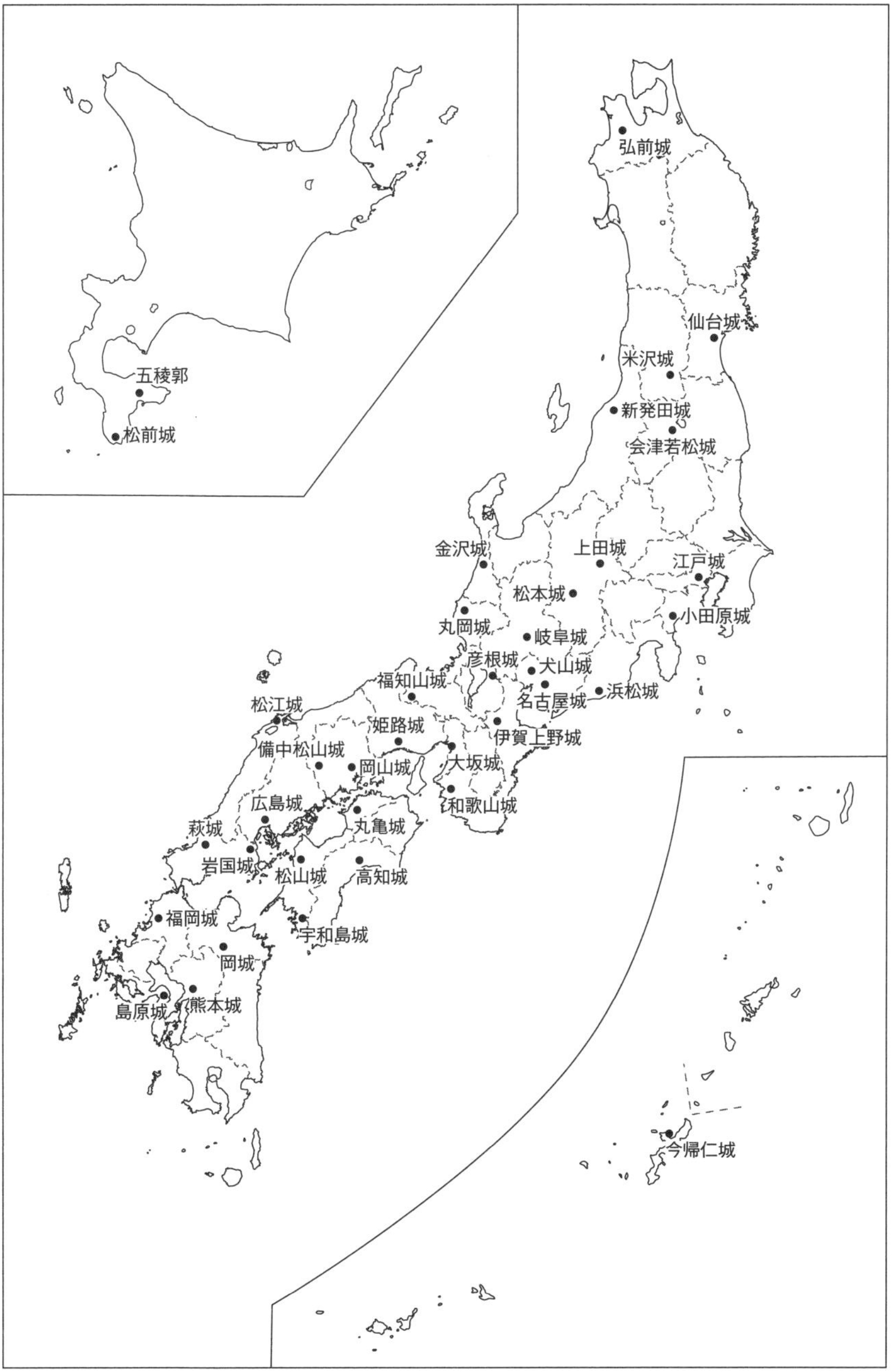
五稜郭
松前城
弘前城
仙台城
米沢城
新発田城
会津若松城
金沢城
上田城
江戸城
松本城
小田原城
丸岡城
岐阜城
彦根城
犬山城
福知山城
名古屋城
浜松城
松江城
姫路城
伊賀上野城
備中松山城
岡山城
大坂城
和歌山城
広島城
丸亀城
萩城
岩国城
松山城
高知城
福岡城
宇和島城
岡城
熊本城
島原城
今帰仁城

庭園の美

日本の庭園の手法は、限られたわずかな空間を巧みに利用しながら山岳、渓流、湖水、海洋などを表現し、できるだけ自然本来の景観を残す「自然風景式庭園」の伝統にこだわってきた。庭を一巡りするだけで、さまざまな「からくり世界」が楽しめる日本庭園は、さながら世界で最も古いジオラマかもしれない。

1　日本庭園の特色　風景美を人工的につくりあげた小宇宙

わが国の風土は、四季が明瞭に分かれ、山あり谷ありそして海に囲まれ、いたるところで新緑・紅葉、四季の草花を見ることができる。スケールはさほどでもないが、すばらしい自然の造形と変化に恵まれたこのような国はほかに見あたらないのではなかろうか。

こうした風土のなかで発生し、発達した日本庭園は、あくまでもその風景美を再現することを基本においた。長い庭園史をふり返ってみても、人々は「いかにうまく自然のひな型を再現するか」という一点にひたすら心を砕いたことがわかる。これを「自然風景式庭園」とよぶが、といって狭い土地に大自然の景観をそのまま縮小コピーして取り込むにはしょせん無理があり、写しとる対象のポイントを強調しつつ、ある部分は省略する「縮景《しゅくけい》」主義をとらざるをえないのも道理であった。

したがって、日本庭園は単なる自然主義や写実主義ではない。縮景や抽象部分を無理のない範囲で表現し、造形美を引き立たせるために独自の方法が生み出された。砂や石や草木で水を含む大自然を表した「枯山水《かれさんすい》」はその代表である。同時に、限られた空間をより広く見せ、庭を引き立てるために、庭の外側にある木々や遠くの山などを構成要素としてとり入れる「借景《しゃっけい》」という方法も、西洋の幾何学的・人工的な庭園には見られない日本庭園ならではの創意工夫といえるだろう。

しかし、それ以上に日本庭園の風景には、さまざまな深い仕掛けがおり込まれている。それを丹念に一つ一つ解き明かすことによって、作庭家が意図した本当の狙いが理解できるというものである。

2　庭園の鑑賞法　池泉・石組・植栽の三要素をいかに観るか

わが国の作庭史を省みると、いかに上手に自然のひな型を再現するかということに工夫を凝らしてきた。それらは「見立て」あるいは「写し」とよばれたが、造形美を引き立たせるためには欠かせない構成要素がある。

◇借景と縮景

庭の外側にある遠景や風物などを、庭園の構成要素として意識的にとり入れたものを「借景」という。これによって限られた庭園の空間が、無限に広がる可能性が出てくる。
京都の修学院離宮《しゅがくいんりきゅう》は比叡山《ひえいざん》を、西芳寺《さいほうじ》は東山などがしばしば借景として使われている。

また、有名な名所風物を模し、縮小して庭園の景観要素の一つとしてとり入れたものを「縮景」という。江戸時代の大名庭園に多く見られ、とくに全国の名勝地をかたどった小石川後楽園（東京都文京区）や、東海道五十三次のミニコピーをつくった水前寺《すいぜんじ》公園（熊本市）などが有名。

池泉《ちせん》

わが国の自然景観を代表する湖水や海洋を写しとると同時に、極楽浄土《ごくらくじょうど》や仙人が住むという*蓬莱《ほうらい》島は海上にあるとの連想から、宗教的な背景のもとに生まれ発達した。池泉は、庭園には絶対に欠かせない最も重要な要素で、中世から江戸時代にかけては心の字をかたどった「*心字池《しんじいけ》」も流行した。

また、本物の水がなければ砂で表現し、観念による水空間である「枯山水」をつくり出したほか、滝や渓流、石で組みあげた*龍門瀑《りゅうもんばく》や*遣水《やりみず》といったように、水景を楽しむための仕掛けも随所に施されている。

石組《いわぐみ》

庭園内に自然石を置いて組み合わせたもの、あるいはその配置の具合をいう。池泉同様に宗教的な意味合いが強く、大きな石には神が宿るという古代からの信仰を背景に、無機質な石をさまざまに組み合わせてこれに生命を吹き込ませ、そこから造形としての美しさを見いだすことに努めた。

とくに桃山時代に千利休《せんのりきゅう》が茶の湯を完成してからは、石組による配置がより重要視されるようになり、枯滝をはじめ、手水鉢《ちょうずばち》、石橋、石灯籠《いしどうろう》、敷石《しきいし》のように、石は庭園にとって不可欠のものとなる。

植栽

古くは池泉や石組の添え物的な存在で、せいぜい庭園を彩るアクセサリーにすぎなかっ

＊蓬莱島
古代中国の神仙思想で語られた想像上の理想郷。東方の絶海の孤島といわれ、不老不死の仙人が住み、長寿延命の霊薬がある地と信じられた。一般に方丈《ほうじょう》、瀛州《えいしゅう》と合わせて「神仙三島」とよび、蓬莱島は亀の形をしていると記されている。

＊心字池
草書体で心の字をかたどった池といわれ、たしかに心の字に見えないこともない。しかし、「心」は、池心や波心などと同様、底あるいは中心点といった意味もあり、形状よりも精神的な意味をもたせるほうが一般的で納得のいく解釈とされる。

＊龍門瀑
古くから中国に伝わる故事伝説のたぐいで、黄河の上流に激流の三段滝があり、滝を登りきる魚は竜になるといわれた。この伝説に基づいたのが、「登竜門《とうりゅうもん》」という故事来歴や鯉のぼりの風習で、作庭の際にもそれをモチーフとして石組の滝がつくられた。滝登りをする鯉を見立てた石は、鯉魚石《りぎょせき》とよばれる。

た。しかし、池泉回遊式の流行とともに、植栽がない作庭は考えられなくなり、それも単に思いつきで植えるものではなく、土地を選ぶ際に吉相とされる「＊四神相応《しじんそうおう》」などの思想に基づいて、植える場所や庭木の種類もあらかじめ決まるようになっていく。

たとえば地相選定の四神相応では、各方位にふさわしい地形を求めているが、理想とすべき地形が見あたらない場合、たとえば『＊作庭記《さくていき》』によれば東にヤナギ、西にキササゲ、南にカツラ、北にニレを植えて代用すればよいということになっている。植栽は庭に彩りを添え、趣《おもむき》をかもし出す要素であるばかりでなく、庭木そのものに思想を含んでいるともいえるだろう。

3　庭園の鑑賞　どのようにスタイルを識別するか

庭園の鑑賞は、何よりもまず対象となる庭園がどのような様式であるかを知ることからはじまる。日本の庭園は、古くからさまざまな要素をとり入れながら発達してきたために、背景となっている思想、あるいは庭園内に設けられた建物の様式などから分ける方法もあるが、通常は池泉式、枯山水、露地《ろじ》の三タイプに分けるのが最も理解しやすい分類法という。

◇池泉式

・池泉舟遊《しゅうゆう》式庭園

池泉式のうち最も早くから発達した浄土式庭園の一つで、貴族の邸宅である寝殿造《しんでんづく》りにともなってつくられた大規模なもの。夏の暑さ対策もかねて建物の南側には大きな池

＊遣水
寝殿造《しんでんづく》りを中心とした庭園を巡りながら、池に注ぐ流れをいう。流路や池畔の石組にも気が配られ、水が石組に当たって白く泡立つ様やその音までもが細かく計算されたという。

＊四神相応
→p一七三

＊作庭記
一一世紀半ばの平安時代後期、橘俊綱《たちばなのとしつな》によって編まれたといわれる庭づくりの方法論書。庭園の秘伝書としては世界最古のものといわれ、のちの日本庭園の発達におよぼした影響はきわめて大きい。

がつくられ、楽団付きの舟を浮かべて舟遊びを楽しんだり、水面に映る月を愛《め》でたりした。滝を落としたり、流れとしての遣水を整えて、美しい眺めを見せることにも工夫が凝らされたが、それは池のほとりの風景を舟の上から楽しむ範囲に限られていた。

代表的なものに、毛越寺《もうつうじ》庭園（岩手県平泉町）、大覚寺《だいかくじ》の大沢池《おおさわのいけ》（京都市）、円成寺《えんじょうじ》庭園（奈良市）などがある。

・池泉回遊式庭園

舟遊びする貴族趣味が敬遠されるようになった平安時代末期にはじまる様式で、現在も日本庭園の造形の基本になっている。膨大な工事費をかけて巨大な池をつくる経済的な余裕がなくなってきたことも背景にある。池を中心としながらも、池の周りの*築山《つきやま》や石組、植栽、橋、建物などの配置をたどりながら園路を歩いて庭園美を眺めるスタイルへ変わったもので、歩くことによって視界や景観が変わり、そこに映し出される四季折々の風景の動きを楽しもうと

■偕楽園全景

した。現在、名園とよばれている庭園のほとんどは回遊式のタイプだが、こうした様式が流行するのは室町時代以降のことである。

代表的なものに、偕楽《かいらく》園（茨城県水戸市）、六義《りくぎ》園（東京都文京区）、兼六《けんろく》園（石川県金沢市）、桂離宮《かつらりきゅう》（京都市）、後楽《こうらく》園（岡山市）、栗林《りつりん》公園（香川県高松市）など。

・池泉鑑賞式庭園

室町時代後期になると、回遊式とともにもてはやされたのが、特定の建物の中から庭園を眺めることを目的とした「池泉鑑賞式」の様式である。回遊式が歩きながら鑑賞する庭園であるならば、こちらは書院などから座って鑑賞する庭園。したがって、この種の庭園は絵画的な構図が楽しめるように、居ながらにして庭園を切り取って見せる手法、すなわち「枠取《わくど》り」が最大の特徴となる。ただし、庭全体を一つの視野におさめることを条件としているため、回遊式に比べると庭園規模が小さくなるのが難点。

代表的なものに、醍醐寺三宝院《だいごじさんぽう》庭園（京都市）、万福寺《まんぷくじ》庭園（島根県益田市）、立花氏《たちばなし》松濤《しょうとう》園（福岡県柳川市）など。

◆枯山水

水を一滴も使わないまま、砂、石、植栽などによって自然景観を表現しようとした、観念の空間による庭園様式。池や水のないところに石を立てる作庭法は、すでに平安時代末期から使われていたが、こんにちわれわれがイメージするような本格的な枯山水が確立されたのは室町時代に入ってからで、哲学的で抽象的な美意識を重んじた禅宗思想と、簡潔でサラリとした味わいをもつ水墨《すいぼく》画のブームが発展の背景となった。

なお、枯山水は池泉式のように自然をそのまま縮小して表現したものではないことから、しばしば「観《み》る」というよりは「対話する」庭といわれる。砂や岩はあくまでも「見

＊築山
庭園内で、土砂や岩石などを使って小高く盛りあげ、山に見立てたもの。中国では仮山《かざん》という。

立て」にすぎないのだから、見る人によって思い思いの解釈が可能になる。

有名な龍安寺《りょうあんじ》の石庭《せきてい》（京都市）も、①世界観を表す七・五・三に配石された庭、②古代中国の故事に基づいた*虎《とら》の子渡《こわた》しの庭、③デザインを重視した扇形《おうぎがた》配石の庭、④竜が水の中で頭と手足を出したまま休んでいる庭、⑤雲海に浮かぶ山々の庭など、さまざまなとらえ方がなされている。とりわけ室町時代中期につくられた庭園にはそうした傾向が強い。

代表的なものに、龍安寺石庭をはじめ、大徳寺大仙院《だいとくじだいせんいん》庭園（京都市）、南禅寺金地院《なんぜんじこんちいん》庭園（同）、頼久寺《らいきゅうじ》庭園（岡山県高梁市《たかはしし》）などがある。

◇露地

露地とは、桃山時代に茶の湯が盛んになるにつれて、茶室に入るための庭として庭園の一部につくられた独特の様式である。茶室の前に設けられている庭で、別名「茶庭《ちゃにわ》」ともいう。通常は、内露地《うちろじ》と外露地《そとろじ》からなる二重露地の形式をとることが多い。当初は茶室への通路にすぎなかったが、千利休によって茶の湯の精神が完成されると、露地は俗世間と清浄な空間を区切る結界《けっかい》としての役割を与えられた。

そこでは「無」の境地を強調するために、飾りやわざとらしさが否定され、できるだけさりげなく、自然のままであるかのように見せかけることが求められた。これを「侘《わ》びの美」という。こうした美意識を背景に、露地には清浄な空間に入る前に手を洗い清めるための手水鉢あるいは*蹲踞《つくばい》、雨雪のぬかるみを避けるための敷石や飛石、夜の茶会の照明用として石灯籠《いしどうろう》、池泉がある庭と区切るための竹垣といったように、従来の庭園では見られなかったものが考案された。

・日本式庭園文化の特徴

＊虎の子渡し

古代中国の説話。虎が三匹の子を生むと、そのうちの一匹は彪《ひょう》とよばれる異質な妖怪でほかの子を食うので、川を渡るときにはまず彪の一子を渡し、次に別の子を渡して、また彪を渡し返し、さらに残りの一子を渡し、最後に再び彪を渡したといわれ、母虎の知恵を称えたもの。

■頼久寺庭園

©岡山県観光連盟

西欧の庭園は自然を別なものにつくり直す、いわゆる人工的造園方式だが、日本の庭園は自然を人間サイズにそっくり縮めた人為的造園方式といわれる。巨大な自然を限られた空間にそのまま引き入れようとすれば、どうしても縮小せざるをえない。借景・縮景、築山、盆栽などはこうした「縮み」の発想が母体で、石を立てる石組も広大な自然の簡素化の象徴とされ、そこから枯山水というきわめてユニークな様式が生み出された。

韓国の民俗学者李御寧《イオリョン》氏は、その著『縮み志向の日本人』で、ズームイン志向の強い日本人が自然の構成要素からムダと思われる要素を次々に削り取り、縮小化、結晶化、簡略化した究極の縮み様式が枯山水との論を展開する。すなわち、つねに変化し続ける可変性の強い植栽や水はそぎ落とされ、残された自然の骨組みともいえる岩石だけで自然を再構築したものが枯山水であると指摘する。

《その他の様式の分類》

このほか歴史的様式として、次のように分類することもある。

◈浄土式庭園

平安時代、貴族によって極楽浄土のイメージを具体化してつくられた庭園。寝殿造りの建物を中心に、遣水や広大な池、築山などをつくり、板橋や中の島などを配置して装飾的な要素を強調した。毛越寺庭園や嵯峨《さが》院（京都市）の大沢池など舟遊式庭園のほとんどがこのタイプ。

◈禅宗庭園

鎌倉時代に入って禅宗が盛んになると、静寂さと精神的緊張感が重んじられて石の庭、あるいは枯山水がブームになっていく。それまでの浄土式庭園と異なり、単純明快な配

＊蹲踞
茶室の庭などにそなえられている手水鉢の一形式。水鉢を低く据えて、つくばって（しゃがんで）手水を使うことからこの名がある。

置によって禅の精神世界をわかりやすく表現した。

◇大名庭園

近世の大名が、その権勢を誇示してつくった様式で、ほとんどが池泉回遊式の庭園。城郭や大書院などと調和するために、池泉や巨石を組み合わせるなど一般に規模が大きく、配置も趣味性が強く打ち出されている。なお、広大な池庭をもつ大名庭園の多くは、池泉回遊式を基本としているものの、舟遊式や鑑賞式などさまざまな要素もとり入れており、かならずしも一つの型にはまった様式というわけではない。

■全国の主な庭園

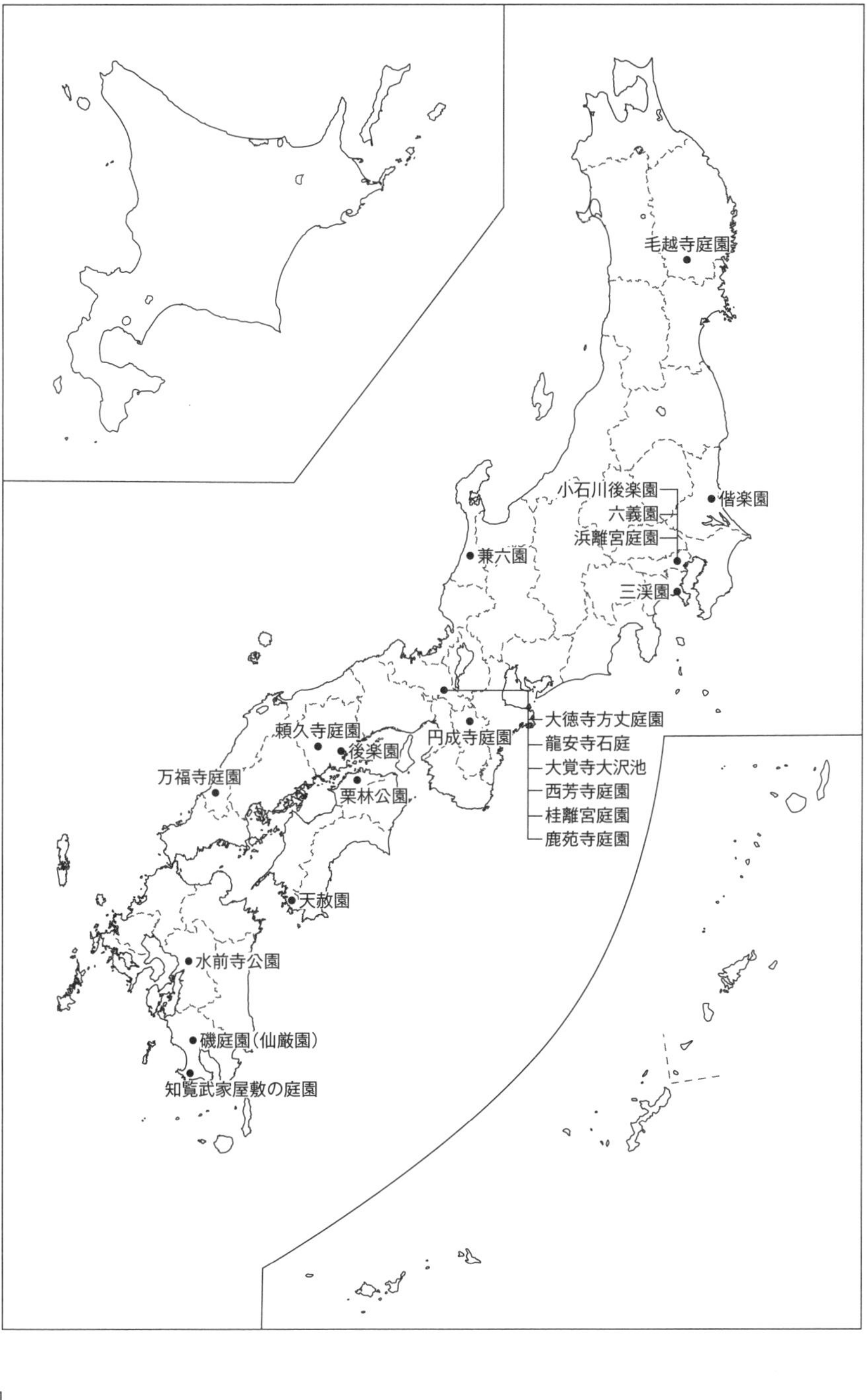
毛越寺庭園
小石川後楽園
六義園
浜離宮庭園
偕楽園
兼六園
三渓園
大徳寺方丈庭園
龍安寺石庭
大覚寺大沢池
西芳寺庭園
桂離宮庭園
鹿苑寺庭園
円成寺庭園
頼久寺庭園
後楽園
万福寺庭園
栗林公園
天赦園
水前寺公園
磯庭園（仙厳園）
知覧武家屋敷の庭園

第5章　食生活

日本料理の基礎

日本食は、飯を中心とした主食と副食のおかずからなる。自分の好みに合わせたさまざまなおかずを飯とともに口に運ぶ食習慣のために、日本料理のほとんどは飯あるいは酒のための「おかず（惣菜《そうざい》）」が基本となっている。また、季節感を重視した食材の彩り、器や盛り付けへの拘《こだわ》りなど日本料理ならではの特色だろう。おいしくかつ楽しくいただくためにも、和食の基礎知識くらい知っておきたいものだ。

1 料理の特徴と食文化　調理はあっても調味はない料理

日本料理の基本は、主食の飯と副食のおかずからなることは先に述べたが、それと同時に目で味わう料理であることも見逃してはならない。盛り合わせを工夫した料理と食器との調和*、すなわち、いかに彩りよく見せるかに重点をおくわけだが、この点、中華料理などのように、見かけは悪くとも味づくりに精根をこめるタイプとは対極をなしている。

一部の専門家によれば、日本料理には「調理はあっても調味はない」と指摘する声があるほどで、素材の持つ味そのものを何よりも重視する。極論すれば醤油やだしなどの調味料は、あくまでも素材の味を引き立てるための脇役といってよい。

*料理と食器との調和
日本食の皿は、丸皿と角皿に二分される。陰陽思想に基づくと丸皿・平皿は陽、角皿・深皿は陰となる。また、平たいあるいは陽数（奇数）に切り分けた料理は陽、四角いまたは陰数（偶数）の料理は陰を表し、陰陽が同じもので組み合わせるのが基本。たとえば平らな切り身の陽は丸皿に、尾頭つき魚の陰は角皿に盛ることになっている。

南北に細長いわが国は、四季がはっきりと分かれ、同じ食材であっても、人々は季節の変化によって味が微妙に変わることを、体験的に舌に刻み込んできた。食材の持ち味を季節感に合わせていかに自然のままに引き出すか、こうした視点から「*旬《しゅん》」というものがとりわけ重視された。したがって、新鮮な食材はなるべく手を加えず、塩や醤油でサッと仕上げるつくり方が主流となり、魚の塩焼き、浅漬けや一夜漬けなどのように、できるだけ食材本来の色彩や味覚、形状を残そうとする努力がなされてきた。また、四方を海に囲まれて魚介類が豊富という好条件から、魚介類の生食つまり刺身文化も生まれ、包丁の「さえ」も発達したのである。

加工しない自然の味にこだわり続けた日本料理は、独自の料理文化を形成することもなく、世界中の食文化を受け入れながら同化していった希有《けう》な料理という。和食というものが発達したのは、鎌倉時代以降のことで、江戸時代になってそれは完成した。しかし、一見して日本固有の料理のように見えても、起源をたどっていくと大半が中国料理や*南蛮《なんばん》料理に行き着くことに驚かされるほどだ。二〇一三（平成二五）年には、ユネスコの世界無形文化遺産に「和食」が登録されている。

いっぽう、味付けの底流にあるのが、カツオ節、コンブ、シイタケ、煮干などからとり出した「だし」である。アミノ酸による旨味《うまみ》をあみ出した背景には、肉食を禁じられてきた日本人の食生活に対する知恵が感じられる。旨味こそは西欧料理にはない日本独自の調味であり、味付けの根幹をなすものといえるだろう。

＊旬

時期をより厳密に分けると、市場に出回ったばかりの「はしり」、最盛期の「旬」、盛りをややすぎた「名残」となり、会席料理は旬とはしりものを用いるが、懐石料理はほとんどはしりを使わない。

＊南蛮料理

安土桃山時代にスペイン人やポルトガル人を中心として、東南アジア経由のヨーロッパ文化にともなって伝わった諸料理。パンやバターをはじめ、天ぷら、ヒリョウズ、アルヘイトウ、コンペイトウ、タルト、カステラ、鶏卵ソウメンなどの料理や菓子がある。このほかにも、カボチャ、トマト、サツマイモ、ジャガイモ、スイカ、トウガラシなどの食材も伝わった。

2 料理様式の分類——スタイルや作法によって異なる料理名

日本料理の基本的な献立は、飯、汁、菜、香《こう》の物の四点で、菜は煮物と焼き物そして向付《むこうづけ》*からなり、これに汁がついて「一汁三菜」(香の物は菜には加えない)となるが、作法や食材のちがいなどによって、いくつかの基本様式に分けられる。そこにはもてなしの精神を基調に、スタイルや作法にこだわり続けてきた日本文化の奥深さが感じられる。

❖本膳《ほんぜん》料理

格式ばった冠婚葬祭などに出される儀式料理で、日本料理の正式な配膳法かつ献立の基本といわれる。元来は、本膳、二の膳、三の膳、与《よ》の膳(四は死に通じるため与は当て字)、五の膳まですべて脚付きの膳に載せて出される。

献立は○汁○菜とよび、もてなしの場合は「一汁三菜」以上を原則とする。また、料理と料理の間にはかならず飯を一口食べなければならない、汁物を吸うときは箸《はし》を置かなければならないなど複雑な約束事*があるために、最近ではそれらを略式化した袱紗《ふくさ》料理*のほうが一般的である。

客の正面におかれる本膳は、飯、味噌汁、なます、小煮物、香の物が基本で、本膳の右側には煮しめ、和《あ》え物、すまし汁の入った二の膳、左側には潮汁《うしおじる》*、刺身、酒肴《しゅこう》の三の膳、上方《かみがた》に鯛《たい》の姿焼きなど焼き物中心の与の膳があり、五の膳は台引《だいびき》といって菓子やカツオ節などの持ち帰り用の品を載せる。

***向付**
膳の向こう側におく刺身やなますなど。先付ともいうが、ワサビ漬けやイクラなどの軽い珍味、いわゆる「お通し(つきだし)」のみを先付とよぶ場合もある。懐石料理などでよく使用される言葉。

***複雑な約束事**
流派によって作法は多少異なるが、最初に汁を一口吸い、飯を一口、次いで膾《なます》を一口食べて、さらに飯といったように料理と料理の間にかならず飯を一口食べるのが基本。汁の具も一度に二種つまむことが多い。箸も魚介鳥類をつまむための真名箸、野菜類などに用いる菜箸があって使い分けなければならない。

***袱紗料理**
本膳料理に見られる煩雑な作法を略式化し、純粋に味覚を楽しもうとして考案された料理。袱紗とは「普段着」といった意味で、武家などが袱紗袴《はかま》とよぶカジュアルな服装で食したことに由来する。通常は、本膳、二の膳、焼き物膳からなる。

■本膳料理の配膳

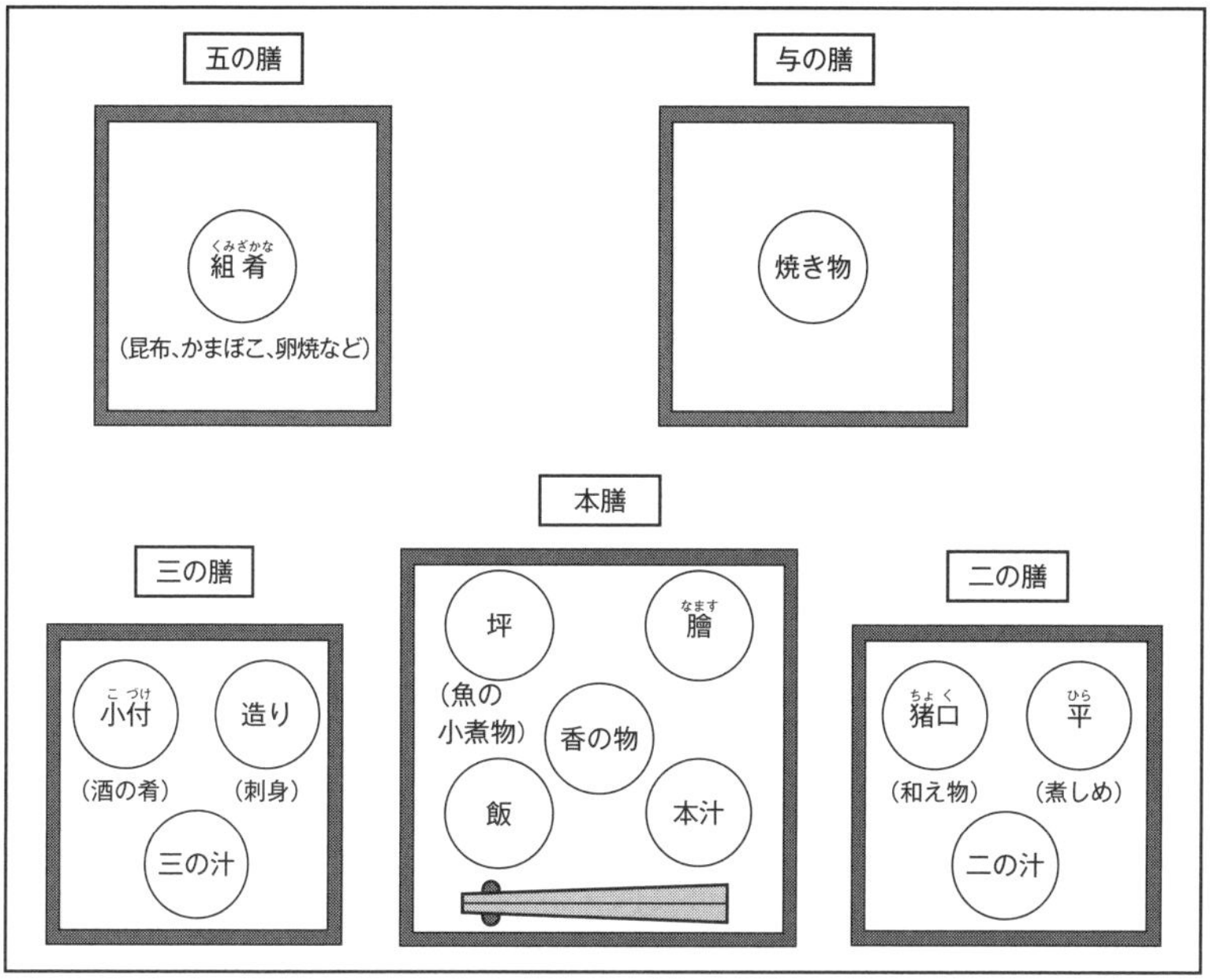

■懐石料理の基本配膳

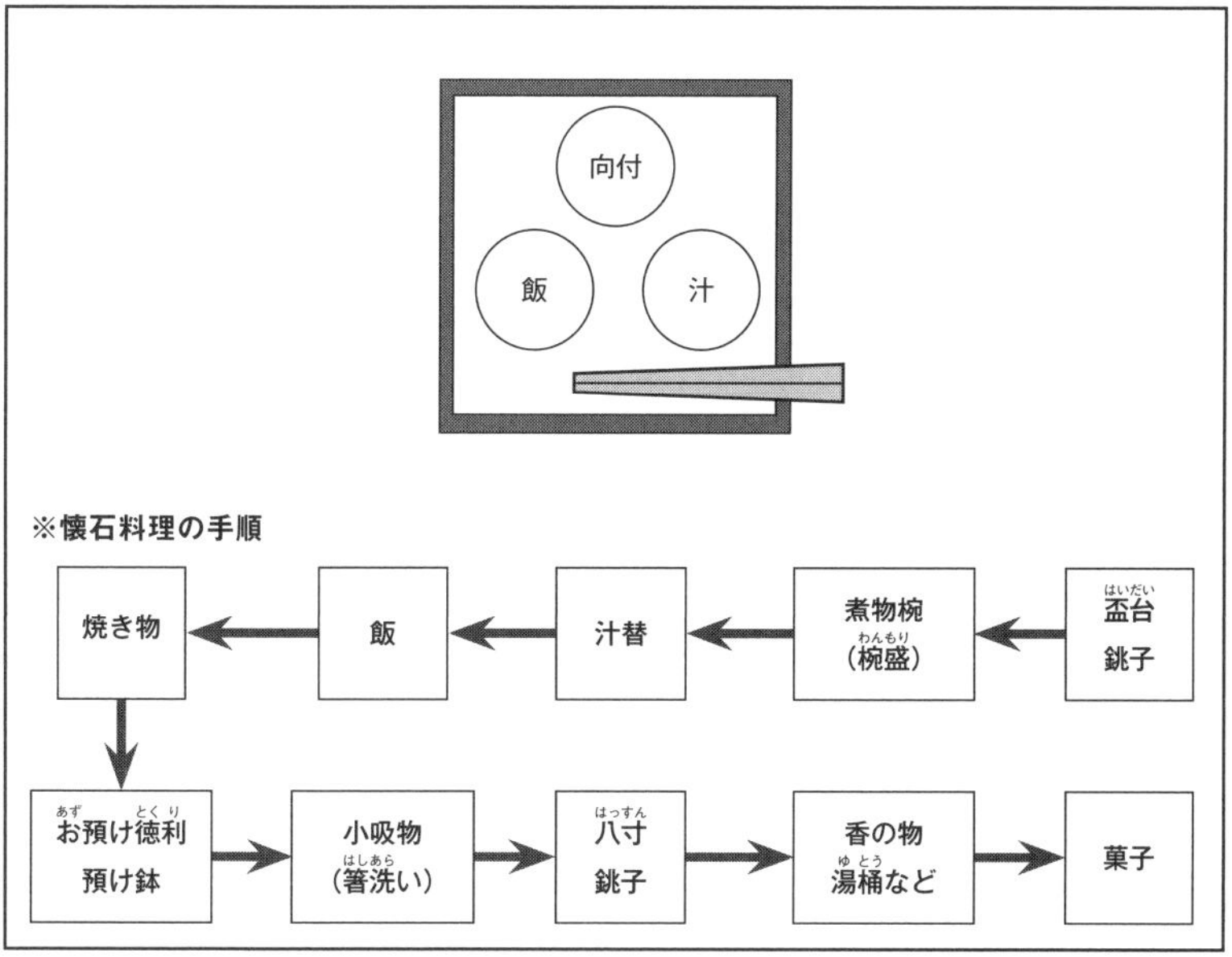

◆会席料理

飯と汁を中心とした本膳料理に対し、俳句の席や茶の湯などの会席で出された酒食料理のことだが、最近では高級宴会料理と同じような意味で使われることが多い。献立は四品献立から九品献立まであるが、現在は膳の数は二つが原則。

前菜から吸い物、焼き物、煮物、飯まで出された順に一品ずつその場で食べていく「食い切り」とよばれる形式を基本とするが、格式の高い老舗《しにせ》の料亭でない限りそれほど厳密なものではない。また、出された料理すべてに箸をつける必要はない。膳飾りとよばれる鯛の姿焼や手羽焼などは、折詰めにして持ち帰るのがむしろ礼儀である。

◆懐石《かいせき》料理

茶会の前などに参会者をもてなす軽い手料理のこと。茶懐石ともいう。元来は、禅《ぜん》宗の僧が修行中の寒さと飢えをしのぐために温石《おんじゃく》を懐《ふところ》に入れたことに由来する言葉で、かつては会席料理とも書かれたことから、内容的には会席料理と似たようなものであった。

現在は、一汁三菜が基本で、味噌汁、向付、煮物、焼き物、飯からなるが、季節感と盛り付け、器をとりわけ重視する。また、吸い物のあしらいにショウガを使用した場合は、焼き物にショウガは使用できないといったように、一回の献立に同じ素材の使用を禁じるなど、本膳料理同様に形式ばった作法やしきたりが見られる。

◆精進《しょうじん》料理

殺生《せっしょう》をきらう寺院で生まれた料理で、魚介や肉類を一切使わず、野菜、海草、豆腐《とうふ》、*湯葉《ゆば》など植物性の材料だけでつくる。もともと本膳料理の形式にのっとったもので、正式には二汁七菜を配膳の基本とする。

手間や時間がかかるため、現在では仏事や法要《ほうよう》などの場合に「なまぐさ」を避ける風

＊潮汁

魚介類を具として、塩だけで味付けした吸い物。魚介類はスズキ、タイ、コチなどの白身魚が最適といわれ、関西ではハモも用いられる。適当な大きさに切った骨付きの魚に軽く塩をふり、熱湯でサッとゆがいて水で洗う。椀の中に入れて上から煮出し汁を注ぐが、あくまですまし汁が原則。

＊湯葉

豆乳（すりつぶした大豆《だいず》に水を加えて煮立てた乳状の液）を沸かしたとき、表面にできたタンパク質の薄い皮を生湯葉といい、これを乾燥させたものが干し湯葉。味はほとんどなく、すまし汁や煮物に使用する。

＊黄檗宗

曹洞《そうとう》宗、臨済《りんざい》宗とともに「日本三禅宗」の一つで、一七世紀に明《みん》の僧隠《いん》元《げん》によってもたらされた。宗風は臨済宗に近いが、念仏の影響が大きい。京都宇治の万福寺が本山で、精進料理の「普茶料理」の本場として有名。

習として残されているが、植物性タンパクを多くとり味も淡泊なため、最近では健康食として見直されている。こんにゃくのタヌキ汁、豆腐のキジ焼、ナスのシギ焼といったように、肉類を連想させる名称がつけられているのもおもしろい。

◆普茶《ふちゃ》料理

禅宗の一つ*黄檗《おうばく》宗の僧が、江戸時代初期に考案した中国風の精進料理で、普茶とは法要のあとに修行僧などに普《あまね》く茶をふるまってねぎらったことに由来するという。長崎の禅寺にはじまり、のち宇治の万福寺《まんぷくじ》を中心に発達した。

食事のスタイルは四人で卓を囲み、大皿に盛られた料理をおのおの小皿にとり分けて自由に食べるが、料理名や食器類はすべて中国語である。雲片《うんぺん》（野菜の油妙めのあんかけ）、油餈《ゆじ》（精進揚げ）、筝羹《しゅんかん》（季節野菜の煮物）、麻腐《まふ》（ゴマ豆腐）などが代表的。

◆卓袱《しっぽく》料理

長崎地方を代表する和風の中国料理で、江戸時代前期にはじまったもの。元来は、一つ鍋のものを皆でつつき合った精進内容の家庭料理で、卓袱*とは卓をおおう布つまりテーブルクロスを意味した。

現在は、一つの卓を数人で囲み、大皿に盛られた料理をめいめい好きなようにとって食べる。素材の中心は魚で、吸い物からはじまり、刺身、酢の物、和え物、煮物、豚肉の角煮、飯という順が一般的。長崎チャンポンや薩摩《さつま》の豚骨《とんこつ》料理なども卓袱料理から派生したという。

◆おせち料理

元来は、宮中における五節句などの節日《せちび》の料理であったが、江戸後期から民間

*卓袱
「しっぽく」は唐音発音という。現在ではチュオフーと発音し、これはのちに卓袱台《ちゃぶだい》へと変化した。

■精進料理二汁七菜の配膳

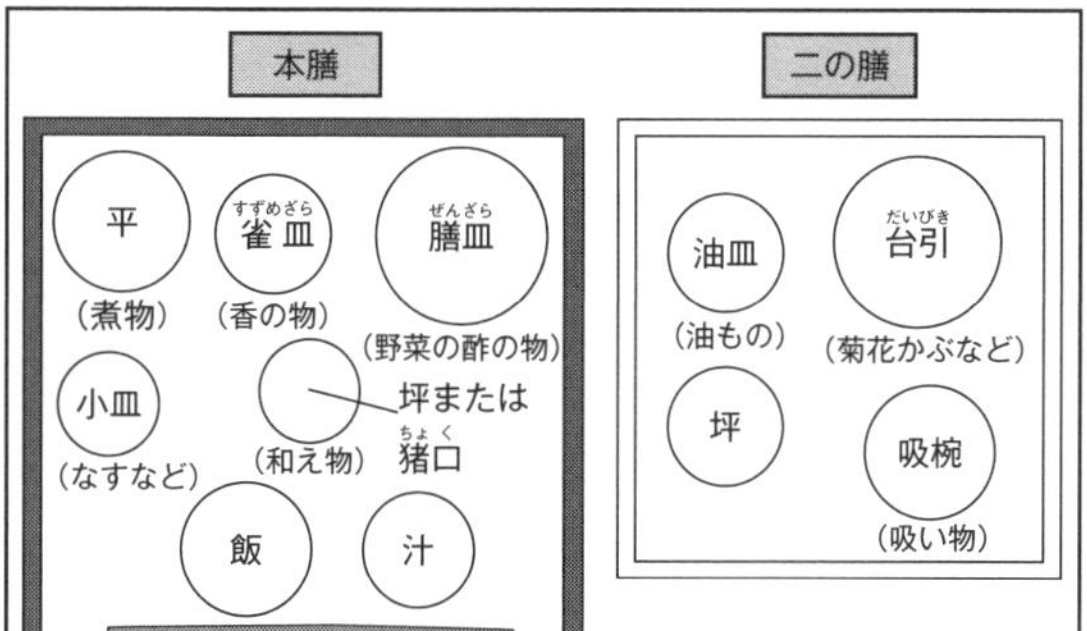

に広まり正月の重詰め料理となった。正式には口取り*とよばれる一の重、焼物の二の重、煮物の三の重、酢の物の与（四）の重の四段重ねとするが、通常は二段重ね程度で、煮しめや干物《ひもの》を中心とした保存性が高く日もちのよい料理が中心。現在では、その多くは左記のような語呂合わせや形態から縁起担ぎのものとして解釈されることが多い。

- こぶ巻き＝よろこぶ
- 黒豆＝まめ（勤勉）に働き、まめ（健康）に暮らす
- 数の子＝子孫繁栄
- サトイモ＝子宝に恵まれる
- タイ＝めでたい
- きんとん＝金運をよぶ
- 紅白かまぼこ＝祝いの水引《みずひき》の色にあやかったもの
- レンコン＝先の見通しが利く
- 田作り（ごまめ）＝もともと春に田をおこすときの高級肥料から豊作祈願。五万米とも
- 鬼がら焼＝長寿のシンボルであるエビを使うことから夫婦長寿

*口取り
饗膳《きょうぜん》などで、吸い物とともに最初に出される酒の肴。昆布巻き、かまぼこ、黒豆、きんとん、だて巻きなど。口取り肴ともいう。

3　旨みの文化　日本食を引き立てる「第六」の味覚

甘《かん》、鹹《かん》（塩辛い）、酸《さん》、苦《く》、辛《しん》を「五味《ごみ》」というが、日本料理にはこれらにさらに旨味という第六の味覚が含まれる。ＵＭＡＭＩは、いまや英語などにもとり入れられている言葉だが、これを引き出すのが「だし」で、カツオ節や煮干しのイノシン酸、コンブ

のグルタミン酸、干しシイタケのグアニル酸などの成分である。これらを化学的に調合したものが化学調味料だが、やはり天然の中に含まれるだしにこそ、日本料理の味付けの神髄があるといえよう。西洋料理でいうブイヨン、中華料理でいう湯《タン》に相当するものだ。
古来、海の幸や山の幸に恵まれたわが国では、さまざまな食材からだしをとり出す工夫に努めてきたが、だしの素材を分類するとカツオ節、コンブ、ジャコ、煮干、ハマグリ、貝柱などの海産物からとる「浜だし」、小豆《あずき》、大豆《だいず》など主に果菜類からの「里だし」。シイタケやキクラゲなどの「山だし」に分けられる。

なお、関東ではカツオ節のだしが主でコンブだしを従とするが、関西ではこの逆になることはよく知られている。

4　作法さまざま　食事作法も食文化の一つ

洋食のテーブルマナーにはうるさいが、意外と心得ていないのが和食の作法だ。マナーの基本は、本膳や懐石はいうまでもなく会席料理でも同様である。いざというときに恥をかかないためにも、最低限の礼儀作法は知っておきたい。

◇座席

和室には上座《かみざ》、下座《しもざ》の区別があり、掛け軸のある床の間を背にした上座に主賓《しゅひん》が座る。床の間がない場合は、出入り口から離れた眺めのよい場所が上座となる。逆に入り口や廊下《ろうか》に近いところが下座と覚えておけばよい。また、右手が上座で、左手が下座とも見られており、事実、作法を重んじる料亭などでは、右側から料理を出して、左側から引いていくのが基本となっている。

　したがって、お膳の場合はバッグなどの手荷物は下座側（左側）に置く。また、おしぼりはあくまでも手を清めるもので、居酒屋ではないのだから顔や首筋をゴシゴシこするのはもってのほか。タバコも食事がすべて終わるまで遠慮するのがマナーである。

◇箸《はし》の扱い

　和食は、箸にはじまって箸に終わるといわれるほどだ。まず箸袋を右手でとりあげ、左手を添えつつ右手で袋から引き出して箸置きに置く。食事中に箸をとり、そして置くたびごとに左手を添えるのが和食の基本であり、見た目も美しい。箸置きは手前左側に置き、箸の先端部を左に向けて置くのが正しいとされる。

　割り箸のとり扱い方だが、膳の上で割ると器にかかってこぼしたり、木屑《きくず》が落ちたりしかねないので、かならずひざの上で割るようにする。割り方も周りのことを考えて、左右ではなくあくまで上下に。割ったあとすぐに料理に手をつけるのも不作法で、いったん箸を置き「いただきます」の姿勢をとってから食べはじめるのがよい。

　また、日本人にとっての箸は、個々人の精霊が宿るとみて、神聖なものとして扱った。そのため箸にはさまざまなタブー（迷い箸、嫌い箸など）が付き、とくに次のような箸の扱い方は、御法度《ごはっと》とされている。

- ねぶり箸＝箸を口の中に入れてなめまわす行為
- さぐり箸＝器の中の料理を箸で探り入れる行為
- 迷い箸＝異なる料理にあれこれ箸を向ける行為
- 寄せ箸＝箸を使って器を引き寄せる行為
- 透かし箸＝魚など中骨の間から下側の身をほじくって食べる行為

■上座・下座の例

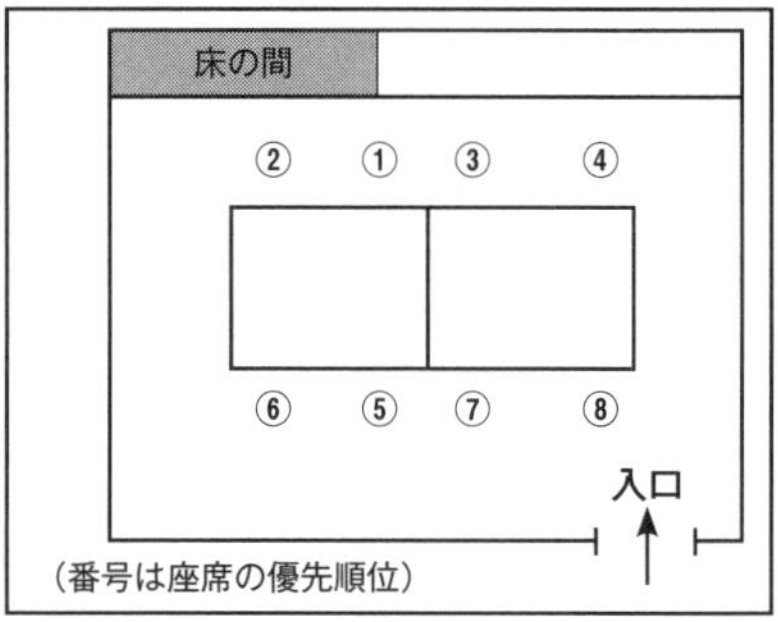

・刺し箸＝フォークのように料理を刺して食べる行為
・渡し箸＝箸休めする際に椀《わん》の上に箸を掛け渡す行為

◈酒

酒が飲めない場合も、乾杯用の一献だけは受けるのが礼儀。どうしても飲めなければ、盃に口をつけるだけでかまわない。その後は空いた器にあけて、盃を伏せればよい。

◈魚と刺身

魚を食べるときは、頭を手でおさえ骨にしたがって身をはがす。下側の身は、上側を食べ終えたのち、いったん頭および中骨を切り離しておいて、そのまま食べていく。下側をひっくり返して食べるのは不作法。

刺身を食べるとき、ワサビを醤油皿に直接溶くとワサビの辛味や風味を殺すため、刺身の上に載せ、クルッと巻いて醤油に浸すのが正しい。ツマはあくまで飾りであって手をつけるものではない、と心得ている人がいるがこれもまちがい。生臭さを消すために出されているのだから、刺身と交互に口へ。また、穂ジソもしごいて醤油に入れず、箸休めとして手でつまんでそのまま食べればよい。

◈蓋物《ふたもの》

吸い物や煮物椀のように漆器《しっき》で蓋のあるものを蓋物という。蓋があけにくい場合は、左手を椀に添え、右手を広げて椀のふちを内側に押すと簡単にとれる。とった蓋は、椀が置かれた側の膳の外側に上向きにしておく。椀はかならず一度はひざ元に寄せ、それから口に運ぶ。なお、汁は飯とともに味わうのだが、吸い物はあくまで酒の＊肴《さかな》として供されることを知っておこう。

■箸の種類

柳箸：柳の木で作られた、両端が丸く細くなっている白い箸。慶事で使われるので、祝い箸ともよばれる

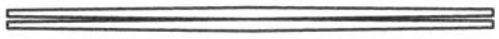
利休箸：千利休が考案した、両端が細くなっている箸

元禄箸：角を削って割れ目に溝を入れた割り箸

天削箸《てんそぎ》：頭部を斜めにそぎ落とした箸

丁六《ちょうろく》：加工されていない普通の割り箸

塗り箸：輪島塗など、主に家庭用の箸

◇食事

酒食が一段落すると飯が出てくる。一般には箸先を汁にぬらし、汁を先に口にすることが多いようだが、まず飯を一口食べてから汁を吸うのが正しい作法といわれている。また、左、右、中央と食べすすめるようにしてあるのが日本料理の盛り付けの基本だから、いきなり料理の中央から箸をつけないこと。食べ残した場合は、皿の中央より手前のところにきれいにまとめるとよい。

◇止椀《とめわん》とおかわり

ひと通り料理が出そろったのち、最後に出される汁物（多くはみそ汁）を止椀という。飯とともに供されることが多く、これが出たら盃を飲み干して食事に切り替え、汁、飯、香の物とひと口ずつ交互に食べていく。飯のおかわりは、茶碗の中に一口分だけ残して給仕人に渡すのが正式とされている。

＊肴

肴はもともとは酒菜と書き、酒を飲みながら食べるおかずのことをいう。肴は「こう」と読み、「肉をたくさん盛ったごちそう」の意味。

郷土料理の特色

郷土料理とは、ある特定の地域で獲れる特産物を用いて、その地域の生活環境を反映しながらつくりあげられてきた家庭料理が基本である。こんにちでは東京や大阪など大都会でも、各地域の料理が手軽に楽しめる時代となっているが、元来郷土料理の醍醐味《だいごみ》とは、季節や生産が限定された特産物を、その土地ならではの伝統的な方法によって調理したものではないだろうか。

1　郷土料理の定義と分類　特産物あってこその郷土料理

四季を通じての新鮮な食材が豊富に手に入るわが国は、世界でも希《まれ》な存在といわれている。さらに、自然の変化に富むうえに南北に細長い国土から、気候風土は大きく異なり、同じ食材でありながら技術や調理加工法のちがいによって多種多様な料理が生まれていった。

すなわち、それぞれの地方でとれた海の幸・山の幸を最も理にかなった方法で調理する創意工夫がなされたわけだが、これを「土産土法《とさんとほう》」とよんでいる。郷土料理や名物料理とよばれる料理が、他国と比較してもとりわけバラエティに富んでいる背景はここにあり、約一万五〇〇〇種ほどの郷土料理が確認されている。

加工食品が氾濫《はんらん》するそっけない家庭料理とは異なり、先人たちが工夫を重ねてつくりあげ、受け継がれてきた郷土料理の形態を大別すると、次の四タイプに分けられる。

①その土地で季節かつ生産が限定された特産物を使い、その土地の調理法にしたがって料理したもの。本来の郷土料理がこれにあたる。

北海道の石狩《いしかり》鍋、秋田のしょっつる鍋*、富山のホタルイカ料理、滋賀のふなずし、岡山のママカリ、佐賀のムツゴロウ料理、大分の城下《しろした》ガレイの刺身など。

②元来、特定の地方の産物であったが、貯蔵に適する食材のために大量消費地に運ばれ、それらの地で調理法が発達したもの。

京都の芋棒《いもぼう》*やさばずし、にしんそば、大阪の船場《せんば》汁*、沖縄のクープ料理*など。

③きわめて広範囲に産する食材を使用するため、長い年月の間に各地域ごとにバリエーションのちがいを生んだ料理。

北海道の三平《さんぺい》汁*、秋田のきりたんぽ*、長野の五平餅《ごへいもち》*、高知の皿鉢《さわち》料理*、鹿児島の薩摩《さつま》汁など。

④元来、特定の地方にのみ伝わる間食・簡易食にすぎなかったものが、食の交雑化や好みの細分化にともない、料理として洗練され発達したもの。

北海道の札幌ラーメン、名古屋のきしめん、大阪のタコ焼き、広島のお好み焼き、香川の讃岐《さぬき》うどん、福岡の博多《はかた》ラーメン、長崎のチャンポン*など。

◇注目されるご当地B級グルメ

最近各地で、食によって地域おこしを図ろうとする動きが顕著だ。形態としては④の範疇《はんちゅう》に入るが、自然発生的に発達した正統的な郷土料理ではなく、本来は地域とのゆかりが希薄な料理であるにもかかわらず、地元の商工会などがマスコミとのタイアップで、

＊しょっつる鍋
秋田特産の魚であるハタハタの塩漬けからとっただし汁で、季節の野菜などを煮込んだ鍋料理。しょっつるとは「塩汁」のこと。

＊芋棒
京都特産のエビイモに一種の保存食であった棒ダラを炊き合わせたもの。みりん、酒、醤油で味付けするが、棒ダラの味がイモにしみて美味。

＊船場汁
大阪の商人街船場に伝わる倹約料理の一種。塩サバとダイコンの薄切りにたっぷりとコンブの煮出し汁を加えた汁物。

＊クープ料理
クープとはコンブのこと。北海道産のコンブと豚肉の取り合わせで、やわらかく水煮した豚肉に細かく切ったかまぼことコンブを加え、カツオブシのだし汁でじっくりと煮込む。

＊三平汁
ニシンと季節の野菜をごった煮にして酒粕《さけかす》を加えた汁物料理だが、近年はニシンの代わりに塩ザケとするこ

■全国の主な郷土料理

北海道
●石狩鍋
●三平汁
●ジンギスカン鍋
秋田県
●しょっつる鍋
●きりたんぽ
●ハタハタズシ
岩手県
●わんこそば
山形県
●芋っこ汁
宮城県
●カキ料理
栃木県
●しもつかれ
富山県
●ホタルイカ料理
●マスずし
石川県
●かぶらずし
●じぶ煮
茨城県
●アンコウ鍋
埼玉県
●イノシシ料理
長野県
●五平餅
●信州そば
東京都
●江戸前ずし
●てんぷら
山梨県
●ほうとう
福井県
●越前ガニ料理
岐阜県
●アユ料理
滋賀県
●ふなずし
京都府
●芋棒
●ニシンそば
愛知県
●きしめん
島根県
●出雲そば
岡山県
●ママカリ
大阪府
●大阪ずし
●かやく飯
広島県
●カキ鍋
香川県
●讃岐うどん
和歌山県
●紀州馴れずし
山口県
●フク料理
愛媛県
●伊予薩摩
高知県
●皿鉢料理
福岡県
●水炊き
佐賀県
●ムツゴロウ料理
大分県
●城下ガレイの刺身
長崎県
●しっぽく料理
●チャンポン
熊本県
●辛子レンコン
鹿児島県
●薩摩汁
●薩摩あげ
沖縄県
●チャンプルー
●イリチー
●ラフテー

なかば強引に郷土料理・名物料理に仕立てあげたもの。一料理人の独創的な調理法にはじまる料理もあるが、多くは素材からつくり出された新案料理ではなく、元ネタの調理法や調味料をとり変えたバリエーション・メニューにすぎない。これらを称して、最近ではご当地B級グルメともよばれ、郷土料理の変形または町おこしの切り札として注目されている。

札幌の*スープカレー、宇都宮《うつのみや》の餃子《ぎょうざ》、長野県のソースカツ丼、静岡県富士宮のやきそば、名古屋の*みそカツ、*天むす、*ひつまぶし、大阪のしゃぶしゃぶ、うどんすき、宮崎のレタス巻きなど多種多様。

2 食材と代表料理 食材の大元は海産物にあり

郷土料理の最大のポイントは、やはり土地土地でとれる新鮮な特産品の素材の活かし方だろう。主に海産物を中心として、各地の代表的な食材から郷土料理を分類してみた。

・サケ（北海道）

石狩川が有名だが、現在の主産地は十勝《とかち》川沿岸。アキアジともよばれる。代表的な料理に石狩鍋、三平汁など。

・イカ（北海道）

スルメイカとヤリイカが中心だが、なかでもソーメンのように細く切ってワサビ醤油で食べる函館のイカソーメン、モチ米をイカに詰め込んだ森町のイカ飯が絶品。

・ケガニ（北海道）

とが多い。三平の由来は、松前藩の賄《まかな》い方斎藤三平の創作、有田焼の三平皿を使用したからなど諸説ある。

＊きりたんぽ

新米を五分づきの餅にして、杉串に巻き付けて軽くあぶる。これを鶏肉や山菜などとともに煮込んだ料理で、かつてはマタギ（内陸部の狩猟者）の保存食であった。きりたんぽとは、短穂槍《たんぽやり》を切り落としたような形に由来するという。

＊五平餅

木曽《きそ》地方に伝わる郷土食の一種で、固めに炊いた飯をおはぎ状につぶして団子にし串に刺して焼いたもの。みそや醤油をつけて食べる。秋田のきりたんぽとつくりは同じ。

＊皿鉢料理

皿いっぱいにすしや刺身を盛り付けた豪快な宴会料理。刺身、すし、組もの（揚物、煮物、酢の物など）と皿を分けて盛り付けるのが一般的。

＊チャンポン

スープのたっぷり入った中華麺の上から、豚肉、かまぼこ、シイタケ、道東の沿岸が主産地で、オホーツク海では夏季、釧路《くしろ》などでは冬季がうまいという。なかでもミソが最高。塩ゆでのほかカニ鍋、カニ飯など。またヤドカリの仲間である六本足のタラバガニやハナサキガニも有名。

・ホタテ（青森県）

北海道産も知られるが、陸奥《むつ》湾でのホタテ養殖がとくに名高い。春から夏にかけてが旬で、貝殻付きの焼きホタテやバター焼きなどが美味。

・鼻曲がりサケ（岩手県）

三陸海岸に流れ出る閉伊《へい》川を遡上するサケで、オスの鼻部分が曲がっているために「南部鼻曲がりサケ」の名で知られる。*腹子《はらこ》飯、タタキ、照《てり》焼きなど。

・ハタハタ（秋田県）

スズキの仲間の全長二五センチ前後の海魚で、男鹿《おが》半島沖が主産地。一一〜一二月の初冬に獲れる。しょっつる鍋、ハタハタずし、白焼きなど。

・アンコウ（茨城県）

「関東のフグ」といわれるアンコウは、鹿島灘が主産地で冬の水戸の名物料理となっている。アンコウ鍋をはじめ、*とも酢など。

・カンピョウ（栃木県）

ユウガオの果肉を干したもので、江戸時代前期に近江《おうみ》から持ち込まれたが、現在では栃木県が全国一の生産を誇る。豆腐《とうふ》と白みそとを和《あ》えたカンピョウ白和えが有名。

・下仁田《しもにた》コンニャク（群馬県）

下仁田のコンニャクは量・質とも全国一を誇る。最も有名なのは「山フグ」とよばれる刺身料理で、辛子酢みそでいただく。ほかにてんぷら、コンニャクそうめんなど。

イカ、キャベツなど多種多量の炒めた具を載せたもの。一八九九（明治三二）年に長崎在の華僑《かきょう》陳平順が留学生向けに考案したという。

＊スープカレー
スープ状のカレーで、通常のカレーのようにとろみはない。スパイスの香りや辛さを楽しむスープと大きな具が特徴で、ご飯とは別々に食べる。

＊みそカツ
トンカツの上に砂糖などで甘辛く味付けした濃厚な八丁みそのソースをかけたもの。

＊天むす
海老天ぷらを具にしたにぎり飯。天ぷらむすびの略。

＊ひつまぶし
ご飯の上にウナギの蒲焼を刻んで載せたもので、飯櫃《めしびつ》にウナギをまぶすことに由来。一杯目はそのまま食べ、二杯目は薬味のネギやワサビなどを加え、三杯目はだしやお茶をかけて茶漬けにして食べる。

・イノシシ（埼玉県）

古来、「山クジラ」あるいは「ボタン」とよばれて、冬季の貴重な動物性タンパク源となってきた。産地としては、神奈川の丹沢《たんざわ》や静岡の伊豆《いず》も有名。特有のにおいがあるが、みそ仕立てのボタン鍋などにして食べる。

・イワシ（千葉県）

古くから九十九里《くじゅうくり》浜のイワシ漁は有名で、かつては大漁が続いて肥料にしたほど。イワシのたたきを貝殻に詰めて焼いたイワシサンガをはじめ、イワシのゴマ漬、イワシの卯《う》の花《はな》漬など。

・ウナギ（東京都）

古くは利根川筋の河川や隅田川などではウナギ漁が盛んで、これを用いた蒲焼《かばやき》を「江戸前」とよんでいた。江戸の蒲焼は、背を裂いて素焼きにして蒸し、たれをつける方法で、頭をつけたまま腹から裂いて、蒸さずに強火で直《じか》焼きしたのち頭を落とす上方《かみがた》の蒲焼とは異なる。

・ホタルイカ（富山県）

富山湾名物の発光性の小イカ。ふだんは深海に生息するが、四～六月の産卵期のみ浮上する。足だけの刺身「竜宮そうめん」の珍味や、酢みそ和え、甘露《かんろ》煮もおいしい。

・越前《えちぜん》ガニ（福井県）

ズワイガニのことで、雌はセイコガニともいう。また、山陰地方では松葉ガニとよばれる。身がひきしまって甘味がのる冬季が旬《しゅん》で、丸ゆで、カニ釜飯、ちり鍋、刺身など。

・コイ（長野県）

県東部の佐久《さく》地方のコイは、江戸時代後期に養殖がはじまり海のない信州の貴重なタ

＊腹子飯

腹子とは、魚の腹にある卵塊で、たらこ、すじこなどのこと。ここでは、塩漬けしたすじこを炊きたてのご飯の上に載せ、もみ海苔をちらしたもので、いくら丼に相当する。

＊とも酢

強めの塩でゆがいたアンコウの肝（とも）と焼きみそをすり、さらに甘酢でのばした水戸独特の料理。

ンパク源となってきた。千曲《ちくま》川の冷水育ちのため、身が引きしまり臭みもない。洗い、鯉コク、あめだきなど。

・アユ（岐阜県）

岐阜県だけの名物ではないが、長良《ながら》川の鵜飼《うかい》は夏の風物詩として全国的に有名。姿や香りのよい淡水魚で、塩焼きをはじめ、刺身、鮎雑炊《あゆぞうすい》、フライなど。

・スッポン（静岡県）

ウナギに隠れて影は薄いが、浜名湖のスッポン養殖は全国有数。脂がのった晩秋から冬にかけてが旬で、スープ、スッポン鍋など。

・イセエビ（三重県）

伊勢《いせ》湾の名物として名高い大型のエビだが、現在の水揚げ量は九州地方が上回っている。身のしまった冬季が旬で、堂々たる外見から正月料理にしばしば使用される。甘味のある刺身は絶品で、ほかに甲羅《こうら》焼きやエビ*しんじょなど。

・フナ（滋賀県）

琵琶《びわ》湖特産の源五郎《げんごろう》ブナを使って自然発酵させる*馴《な》れずしは、わが国最古のすしの形態といわれる。ふなずしの名でよばれ、独特の風味で珍重される。

・エビイモ（京都府）

古くから栽培されている京都名物のサトイモの一種。子芋は根元のほうが細くなってエビのように曲がっているためにこの名がある。ゆでて、あんかけにしたり、棒状の干しタラである棒ダラといっしょに炊き込んで芋棒などに。

・ママカリ（岡山県）

イワシ科のサッパの別名で、形は小型のイワシに似る。皮ごと酢漬けにする。こくが

＊しんじょ

魚、エビ、鳥などのすり身に、すりおろした山芋を加えて味をつけ、蒸したりゆでたりした料理。吸い物の具などにする。

＊馴れずし

酢を使用しないで自然発酵によって酸味を持たせた鮨《すし》。最も原初的な鮨の形態で、魚介類を塩に漬け込んで魚肉を保存する方法として考案されたが、のちに発酵を早めるために米を加えた。江戸時代初期に、魚肉を米ごと食するようになりこんにちの鮨の原型が誕生した。現在では麹《こうじ》を加えて重しをし、長期間漬け込む琵琶湖のふなずしが有名。

あって酒の肴《さかな》や祭りずしの具などに用いる。隣近所にママ（ご飯）を借りにいくほど美味というのが語源とか。

・カキ（広島県）

広島は、質・量とも日本一のカキ生産地。一二月から一月末までが食べごろで、*土手鍋、酢ガキ、フライと調理法も豊富。

・フグ（山口県）

フグの出荷では全国一といわれる下関港を控え、古くから北長門《きたながと》海岸を中心にフグ漁の盛んな地である。王者というべきトラフグは冬季に荷揚げされるが、地元では福に通じるとしてフクとよんでいる。フグ刺し、フグちりなど。

・タイ（愛媛県）

瀬戸内海のマダイは身がしまって美味だが、愛媛県はタイの養殖では全国一の生産。そうめんといっしょに食べる鯛めん、鯛《たい》めし、*伊予《いよ》薩摩など。

・カツオ（高知県）

昔ながらのカツオ一本釣りで知られる土佐《とさ》は、春の上りガツオ、秋の戻りガツオの通路にあたり、古くからカツオ節の本場でもあった。江戸中期からあるカツオのたたきや皿鉢料理など。

・地鶏《じどり》（福岡県）

地鶏の飼育は各地に見られるが、九州北部はとりわけ盛ん。かしわめしも有名だが、この地では鶏がらスープをベースとして季節の野菜や豆腐などを入れた鍋料理の水炊きに代表される。

・ムツゴロウ（佐賀県）

＊土手鍋
カキ鍋の一種で、平鍋のふちにみそを土手状に塗りつけ、鍋の中で煮込んだカキや野菜などをすりつけて食べる。なお、一説に安芸《あき》国のカキ行商人の土手吉助が大阪で鍋物をつくり、評判をとったことに由来するとも。

＊伊予薩摩
県南部の宇和地方の代表料理。タイやスズキなどの白身魚を焼いて身をほぐし、みそ汁の中にコンニャクやワケギとともに放り込み、炊き立ての麦飯にかけて食べる。

有明海の干潟《ひがた》に生息するハゼ科の魚。初夏の味覚で身に脂が多く、蒲焼、白焼き、甘露煮などにする。

・城下カレイ（大分県）

マコガレイのことで、とくに別府湾北岸の日出《ひじ》町沖合いで初夏のころとれるカレイは、「夏のフグ」とよばれるほどに弾力のある歯ごたえと味がよく、刺身としては最高といわれている。

・ニガウリ（沖縄県）

別名ツルレイシ、沖縄ではゴーヤーとよばれる。鮮やかな緑色の表面にイボイボがあり、爽やかな苦味をともなって、妙めたりゆでたりして食べる。チャンプルー*料理に欠かせない素材の一つ。

***チャンプルー**
沖縄を代表する調理法の一つで、豆腐と季節の野菜を油で炒めた炒め料理のこと。ニガウリと卵をかき混ぜたものはゴーヤーチャンプルーという。語源はチャンポンと同義で「ゴッタ煮」の意。

珍味・名産巡り

珍味あるいは特産品とよばれる食べ物は、ふるさとの味覚といってよいだろう。旅した土地の香りがそのまま伝わってくるこれらの品は、素材や製法などその土地ならではの風味をもち、心のこもった土産物としても重要な産物となっている。

1 珍味さまざま 飲んべえ垂涎《すいぜん》の的、酒の肴の数々

世に珍味とよばれる食べ物がある。文字どおり希少価値があっておいしいものをいい、江戸時代には越前《えちぜん》のウニ、三河《みかわ》のこのわた、肥前《ひぜん》のからすみが「天下三珍*」とよばれていた。珍味の多くは塩辛など酒の肴《さかな》にはもってこいで、地酒とともに味わうのも左党《さとう》には嬉しい話だ。

珍味を製法などから分類すると、①生鮮物、②塩辛物（黒づくりなど）、③干し物（スルメなど）、④燻製《くんせい》物（いぶりがっこなど）、⑤発酵物（くさやなど）、⑥創作物（辛子レンコンなど）に大別される。

各地に見られる現在の代表的珍味を紹介しよう。

・めふん

サケやマスの血わた（腎臓）で作った塩辛。かきとった血わたに食塩を加え、日陰で

＊天下三珍
同じような例に「世界の三大珍味」がある。カスピ海や黒海周辺のキャビア、フランスのフォアグラ、地中海沿岸地方のトリュフがそれという。

風干ししたのち日本酒を加えて容器に詰め、半年くらい寝かすと風味が増してくる。暗褐色でドロリとした珍味だが、クセがなくはじめてでも食べやすい。北海道の名産。

・ルイベ

真冬の戸外で凍らせた新鮮な生サケを薄切りにし、溶けかかる寸前にショウガ醤油やワサビ醤油で味わう刺身の一種。アイヌ語で「溶かした食べ物」の意だが、元来は、コマイの刺身をいった。北海道の名産。

・とんぶり

ホウキギ（ホウキ草）の実で、暗緑色をして一見キャビアのように見えることから、「畑のキャビア」ともよばれる。無味に近いが、プチプチとした歯ざわりが楽しめる。トロロイモや納豆などと合わせて食べることが多い。秋田県比内《ひない》地方の特産品。

・いぶりがっこ

干しダイコンをいろりの煙などでいぶし、ぬか漬けにしたもので、「いぶした漬物」の意。秋田県の名産。

・ともあえ

アンコウの肝臓を「とも」というが、これをゆがいて焼きみそといっしょにすりつぶし、もみじおろし添えや三杯酢で食べる。「日本のフォアグラ」ともよばれる。茨城県の名産。

・くさや

ムロアジ*やトビウオなどを開きにし、塩汁に漬けて日干しする。これを数回くり返した干物で、鼈甲《べっこう》色に干しあげたものを最上品とする。語源は焼くときに独特な臭みを発散することにちなみ、その臭いから好みの分かれる嗜好《しこう》品。伊豆七島の新島《にいじま》の特産品。

＊ムロアジ
アジの一種で、本州中部以南から東シナ海に分布する。全長四〇センチ前後で、体は円筒形。肉質は脂質が少なく鮮魚としては肉の締まりがよくないため喜ばれないが、塩干物にすると肉に弾力性がでてくるためくさやなどに加工される。

・酒びたし

冬産のサケに粗塩《あらじお》をたっぷりとすりこみ、頭を下にして半年間寒干ししたものを、薄くそいで酒に浸したもの。新潟県村上地方の特産品。

・イカの黒づくり

富山湾で水揚げされたスルメイカの塩辛で、江戸時代初期からつくられていたという。イカの肝臓とスミをしぼり出してよくすり、調味して細切りしたイカをあえて塩を加えて寝かせると、二週間ほどで食べられるようになる。肝臓だけでつくる塩辛は「赤づくり」とよばれる。

・ザザムシ

カワゲラ*やマゴタロウムシ*などの水生昆虫の幼虫を、長野県ではザザムシという。ザザとは渓谷の流れの音から生じた擬声語だが、これらの幼虫を甘辛く煮詰めたもの。いわゆるゲテモノ食品の一つだが、貴重なタンパク源であり、栄養価は満点。伊那《いな》地方の特産。

・うるか

アユのはらわたと卵を混ぜ合わせ、麹《こうじ》と塩で漬け込んだ塩辛。灰褐色で見た目はよくないが、独特の苦味と口中にほんのりと広がる香りが特徴。秋になり産卵期が近づくと、白子《しらこ》（精巣）のみで「白うるか」、卵巣のみで「子うるか」がつくられるが、子うるかは淡黄色で鮮やかな色合いを見せる。各地にあるが、とくに岐阜県のものが有名。

・このわた

ナマコの内臓を薄塩に仕立てた塩辛。外観は黄褐色でドロリとしているが、よく練れた塩辛は珍味中の珍味という。ナマコのワタ（内臓）が語源で、各地に見られるが、古

＊カワゲラ

外見上はカゲロウに近い昆虫の一種で、本州中部以北に生息。体長二～三センチ。幼虫時はすべて淡水中で生活するが、羽化にともなって陸生する。成虫は四枚の透明な羽と二本の長い触角を持っている。

＊マゴタロウムシ

ヘビトンボの幼虫の俗称。体色は黒褐色で、体長四～五センチ。川底に住むが、昔からこれを黒焼きにして幼児の癇《かん》の薬とした。成虫は四枚の透明な羽を持ち、開張すると八～一〇センチになる。

くから愛知県三河湾のものが最も有名。このわたを干したものを「このこ」といい、さっと火であぶって熱いうちに食べる。

・酒盗《しゅとう》

カツオの塩辛。カツオ節をつくる際、不要となった内臓をとり出して塩を振り、容器に入れて漬け込み、酒やミリンなどで味付けして半年から一年ほど寝かせる。外観はドロリとした黄土色だが、酒を盗んでまでも食べ続けたいほど酒の肴に最高といわれる。高知県の名産。

・からすみ

ボラの真子《まこ》（粒状の卵巣）を塩漬けして寝かし、のち塩抜きして乾燥させたもの。外観は光沢のある飴《あめ》色をしているが、語源は形が唐《から》（中国）の墨に似ていることに由来する。ねっとりした舌触りで、オードブルに最適。長崎県の名産。

・辛子レンコン

ゆでたレンコンの穴に辛子みそをつめ、小麦粉のころもをつけて油で揚げたもの。細川家三代の忠利と僧玄宅が考案したと伝えられる。熊本県の名産。

2　漬物　和食を支えてきた大事な保存食

漬物は、日本人の主食である米の飯を側面から支えてきた代表的な副食だ。日本の漬物は植物性の素材が多く、塩漬け発酵が主体である。その歴史は、奈良朝初期の正倉《しょうそう》院《いん》文書（七二〇年）のなかで、ウリや青菜を醤油に漬けたとの記述が最初といわれているが、実際にはかなり古くから塩漬けがあったと推測される。

室町時代以降、みそ漬けの香りを楽しみ、女房詞《にょうぼうことば》でみそを香といったことから、漬物全般を「香の物」とよぶようになり、江戸時代に手っ取り早い浅漬けが流行すると、古漬けに対して新しい香の物すなわち「お新香《しんこ》」という言葉も生まれた。

しかし、元来は日照時間が少なく青菜に事欠く冬の保存食料であり、西日本よりも東日本や北日本で大いに発達した。素材は野菜がほとんどだが、ほかにも山菜やウメ、魚介類など種類も変化に富んでいる。塩漬けやぬか漬けなど漬け方もさまざまで、日本人の漬物に対する愛着がいかに根強いかを物語っている。製法から分類した諸国の名物漬物をたどってみよう。

◈塩漬け

最も古くから見られ、かつありふれた漬け方。材料は主に白菜、青菜、大根などで、一夜漬けや浅漬け、梅干しのたぐいがこれにあたる。キャベツやキュウリの塩もみも塩漬けの変形ととらえることができる。名産漬物としては、長なす漬（宮城県）、野沢菜《のざわな》漬（長野県）、赤かぶ漬（岐阜県）、しば漬（京都府）、すぐき漬（同）、壬生菜《みぶな》漬（同）、広島菜漬（広島県）、*高菜《たかな》漬（福岡県）などが知られる。

◈ぬか漬け

米ぬかと塩を使った日本独自の漬け方で、ぬかのタンパク質の分解によって乳酸発酵のほかに旨味《うまみ》の成分を引き出すことができるというもの。たくあん漬けやぬかみそ漬け、イワシやサバのへしこ*などがこれにあたる。代表的な名産漬物に、いぶりがっこ（秋田県）、日野菜《ひのな》漬（滋賀県）、津田かぶ漬（島根県）、山川漬（鹿児島県）など。

◈粕《かす》漬け

＊高菜漬
中央アジア原産の高菜は、福岡県など北九州を中心に広く栽培されるカラシナの一種。葉は多肉質でマスタード風の辛味がある。塩漬けが一般的だが、古漬けは発酵がすすむために、油で炒めたり醤油で煮たりして加熱処理する数少ない漬物。最近は豚骨《とんこつ》ラーメンや高菜チャーハンなどの調味材に用いられることも多い。

＊へしこ
大漁の際、ぬかと塩で漬け込んで重しをかけて保存しておくこと。イワシ、サバ、スケトウダラなど大群遊するような魚が対象となる。とくに福井県のへしこ漬は有名で、普通の家庭で見られる。

酒や焼酎《しょうちゅう》の粕を二か月ばかり熟成させて練り込み、これに砂糖やミリンを加えて調味して粕床とし、薄塩で下漬けした野菜を漬け込んだもの。代表的な名産漬物に、ワサビ漬（静岡県）、守口漬（愛知県）、奈良漬（奈良県）、松浦漬（佐賀県）、さつま漬（鹿児島県）など。

みそ漬け

野菜を赤みそで漬けたもの。野菜をそのままみそ床で漬けると水分で薄まって香味が落ち、しかも変質しやすくなるため、あらかじめ薄塩で下漬けした野菜を使う。みそ床にはミリンや水飴を少量くわえて風味を出す。金婚《きんこん》漬（岩手県）、やたら漬（山形県）、さんぴん漬（新潟県）、山ゴボウのみそ漬（長野県）などが名高い。

酢漬け

塩で下漬けし、水分をとった野菜を使って酢に漬け込んだもの。らっきょう漬やあちゃら漬*がその代表だが、名産漬物としては、玉黄金《たまおうごん》らっきょう（千葉県）、千枚漬（京都府）、緋《ひ》のかぶら漬（愛媛県）などが有名。

醤油漬け

醤油に酒や酢などの調味料、ショウガなどの香辛料を加えた漬け床に、下漬けした乾燥野菜などを漬け込んだもの。カレー料理に欠かせない東京の福神漬*がその代表格だが、このほかに、松前《まつまえ》漬（北海道）、たまり漬（埼玉県）、鉄砲漬（千葉県）などがある。

麹《こうじ》漬け

発酵を早め、かつ独特の風味と甘味を出すために麹を使用した漬物。上から麹をふりかける方法と、あらかじめ麹床をつくってから漬ける方法がある。にしん漬（北海道）、なた漬（秋田県）、三五八《さごはち》漬（福島県）、べったら漬（東京都）、かぶらずし（石川県）

＊あちゃら漬
主にゴボウやレンコンなど季節の根菜類を刻み、唐辛子を加えた甘酢に漬けたもの。一日程度で食べることができる。江戸時代初期にポルトガル人が伝えたものといわれ、アチャール（野菜漬けの意）が語源という。

＊福神漬
一八八五（明治一八）年に東京・上野の漬物屋「酒悦」の一五代野田清右衛門が考案した。店舗が上野不忍池の弁財天に近く、七福神にちなんで命名。ナス、ナタ豆、カブ、ダイコン、ウリ、シソ、レンコンの七種を材料としないものは、正式に福神漬とは名のれないという。

■全国の主な漬物

松前漬
にしん漬
いぶり漬
金婚漬
なた漬
やたら漬
一口なすからし漬
長なす漬
三五八漬
さんぴん漬
長岡みそ漬
野沢菜漬
たまり漬
かぶらずし
しば漬
すぐき漬
壬生菜漬
千枚漬
花らっきょう
山ゴボウ漬
べったら漬
福神漬
鉄砲漬
玉黄金らっきょう
赤かぶ漬
甲州小梅
小田原梅干し
守口漬
ワサビ漬
日野菜漬
津田かぶ漬
奈良漬
紀州梅干し
広島菜漬
緋のかぶら漬
寒漬
高菜漬
松浦漬
さつま漬
山川漬

などが有名。

◇からし漬け

からし粉に甘酒、酢、水飴などを加えて練り合わせ、からし床をつくって下漬けした野菜を漬け込んだ漬物。秋なすのからし漬けが有名だが、山菜やシイタケなどもからしに合う。名産漬物としては、一口なすからし漬（山形県）が代表。

3　駅弁　カツ弁と牛弁のちがい、東西駅弁事情

わが国独特の駅弁文化は、一八八五（明治一八）年に宇都宮《うつのみや》駅に登場した梅干し入りおにぎり二個とたくあん漬の竹皮包みの「汽車弁当」五銭にはじまるというのが定説になっている。折詰入りの駅弁は、一八八九（明治二二）年に姫路駅で発売されたものが最初であるが、幕の内弁当（普通弁当）は別にして、現在では各地の特産物などで工夫を凝らした名物駅弁は二千種を超えるという。

群馬県横川駅の「峠の釜めし」、富山駅の「ますのすし」、北海道森駅の「いかめし」などは、数多い駅弁のなかでも代名詞的な存在として古くから知られているが、そのいっぽうで、名前だけはバラエティに富むものの、最近の駅弁は似たり寄ったりでローカル色が薄れたと嘆く駅弁通たちも少なくない。

そうした均質化は否定できないものの、次のような地域性をいまだに色濃く残す駅弁文化の「法則」があるから不思議なものである。

◇豚肉と牛肉の地域格差

駅弁でも肉を素材としたものでは、豚肉を使った駅弁は東日本に多く、牛肉は西日本に多いという傾向がある。ためしに手元の『時刻表』を開いてみよう。

シウマイ弁当（横浜）、しょうが焼き弁当（横浜など）、とんかつ弁当（熱海など）、ヒレカツ弁当（藤沢、豊橋など）といったように、豚肉主体はいずれも東日本。これに対し牛肉弁当（京都、神戸など）、近江牛《おうみぎゅう》ステーキ弁当（米原）、神戸ビーフソテー弁当（新神戸）、しゃぶしゃぶ弁当（神戸）、牛ずし（岡山）など牛肉駅弁の多くは西日本に集中していることがわかる。

これは、かつては労役《ろうえき》用の家畜として、西日本では牛、東日本では馬を中心に飼育されてきた歴史が大きく影響しているとみられる。

すなわち、明治以降、肉食の普及によって牛はそのまま肉牛へ切り替わったが、馬については愛着が強く、長野県など一部を除けば食肉とされることはなかった。いっぽう、関東ローム層*が広がる東日本では、古くから豚の飼料となるサツマイモや麦の栽培が盛んだったことから、馬に代わって養豚業が急速に普及していった。

このような肉食文化の歴史は現在まで引き継がれ、東の豚、西の牛というイメージが色濃く残っている。事実、松阪牛*、近江牛、神戸牛といった上質の牛肉のほとんどは関西産であり、東日本では米沢牛（山形県）のごく一部を除きブランド牛肉はほとんど見あたらない。関東では牛丼屋よりもトンカツ屋が圧倒的に多いのも、こうした歴史的な背景があるといわれる。

このほか、肉食に対する嗜好《しこう》性は、家庭でつくるカレー料理のうち、関東では半数近くがポークカレーであるのに対して、関西では八割強がビーフカレーという、カレー肉

＊関東ローム層
関東地方の台地や丘陵部を広くおおう火山灰土で、単に赤土とよぶこともある。富士山や浅間山、男体山《なんたいさん》、赤城山など周辺部の火山から噴出した赤褐色の粘土質の土で、雨水が浸透しやすく、乾燥すると小さな粒子となって風に巻きあげられる。

＊松阪牛
肉を柔らかくするためにビールを飲ませたり老舗《しにせ》料亭の和田金などで全国ブランドとなった高級和牛肉だが、あくまでもこれは銘柄であって、実際の素牛《もとうし》は兵庫県北部から鳥取県にかけて飼育されてきた但馬《たじま》牛。近江牛や神戸牛などもすべて同様。

調査においてもはっきり裏づけられている。

◈鶏肉と魚介類

九州地方でめだつのは、かしわ飯（小倉《こくら》、八幡《やはた》、博多《はかた》、久留米《くるめ》など）に代表される鶏肉の駅弁で、鹿児島本線は別名「かしわ飯本線」とよばれるほどだ。東日本に比べて冬の寒気が弱いため、農家の庭先などで早くから養鶏が盛んであったことの名残といわれる。なお、養鶏（ブロイラー）の中心は現在は宮崎県や鹿児島県など南九州へ移っている。

いっぽう、瀬戸内沿岸に集中しているのは、魚介類を素材とした駅弁である。鯛《たい》めし（尾道《おのみち》など）、鯛ずし（神戸、明石、福山など）、あなご飯（明石、姫路、三原、宮島口など）、しゃもじカキ飯（広島）などだが、これは潮の干満差が大きい瀬戸内海では海峡に激しい流れが生じ、その結果身がひきしまった良質な魚介類が豊富であることに基づくものである。

4　似て非なる食べ物名　どこがちがう？ここがちがう！

日常の食べ物のなかには、似て非なるものが少なくない。同じ食べ物でも地方によって、あるいは季節によってよび方の異なる場合もあれば、厳密には中身さえ異なるものもある。常識の盲点にこだわってみた。

◈汁粉《しるこ》・ぜんざい

小豆餡《あずきあん》を湯でといて砂糖を加え、餅《もち》や白玉を入れたものが汁粉で、ぜんざいはその一種。ただし、関東では餡と餅だけで汁気のないものがぜんざい（関西でいう亀山）、関西ではこし餡ではなくつぶし餡を入れた汁粉（関東でいう田舎じるこ）をぜんざいとよび分けている。

ぼたもち・おはぎ

こし餡を使用したのがぼたもちで、つぶ餡がおはぎ、あるいは餡をまぶしたものがぼたもちで、きな粉がおはぎなどといった諸説があるが、基本は同じもの。呼称については、春につくられるのが牡丹《ぼたん》餅つまりぼたもち、秋につくられるのが萩《はぎ》の餅つまりおはぎといった、季節によるよび名とする説が有力。

そうめん・ひやむぎ

素材、製法とも同じもので、異なるのは太さだけ。日本農林規格（ＪＡＳ）の「乾めん類品質表示基準」では、そうめんは丸棒状で直径〇・八～一・三ミリ、角棒状で〇・七～一・二ミリ、ひやむぎは丸棒状で一・三～一・七ミリ、角棒状で一・二～一・七ミリ、一・七ミリ以上はうどんと決められている。なお、そうめんを煮て温めたものを「にゅうめん」とよぶ。

しらたき・糸こんにゃく

素材はこんにゃくいもで同じだが、製法が異なる。固まる前のこんにゃく液を、ところてん式で湯の中に押し出して固めたものがしらたき、ヒジキを入れて固めたあとで千切りにしたものが糸こんにゃく。また、しらたきは関東、糸こんにゃくは関西と地域でのよび方のちがいという点もある。

ところ天・寒天

素材は同じテングサからで、煮溶かした汁を固めて麺状に突き出しただけのものがところ天。これをさらに凍結・解凍をくり返して水分を除き、不純物をとり去って透明感が増したものが寒天。したがってところ天は磯の香りがするが、寒天にはそれがない。ちなみに、寒天とは「寒ざらしでつくるところ天」の略。

❖バカ貝・アオヤギ

すしネタや酒の肴になる二枚貝。殻がついたままをバカ貝、むき身をアオヤギとよぶだけのちがい。

❖イクラ*・筋子《すじこ》

サケやマスの卵で中身は同じ。成熟した卵巣を取り出し、バラバラにほぐして食塩水に浸したものがイクラ、未成熟の卵巣をそのまま塩漬けしたのが筋子。

❖カレイ・ヒラメ

「左ヒラメに右カレイ」といわれ、成長するにつれて目の位置が異なる。向かってからだの左側に目があるのがヒラメ、右側がカレイというのが常識だが、単純にこの法則はあてはまらないからむずかしい。カレイとヒラメを一発で見分ければ魚屋も一人前といわれるほど。コノハガレイやカワガレイは左側、タイワンヒラメは右側にあるため、むしろ目の位置よりも口の大きさ（ヒラメは大口、カレイはおしなべて小さい）から判断したほうが早い。落語では「平たいところに目があるからヒラメ、カレイはその家令」という。

***イクラ**

日本語あるいはアイヌ語と誤解している向きもあるが、れっきとしたロシア語である。「魚の卵」の意で、一般にはその製品をいう。本場ロシアでは、バターの代わりに黒パンにそえて食すが、ベニザケの卵を「赤いイクラ」、チョウザメの卵すなわちキャビアを「黒いイクラ」とよび、元来イクラとキャビアは同義である。イクラは、日露戦争以降に外来語として使用されるようになったという。

酒の楽しみ

「神聖」という意味の接頭語サと「食べ物」を意味するケが語源といわれ、古くから酒は神への重要な供え物であった。と同時に、暮らしの節目節目に酒はかならず登場した。田植えの前に豊作を祈って酒、終われば終わったでヤレ酒、収穫がすめば祭りと称してまた酒。神様への供え物とは方便、酒こそが民衆の真の主役だったふしがある。その意味では、いまも昔も酒の飲み方は少しも変わっていないようだ。なお、日本酒や焼酎《しょうちゅう》のアルコール度数は、ウィスキーのようなパーセントではなく、一般に度*の表示が使われることも知っておきたい。

1　日本酒のタイプ　世界に誇るアルコール芸術SAKE

日本酒は、日本文化が世界に誇る第一級の芸術品といわれる。蔵元は全国でおよそ一七〇〇蔵（二〇二三年度、日本酒造組合中央会調べ）といわれており、使用する米や水によって微妙に風味の異なるさまざまな銘柄を生み出してきた。一九八〇年代後半からは、大手メーカーの大量販売への反動として地酒ブームも起こった。

しかし、添加物の内容から酒造工程、貯蔵の仕方までそのタイプは千差万別である。自分好みの酒を探す手がかりとして、さまざまな角度から日本酒を分類してみよう。

＊度
酒や焼酎のように、古くから日本で製造されたアルコール類を対象としたアルコール表示。酒税法によって決められ、セ氏一五度のときに含まれるエチルアルコールの容量の比率を度で表す。基本的にはパーセントと同じ。

◈**普通酒**

純米だけでは醸造《じょうぞう》量が少なくなるため、醸造アルコールや水を増してつくられた酒で、実態は醸造酒《じょうぞうしゅ》ではなく混成酒である。醸造アルコールの添加量は白米重量の一〇パーセント以上だが、これでは酒本来の旨味《うまみ》が薄まって水っぽくなるので、多くは醸造用糖類*といった通称「調味液」を加えて味を補う。当然ながら味は劣る。新清酒ともいう。

◈**純米酒**

米、米麴《こめこうじ》、仕込み水以外は、なにも添加しない酒で、精米歩合*は七〇パーセント以下と規定されている。米からにじみ出る旨味によって、一般に濃厚な味のものが多い。米本来の旨味やコクを備えているため、原料米や蔵元の技量のちがいを知るには最も適した酒といえる。なお「純米吟醸《ぎんじょう》」といえば、純米酒の条件を満たしつつ、吟醸の製法でつくられた酒のことをいう。常温か燗《かん》が適している。

◈**本醸造《ほんじょうぞう》**

米、米麴、仕込み水のほかに醸造アルコールを加え、純米酒がもつ濃厚さを和らげ、キレがよくすっきりとした味で飲みやすく仕立てたもの。ただし、アルコール添加量は白米重量の一〇パーセント以下に制限され、かつ精米歩合も七〇パーセント以下とされている。本仕込みともいう。冷酒や常温に適している。

◈**吟醸酒**

精米歩合により分類されるよび名で、「吟味して醸造された酒」のこと。精米過程で四〇パーセント以上を糠《ぬか》として削り取った白米を原料とし、一〇度前後の低温でじっくりと発酵させた酒。いわば米のエキス分だけでつくった酒で、なかでも五〇パーセント以上削り取ったものを「大吟醸」といい、清酒の芸術品と称えられるほど（白米の精米

＊醸造用糖類

醸造アルコールだけでは甘味やコクに欠けるため、アルコールを添加したのちブドウ糖や水《みず》飴、乳酸、アミノ酸塩などを加えた人工的に味付けするものの総称。天然の味ではないため、ベタついた口あたりのよくない甘さが残る。

＊精米歩合

もみがらを取っただけの米は玄米とよばれ、くすんだ薄茶色をしている。これを精米機にかけて、米粒の外側にある糠層を取り除き白く磨きあげたものが精米。精米歩合とは精米をしたのちに残った白米の割合で、たとえば精米歩合四〇パーセントといえば、玄米の六〇パーセントを糠として取り除いたもののこと。なお、二〇〇四（平成一六）年に酒の精米歩合規定が撤廃されたため、条件に合わなくとも記載可能となり、現在では名称はあくまでも目安にすぎない。

度は一〇パーセント前後)。吟醸酒は淡麗ですっきりした味が身上で、リンゴの香りに似た吟醸香という芳香となめらかな口あたりが特徴で、食前酒として、しかもあくまで冷酒で飲みたい。

◆原酒

どろどろの醪《もろみ》をしぼって最初に出てきた酒は「しぼりたて」または「荒走《あらばし》り」といい、醪の粒子が滓《おり》として残るため白濁している。そのまま出荷するか、濁りをとるかは関係なく、ともかく一切水を加えずに瓶詰めした酒が原酒。通常は水を加えてアルコール分を一五〜一六度まで薄めるが、原酒はアルコール濃度も一八〜二〇度と高く、当然味も濃厚。オンザロックに適す。

◆生酒《なまざけ》

清酒は通常、しぼったときと瓶詰めするときの二度加熱殺菌して発酵を止めるが、殺菌せず酵母が生きたままの状態で出荷した酒をいう。独特の風味をもつが、菌が生きているので冷蔵保存しないと甘酸っぱい味に変質してしまう。また、しぼったときだけ加熱殺菌するものを「生詰《なまづめ》」、瓶詰めのときだけ殺菌するものを「生貯蔵」とよぶが、厳密にいえばこれらは生酒とはいえない。

◆生一本《きいっぽん》

一か所の蔵でのみつくられた純米酒で、かつ原酒であること。本来はどの蔵の酒も生一本だったわけだが、全国展開に打って出る大手酒造は、需要を満たすため桶買《おけがい》*によって出荷する傾向が強まった。このため、生一本は希少価値になりつつある。

◆長期熟成酒

少なくとも三年以上、一般には一〇年前後の長期の熟成を経た酒で古酒ともいう。貯

＊桶買

大量出荷のため自前の蔵だけでは需要がまかなえない場合、ほかの複数の蔵元から酒を買い入れてブレンドすること。味が落ちるのは否めない。

蔵温度や製法などによって、味や香味のバリエーションも幅広い。色も味も濃厚なタイプを「濃熟型」、淡色で味もスッキリしたものを「淡熟型」という。燗をして食後酒に。

◆濁り酒

ざるなどで醪を粗ごしした酒で、「どぶろく」ともいう。白濁しているため見た目はよくないが、生きた酵母を多量に含んでいるので香り高く美味である。最近では「しぼりたて」を放置し上澄み部分と滓《かす》として沈殿する部分に分かれる過程で、中間の白濁した部分をくみとったものを出荷するケースが大半。生酒が多いが、かならずしも生の状態であるとは限らない。

◆樽酒《たるざけ》

杉の樽に一定期間貯蔵され、芳香性のあるテルペン*などが溶け出して木香《きが》がついた酒。樽材としては吉野杉が最も適しているといわれる。樽詰のまま出荷されるものと、樽から瓶に詰められて商品化されているものがある。

◆赤い酒

麹の一部にモナスクス・プルプレウスとよばれるかびを用いて紅麹《べにこうじ》をつくり、これを使用して醸造した新潟県特産の赤い酒。味は通常の清酒と大差ない。

２　製造過程　酒はこうしてつくられる

日本酒（清酒）は、米、米麹、水を原料とした酒だ。つまり、蒸した米のでんぷんを麹かびの力によって糖化させ、酵母でアルコール化させてどろどろの醪をつくり、これ

＊テルペン

ジャスミン、レモン、ペパーミント、ラベンダー、アニスなど植物の枝葉や木皮、花、果実などから得られる特有の芳香をもつ揮発性の油を精油というが、テルペンは杉材から溶け出す精油で、天然香料の一種。

第５章　食生活

をしぼって透明にしたものだが、実際には繊細で複雑な工程を要求される。

また、酒づくりを醸《かも》すともいうが、これは麹かびの存在が知られなかった古代、米をしっかり噛《か》んで唾液のアミラーゼで糖化させ、それを空中の酵母で自然発酵させてつくった口噛《くちかみ》酒の「*噛む」から転化した言葉という。

・米＝酒の原料となる米は酒造好適米とよばれ、大粒で*心白《しんぱく》があり、タンパク質の少ない柔らかい米がよいとされる。代表的な米に「山田錦《やまだにしき》」をはじめ「五百万石」「雄《お》町《まち》」「美山錦《みやまにしき》」などが知られる。「コシヒカリ」や「あきたこまち」のような食用米は適さない。

・麹＝蒸し米に麹かびをまぶして繁殖させたもの。麹は米など穀類のでんぷんやタンパク質を分解して糖分に変える働きを持つ。

・酒母《しゅぼ》＝蒸し米、麹、水をよくかき混ぜたのち、乳酸菌を加えて一〇日間ほどおいたヨーグルト状の純粋酵母。酛《もと》ともいう。糖分を分解してアルコールに変える働きを持ち、酒の独特の風味や香りはこの酒母によってつくられる。最近は*山廃《やまはい》仕込みの酒も人気。

・仕込み水＝清酒の八〇パーセントは水であるため、酒造用水の善し悪しは酒の命といってよい。基本的には無色無臭が条件で、鉄分やマンガンなどの金属成分は着色を増し酒質を劣化させるために敬遠され、逆に酵母の発酵を促すリンやカリウムを多量に含む水が最適といわれる。昔から兵庫県西宮の「宮水《みやみず》」や京都伏見《ふしみ》の「伏水《ふくすい》」または「白菊水《しらぎくすい》」はとくに有名。

・仕込み＝蒸し米、麹、酒母に水を加えてよくかきまぜること。ただし、一度に大量に仕込むと雑菌による汚染が生じたり、ほどよい発酵を妨げるため、通常は三段階に分けて仕込む。これが「三段仕込み」とよばれる方法。

＊噛む
妻の別称を「かみさん」ともいうが、その語源も（米を）噛むからきているという。

＊心白
米粒の中心にある白く浮き出た部分。でんぷん質のつまり方がまばらなところで、そのため光が乱反射して白く見える。しかし、これがあることによって麹菌が菌糸をのばしやすくなり、その結果糖化力の強い麹ができるということになる。逆に食用米には、これのないほうが芯がなくておいしい。

＊山廃仕込み
酒母の製造過程の作業で、雑菌をとり除くために古くから「山卸《やまおろし》」とよばれる乳酸菌を加える方法がとられている。これを廃止する方法で、正確には「山卸廃止仕込み」。一見手抜きのように思えるが、代わりに空気中にある天然の乳酸菌をとり込む手法でかえって時間と手間がかかる。じっくりと酒母を育てるために、酸味が強くコクのある濃厚な味が楽しめる。ぬる燗向けの酒といえよう。

■清酒の製造工程（三段仕込み）

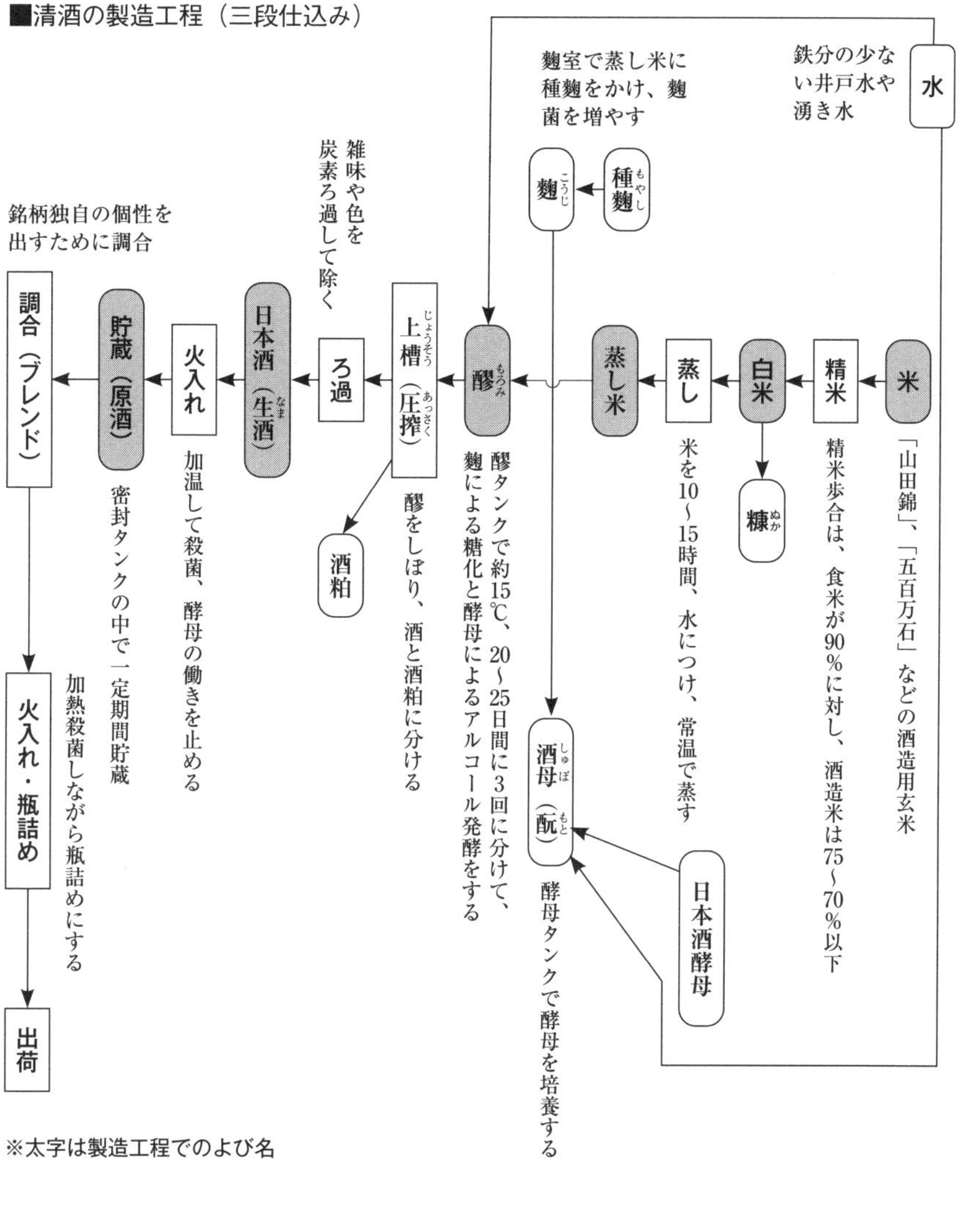

※太字は製造工程でのよび名

・醪＝仕込みによって麹の作用ででんぷんが糖化し、同時に白く泡立ちながら酒母によって糖分がアルコールへと発酵する。この経過と状態を醪とよぶ。清酒一歩手前の状態。

・上槽《じょうそう》＝発酵が終わったどろどろの醪を、特製の布袋に入れてしぼりとること。これによって清酒ができあがり、しぼりとられた固形物が甘酒や粕《かす》漬けに使用する「酒粕」となる。

3　酒に関する用語　日本酒のツウになるための豆知識

◈甘口・辛口

日本酒の味覚を左右する二大タイプ。通常、ブドウ糖などの糖分が多く、こはく酸や乳酸など酸の量が少ない酒を甘口、その逆を辛口という。いいかえれば辛口とは、アルコール度が比較的高いうえ酸味が強く、舌先を刺激する結果によるものだ。なお酒の甘《あま》辛《から》を示す尺度に、水の比重を±0として＋（プラス）と－（マイナス）で表示する日本酒度というものがある。マイナスは糖分などによって水より比重がある甘口、プラスは水より軽い辛口というもので、一般にプラス2以上が辛口、マイナス5以下が甘口といわれる。しかし、酒中に含まれるさまざまな成分が味覚に微妙に働くため、酒度の数値どおりに感じるとは限らない。

◈五味《ごみ》

日本酒は甘口・辛口に大きく二分されるが、実際には五味といわれ、甘《かん》・酸《さん》・辛《しん》・苦《く》・渋《じゅう》の五種類からなる。ただの飲んべえはうまいかまずいかでしか判断しないが、利《き》き酒によってこの五つの味を極めてこそ本物といえる。その方法だが、甘味は舌の先、酸味と渋味は舌の左右、苦味は舌のつけ根部分で味わうとよくわかる。辛味はというと、ワサビが鼻に利く要領で鼻で利き分けるという。なお、五味のうち一つでも強く感じられる酒を「クセのある酒」とよぶ。

◈男酒・女酒

製法がほぼ一定している日本酒は、水が持つ性質によって味や舌触りが微妙に異なり、硬水で仕込まれた酒を男酒、軟水の場合を女酒という。宮水などは硬水で、仕込んだときは一種荒っぽい風味をもつが、これが一夏越すと味は落ち着き自然に風味を増してくる。これを「秋晴れ」ともいい男酒の代表的な特色となっている。対して軟水の酒は、全般にまろやかで舌触りも優しいが、逆にそうした味は長持ちしにくいという。

◈幅

バランスよく整っている味の濃淡を表す言葉。味が淡泊で全般に弱々しい感じのするものは「細い」とか「きれいな酒」といい、反対に多彩な味は「幅がある」「コクがある」あるいは「飲みごたえのある酒」ということになる。ほかにピン・切れ*といった言葉も使用される。

◈酒肴《しゅこう》

肴《さかな》の語源は、酒菜すなわち酒に添えられる食べ物のことである。日本酒には塩分が多く高タンパクの食品が合うが、これは酒に含まれる酸が塩分と調和してまろやかな味をつくり出し、酒の甘味が塩味によっていっそう引き立つからにほかならない。塩辛、からすみ、めふん、このわた、イカの黒づくり、練りウニなどの珍味はとくに相性がいい。また、越前《えちぜん》ガニのミソがついた甲羅《こうら》に熱燗を注ぐ「甲羅酒」や、フグやタイのひれを焼

＊ピン・切れ
いずれも酸味の利いたさっぱりした味のことで、キリッとひきしまるような爽快《そうかい》な後味を表現する言葉。「さばけがいい」「腰がある」ともいう。辛口でのどごしのよい酒に使用されるのが一般的だが、この反対が「だれる」という。

いて熱燗酒に浸した「ひれ酒」、湯通ししたフグの白子《しらこ》に熱燗を注いだ「白子酒」といった飲み方もある。

杜氏《とうじ》

酒造りの一切をとりしきる最高責任者をいう。かつて酒造りは農閑期の農民の副業としてはじまったが、そのなかで長年の経験と勘に裏づけられた腕のよい職人が杜氏として選ばれた。現在も出身地により南部《なんぶ》杜氏、越後《えちご》杜氏、丹波《たんば》杜氏、但馬《たじま》杜氏、備中《びっちゅう》杜氏などとよばれる。杜氏の下には麹師《こうじし》、酛師《もとし》、頭《かしら》などがいて、さらにその下に蔵人《くらびと》たちが各部署に配属されている。

ちなみに杜氏とは、古語で「主婦」を意味する刀自《とじ》が語源といわれ、古代の酒造りいわゆる口嚙酒の受け持ちが女性であったことを示している。なお、杜氏と記すのは、中国伝説にいう酒造りの祖「杜康《とこう》」の名にこじつけたと見られる。

左利き

酒飲み・飲んべえの異名で、左党《さとう》ともいう。通常、徳利《とくり》は右手、盃は左手に持つことから、左利きとよばれるようになった。また大工道具のノミは左手に持つため、飲み手すなわち左利きに転じたとの説もある。酒そのものの異名には、お神酒《みき》、ささなどがあり、建て前上、酒を禁じていた寺では般若湯《はんにゃとう》の隠語を用いた。江戸時代には、三河《みかわ》産の辛口の酒を江戸では「鬼ごろし」、駿河《するが》地方では「てっぺん」などとよんだ。

燗

ぬる燗、熱《あつ》燗、人肌などさまざまな表現があるが、一般的に四〇～四五度がぬる燗、五〇～五五度が熱燗という。やわらかい旨味が広がる燗の温度は四三～五〇度くらいといわれているが、燗をつけるときは、微妙な温度が長く維持できるようになるべく小さめの徳利と盃を使用したほうがよい。また、上等な酒は何でも冷酒か冷やというのはまちがい。濃厚な純米酒のなかにはぬる燗が適温というものも少なくない。

◆枡酒《ますざけ》

二合五勺《しゃく》の方形をしたヒノキあるいは杉製の枡に入れて飲む酒で、木の香りが移って独特の味が楽しめる。角《すみ》から飲むために別名「角《かく》打ち」ともいうが、唇が触れる角のやや脇の部分に塩（盛塩《もりじお》）を載せ、「もっきり」といって表面張力で盛り上がるほど酒を注ぐのが礼儀。下唇を枡の縁に乗せ、すするようにして飲むのが本式とか。

◆銘柄

酒の銘柄はまことに千差万別で、「がんばれ父ちゃん」「清酒タイガース」「助さん格さん」など愉快なものも少なくないが、最もポピュラーなのは正宗《まさむね》と鶴《つる》。正宗は、仏教の経典《きょうてん》の一つ『臨済正宗《りんざいせいしゅう》』にちなみ、またセイシュウと読んで清酒にも通じることから命名されたという。元祖は江戸末期の天保《てんぽう》年間（一八三〇〜四四年）の桜正宗（兵庫県神戸市）で、名づけ親は宮水の発見者でもある六代目山邑《やまむら》太《た》左《ざ》衛門《えもん》。

いっぽう、鶴は品格がよく長寿につながり縁起がよいということのようだ。このほか笹は酒の古名である「ささ」から、菊は皇室の紋であると同時に、酒を味わって調べるの意の「利く」から出たものだろう。

4　焼酎　酎ハイのベースはこれ、日本が誇る蒸留酒

米や麦などの穀類、いも類などをアルコール発酵させ、それを蒸留した日本固有の蒸

留酒。アルコール分は二〇～四五度で、一般に次の二つのタイプに分けられる。

◆甲類焼酎

連続蒸留装置で蒸留し、不純物を完全に取り去って純粋アルコールだけにしてしまうために、無味無臭で酸味もゼロ、同様の蒸留酒は世界でもウオツカくらいしかない。別名ホワイトリカーともいう。主材料はトウモロコシや麦などで、アルコール分は三六度以下。

「味もそっけもない」といわれるが、そこが甲類の身上で、梅酒などの果実酒のベースにするときにこの利点が生きてくる。酎ハイ*や烏龍《ウーロン》ハイなどにするのもコレ。

◆乙類焼酎

ごく簡単な構造の単式蒸留装置で一度しか蒸留しないため、アルコールに不純物が残るが、これがかえって独特の風味と味を添えている。別名本格焼酎ともいう。主産地は南九州、沖縄に偏在しており、大分県の麦、宮崎県のソバ、鹿児島県のサツマイモ、奄美大島のサトウキビ（黒糖）、沖縄のインディカ米（泡盛《あわもり》*）といったように各地域の代表的な農産物でつくられることが多い。アルコール分は四五度以下。お湯割りやオンザロックで。

5 酒器 呑むほどに、酔うほどにこだわりたい

よい酒器を手にすると、酒は一層その味わいを増すというが、およそ日本人ほど酒を飲むための器にこだわる人種も少ないのではなかろうか。むろん、コップ酒や茶碗酒も

＊酎ハイ

ウメ、ライム、レモン、グレープなど果物の濃縮液と炭酸水で割った一種の焼酎カクテル。安くて口あたりがよいということから、若者にうけているが、正称は「焼酎ハイボール」で酎ハイはその略称。ハイボールは、ウイスキーなどを炭酸水で割って氷を浮かべたアルコール飲料のこと。

＊泡盛

一四七七年、タイから伝わった沖縄特産の米焼酎。日本の焼酎の源流といわれている。原料はタイ産のインディカ米で、これを発酵させ蒸留してつくる。通常の焼酎と異なる点は、黒麹を用いることと、原料米のすべてを麹にして発酵させること（普通の焼酎は三分の一を麹に、残りを蒸し米で発酵させる）。多くの泡盛は一年未満の貯蔵で出荷されるが、三年以上熟成させたものはまろやかな味わいと芳醇《ほうじゅん》さを増し、古酒《クース》の表示が許される。アルコール度数は二五～四三度。

悪くはない。しかし、四季折々の風情や酒肴との取り合わせを重んじる酒徒《しゅと》にとって、酒器へのこだわりはいまや美学のレベルにまで高められていることも事実である。

酒器とは通常、銚子《ちょうし》、徳利、杯《さかずき》（猪口《ちょこ》）、杯台《はいだい》などをいうが、広義には酒樽《さかだる》なども含む。杯は古くはただの素焼きの土器（かわらけ）を使用していたが、江戸初期の清酒の普及によってこだわりは急速に高まり、さらに江戸中期の燗酒の一般化で陶磁器製の猪口が見られるようになった。徳利はそれ以前の室町期に登場したが、現在でも銚子には木杯、徳利には猪口が正しい組み合わせで、正月や婚礼などの儀式に受け継がれている。ただし、銚子と徳利は明治初期までは別物であったが、現在ではほぼ同じものとして扱う傾向がある。

なお、燗をつけるものには徳利のほかに錫《すず》製筒形のチロリとよばれる器もあり、おでん屋などでおなじみだろう。いずれにしても、酒は手酌《てじゃく》が最高だし、そして気に入りのぐい呑みでチビリチビリやるのがいい。

＊お湯割り

ポイントは、グラスに先に湯を注ぎ焼酎は後から。こうすると温度の低い焼酎が沈み、かき混ぜなくても対流で自然に混ざる。

■酒器

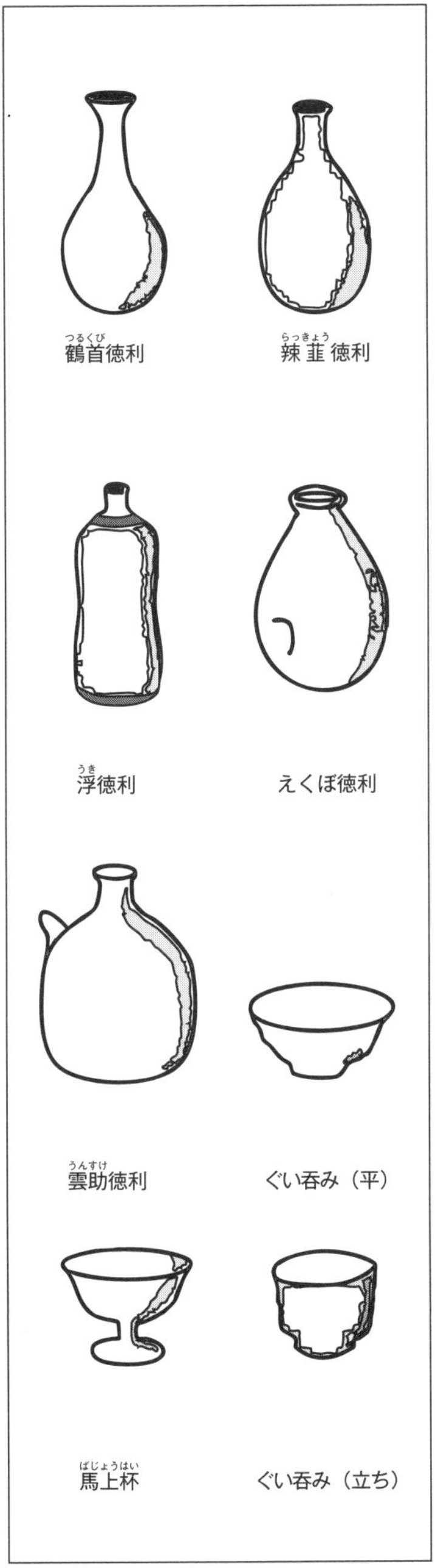

■全国の主な銘酒

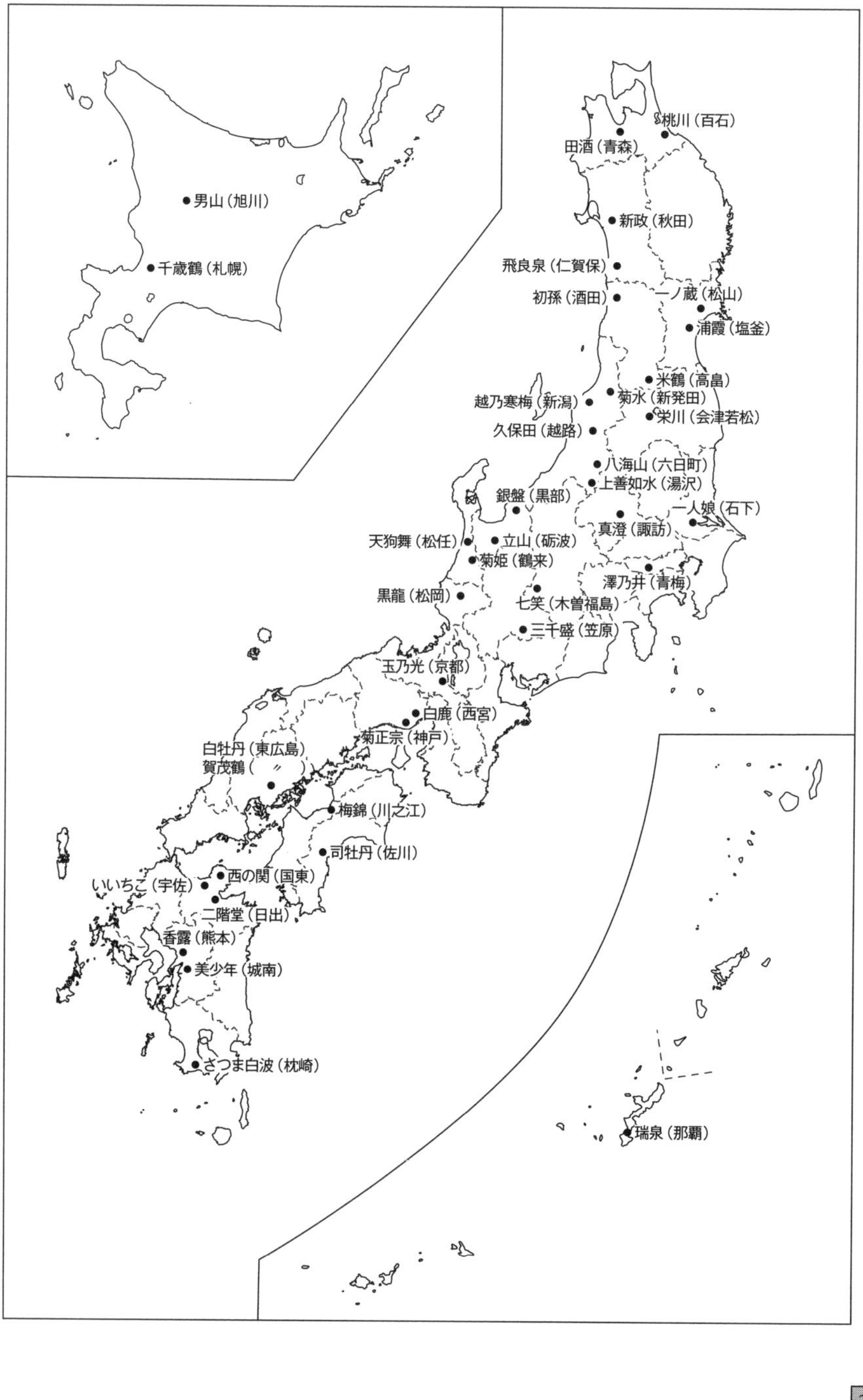

男山（旭川）
千歳鶴（札幌）
桃川（百石）
田酒（青森）
新政（秋田）
飛良泉（仁賀保）
初孫（酒田）
一ノ蔵（松山）
浦霞（塩釜）
米鶴（高畠）
越乃寒梅（新潟）
菊水（新発田）
栄川（会津若松）
久保田（越路）
八海山（六日町）
上善如水（湯沢）
銀盤（黒部）
一人娘（石下）
真澄（諏訪）
天狗舞（松任）
立山（砺波）
菊姫（鶴来）
澤乃井（青梅）
黒龍（松岡）
七笑（木曽福島）
三千盛（笠原）
玉乃光（京都）
白鹿（西宮）
菊正宗（神戸）
白牡丹（東広島）
賀茂鶴（　〃　）
梅錦（川之江）
司牡丹（佐川）
西の関（国東）
いいちこ（宇佐）
二階堂（日出）
香露（熊本）
美少年（城南）
さつま白波（枕崎）
瑞泉（那覇）

市場のにぎわい

旅先でその土地の風土や人情を手っ取り早く知りたければ、市場《いちば》をのぞくに限る。熱気あふれるやりとりのなかで、地元の人々の生活のエネルギーが充満している場所だからだ。食料や雑貨をはじめ、あらゆるものが所狭しと並べられており、旅慣れた人は、かならず市場をのぞくという。最近では、猥雑《わいざつ》な市場に代わってシーフードレストランなどを併設した「フィッシャーマンズワーフ」タイプのしゃれた複合施設も進出し、人気の的になっている。

1　市の発生と形態　売り手と買い手が出会う商いの場

「市《いち》」とは、売り手と買い手とが、特定の期日に特定の場所に出向いて物資の交換を行なう、商いの原初的な形態を伝える場所である。

また、単に売買の成立する経済的な空間にとどまらず、情報交換の場であり、娯楽をともなう祭礼的な機会を提供する場でもあり、人々の暮らしと密接にかかわる多機能的な空間でもあるだろう。

交通の便が良く目標物のあるところが場所に選ばれたが、人が集まることによって、徐々に集落が形成され、やがて市は街《まち》と同じ意味を持つようになっていく。事実、現在でも市を「まち」とよぶ地方も多く、行政区分で人口の多い大きな町を「市《し》」とよぶのは、この市に由来している。

市にはさまざまなタイプがあるが、催される期日によって分類すると、おおよそ次のように大別される。

◆日市《ひいち》

ほぼ毎日のように立つ市。各地に見られる朝市、魚市、青物市などがこれにあたる。

◆縁日市《えんにちいち》

社寺の縁日や祭日に合わせて開かれるもので、東京・浅草寺《せんそうじ》の「ほおずき市」、鷲神《おおとり》社の「*酉《とり》の市」に代表される門前市をはじめ、最近は骨董品専門の*蚤《のみ》の市も盛んに行なわれる。各地の社寺例祭に設けられる、駄菓子や玩具を売る露店もこの流れといえるだろう。

◆斎市《さいいち》

月のうち定められた日に開かれる定期市のことで、三のつく日、五のつく日というような決まりに基づいて市が立った。各地にある五日市や八日市のような地名は、これに由来する市場町である。いずれも月三回サイクルで開かれるために、これらを三斎市《さんさいいち》とよんだが、南北朝時代からは一と六の日、二と七の日というように月六回開かれることによって、六斎市《ろくさいいち》とよばれるようになっていく。

なお、定期開催という視点でいえば、昨今リサイクル運動の一環として注目されるフリーマーケットもこの変形といってよいだろう。

◆大市《おおいち》

初市、*盆市、*歳《とし》の市のように季節行事の一環として開かれたもので、現在ではデパー

＊酉の市

一一月の酉の日（古代中国の干支《えと》に基づいて考案された暦日の一つ）に行なわれる大鳥神社の祭礼に立つ市。一一月の最初の酉の日を「一の酉」、以下「二の酉」「三の酉」とよぶが、三の酉のある年は火事が多いという俗信があった。江戸時代中期から福徳をトリ込むという言葉に結びつけて、熊手《くまで》やヤツガシラなどの縁起物を売るようになった。とくに東京・下谷の鷲神社のものが有名。

＊蚤の市

骨董専門市や古着市のことで、フランス語のマルシェ・オ・ピュスの直訳。近世以来、パリ郊外のポルト・ド・サンクリニャンクールで開かれている露店市で、ノミがたかるほど不潔な古着が並べられたことに由来。東京・乃木《のぎ》神社蚤の市、東京・新宿花園神社青空市、名古屋・大須観音蚤の市、京都・東寺弘法市、京都・北野天満宮天神市、大阪・四天王寺大師会などが有名で、世田谷のボロ市やフリーマーケットも蚤の市に含まれる。

トやスーパーの中元《ちゅうげん》*、歳末大売り出しなどにその名残がうかがえる。

2　市のタイプ　その土地ならではの情緒あふれる朝市

全国には、定期的に開かれている市だけでも無数にある。先述したように開催日で区分する以外にも、とり扱う産物や開催場所などによっていくつかのタイプに分けることができる。

◈朝市

毎日、朝のうちだけ開かれる市で、漁村や農村の生産者が新鮮で旬《しゅん》の食材を直接持ち寄るところに特色がある。朝市の基本は自由商いで、もともとは農村と漁村の境目に立つ市が多く、規模の大きなものは日本海沿岸部に集中している。朝市の最大の魅力は、生産者と客とが一種の社交場を形成し、土地土地のふだん着の生活がかいま見られる点にあるといえよう。

ちなみに、規模や知名度から俗に「三大朝市」とよばれるのが、勝浦（千葉県）、輪島（石川県）、高山（岐阜県）の三か所で、なかでも輪島朝市は観光資源として全国的に知られる。このほか著名な朝市として、左記のような町で開かれている。

青森県八戸《はちのへ》市、岩手県久慈《くじ》市、秋田県五城目《ごじょうめ》町、秋田県由利本荘《ゆりほんじょう》市、秋田県横手市、新潟県燕《つばめ》市、石川県七尾市、福井県大野市、島根県益田市。

◈温泉朝市

同じ朝市だが、温泉で主に湯治客を対象として開かれる市。関東から中部地方にかけ

＊盆市
盂蘭盆《うらぼん》の時期に開かれる市。盆行事に使うハスの葉やほおずきなどの盆花、苧殻《おがら》、ろうそく、盆提灯などを扱う。東京では、主に近郊農村から品物を持ち込んで売ったことから、「草市《くさいち》」とよんでいた。

＊歳の市
年末に、正月行事用のお飾りや縁起物、食料などの諸品を買い整えるために開かれる市。かつては、このときに秋の収穫物の売上げ代金から新年の必需品を買い求めた。社寺の境内で開かれる羽子板《はごいた》市、門松《かどまつ》を売る松市、注連《しめ》飾りのガサ市などが代表的で、東京の浅草寺や神田明神、埼玉県の氷川神社のものはとくに有名。

＊中元
古代中国の道教で、陰暦一月一五日を上元《じょうげん》、七月一五日を中元《ちゅうげん》、一〇月一五日を下元《かげん》とよんだ三元信仰に由来し、この日は神に供物をして身のけがれを清めたという。こうした風習が日本に伝わったのち、仏教の盂《う》蘭盆会《らぼんえ》と結びついて祖霊を供養する日となり、江戸時代以降は供え物を

て多く見られる。

山形県肘折《ひじおり》温泉、山形県温海《あつみ》温泉、栃木県那須湯本温泉、群馬県四万《しま》温泉、群馬県老《おい》神《がみ》温泉、長野県野沢温泉、静岡県下田温泉など。

◆魚市

朝市などのうち、産物の大半が水揚げしたばかりの新鮮な魚介類を扱う市で、「魚河《うおが》岸《し》」ともいう。

北海道函館市、岩手県釜石市、宮城県塩竈《しおがま》市、宮城県気仙沼《けせんぬま》市、東京都築地《つきじ》、新潟県長岡市寺泊《てらどまり》、静岡県焼津《やいづ》市、広島市草津、山口県下関市唐戸《からと》、佐賀県唐津市呼子《よぶこ》など。

◆門前市

社寺の例祭や縁日の参拝客をあて込んで開かれる市。ほおずき市や酉の市などの縁日市も、これに含まれる。

埼玉県秩父《ちちぶ》市慈眼寺「あめ薬師市」、埼玉県東松山市上岡《かみおか》観音「絵馬市」、新潟県柏崎市「えんま市」、京都市東寺「弘法《こうぼう》さん」、京都市北野天満宮「天神《てんじん》さん」など。

◆特産市

特定の産物しか取り引きしない市。俗にダルマ市、植木市、陶器市、朝顔市、蚤の市、ボロ市*、羽子板《はごいた》市とよばれるたぐいが相当する。

群馬県高崎市「少林山だるま市」、東京都「べったら市」、「世田谷ボロ市」、佐賀県有田町「有田陶器市」など。

近親者に贈る習慣が生まれた。知人や取引先などに大々的に贈答品を配るのは、明治三〇年代、百貨店が夏場の落込み歯止め策のアイデア商法として生まれたという。

***ボロ市**
文字どおり、近在の人々がボロ着（古着）を持ち寄って売買したことに由来する。年末年始に行なわれる東京の世田谷ボロ市はとくに有名で、現在は骨董品や日用雑貨を中心とするフリーマーケットとなっている。

■全国の主な市場

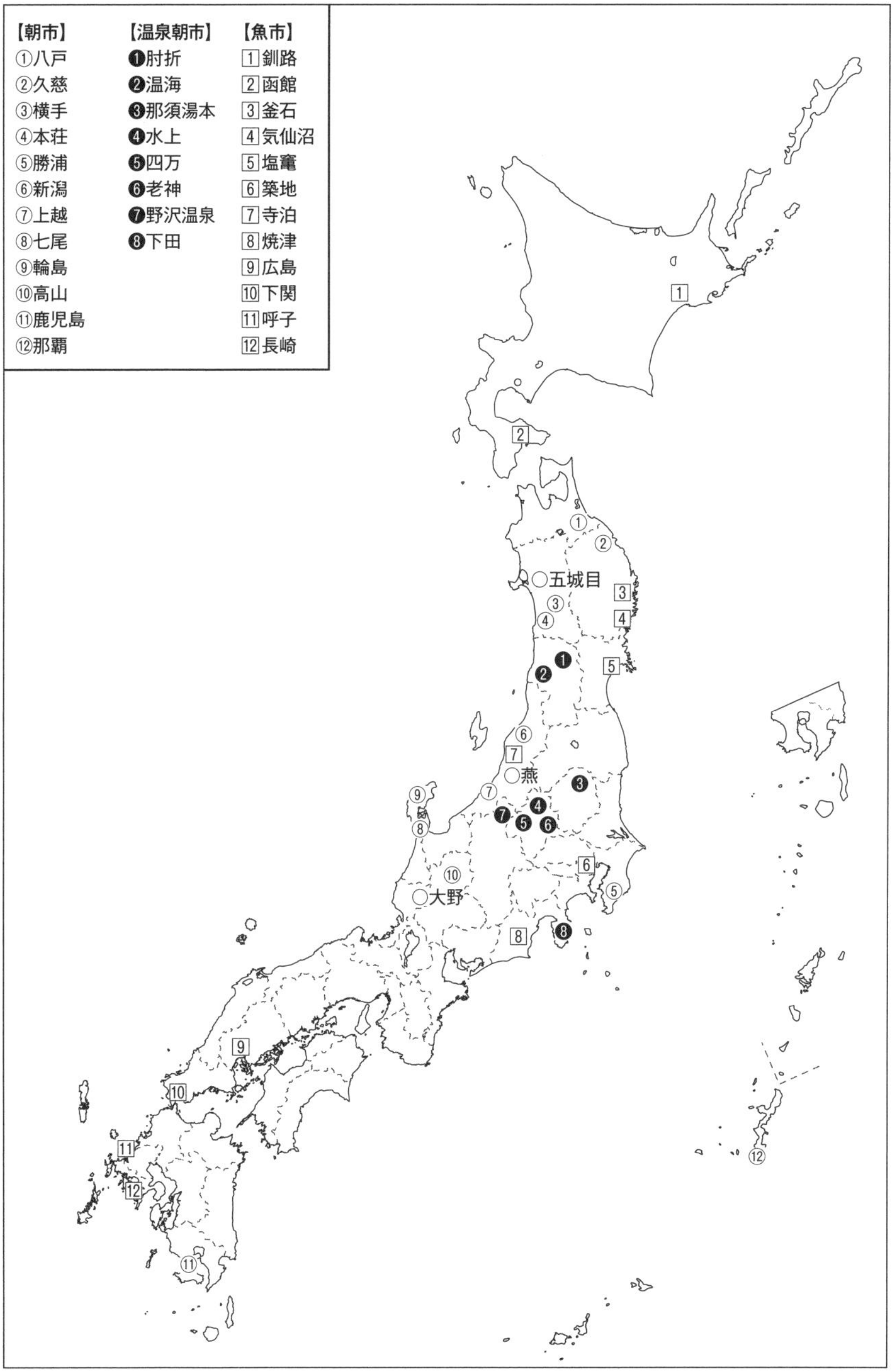
【朝市】
①八戸
②久慈
③横手
④本荘
⑤勝浦
⑥新潟
⑦上越
⑧七尾
⑨輪島
⑩高山
⑪鹿児島
⑫那覇
【温泉朝市】
❶肘折
❷温海
❸那須湯本
❹水上
❺四万
❻老神
❼野沢温泉
❽下田
【魚市】
1 釧路
2 函館
3 釜石
4 気仙沼
5 塩竈
6 築地
7 寺泊
8 焼津
9 広島
10 下関
11 呼子
12 長崎
五城目
燕
大野

3　上手な買物ノウハウ　よいものを安く手に入れるためには

エキサイティングな市場は、冷やかして歩くだけでも十分に楽しいが、欲しいものや掘り出し物が安く手に入ればもっといい。買う前にそれなりのテクニックを身につけておくと、満足感もより大きいだろうし、それがまた上手な買物というものだ。最低限、以下のチェック事項は忘れないようにしたい。

①市場の特性、値段の比較、最低限の商品知識など事前に情報収集をしておく。わからないときは、売り手に遠慮なく聞く。

②食料品は、あらかじめ食品の旬を知っておくこと。この時期こそ品数も農富で、値段も安く、味も最もよい。

③できる限り馴染みの店をつくっておく。価格はいうまでもなく、地のいいものを安く手に入れるための商品情報や耳寄り情報を得やすい。

④天然物と養殖物の見分け方を知っておきたい。素人には少しむずかしいが、魚介類の場合には、全体的な外観と尾の形で判断する。養殖物は全体にずんぐりと脂太りしたような外観で、尾の付け根部分はキュッとくびれていない。また、半月形の尾のカーブはゆるく尾びれの先端部も丸みをおびて尖《とが》っていない。

⑤スーパーマーケットなどと比べると総じてボリュームがある。グループでまとめ買いし、あとで分配したほうが割安。

⑥できれば自分で品物の感触を確かめる、むろん売り手の承諾を得て。

⑦値段は固定していないものも多い。積極的に値切る交渉をしてみる。
⑧値切り交渉は、あくまで陽気に大げさに表現したほうがよい。自分のペースに相手を巻き込むのがコツだ。暗く陰気な表情では交渉は成立しない。
⑨たくさん購入する際は、一品ずつ支払うよりも、まとめて値をつけさせて、安く買う。「まけてくれれば全部買う」というわけだ。

◇市神《いちがみ》

市に集まる人々に福徳をもたらし、市の守護神として祀《まつ》られているものに「市神」がある。これらの多くは、*市杵島姫《いちきしまひめ》をはじめ商売繁盛の神として知られる恵比寿《えびす》、大黒《だいこく》(大国主命《おおくにぬしのみこと》)、弁財天、宗像《むなかた》神などである。神体は円形や卵形をした自然石で、神社の境内などに置かれているが、もともとは市の開かれた場所の路傍《ろぼう》などに祀られていたという。

*市杵島姫
日本神話に登場するスサノオの娘で、姉妹の奥津島姫《おきつしまひめ》、多岐津姫《たぎつひめ》とともに宗像三神とよばれる。美人姉妹であったが、ことに市杵島姫は美人のほまれ高い女神で、のちに弁財天と同一視され、また市神としても祀られた。安芸の厳島《いつくしま》神社は彼女の名にちなむという。

第6章　伝統と工芸品

染織の伝統美

織物と染物は、本来は分野の異なる製品であり、作業工程も別々のものであった。しかし、織物が着る物として定着してくるにつれて、徐々に生活のなかで美的感覚が磨かれ、やがて絵柄や模様にも工夫を凝らすようになるのはごく自然な成行きであったろう。こうして染織*という言葉が生まれ、各地の風土のなかですばらしい伝統美の粋がつくりあげられていったのである。

1　織る　磨かれたしなやかな手仕事と伝統

日本の衣類文化を支えた三大素材は、初めて衣類の素材となった麻、伝統美の粋をつくりあげた絹、庶民の生活を支えた木綿《もめん》である。

織物とは、絹、綿、麻、毛、化学繊維《せんい》などの糸を機《はた》にかけ、たて糸（経糸）とよこ糸（緯糸）を一定の規則で組み合わせて織った布のことをいう。また、たて糸とよこ糸の組み合わせを織物の「組織」といい、最も基本となる組織は、平織《ひらおり》、綾織《あやおり》（斜文織《しゃもんおり》）、繻子織《しゅすおり》の三つで、一般にこれらを「三原《さんげん》組織」とよんでいる。この基本組織からさまざまな織り方が誕生した。

できあがった織物には、「地風《じふう》」とよばれる表面効果と、「風合《ふうあい》」という触ったときの

＊染織
染物と織物の合成語で、双方が錯綜している場合も多く、染めと織りをはっきりと線引きすることは困難。一般に織りあがった生地に色をつけるのが「染め」、織り方によって模様を作り上げていくのが「織り」の技法といわれる。さらに、織る前の糸の状態で染めたものを「先染《さきぞめ》」、生地として織りあがったあとで染めたものを「後染《あとぞめ》」という。紬、絣、上布など、織りの着物とよばれるものの多くは先染、友禅染や小紋、紅型など色鮮やかな生地は後染の方法がとられる。

感じがある。地風は「しぼ」「しじら」など表面に見られる縮み状のしわをはじめ、つや（うるおいのある光沢）、うね（幾筋にも高低があること）などがあり、風合には地厚《じあつ》、地薄《じうす》、柔らかさなどの表現がある。いずれも織り方や風合などがかかわり、それらは次のようなさまざまな名でよばれている。

◆紬《つむぎ》

生糸《きいと》にはならない屑繭《くずまゆ》をほぐしたのち、手でつむぎ出した紬糸を使い、手織りで仕上げた実用的な絹織物のこと。太さはそろっていないが空気を含んで柔らか味をもっている紬糸は、織りあげるとざっくりした手触りで縞《しま》・格子柄《こうしがら》が多く、かえってそれが素朴な趣《おもむき》をもち、しかも着こなしているうちに光沢が出てくるので上等の普段着として用いられる。製法が簡単で仕上がりが丈夫なことから、養蚕《ようさん》地帯では早くから織り続けられてきた。現在ではほとんど機械で織っている。

代表的な紬には、置賜《おきたま》紬（山形県）、結城《ゆうき》紬（茨城県）、塩沢《しおざわ》紬（新潟県）、信州紬（長

■織物の三原組織

①平織

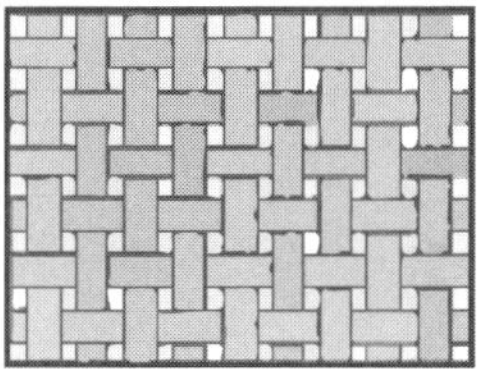

たて糸、よこ糸が１本ずつ交互に上下して、交差する。最も基本的で簡単な組織。

②綾織（斜文織）

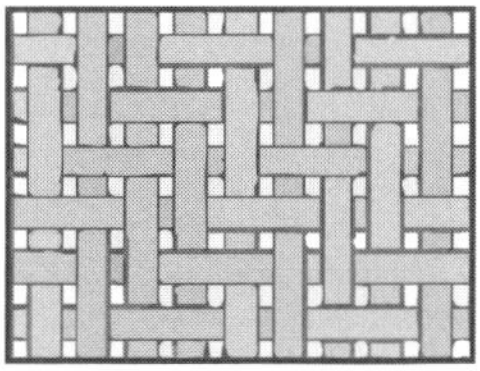

たて糸、よこ糸がそれぞれ２本以上、組み合わされる。

③繻子織

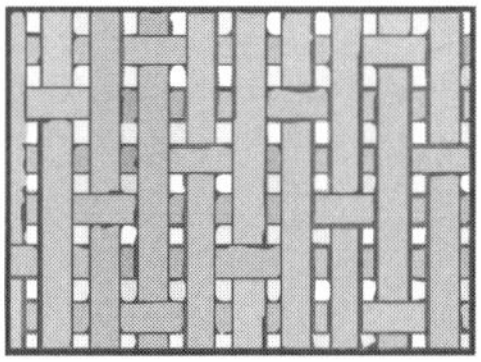

たて糸、よこ糸の一方が、他方の４本の糸の上を越え、１本の下をくぐって組み合わされる。

野県）、大島紬＊（鹿児島県）などがある。

◈羽二重《はぶたえ》

たて糸に縒《よ》りをかけない生糸を用いて、平織にした緻密《ちみつ》な最高級の絹織物。糸質の高いものが使われるために、光沢があり柔らかくて肌ざわりもよいため、主として紋付《もんつき》などの礼装に用いる。石川県や福井県などの北陸地方や京都が古くからの主産地。

◈縮《ちぢみ》

たて糸とよこ糸の張力に緩急をつけて織り、表面に細かな波状のしわ（しぼ）を出した織物で、材料は麻や絹も見られるが麻縮の小千谷《おぢや》縮のほかは多くは木綿製。綿縮、麻縮、縮緬《ちりめん》＊などの種類があり、夏の着尺地《きじゃくじ》として用いられることが多い。

代表的な縮には、銚子《ちょうし》縮（千葉県）、小千谷縮（新潟県）、阿波《あわ》しじら（徳島県）など。

◈絣《かすり》

織り文様の表現方法で、柄《がら》の一種。染める部分と染めない部分をつくって染色した絣糸を用い、一部がかすれて見える文様を織り出したところから「かすり」という。木綿の紺絣が最もポピュラーで、文様には十字や井桁《いげた》などの「幾何学文様絣」と自然の風物などを模した「絵絣」などがある。

絣は種類が多いが、近江《おうみ》絣（滋賀県）、弓浜《ゆみはま》絣（鳥取県）、備後《びんご》絣（広島県）、伊予《いよ》絣（愛媛県）、久留米《くるめ》絣（福岡県）などのように西日本に集中している。

◈銘仙《めいせん》

生糸を平織した絹織物の一種。一般にたて糸に絹、よこ糸に玉糸＊を用いて織ったものが多い。かつては目専と記したが、これは「見た目より織りの丈夫さに専一《せんいつ》」という意味の略であったという。丈夫で安価なことから女性の普段着やふとん地などに用いられ

＊大島紬
鹿児島市と奄美《あまみ》大島で生産される独特の墨色で知られる高級織物。幾何学文や草花文などを細かな十字絣の組み合わせで織り出したユニークな文様で、通常これを「大島柄」とよんでいる。ルーツはインドネシアから伝わった絣織りのイカットという。なお、紬と称しているが、実際には紬糸を使用しない絹製の絣織物の一種であり、紬ではないので念のため。

＊縮緬
布地一面に細かなしぼ（凹凸状のしわ）を出した絹織物。たて糸・よこ糸ともに生糸を使用し、縒りをかけた糸を交互に織り込んだのち、ソーダを混ぜた石鹸水で煮立てて全体を縮ませたもの。

＊玉糸
玉繭（複数の蚕によってつくられた繭）からとった生糸のこと。手ざわりはかたく光沢にも欠けるが、丈夫で厚地の織物などには適す。

たが、現在では化織の普及によって使われる機会は大きく後退した。
代表的な銘仙に、伊勢崎《いせさき》銘仙（群馬県）や秩父《ちちぶ》銘仙（埼玉県）など。

◇唐織《からおり》

中国から伝わった絹織物の総称で、*金襴《きんらん》や*緞子《どんす》など多くの種類が見られる。またこれらの布地に、さまざまな色糸を織り込んで、あたかも刺繍《ししゅう》を施したように華麗な文様を表した織り文様も総称して唐織という。西陣《にしじん》織（京都市）に代表される。

◇上布《じょうふ》

上質の麻糸を平織にした軽くて薄い織物で、主に夏用の和服地とする。上布とは文字どおり「上等な布」の意。麻布は大麻《たいま》布と*苧麻《ちょま》布に大別されるが、上布には糸がきわめて細く丈夫で光沢のある上質な苧麻布が使用される。

越後《えちご》上布（新潟県）、近江《おうみ》上布（滋賀県）、奈良上布（奈良県）、宮古上布（沖縄県）、八重山《やえやま》上布（同）などがあるが、布を白くするためのさらし方や糸染に特色がある。

2　染める　多彩で優美な文様染めの美学

染めは、一色に染めあげる「無地染め」と、布地に文様を染め表していく「文様染め」に大別される。文様染めはさらに、そのまま染料液に浸して染める「浸染《しんぜん》」と、糊《のり》に混ぜた染料を布地に直接すりつけて染める「捺染《なっせん》」に分けられる。いずれの場合も文様を出すためには、次のような技法がとられる。

＊金襴
よこ糸に金糸を織り込み、それを主調として文様を表した豪華な織物の総称。古くは中国から輸入したが、一六世紀後半に中国の工人が堺に来て技術を伝え、のち京都・西陣の野本氏がこれを改良して中国産の金襴を圧倒するにいたったという。

＊緞子
繻子織の一つで、光沢のある豪華な絹織物。たて繻子の地にその裏組織のよこ繻子で文様を表したもの。主に帯地などに使用する。

＊苧麻
カラムシともよばれるイラクサ科の多年草。高さ一メートル以上に達し、夏に黄白色の小花を多数結ぶ。茎の繊維は織物の原料となり、丈夫で光沢に富むという利点がある。

◈描き絵

筆を使って直接染料を布地に描いていく方法で、友禅《ゆうぜん》染のうち「手描き友禅」がその代表。これには文様の輪郭を細い糊の線で防染*する「本友禅」と、布面に直接絵を描くように文様をつけていく「無線友禅」がある。

・友禅染＝多彩な色で花鳥風月などの絵柄を華麗に染め出した、わが国独自の文様染めの一つ。江戸元禄《げんろく》期の京の絵師・宮崎友禅斎《みやざきゆうぜんさい》の創案という。地色（文様以外の下地となる色）と文様をはっきりと染め分け、複雑で多彩な文様を描くが写実的ではなく文様化されたものが多い。初めから最終仕上げまで手加工であるために、一品制作が建前である。京友禅（京都府）、加賀《かが》友禅（石川県）、名古屋友禅（愛知県）など。

◈ろう染め

ろうを使って防染する染色法で、「ろうけつ染め」とも。溶かしたろうで文様をおおい、地色を染めたのちにろうを落として文様を表す。描いた部分にひび割れ状の独特の文様が染め出されるのが特徴。明治以降に東南アジアにあるバティック*の技法が伝わったものという。

◈絞《しぼ》り染め

布地を糸で縫い縮めたり糸でくくったりして防染し、染料に浸して部分的に文様を表す方法。技法は次のようにさまざまに分化し、数十種にのぼるという。

・縫い絞り＝平縫い、折り縫いなどの方法で縫った糸を、引き締めて縮ませた布を染めたもので、最も広く応用される。

・鹿《か》の子《こ》絞り＝つまんだ布先を糸でくくって染め、くくったところを白く抜いて鹿の斑文様を表したもの。絞りのなかで、最も高級感があり繊細な感覚をもつ。京鹿の子（京

＊防染
必要な部分以外に、布に染料がしみ込まないようにすること。文様を染め出す場合に絶対に欠かせない技法で、ろう、糊、型紙などでおおったり糸でしばるなど、さまざまな方法がある。

＊バティック
ジャワ島やバリ島で産出されるろう染めの一種。ジャワ更紗《さらさ》ともよばれる。ろうで文様をおおって色染めしたのち、ろうをとり除いて独特のぼかし文様を浮き出たせたもの。製法はインドから伝えられたといわれ、主に茶、黄、藍の色が好まれ、とくに手描きのものは高級品とされる。

都市）など。

•板締め絞り＝布地を二枚の板ではさみつけてしばり、そのまま染料に浸して染める方法。板のあたっている部分が防染となり、白く染め抜かれるもので、板の型や布の折り方によってさまざまな文様が表される。有松《ありまつ》絞り（愛知県）にある*雪花《せっか》絞りが代表的。

•巻上げ絞り＝下絵にしたがって円、角などを平縫いし、引き締めて縮ませ袋状になった文様部分に糸を巻きつけてから染めたもの。博多絞り（福岡市）などに見られる。

•手筋絞り＝あらかじめ布地に数十本の筋目をつけておき、これをしっかりと糸でくくって縄状にしたものを染める方法。有松絞りが代表的。

•蜘蛛《くも》絞り＝布の中心をかぎ針に引っかけ、指先でしわを寄せて根元から細かく糸を巻きあげて絞り、染めたもの。蜘蛛の巣状の文様となり、有松絞りなどによく見られる。

◇型染《かたぞ》め

*型紙を使って布地に文様を染めつける方法。印刷と同じ要領で、同じ絵柄が何枚も染められるという利点がある。型紙に直接染料をつけて文様をつける「プリント染め」と、糊やろうの防染によって文様を染め抜く「防染文様染め」があるが、その手法によって次のように分けられる。

•小紋《こもん》＝布面に細かな単位文様をくり返して染めたもの。江戸小紋（東京都）が有名だが、これは江戸期には武士の裃《かみしも》の公服として使用された。

•中形《ちゅうがた》＝型染めの文様が大紋《だいもん》と小紋との中間くらいの大きさの柄で染めたもの。浴衣《ゆかた》に多く使用されたことから浴衣地ともいう。

•更紗《サラサ》＝元来更紗とは、人物・鳥獣・花・幾何学などさまざまな模様様式のことをいう

＊雪花絞り
雪の結晶体のような文様が特徴的な板締め絞りの一つ。たてに三つ折りにして細長い帯状にした生地を、三角形の板ではさみつけて紐でしばって固定させ、その頂点部分だけを染めたもの。

＊型紙
型染め用の型紙は、生漉《なます》きの和紙を三枚ほど柿渋で張りあわせて乾燥させたもので、これに絵柄を彫っていく。古くから伊勢《いせ》（三重県）の白子《しろこ》や寺家《じけ》産のものがとくに有名。

が、同時に更紗模様を多彩色で染めた綿布をもいう。室町期にシャムやインド西岸の港町スーラトから渡来した技法。

・紅型《びんがた》＝中国から伝わった型染め技法と京友禅の手法をとり入れ、とくに沖縄で発達した。型紙を使用して、花鳥風月などの文様を色鮮やかに染め抜き、糊で伏せて文様を浮き出すというもの。琉球《りゅうきゅう》紅型（沖縄県）が有名。

3 加飾する　生地に直接装飾を加える単純な技法

織る、染めるに加えて、生地そのものに直接装飾を加える技法を加飾という。

・**刺繡《ししゅう》**

生地面に色糸や金糸などで模様を縫い表わすこと。通常の技法は、生地の下から針を刺し、これを表へ引き出し、さらに生地の上から下へ納めるという作業を繰り返す。

・**摺箔《すりはく》**

高級な着物に施して豪華さを強調する技法で、金箔や銀箔を生地に貼り付ける。型の上に糊をおき、その上から箔をのせて軽く押さえ、乾いたら余分の箔を払って模様を出す。

■主要な縞柄

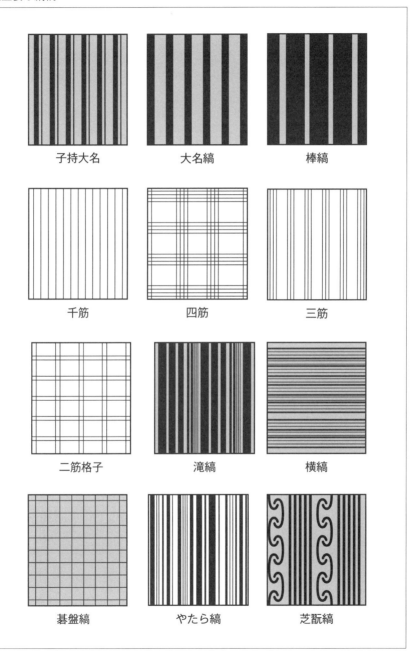

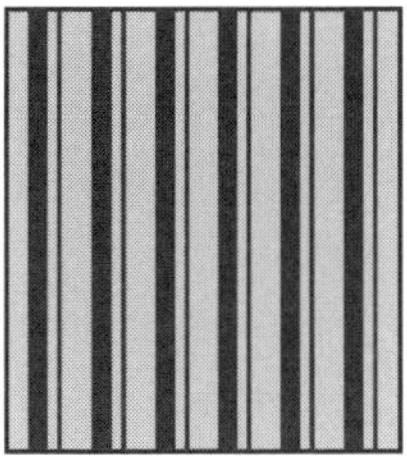
子持大名

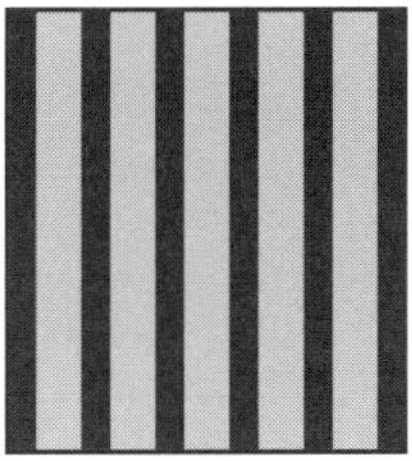
大名縞

棒縞

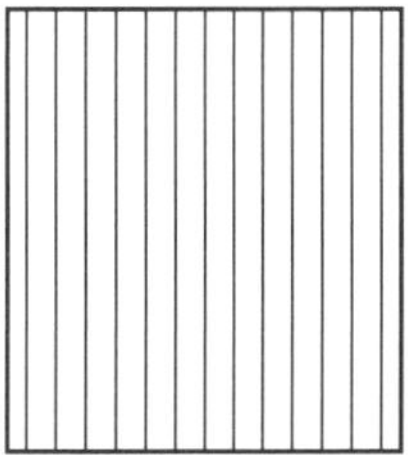
千筋

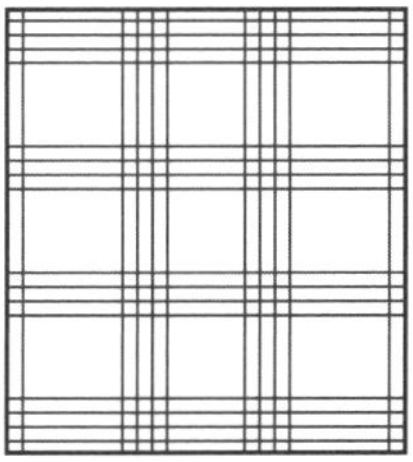
四筋

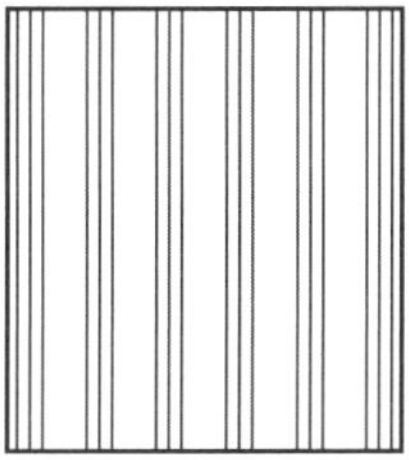
三筋

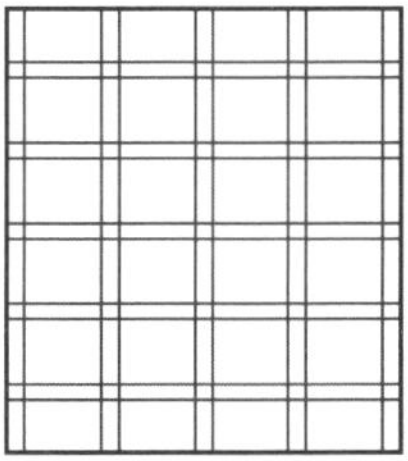
二筋格子

滝縞

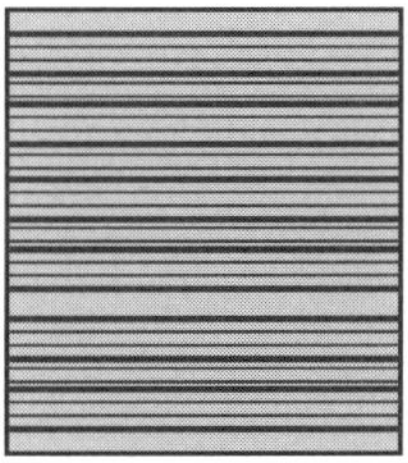
横縞

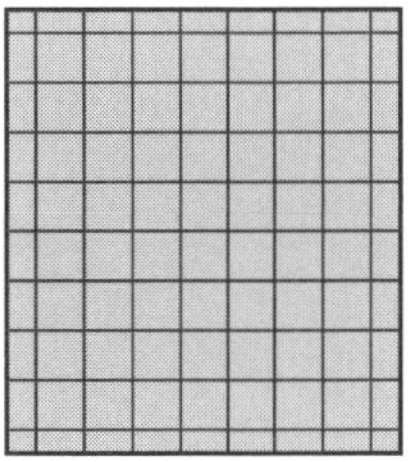
碁盤縞

やたら縞

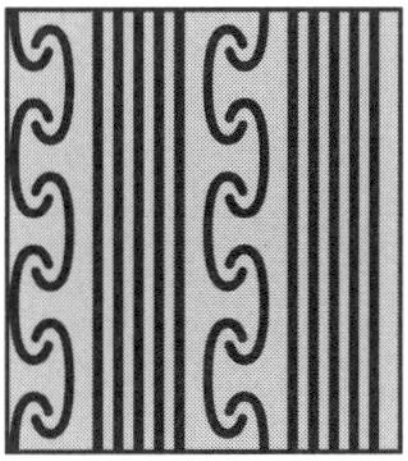
芝翫縞

やきものの魅力

日本人は世界でも希《まれ》にみるやきもの好きの国民といってよいだろう。その最大の理由は、やきものが実用的な生活雑器にとどまらず、美的観賞の対象とされたことにある。とくに桃山期に完成した「茶の湯」の流行によって、日本のやきものは茶器を中心に急速な進歩を見るにいたった。以来、土地土地に異なるさまざまな窯《かま》が設けられ、多くのすぐれた陶工たちが個性豊かな作品をつくり続けてきた。土の温かみが伝わってくるやきものは、同時に、見るよろこび、触れるよろこび、そして使うよろこびを伝えてくれるのである。

1　やきものの分類　一口にやきものといっても奥は深い

陶磁器ともよばれるやきものは、素地《きじ》は粘土であることに変わりないが、焼く温度や硬度、吸水性、透明性などのちがいによって、次の四つに分類される。

・土器

最も原始的なやきもの。粘土をそのまま素焼きにしたものが多く、*釉薬《ゆうやく》は普通かけない。吸水性があって光にかざしても透けて見えず、叩くと鈍い音がしてきわめてもろい。瓦、植木鉢、コンロなどに使用。焼成《しょうせい》温度は五〇〇～九〇〇度。

*釉薬
やきものに防水性や耐久性を施し、表面につやをつけるためのもので、一般には「うわぐすり」という。成分は珪酸塩《けいさんえん》の化合物で、高温で熱すると滑らかで透明なガラス質の膜に変わる。飴釉《あめゆう》、灰釉《はいぐすり》、鉄釉《てつゆう》などさまざまな種類がある。

・陶器《とうき》

陶土とよばれる粘土が主原料。吸水性があり不透光で、叩くと木琴のような鈍い音がするのは土器と同じだが、通常は釉薬をかけるためにより頑丈。鍋など厚手の食器に多く見られる。益子《ましこ》焼、笠間《かさま》焼、美濃《みの》焼と瀬戸焼の一部、萩焼、唐津《からつ》焼、薩摩《さつま》焼など。焼成温度は一〇〇〇～一三〇〇度。

・炻器《せっき》

欧米でストーンウェアとよばれるやきもので、広義には陶器に含める。吸水性は少なく不透光で、叩くとやや澄んだ音がする。日本の炻器は、固く焼きしめるだけで一般に釉薬はかけない。タイルなどに代表される。越前《えちぜん》焼、常滑《とこなめ》焼、信楽《しがらき》焼、丹波《たんば》焼、備前《びぜん》焼など「六古窯《ろくこよう》」（p二五三）に多い。焼成温度は一二〇〇～一三〇〇度。

■茶碗の各部名称

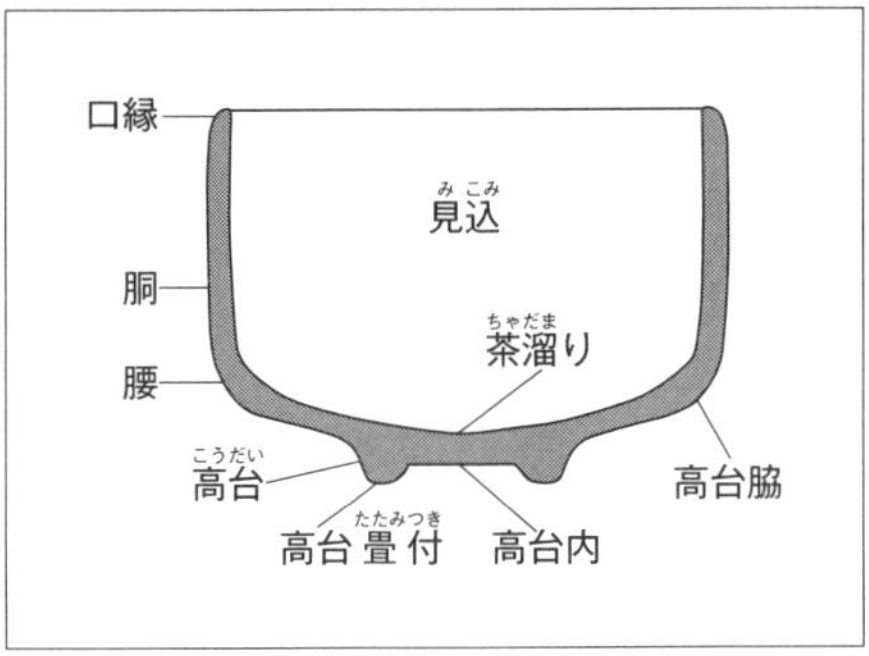

■茶碗の形

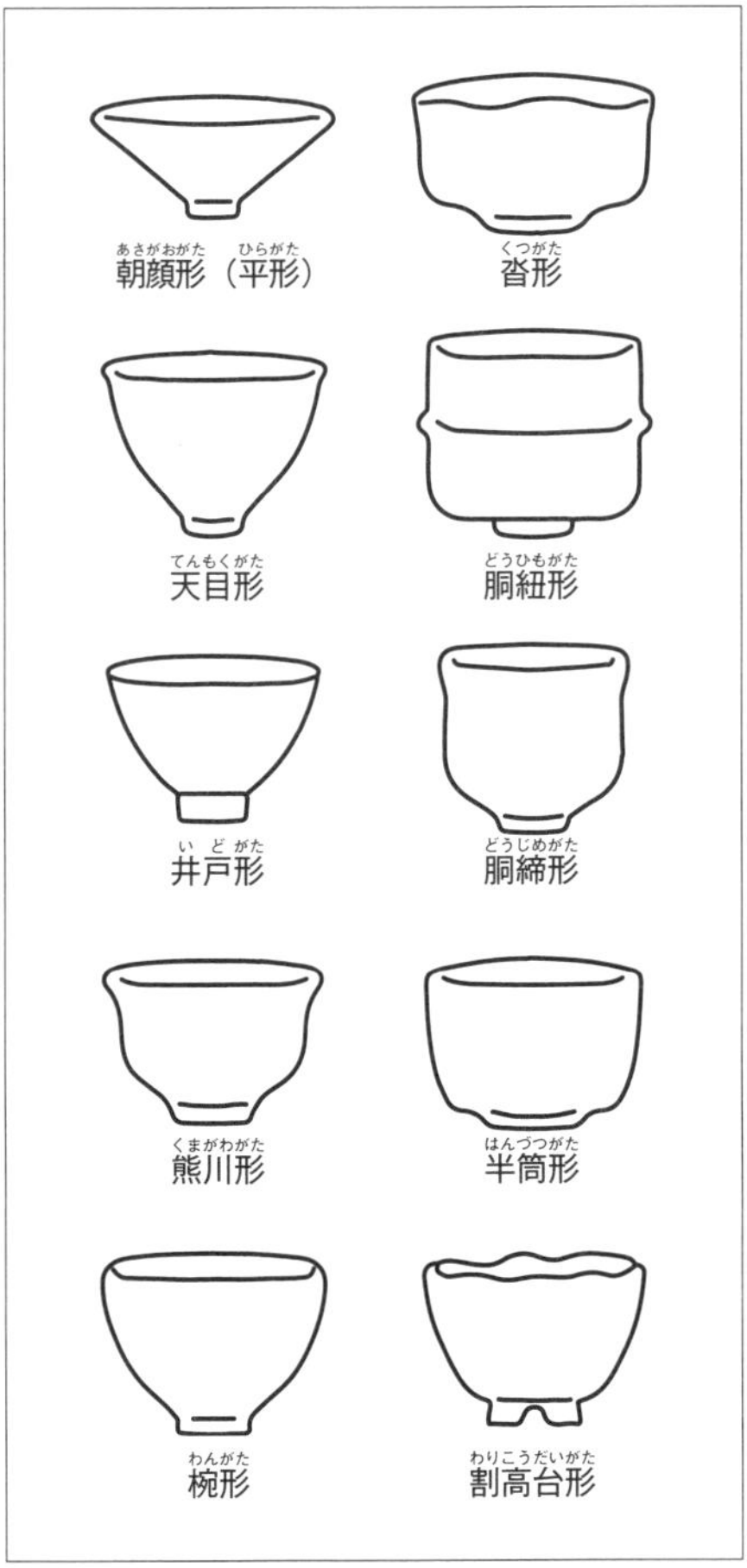

・磁器《じき》

石英《せきえい》や珪石《けいせき》などガラス質の成分を含む磁土を主原料とするため、陶器の「土もの」に対して「石もの」とよばれる。吸水性がなく硬質で薄手、透光性があり、叩くと澄んだ金属性の音がする。釉薬はかける。一般の食器類はほとんどが磁器。九谷《くたに》焼、清水《きよみず》焼、砥部《とべ》焼、有田焼など。焼成温度は一二〇〇～一三五〇度。

2　陶磁器の流れとポイント　一五〇〇年以上の歴史を誇るやきもの文化

わが国のやきものは、一万二千年以上前の縄文《じょうもん》時代まで遡《さかのぼ》るといわれる。その歴史は、世界のやきもの史のなかでも屈指の長さを誇り、高水準の縄文土器をつくり出していったのである。紀元前三世紀ころには大陸から農耕技術の伝達にともない、丸みをおびた単純かつ機能的な土器が生まれた。これが弥生《やよい》土器で、後四世紀ころまでに全国に広まり、次の古墳時代には朝鮮のロクロや*登窯《のぼりがま》の技術を学んで*須恵器《すえき》もつくられた。

しかし、釉薬をかけたやきものが焼かれはじめるのは奈良時代の八世紀に入ってからで、中国の技法にならって「*奈良三彩《ならさんさい》」、さらに平安後期に木灰の釉をかけて高温で焼いた「灰釉陶《かいゆうとう》」が登場した。本格的なやきものづくりがはじまるのは、釉薬をかけた「施釉《せゆう》陶」と無釉《むゆう》の

■登窯（連房《れんぼう》式）

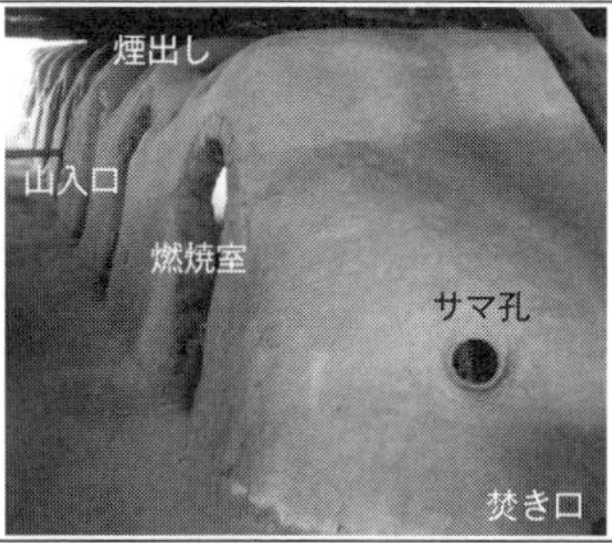

＊登窯
傾斜地などに段階状の室をいくつも区分けしてつくられた窯。最下部に胴木間《どうぎま》とよばれる焚き口があり、最上部に煙突がある。熱効率がよく、上にゆくほど余熱の効果で早く焼きあがる仕組みになっている。桃山時代に朝鮮から伝わると全国的に広まった。

＊須恵器
古墳時代後期から平安時代にかけてつくられたわが国初の本格的炻器。主に朝鮮から渡来した工人によって製作されたもので、ロクロで成形されたのち一〇〇〇～一二〇〇度の高温で焼かれ、外観は青灰色をしており、吸水性も低い。須恵器に対して、弥生土器が発展した素焼きのやきものである土師《はじ》器は、吸水性が高くもろいのが特徴。

＊奈良三彩
緑、黄、褐色などの低温で溶ける釉薬を用いた陶器を三彩というが、中国の唐三彩をまねてわが国でつくられた三彩。日本最古の施釉陶器で、正倉院《しょうそういん》にある三彩が最も有名。

「焼きしめ陶」の二大潮流が生まれた鎌倉時代からである。とくに後者は、固くて良質で実用性に富んだ「六古窯」とよばれるやきものが主流となり、のちに続くやきもの技術の牽引《けんいん》役ともなった。

安土桃山期には茶の湯の隆盛とともに、美濃や京都を中心に多くの茶碗や楽焼《らくやき》*が焼かれるようになり、日本のやきものは飛躍的な発展を遂げたといっても過言ではない。さらに秀吉の朝鮮出兵では朝鮮から多くの陶工たちを連れ帰ったため、後世この戦いを別名「やきもの戦争」とよんだほどである。しかし、その影響力は絶大で、彼らが定住した九州各地や長州の萩ではすぐれたやきものがつくられるようになり、一六一六年には帰化人の李参平《りさんぺい》が肥前《ひぜん》の有田でわが国初の磁器生産に成功した。

藩政期は、酒井田柿右衛門《さかいだかきえもん》や野々村仁清《ののむらにんせい》に代表される独創的な陶芸家を相次いで輩出し、やきもの史上の黄金時代を築いた時代である。とくに染付《そめつ》け*と色絵*という二つの絵付け技法はわが国のやきもの技術が世界最高レベルにまで達したことを物語っている。しかし、やきものは長い間高級品で、庶民が陶磁器を日用品として普通に使用するようになるのは、明治時代まで待たねばならなかった。

◈六古窯

鎌倉時代初期から焼かれているわが国最古の本格的な陶器。瀬戸焼（愛知県瀬戸市ほか）をはじめ、常滑焼（愛知県常滑市）、信楽焼（滋賀県甲賀《こうか》市）、越前焼（福井県越前町）、丹波焼（兵庫県丹波篠山《たんばささやま》市）、備前焼（岡山県備前市）の六つの窯をいう。いずれも土器である須恵器を源流とし、ある日突然生まれたものではない。このうち釉薬をかけたのは中国の技術を移入した瀬戸焼だけで、ほかはすべて焼きしめによる素焼きであった。

＊楽焼

秀吉が造営した聚楽第《じゅらくだい》の土を使って焼かれたやきもので、聚楽焼が省略されて楽焼の名が生まれたという。千利休の指導により長次郎という陶工が低温で焼いたもので、ロクロを使わず手だけで形をつくる「手びねり」を主流とした。親しみやすい手触りで、のち素人《しろうと》が焼く趣味の陶芸も楽焼とよばれるようになった。

＊染付け

呉須《ごす》などの酸化コバルトで、素地に直接絵付けを施し、その上に透明なガラス質となる釉をかけて焼いたもの。通常は青または藍色に発色し、有田焼などに見られる最もポピュラーなやきもののデザインの一つ。釉の下に絵付けするのでこの技法を「下絵付け」という。

＊色絵

各種の色釉薬を用いて釉の上から着色されたやきもの。その華やかさから赤絵または錦手《にしきで》、五彩などともよばれる。透明な釉をかけて焼き固めた上に、焼くとガラス質になる色絵具で文様を描き、専用の窯で焼きつ

◆せともの

四国や九州地方の「唐津もの」とともに家庭用雑器のやきものの代名詞である。その名は鎌倉時代に加藤景正《かげまさ》が尾張《おわり》の瀬戸で中国の製陶技術を伝え、釉薬を使用した陶器づくりが始まったことに由来。桃山期から江戸初期にかけては、黄瀬戸《きせと》、瀬戸黒《せとぐろ》、織部《おりべ》などの茶器の類が盛んになるとともに雑器も焼かれるようになったが、のちに低迷期を迎えた。一九世紀前半に九州の技法を取り入れて磁器中心のやきものに変わると、再び生産量を回復し、明治維新後いち早く海外市場に進出、量産体制を確立してやきものの総称となった。

◆唐津と有田

一六世紀末の秀吉による朝鮮出兵の折、朝鮮から多くのすぐれた陶工が連行された。その結果、肥前各地で従来のやきものに朝鮮の先進的な技法とデザインをとり込んだ日用雑器がめざましい勢いで発展した。これらを総称して唐津焼（佐賀県唐津市）とよぶが、萩焼（山口県萩市）、上野《あがの》焼（福岡県福智《ふくち》町）、波佐見《はさみ》焼（長崎県波佐見町）、三川内《みかわち》焼（長崎県佐世保市）、薩摩焼（鹿児島県日置《ひおき》市）も同じ系統をくんでいる。

■瀬戸焼

©瀬戸蔵ミュージアム

■唐津焼

提供：（一社）唐津観光協会

けたもので、釉の上に絵付けされるため、この技法は染付けの下絵付けに対して「上絵付《うわえ》け」という。

■色絵皿

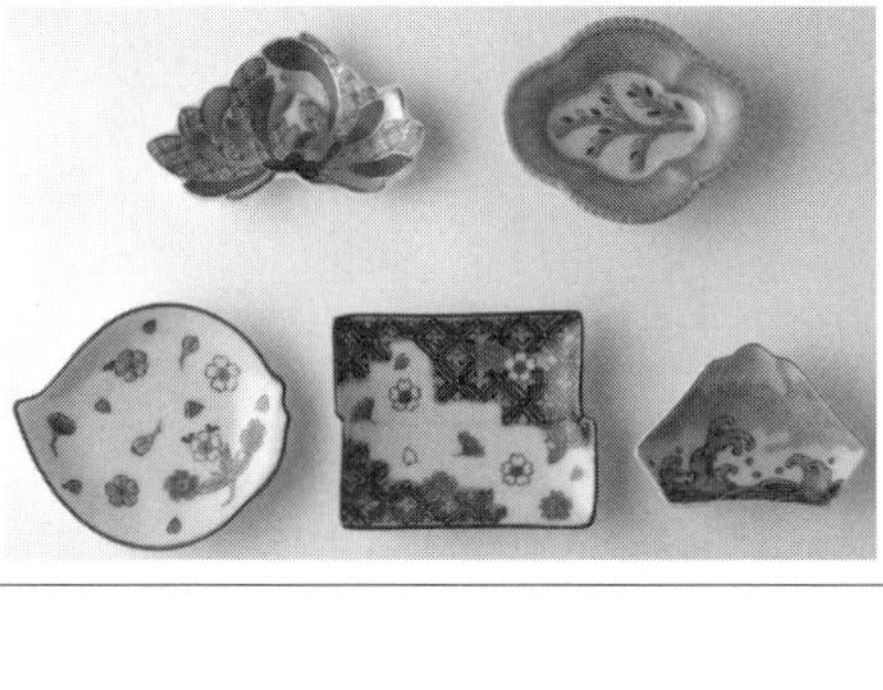

有田焼／写真提供：佐賀県観光連盟

＊柿右衛門
江戸時代初期の陶工、酒井田柿右衛門によって創案された赤絵の技法を使った有田焼の一様式。その技法は国の重要無形文化財に指定されてい

一六一六年李参平が、有田で日本初の磁器を焼くことに成功。以後、柿右衛門*や色鍋島《いろなべしま》*など鮮やかな色絵付けの黄金時代が訪れる。

なお、伊万里《いまり》焼の名も広く定着しているが、これは江戸時代に伊万里港から積み出したことによって広まった有田焼のことであり、単なる別称にすぎない。

◇京焼と九谷

同じころ色絵付けの技術に刺激されて、京都では野々村仁清による優美な京焼が、加賀《かが》ではあでやかな古九谷《こくたに》（石川県加賀市）が相次いで生まれた。こうした磁器が開発されたことによって、やきものを美術工芸品という視点から見る風潮が固まっていったといえよう。

なお、全国規模で急速に窯が普及したのは、江戸時代末期の一九世紀初めからで、現在、各地で焼かれているやきものの大半はこの時代にはじまったものという。

■九谷焼　© 石川県観光連盟

◇民芸陶器*

明治以後、洋風化がもてはやされるようになると、日本のやきもの産業は精彩を欠くようになる。しかし、柳宗悦《やなぎむねよし》や浜田庄司《はまだしょうじ》らの「民芸運動」によって、伝統的技法に独自の技法をミックスさせた新感覚の作風いわゆる民芸陶器が各地に広まっていく。こうして益子焼（栃木県益子町）、笠間焼（茨城県笠間市）、小石原《こいしわら》

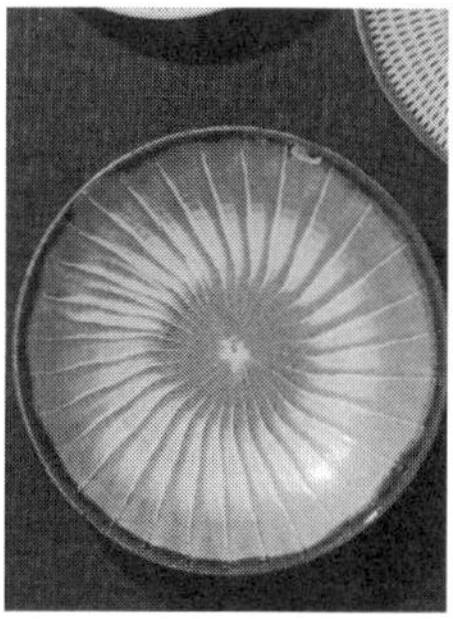

■小石原焼　© 福岡県観光連盟

るほどで、精緻《せいち》な筆運び、華麗な色使いはヨーロッパで絶賛され、マイセンをはじめ多くのやきものに影響をおよぼした。乳白色の素地に花鳥風月などの多色の上絵を施した「濁《にご》手《しで》」はとくに名高い。

＊色鍋島

肥前（佐賀県）鍋島藩の御用窯であった大河内《おおかわち》窯（伊万里市）の色絵や染付けなどの最高級の磁器。ほかの窯には見られない緻密《ちみつ》な文様のため、将軍家や諸大名などに珍重され、使われる色彩も赤、黄、緑の三色に限定されている。

＊民芸陶器

庶民の日用雑器として、無名の陶工たちが実用の目的をもってつくった廉価なやきもの。民芸陶器としての条件は、①つくり手も使い手も一般大衆であること、②実用にかなった無駄のないデザインと耐久性を併せ持つこと、③基本的に手仕事であること、④量産可能で廉価であること、⑤地域の伝統と特色を活かしていること、があげられる。

焼（福岡県東峰村《とうほう》）、小鹿田焼《おんた》（大分県日田市）など多くの日用雑器窯が息を吹き返し、現在のようなやきもの大衆化時代を迎えるのである。

3 技法と工程　できあがるまでの手順と基礎知識

やきものの基本的な製造工程は、①ロクロなどで形をつくり、②釉をかけ、③窯で焼く、という三段階からなる。しかし、実際にはもう少し複雑で、《左ページ図》のような工程を経る。

陶土

やきものの原料となる粘土は、一般にカオリンとよばれ、粘り気があって、高温に耐え、しかも鉄分が少ない白土が条件とされている。適度の水を加えたのち、土こねや土踏みを行なってよく練り、形を整えやすくするためしばらく寝かせておく。なお、磁器は陶器と異なり、石英や珪石などの石を砕き粉末状にして練った磁土を利用する。

成形《せいけい》

ロクロを使って形を整えること。最初手で大よその形をつくり、へらなどを使ってバランスのよい形に仕上げていく。形が完全に整うと糸を使ってロクロから切り離し、ひび割れができないように日陰でじっくり乾燥させる。

絵付け

素地が乾燥すると、いったん八〇〇～一〇〇〇度の低温で素焼きをして固めたのち、下絵付けをはじめる。高温で焼きあげるため、文様が消えないものでなくてはならない

＊呉須
酸化コバルトを主成分とした顔料で、通常は黒灰色をしている。絵具（絵付けの釉）は高い温度で焼くと色がとんでしまうが、呉須はびくともしない。呉須が絵付けに使用されることが最も多いのはこうした理由から。

が、磁器の場合は*呉須《ごす》とよばれる酸化コバルトの顔料が使用される。釉をかけて焼くと青または藍色に発色するが、磁器に多く見られる藍の色はほとんどがこの呉須である。

◆施釉

下絵付けが終わると透明の釉をかける。釉は大半が長石と石灰を混ぜたもので、これを焼くと表面がガラス質になって強度が増す。

◆焼成

釉をかけるといよいよ本焼《ほんやき》となる。通常一三〇〇～一四〇〇度の高温だが、やきものの作品としての出来不出来は、この時点で決まるといってよい。火力が強すぎると釉がダラダラ流れ出し、弱すぎるとなま焼けになる。昔ながらに広く使用されている窯は、登窯とよばれるものである。

◆上絵《うわえ》付け

本焼したやきものの上から、さらに赤（酸化鉄）、紫（酸化マンガン）、緑（酸化銅）、青（酸化コバルト）など各種の色絵具で着色し、本焼よりも低い温度（七〇〇～八〇〇度）で焼きあげること。上絵ともいい、こうして完成したやきものを色絵という。九谷、京、

■やきものの工程（有田焼）

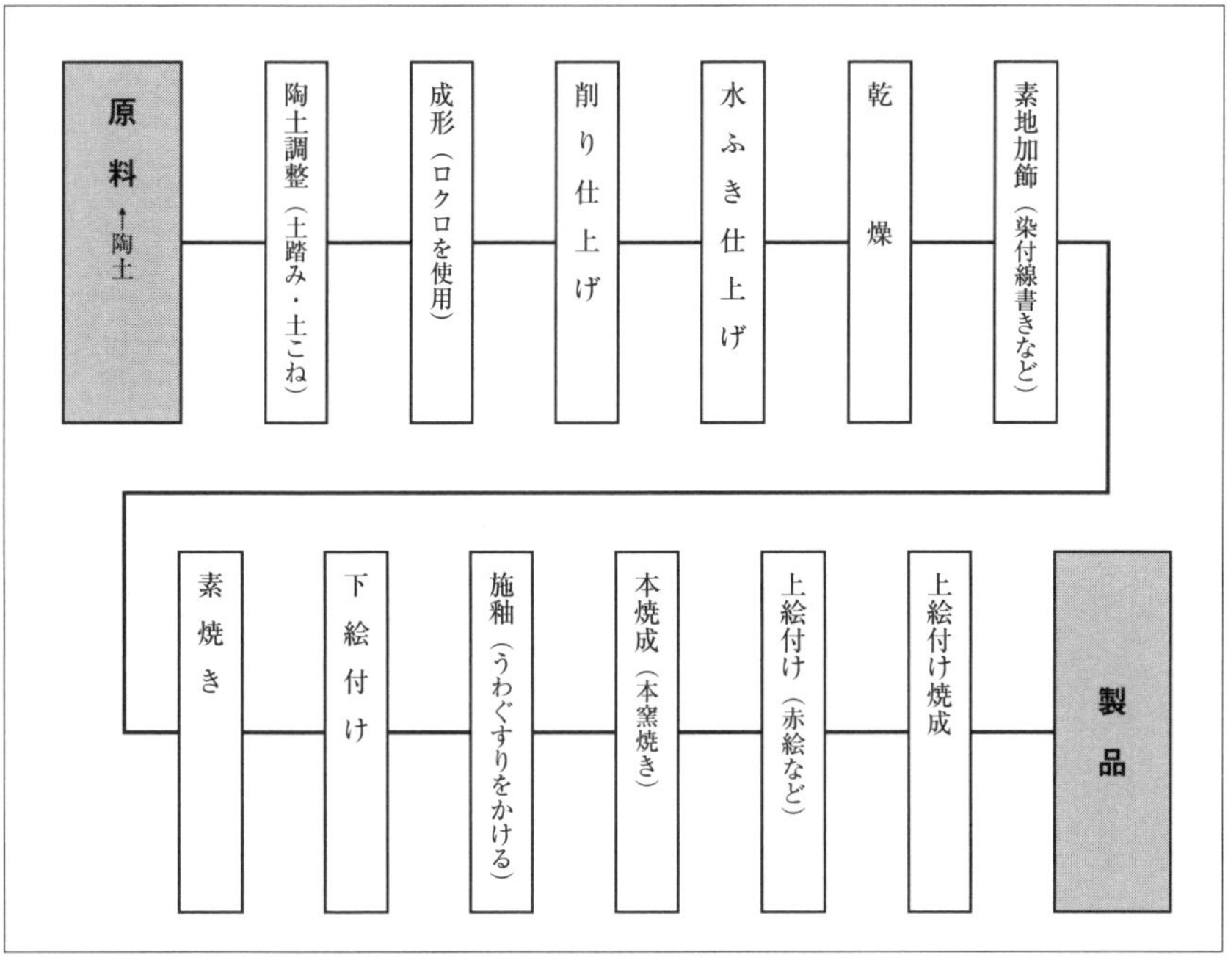

第6章 伝統と工芸

有田のような色鮮やかなやきもので使用され、上絵付けを焼きつける窯を「錦窯《きんがま》」とよぶ。

4 選び方と扱い方 知っておいて損はない一般常識

◈選び方

しゃれた器が欲しい、という漠然としたイメージではなく、事前にどのような用途の器が必要か具体的に見定めること。そののちやきもの店に出かけるわけだが、店にもさまざまなタイプがあって、各地のやきものを総合的に置いている大規模店、民芸や土ものなどテーマをしぼった趣味性の強い店、特定の窯場のものだけを扱っている店、陶芸作家の作品を中心に並べる店など、一様ではない。

欲しいもののイメージが固まっていない場合は大規模店、ある程度しぼられているのなら趣味店がお勧めだ。とくに後者は、担当者自身がやきもののプロを自任して知識も豊富なので、不明な点は遠慮なく気軽に相談すること。

来客時に使用される機会が多い大皿や浅鉢《あさばち》は、思い切って高級品、それも飽きのこないシンプルなものを買うとよい。中皿や飯碗は使用する頻度が最も高いため、値段やデザインよりも使いやすさと扱いやすさ、それと丈夫さを優先させる。角皿は刺身、焼き魚、天ぷらなどを盛るのに使われるが、赤身魚なら青系、白身なら赤系、玉子焼には緑系など色の取り合わせも考慮すること。

ぐい呑みなどの酒器や茶器は最も遊び心の強いものだから、個人の趣味を優先する以外にない。総じて食器類は、しみや汚れがつきやすいやわらかい焼きは敬遠し、よく焼きしまったものを選ぶほうが無難。また、藍地の染付けはどのようなやきものとも相性がよいので、組み合わせの基本として選ぶには最適で、リスクが少ない。

◇扱い方

陶器は使いおろす前に、少しずつ温めた湯で煮沸《しゃふつ》し一晩そのままにしておく。煮沸の際、米のとぎ汁を使うと器肌の間に糠《ぬか》が入り込んで、茶渋の汚れが染み込んだり匂いがつくことを事前にシャットアウトする効果がある。また、無釉の焼きしめや貫入《かんにゅう》*のあるものは、使う前に一時間ほどぬるま湯につけ十分水気を吸わせておくと、油分や汁気が染み込むのを防ぐことができる。

金銀彩のやきものは、色が飛んでしまうので電子レンジの使用は避ける。洗う際にもタワシではなくスポンジを使用するなど、扱いにも十分気を配りたい。陶器は自然乾燥が原則であり、できれば最後に熱湯に通してから乾燥させるとよい。収納の際は形別に整理するが、重ねるときは五、六枚までとしたい。

◇やきもの博物館

やきもの鑑賞といえば、従来は美術工芸として評価の定まった特定の高級品にスポットがあてられていたが、ブームの大衆化によって、素朴だが味わい深い日用雑器も見直されるなど、やきもの全体に対する関心が高まっている。こうした伝統と技術を後世に伝えようと、各地の製陶地では、やきもの専門の美術館・博物館づくりの動きが見られる。コレクション展示だけではなく、工程の見学や絵付け体験ができるところもある。

・陶芸メッセ益子＝栃木県益子町
・日本民藝館＝東京都目黒区
・九谷陶芸村＝石川県能美《のみ》市

＊貫入
やきものの釉薬の面に表れる細かなひび模様。素地と釉の収縮率のちがいから生じるもので、萩焼や京焼などによく見られる。

・越前陶芸村＝福井県越前町
・岐阜県陶磁資料館＝岐阜県多治見《たじみ》市
・愛知県陶磁資料館＝愛知県瀬戸市
・とこなめ陶の森＝愛知県常滑市
・滋賀県立陶芸の森＝滋賀県甲賀市
・備前陶芸美術館＝岡山県備前市
・佐賀県立九州陶磁文化館＝佐賀県有田町
・有田陶磁美術館＝佐賀県有田町
・深川製磁チャイナ・オン・ザ・パーク＝佐賀県有田町

■全国の主なやきもの

小久慈焼
会津本郷焼
益子焼
笠間焼
九谷焼
越前焼
美濃焼
清水焼
京焼
瀬戸焼
常滑焼
出石焼
萬古焼
丹波焼
赤膚焼
伊賀焼
布志名焼
信楽焼
備前焼
萩焼
砥部焼
上野焼
小石原焼
唐津焼
小鹿田焼
有田焼
三川内焼
波佐見焼
苗代川焼（薩摩焼）
壺屋焼

塗り物のこころ

古来、日本人は漆《うるし》を有用なペンキとして使いこなし、長い期間をかけてさまざまに創意工夫を凝らしてきた。このため、日本の漆器《しっき》といえば世界の最高水準といわれるようになり、やがて漆器のことを英語で「ジャパン」とよばれるにいたった。塗りあがりの肌は、文字どおり漆の語源ともなった「うるわし」にふさわしく、ほかの塗料には見られないつややかさと趣《おもむき》が感じられる。

1　漆の特性と歴史　漆は日本古来のペンキだった

漆器とは、アジア原産のウルシの木の樹液を器物に塗って細工したものをいう。樹液はきわめて接着力が強く、いったん乾くと酸、アルカリ、塩分などに侵されにくく、防水、防腐、保温、断熱、絶縁性などすぐれた長所をたくさん持っている。このため、漆は古くからとくに接着剤や塗料として重宝されてきた。

また、漆は一般の液体とは逆に、湿度の高いほうが乾きが早くきれいな仕上がりになるという特性を持っている。つまり、漆が乾くということは、漆の成分の化学変化による硬化いわゆる*乾固《かんこ》という作用によるもので、その際は大気中の水分を必要とする。したがって、漆工芸は冬季極端に乾燥する太平洋側は不向きで、年間を通じて湿度の高い

*乾固

漆液中の成分のゴム質に含まれるラッカーゼの作用によるもので、このラッカーゼが酸化触媒作用を起こし、空気中の酸素を吸収してウルシオールという成分が酸化することによって固まる。固まるための気温は二五～三〇度、湿度は七五～八〇パーセントと高温多湿が最適とされる。この条件を保つために漆風呂（漆室《うるしむろ》）とよばれる装置があり、ここに生漆を入れておくと短時間で透漆がつくられる。

日本海側のほうが適しており、漆工芸の盛んな地方が日本海側に集中しているのはこのためである。

◆樹液の採取法

ウルシの樹皮にいく筋も刃物で傷をつけ、にじみ出てきた液をただちにかき集める。これを漆掻《うるしかき》という。採取期間は六～一一月だが、夏の盛りのものが最も良質といわれ、はじめは乳白色をしており、水分の蒸発にともない徐々に黒褐色に変わっていく。

かき集めた樹液は、布や紙で漉《こ》して不純物をとり除き生漆《きうるし》をつくったのち、水分を抜きとって半透明なペンキ状のもの、すなわち透漆《すきうるし》をつくる。色漆は、透漆に絵の具など、たとえば朱漆は朱（硫化第二水銀）、黄漆は石黄《せきおう》（硫化砒素《ひそ》）、黒漆は鉄などの鉱物性顔料を加えてつくられる。

◆漆器の歴史

漆器は古代中国ではじまったというのがこれまでの定説であり、その起源は紀元前一一世紀の周の時代といわれているが、実際のところはよくわかっていない。少なくとも三千年以上の歴史があるといわれ、近年では北海道函館郊外の南茅部《みなみかやべ》の垣ノ島遺跡で九千年前、福井県の鳥浜遺跡で六千年前の漆製品が発掘されていることから、中国と日本の漆工《しっこう》は別々に発達し、むしろ日本の技術のほうが優れていたのではないか、という評価へと変わりつつある。

しかし、現在の漆工芸の主流は、仏教伝来と相前後して中国のすすんだ漆工技術が持ち込まれた結果、急速に発展したと見るのが定説とされる。その発展の背景をみると、蒔絵《まきえ》や螺鈿《らでん》などの平安期の貴族文化から生まれたもの、庶民の間から日常生活用品として生産され発達したもの、社寺などの祭祀《さいし》用や仏具用として発達したものに三分される。

平安期にはすでに純日本的な様式が確立されていたが、室町期には新興の武家階級の好みをとり入れた沈金《ちんきん》や*高蒔絵《たかまきえ》などの高度な加飾技術が大いに発展し、のちにヨーロッパ諸国に大量に輸出されるにいたった。

その後、藩政時代には諸大名の間で漆工芸がもてはやされて需要が大きく伸び、藩財政を支えるという利点もあって、各地で商品作物としてウルシの栽培が奨励された。とくに会津《あいづ》、出羽《でわ》、下野《しもつけ》、越後《えちご》、越中《えっちゅう》、加賀《かが》、能登《のと》、越前《えちぜん》、大和《やまと》などの諸国・諸藩では盛んに栽培され、これら地方の取り組み強化がのちに漆工芸の名産地へ受け継がれていったという。

＊高蒔絵
蒔絵の技法の一つ。前もって漆で文様をレリーフ状に浮かびあがらせるようにしたもので、漆だけで盛りあげる方法や、漆の上に炭粉を蒔きつけてさらに高く盛りあげる方法などが見られる。

2　工程と技法　基本三要素は挽く、塗る、描く

漆器の製作工程は、①木地（素地《きじ》）、②塗漆《としつ》、③加飾《かしょく》、に大きく分けられる。木地は木材、竹材、皮革、紙、やきもの、金属、プラスチックなどさまざまだが、一般にはヒノキ、ケヤキ、サクラ、カエデ、キリなどを中心とした木材をいう。さらに、塗漆と加飾の行為を系統化すると、塗る、描く、蒔《ま》く、彫る、貼る、はめるからなる。

◇成形《せいけい》

木製の木地の成形（形を整えること）は次のように分類されるが、最もよく見られ量産可能なのは挽物《ひきもの》である。

- 刳物《くりもの》＝ナタやノミなどを使って手で刳《く》り抜き彫りあげていく最も原始的かつ単純な技術で、体力と根気のいる仕事。

＊柿渋
渋柿の若い果実からしぼった汁を発酵させて漉した液。タンニンやシブオールを多量に含むため、防水や防腐用として漆器の下塗りのほか、渋うちわや和傘などにも塗る。

・板物《いたもの》＝カンナを使って板を削り、つなぎ合わせたり組み立てたりしてつくる技術で、指物《さしもの》ともいう。机、箱、膳《ぜん》、小たんす、棚など。

・挽物《ひきもの》＝輪切りにした木材を、ロクロを使って成形する技術。盆、椀《わん》、鉢、皿などの円形の器物が中心。

・曲物《まげもの》＝蒸し煮して柔らかくした薄板を、曲げて円形にし底板をつける技術。わげ物ともいう。蒸籠《せいろ》、桶《おけ》、盆、弁当箱など。

・合板《ごうはん》＝右記の技術はいずれも天然木地の成形だが、最近ではベニヤ板のように合板をそのまま電気ノコギリなどで加工する方法も見られる。

◇塗り方

器物などに漆を塗ることを塗漆といい、下地、中塗り、上塗りの順に塗っていく。下地にはむろん漆を使う「漆下地」が最も上等だが、「紛下地《まがい》」といって廉価な器物には*柿渋《かきしぶ》やニカワ、糊《のり》、炭粉《すみこ》などで代用する場合も少なくない。下地づくりは漆塗りの基礎となる部分で、堅牢で丈夫な漆器をつくるためには、面倒だが最も重要な工程である。下地固めのあとは、より上質の漆を塗る中塗り、上塗りへと移るが、上塗りには次のような塗り方がある。

・花塗《はな》＝油分を含んだ光沢の強い上塗り漆を刷毛《はけ》で塗っただけで仕上げたもの。塗立て法ともいう。

・蠟色塗《ろいろ》＝油分のない黒漆で上塗りし、一度乾かしてから木炭でよ

■漆器の工程（輪島塗）

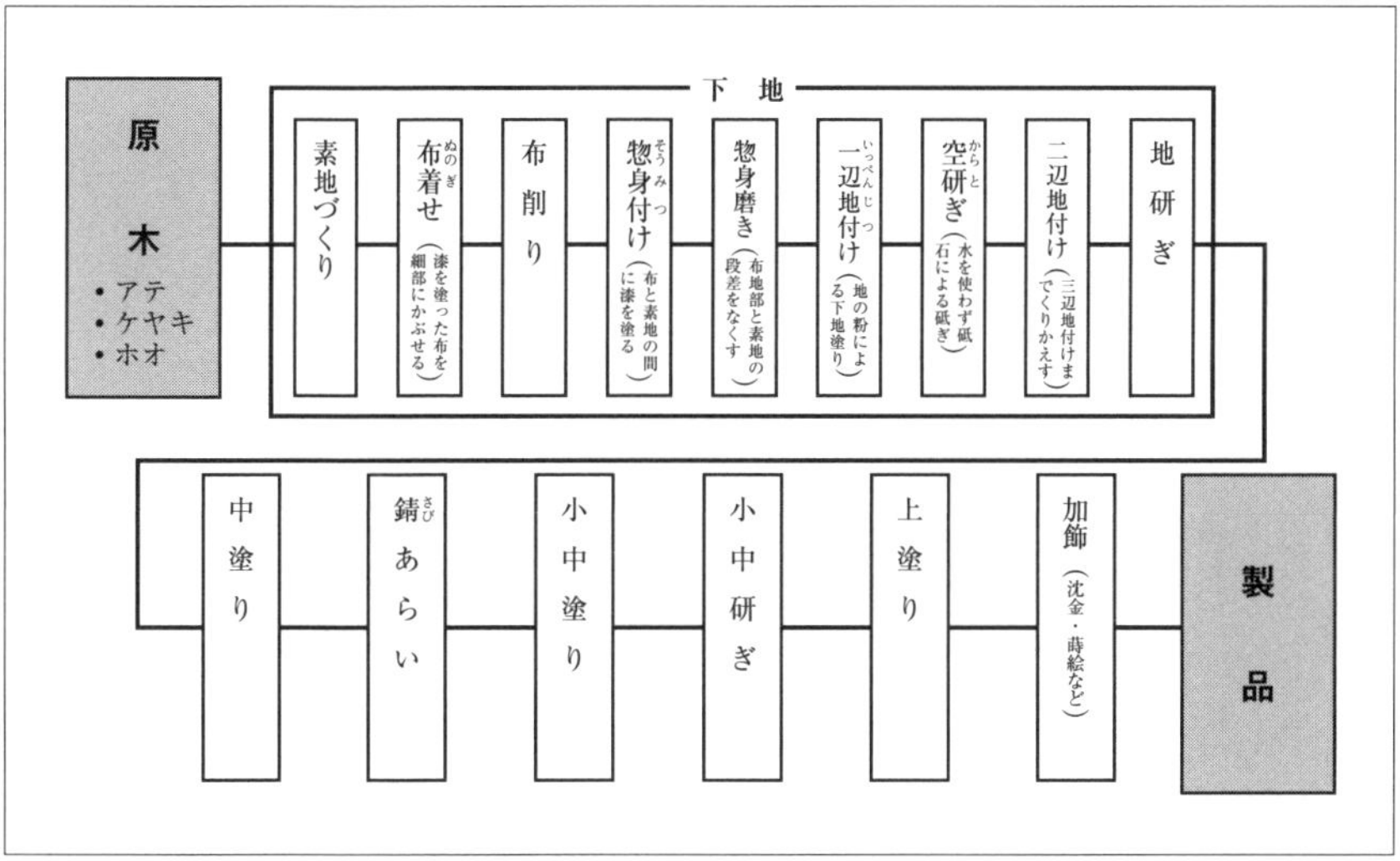

く研《と》ぎ、磨いてつやを出して仕上げたもの。

• 変《かわり》塗＝卵の殻、貝殻、植物の実などさまざまな材料を使って変化をもたせた塗り方の総称で、丁寧にくり返して塗る津軽塗などにその流れが伝わっている。塗り方には、紫檀《したん》塗、青海波《せいがいは》塗、虫喰《むしくい》塗、布目《ぬのめ》塗、竜文《りゅうもん》塗などがあり、一般に上塗りの上から蒔絵などの加飾が施される。

• 透《すき》塗＝透明な生漆をくり返し塗ってつやを出し、木目《もくめ》の美しさを際立たせる塗り方。透明塗ともいう。＊春慶《しゅんけい》塗が代表的。

◆描き方

• 漆絵＝透漆に顔料を加えた色漆を使って、直接文様や絵を描いたもの。古くは朱やベンガラが多く用いられ正倉院《しょうそういん》の玉虫厨子《たまむしのずし》の扉絵などにも用いられた。秀衡《ひでひら》塗（岩手県平泉町ほか）や会津塗（福島県会津若松市）、大内《おおうち》塗（山口市）などに受け継がれている。

• 泥絵《でいえ》＝金や銀の粉末をニカワで溶いた顔料を使い、漆の表面に文様を描いたもの。不透明で濁った色感を持つ。

• 密陀《みつだ》絵＝ニカワに顔料を混ぜて文様を描き、その上から乾燥剤の密陀僧（一酸化鉛）を入れた密陀油《みつだのあぶら》を塗って光沢を出した一種の油絵。漆絵では出せない白色が発色できる。城端《じょうはな》蒔絵（富山県南砺《なんと》市）などに受け継がれている。

◆蒔き方

漆で文様を描き、その上から金粉・銀粉・錫《すず》粉などの金属粉や色粉を散らしながら付着させる技法で、通常は蒔絵のことをいう。奈良時代にすでに考案されており、中国の模倣ではなくわが国独自の技法といわれている。蒔絵は、一般には漆面に施すが、木地

＊春慶塗

一五世紀初め、堺の漆工であった春慶によって考案された漆器といわれる。漆塗りの技法の一つで、木地に黄や朱で着色を施したのち、透明度の高い透漆をかけ、木目がほのかに透けて見えるように仕上げたもの。堺春慶にはじまり、のち飛騨《ひだ》春慶（岐阜県高山市）、能代《のしろ》春慶（秋田県能代市）へと伝えられていった。

などに直接行なう木地蒔絵というものもある。また、技法上の分類としては*研出《とぎだし》蒔絵、高蒔絵、*平《ひら》蒔絵の三種に大別されるが、とくに輪島《わじま》塗（石川県輪島市）に見られる蒔絵技法は有名。

◇彫り方

・沈金《ちんきん》＝室町時代に中国から伝わった技法で、小刀で線状に彫り込んだ漆面に金粉や金《きん》箔《ぱく》をすり込むように埋めて文様を表したもの。輪島塗や川連《かわつら》漆器（秋田県湯沢市）、会津塗などが有名。

・蒟醤《きんま》＝中国の沈金法をとり入れたタイのチェンマイ地方をルーツとする技法。漆面の線状の彫り込みに色漆をすり込み、乾燥させて研ぎ出して文様を表したもので、讃岐《さぬき》漆器（香川県高松市）がその代表。

＊研出蒔絵

蒔絵の技法の一つ。漆液で描かれた生乾きの文様の上に金属粉を蒔き、その上から漆を塗り重ねて層をつくる。漆が乾いたところで、表面を木炭や砥石《といし》などを使って磨きあげ、底面に描かれた模様や金属粉をおぼろげに浮き立たせたもの。

＊平蒔絵

蒔絵の代表的な技法の一つ。漆にベンガラを練り込んだ絵漆で文様を描き、乾燥しないうちに金銀粉や色粉などを蒔きつける。乾いたら文様部分だけに漆をつけて、平らに磨きあげたもの。

■会津塗

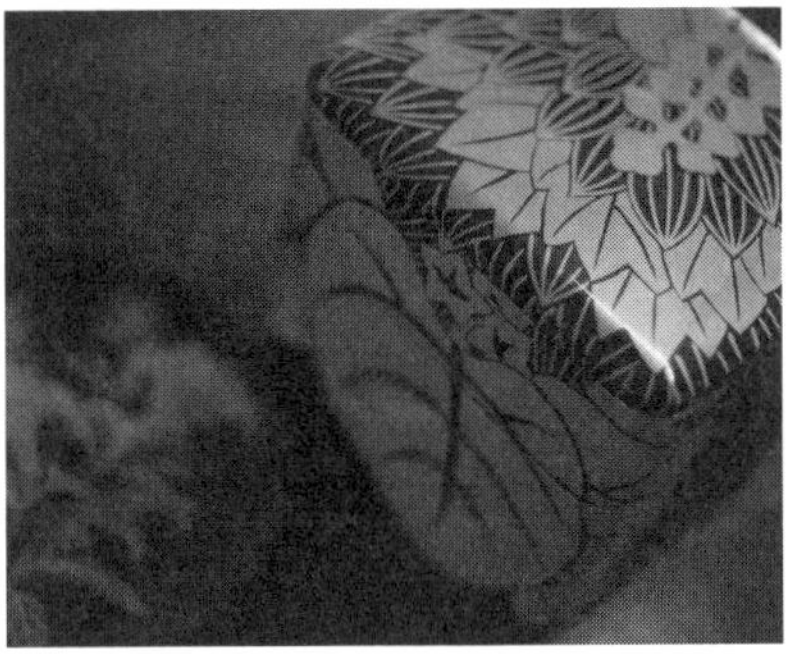

■輪島塗

© 石川県観光連盟

・存清《ぞんせい》＝沈金の要領で色漆の文様を表したのち、存清彫り専用の三角ノミで文様の輪郭線に沿ってやや太く線彫りを施したもので、存星とも表記する。高級漆器で、文庫、茶道具などに用いるが、現在では讃岐漆器や高岡漆器（富山県高岡市）などがわずかにその伝統を受け継いでいるにすぎない。
・堆朱《ついしゅ》＝鎌倉時代に中国から伝来した技法。漆をくり返し塗り重ね、肉厚になったところに文様を彫った漆彫りのこと。しかし現在では、村上木彫堆朱（新潟県村上市）や日光彫、鎌倉彫などに見られるように、ほとんどは先に彫刻を施した上から漆を重ね塗りして堆朱を模倣《もほう》したタイプ。

◈貼り方

・螺鈿《らでん》＝アワビなど貝殻の真珠質の部分を切り取って、模様の形で木地にはめ込んで漆を塗ったもの。高岡漆器などが有名。
・平文《ひょうもん》＝中国から伝わった技法の一つで、金銀や錫などの金属の薄板を文様として切り取って漆面に貼り、さらにその上から漆で塗り埋めたもの。薄板がやや厚手なものを金貝《かながい》という。

3　漆器の扱い方　漆器の本領は飾り物ではなく使いこなすこと

かつては、漆器は消耗品ではなく末代まで受け継いでいく家財の一つであった。それだけに、ひじょうにデリケートなもので、保存には適温適湿が求められ、とくに急激な湿度の変化は避けたほうが望ましい。

プラスチック製の安手の漆器はともかく、工芸品として価値が高い漆器などを長持ちさせるためには、少なくとも次の点を心得ておきたい。

①新品の漆器は、独特の匂いを発している。これを消すにはぬるま湯の中に、酢を二、三滴垂らして一～二時間浸しておくと匂いが抜け、しかも染みもつきにくい。また、米ぬかや米びつの中に入れて一昼夜おくことも、効果があるという。

②使用後は、ほかの食器と別にしてぬるま湯か水でザッと汚れを落とし、柔らかくて大きめの布で包み込むようにして水分をふきとる。熱湯はシミができやすいので使用しないこと。また、熱や紫外線に弱いため、日光に長時間あてたり、ストーブやガス台など高温を発するものの近くに置くことは避ける。

③長期間収納しておく場合は、油分をよく落とし、器と器の間に和紙をはさんで傷がつかないようにする。収納場所は適度な湿度があり、風通しの良いところが理想的だが、保存剤である樟脳《しょうのう》は質の劣化を招くので使用しないこと。長期間しまっておくと表面が乾燥して傷みやすい。ごく一部を除いて鑑賞用の工芸品ではないのだから、漆特有の光沢や色のさえを出すためにも、漆器は使いこなすべきである。

■全国の主な漆工芸

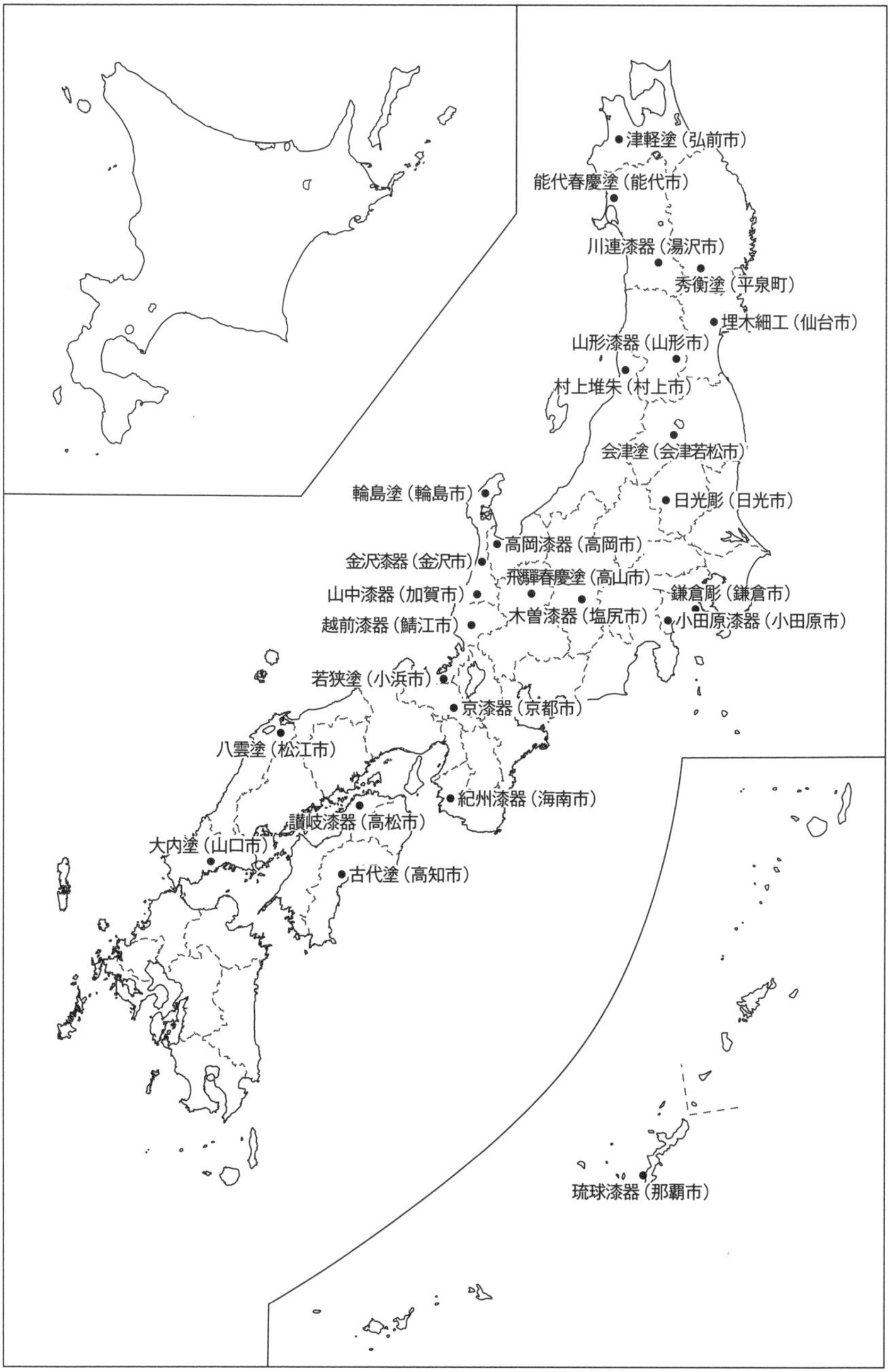

津軽塗（弘前市）
能代春慶塗（能代市）
川連漆器（湯沢市）
秀衡塗（平泉町）
埋木細工（仙台市）
山形漆器（山形市）
村上堆朱（村上市）
会津塗（会津若松市）
日光彫（日光市）
輪島塗（輪島市）
高岡漆器（高岡市）
金沢漆器（金沢市）
飛騨春慶塗（高山市）
山中漆器（加賀市）
鎌倉彫（鎌倉市）
木曽漆器（塩尻市）
越前漆器（鯖江市）
小田原漆器（小田原市）
若狭塗（小浜市）
京漆器（京都市）
八雲塗（松江市）
紀州漆器（海南市）
讃岐漆器（高松市）
大内塗（山口市）
古代塗（高知市）
琉球漆器（那覇市）

木工芸の美

庶民の間でやきものが広く普及するようになる明治時代までは、日本の家庭で使用される器のほとんどは、じつはロクロでひかれた木製の器であった。木器などをつくった人たちをかつては木地師《きじし》とか木地屋とよんでいたが、現在ではこうした手仕事に従事する人は名工あるいは匠《たくみ》とよばれるようになった。ここでも後継者難といわれるが、金属器ややきものにはない、肌の温もりを感じさせる木工品の伝統を絶やさないでほしいものである。

1　材料と基本技法　木に息を吹き込む匠たちのわざ

木工芸の対象となる主な材料は、針葉樹ではスギ、マツなど、広葉樹ではホウ、カツラ、キリ、ケヤキ、ブナ、ツゲ、カエデなどで、このほかに紫檀《したん》や黒檀といった高級材や竹細工の竹なども用いられる。また、木材の裏表関係は、板の樹皮側を木表《きおもて》、樹心側を木裏《きうら》といい、木裏に比べて木表のほうが美しい木目をしている。一般に板は木裏側に反り返る性質があるため、箱をつくるときは木裏を内側にするのが常である。

原木や竹材を工芸品として仕上げるための技法はさまざまで、①切る、②削る、③彫る、④刳《く》る、⑤挽《ひ》く、⑥曲げる、⑦組む、⑧編む、などが代表的なものだが、一般に、

■板の各部分のよび名

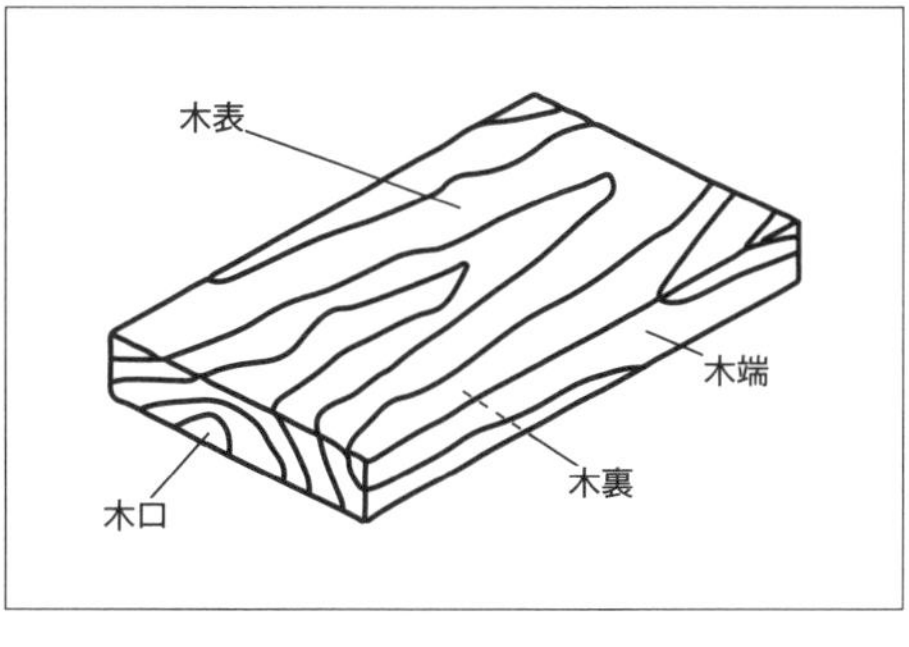

木工品を成形《せいけい》する技法は次のように大別される。

彫物《ほりもの》

最も古くからの技法で、いわゆる彫刻のこと。木目《もくめ》をいかに読むかが重要な作業となる。彫り方は、大きく次のように分類され、それぞれ彫刻刀を使い分ける。

- 平《ひら》彫り＝普通の版画のように線状に彫っていく最も基本的な彫り方。
- 肉合《ししあ》い彫り＝文様の縁部分だけ彫り下げて文様にメリハリを出す彫り方。
- 浮き彫り＝高い面と低い面を彫り分けて、文様部分を立体的に浮き出すようにした彫り方。

彫物の代表的な工芸品としては、一位一刀《いちいいっとう》彫（岐阜県高山市）や笹野一刀《ささのいっとう》彫（山形県米沢市）などノミだけを使って彫る「一刀彫」、獅子頭《ししがしら》の井波《いなみ》彫刻（富山県南砺《なんと》市）や大阪欄間《らんま》などの技巧に見られる「*透《すか》し彫り」、山形県天童《てんどう》市の天童将棋駒などの「直《じか》彫り」、鎌倉彫（神奈川県鎌倉市）、日光彫（栃木県日光市）など漆器《しっき》の表面を彫る「漆《うるし》彫り」などがある。

刳物《くりもの》

ケヤキ、サクラ、カエデ、クリなど落葉樹を中心とした原木の塊を、ノミやナタなどを使って削り出す技法。段取りは、十分に乾燥した原木をまず内側部分からノミで彫りはじめるが、これを内刳りという。荒彫りしたのちに小さなカンナなどで内側をなめらかに仕上げ、ついで外側を仕上げる。主に和太鼓の胴、椀《わん》、鉢、杓子《しゃくし》などに加工される。宮島杓子の宮島細工（広島県廿日市《はつかいち》市）などが有名。

指物《さしもの》

板や棒などを互いにさし合わせて組み立てたもので、木工芸の枠ともいうべき高度な

＊透し彫り
板金や木板などを打ち抜いて文様を表したもので、ノコギリなどで文様部分のみを残し背景を切り取る「地透し」と、その逆の「文様透し」などがある。木板は欄間の彫刻部分などにしばしば採用される。

技術を要する。板物《いたもの》ともいう。溝や穴に差し込んだり、はめ込んだりして基本的に釘は使わない。たんす、箱、障子《しょうじ》、椅子《いす》など家具調度類をつくるときの技法で、寄木《よせぎ》細工などもこの手法。江戸指物（東京都台東区）、箱根寄木細工（神奈川県箱根町）、京指物（京都市）、大阪唐木《からき》指物（大阪市）などが名高い。

◈曲物《まげもの》

ヒノキやスギなど木目の通った木を割り裂いたヘギ板（薄板）を使用する。これを熱湯で煮て柔らかくして延ばし、円形または楕円形に曲げて底板をつける技法。ざる、茶道具、蒸籠《せいろう》、めんぱ（丸い弁当箱）などの類で、なかでも秋田県大館《おおだて》地方のめんぱである曲げわっぱ*はよく知られている。

◈挽物《ひきもの》

ロクロを回して、カンナで削り出された丸みをおびた器をつくる技法。いわゆるロクロ細工とよばれるもので、すでに九世紀半ばにはじまっている。材料には、ケヤキ、モ

＊曲げわっぱ
東北地方の各地でつくられているが、とくに秋田県の大館産が有名。秋田スギを薄い板にし、約二〇分間煮沸《しゃふつ》したのちに円形の輪に加工したもので、金具は一切使わず、最後に漆塗りをする。かつては実用品として、弁当箱などに用いられていた。わっぱとは「輪っか」のこと。

■井波彫刻

©（公社）とやま観光推進機構

■寄木細工

© 箱根町

■曲げわっぱ

ミ、トチ、ブナなどを用い、椀、丸盆、菓子器、なつめ*、こけし、こま、サラダボウルや漆器の木地などに加工される。庄川《しょうがわ》挽物木地（富山県砺波《となみ》市）や南木曽《なぎそ》ロクロ細工（長野県南木曽町）などが有名。

◆編物

イタヤカエデやヒノキなどのヘギ板を利用して、籠《かご》や花器などの製品を編みあげることもある。しかし、素材の大半は竹であり、竹細工については「竹細工」（p二七六）の項にゆずる。

2　加飾法　こうして木地は生まれ変わる

木工芸の加飾《かしょく》法としては、①削る、②彫る、③はめる、④貼る、⑤描く、⑥寄せる、などがあり、最後の仕上げ法としては、トクサ*やムクの葉、砥石《といし》、研磨紙などでの磨きあげと、漆仕上げする二つの方法がとられる。

◆削る

角《かど》を加飾する方法と面を加飾する方法がある。さらに角の場合は、切り出した四隅に丸みをつけたり縁部分に飾りをつけたりする「縁づくり」、面の四方を丸く削ったり山形になるように削ったりする「面取り」に大別される。

◆彫る

主として面にさまざまな彫り文様を入れる方法。基本技法の項でも触れたように鎌倉彫や日光彫などのような「漆彫り」のほか、板材に文様や図版を切り抜く「透し」、さ

＊なつめ
落葉小高木のナツメの実の形状に似たところから命名された器で、主に抹茶《まっちゃ》用の茶入れに使用される。挽物のため全体に丸みをおび、塗装は黒漆塗りが最も多く見られる。

＊トクサ
山中の湿地に生える常緑のシダ植物。根茎は横に走り、地上茎は根茎から分かれて直立し、円筒形で高さは約五〇センチ。外観は深緑色で、節は黒褐色の鞘《さや》がつく。茎をゆでて乾燥させたものを木製器具や角などを磨くのに用いる。トクサとは砥草からきた言葉。

らに切り抜いたあとをノミなどで装飾的な彫りを入れる「透し彫り」などがある。古来、和風木造建築の代表とされている欄間*は、透し彫りの典型例である。

◇はめる

木地の色とは材色の異なる木材や金属、貝殻などを用いて文様をつくり、これを木地にはめ込んで装飾効果をあげる方法。これには、色や質の異なる別の材質の木材をはめ込む「木象嵌《もくぞうがん》」、アワビなど貝殻の真珠質の部分を切り取って模様の形で木地にはめ込んだ「螺鈿《らでん》」、金属、サンゴ、こはくなど性質のまったく異なる材料を組み合わせて文様をつくる「芝山《しばやま》象嵌」がある。

◇貼る

木地の表面に、材質や色の異なるものを接着剤で貼って装飾効果をあげる方法。ヤマザクラの樹皮をニカワで貼り込んだ樺細工《かばざいく》（秋田県仙北市《せんぼく》）はお馴染みだが、ほかに金銀の金属の粉末を蒔絵《まきえ》のように散らした「砂子《すなご》」、金属を打ち叩いて薄く延ばした箔《はく》を貼りつけた「箔押し」、鼈甲《べっこう》を取るタイマイの背甲を貼った「タイマイ貼り」といったさまざまな方法がとられている。

◇描く

木地に直接筆で文様や図版を描いていく加飾の方法。ニカワで溶いた絵の具で描く「彩絵《さいえ》」、金銀の粉末をニカワで溶きまぜた金銀泥で描く「金銀絵」、密陀油*に絵の具を混ぜて描いた一種の油絵画法である「油飾《ゆうしょく》」、漆を塗り込める「漆塗り」などがある。

最も耐久性に劣るのは彩絵で、色があせやすく湿気に弱いうえにはがれやすいという欠点のため、現在では小物入れ程度で見かけることはほとんどなくなった。

＊欄間（左図）
天井と鴨居《かもい》の間に、採光や通風のために設けられた板の部分で、のちには装飾も兼ねるようになった。その起源は、古代中国でランの花を活けてその香りを楽しむ部屋を蘭間《らんま》といったことに由来するという。

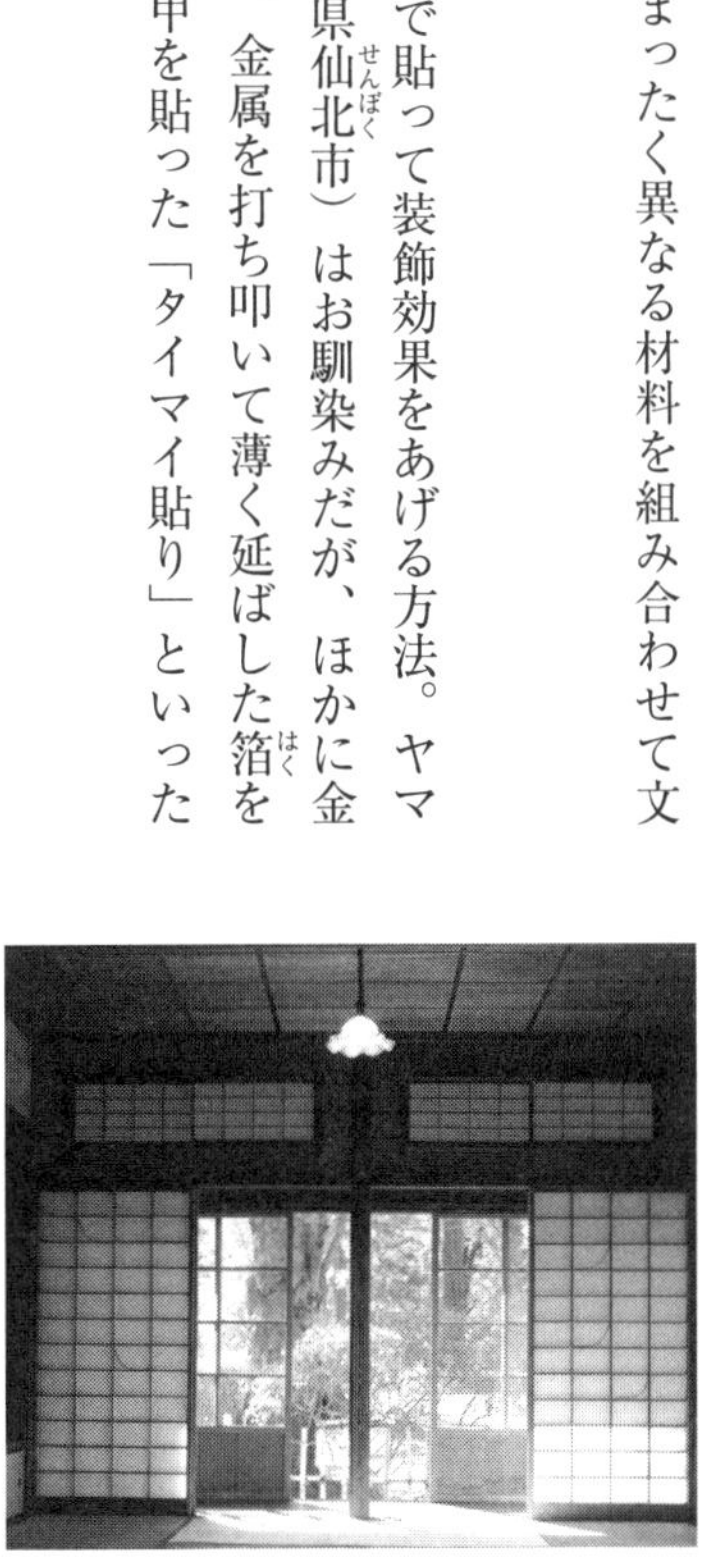

＊密陀油
乾燥を早めるために、エゴマの種から取った荏油《えのあぶら》に酸化鉛を加えて煮たもの。油絵などに用いる。

第6章　伝統と工芸

◇寄せる

色や材質の異なった木片を組み合わせて接着、あるいははめ込んで文様を表した加飾の方法。断面をそろえ、重ね合わせて合板とし、所定の大きさに切り落として連続文様を出したもので、箱根寄木細工が最も有名。古くから「木画《もくが》」とよばれる幾何学文様を表す技法があるが、これも寄せの方法の一種といえる。

3 竹細工 自由自在に編めるしなやかな素材

淡竹《はちく》、真竹《まだけ》など良質で豊富な竹材に恵まれる日本は、弾力性があって自由に曲げられるという竹の特性をいかし、古くから農具、漁具、楽器、日常の生活用具などさまざまに加工してきた。現在でも用途は幅広く、釣り竿、笊《ざる》、うちわ、茶筌《ちゃせん》、籠類をはじめ、飾り皿、花器、竹人形、ランプシエードなどインテリア家具にも盛んにとり入れられている。

◇利用法

竹材には、とくに真竹、淡竹、黒竹、孟宗竹《もうそうちく》などが適している。竹は油抜きをしたのち、天日で乾燥して漂白させる。乾いたところで、竹割り包丁などを使って割り裂いてヒゴ*をつくり、このヒゴからさまざまな形に編みあげる。

◇編組《へんそ》

竹を編んでさまざまな容器を作る技法を編組という。基本となる編み方は、四つ目、六つ目、ござ目などがあるが、これらを組み合わせたり変形させたりして、用途にあわ

*ヒゴ
竹を細く割って削ったもので、ちょうちんや模型飛行機などをつくるのに用いる。竹ヒゴともいう。

■竹の編み方

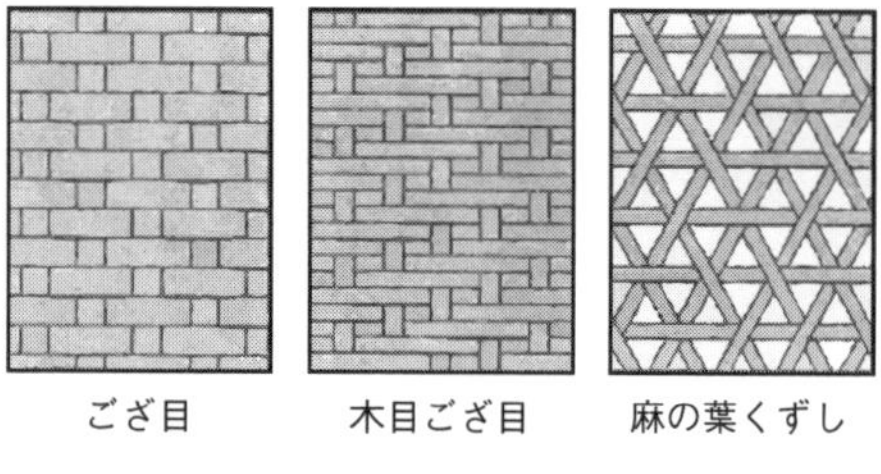

せてさまざまに工夫される。型が決まっているものだけで約二〇〇種にのぼるといわれ、さらに花籠などの自由自在な「みだれ編み」などを加えると、編組は無限にあり世界でもトップクラスといってよい。

◆主な竹工芸品の産地

西日本を中心に全国各地で竹細工が行なわれているが、とくに有名なものとしては、次のものがあげられる。

- 津軽竹籠《たけかご》（青森県弘前《ひろさき》市）
- 山形竹細工（山形市）
- 越前《えちぜん》竹人形（福井市）
- 駿河《するが》竹千筋《たけせんすじ》細工（静岡市）
- 壇寺《だんでら》竹細工（京都府綾部市）
- 勝山竹細工（岡山県真庭《まにわ》市）
- 八女《やめ》竹細工（福岡県八女市）
- 和弓《わきゅう》（宮崎県都城《みやこのじょう》市）
- 岩出山《いわでやま》竹細工（宮城県大崎市）
- 加賀《かが》竿（石川県金沢市）
- 戸隠《とがくし》竹細工（長野市）
- 京竹工芸品（京都市）
- 高山茶筌（奈良県生駒《いこま》市）
- 松山竹工芸品（愛媛県松山市）
- 別府竹細工（大分県別府市）

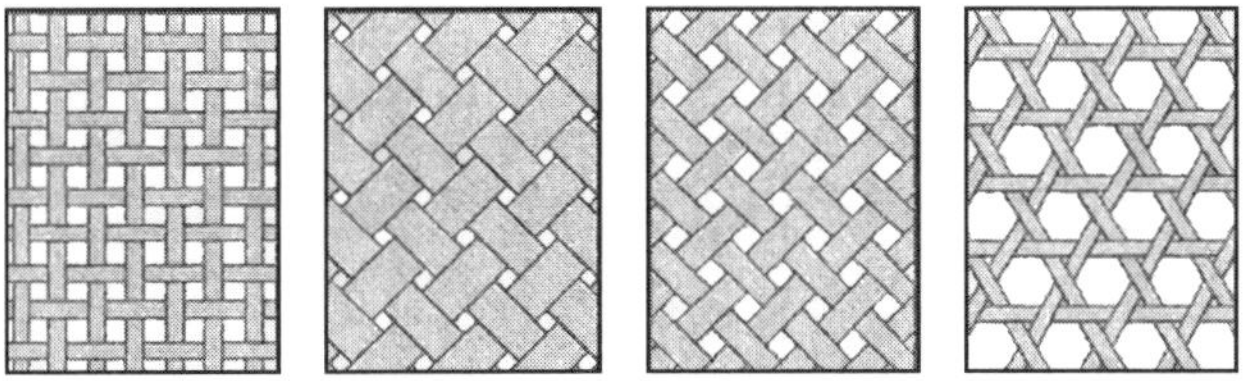

四つ目　菱四つ目　菱四つ目透かし　六つ目

諸工芸品をとりまく世界

やきもの、漆器《しっき》、染織物は工芸品のごく一部にすぎない。独創的技術によってつくられたさまざまな生活用具のうち、長い年月の間に常に「用」と「美」の双方に配慮がはらわれ、洗練され磨きがかけられてきた物品すべてが伝統工芸の対象となりうる。その多くは、生産地の歴史や風土と密接に結びついて発展したものだが、現在では経済産業省の主導により多くの伝統的工芸品*が指定され、貴重な伝統技術を後世へ引き継ぎ、同時に産業としての振興を図るなどの政策がすすめられている。

1 和紙 二千年も残るといわれる手漉きの威力

和紙とは、五世紀の古墳時代のころ、中国から朝鮮半島経由で日本に技術が伝わったとされる手漉《す》きの紙をいう。コウゾやミツマタなどの樹皮を用い、漉く際にトロロアオイなどの植物の粘液を利用して手作業でつくりあげる。手触りがよく、強靭《きょうじん》で吸湿性に富み、書道用紙、障子《しょうじ》紙、奉書《ほうしょ》紙*、チリ紙、折り紙や造花などの工芸用紙と、用途も多方面にわたる。手漉き和紙は、保存状態によっては二千年以上もつといわれる世界最強の耐久紙で、重要文書や紙幣の製造にはいまも和紙が重宝されているほどだ。

◇原料

＊伝統的工芸品
一九七四（昭和四九）年に施行された「伝統的工芸品産業の振興に関する法律（伝産法）」に基づいて指定されている貴重な伝統工芸品。二〇二三（令和五）年一〇月現在、工芸材料や工芸用具を含めて全国で二四一品目が指定され伝統継承に一役買っている。ただし、同法はあくまで現地の関連組合・組織からの申し出が前提となっているため、著名な物件でも指定外というものも一部にある。指定要件としては、①主として日常生活の用に供するものであること、②製造工程の主要部分が手工業的であること、③伝統的な技術・技法によって製造されるものであること、④伝統的に使用されてきた原材料を主たる原材料として製造されるものであること、⑤一定の地域において少なくない数の者が製造を行ない、またはその製造に従事していること、と定められている。

コウゾ、ミツマタ、ガンピが三大原料といわれる。これらは外皮のすぐ下に含まれる繊維質の靱皮《じんぴ》が太くて長く、よく発達しているために、丈夫で耐久性があり、変質しにくいという特長を持つため、和紙にはもってこいの原料である。とくにガンピを使った*鳥の子とよばれる和紙は、緻密《ちみつ》で優雅、しかも丈夫で和紙としては最高級品と称されている。

◆工程

最近は機械製法も見られるが、基本的には手漉きである。また、どんな原料を使用しても工程に大きなちがいはない。その流れをざっと説明しておこう。

①煮熟《しゃじゅく》＝原料である樹皮を釜で蒸しあげて柔らかくする。

②川さらし＝川の流れなどで水洗いし、粘り気を取り除きながら漂白する。

③叩解《こうかい》＝しぼりあげた純白の素材を堅い棒で叩いてほぐす。

④こぶり＝水をはった漉《す》きぶねとよばれる槽《そう》の中で、繊維質をまんべんなくかきまぜたのち、適量の*ねりを加えてよくなじませる。

⑤抄紙《しょうし》＝ドロドロの液を、簀《す》をはめ込んだ桁《けた》で前後左右にゆすって漉く。これがいわゆる紙漉き。

■和紙の工程（土佐和紙）

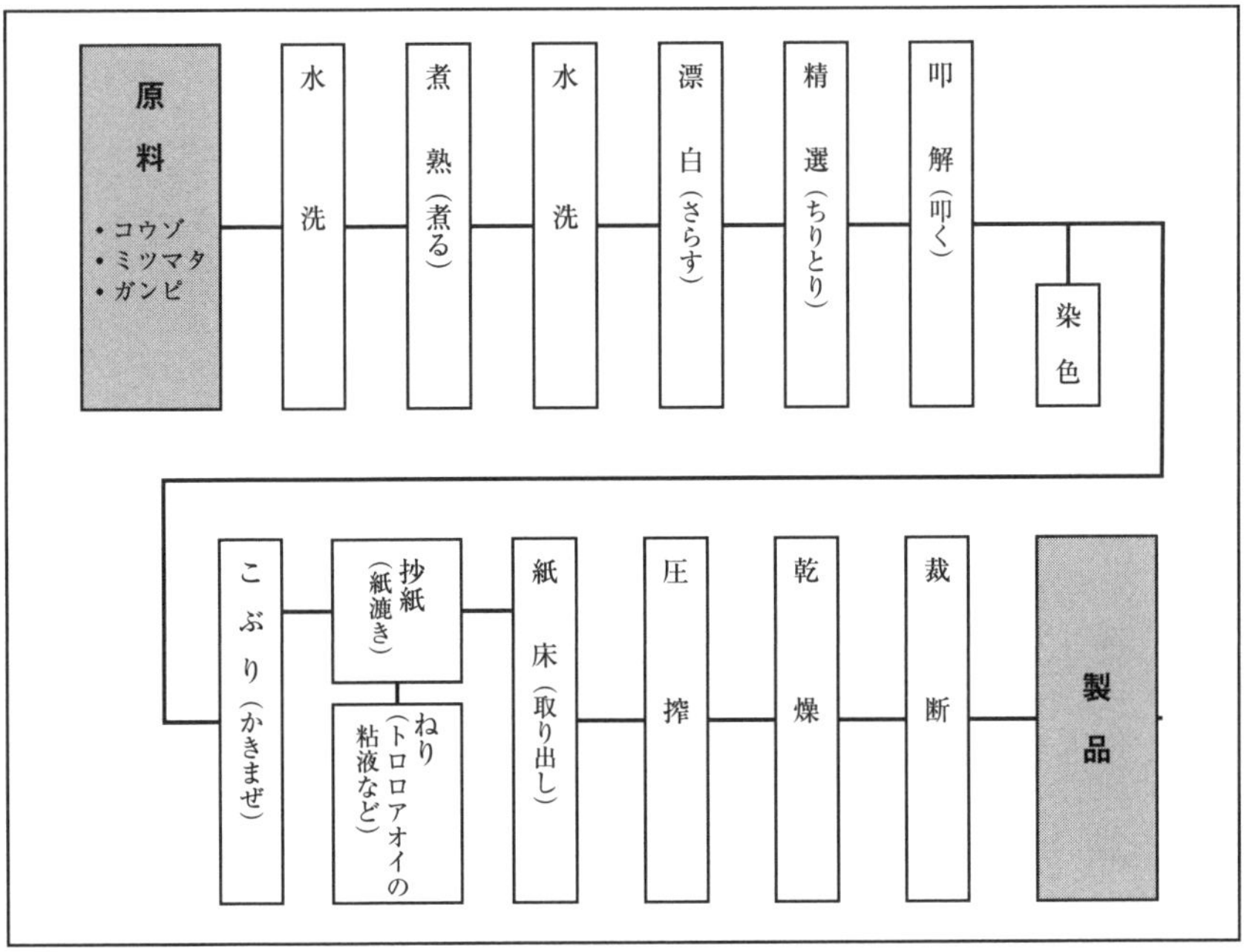

⑥紙床《しと》＝漉きあげてぬれたままの紙を積みあげて水切りをする。
⑦さらに上から圧搾《あっさく》して、乾燥させて完成。

◆主産地

和紙の主産地は岐阜県、愛媛県、高知県などだが、手漉きによる伝統工芸品としては越前《えちぜん》和紙（福井県）、美濃《みの》和紙（岐阜県）、因州《いんしゅう》和紙（鳥取県）、出雲《いずも》和紙（島根県）、石州《せきしゅう》和紙（同）、阿波《あわ》和紙（徳島県）、土佐《とさ》和紙（高知県）などが知られる。

2 金属工芸 日本刀を生み出した伝統と技法

わが国における本格的な金属工芸は、古墳時代に帰化人によって武具、鏡、装身具などが大陸から大量にもたらされたのがはじまりといわれる。金属工芸は、金銀器、鉄器、錫《すず》器、銅器といった素材による分類のほかに、*打刃物《うちはもの》、火箸《ひばし》、食器、梵鐘《ぼんしょう》など用途に応じた分け方もある。諸金属のうち最も早くから工芸品として用いられたのは金、銀、銅だが、これは天然の状態で採取、加工が可能だったからであり、なかでも常に輝きをもつ金は、加工しやすいこともあって、古来最も貴重な素材とされた。

◆技法

金属工芸の成形は、打物《うちもの》と鋳物《いもの》に大きく二分される。打物は別名「鍛金《たんきん》」ともよばれ、ハンマーや木槌《きづち》で金属を打ち、延ばしながら硬化させて、形を整えていく技法であり、打刃物などはすべてこれが基本である。

鋳物は、溶かした金属を一定の型に流し込んで器物をつくる技法で、別名「鋳金《ちゅうきん》」

＊奉書紙
上質なコウゾで漉いた、純白でしわのないキメの美しい厚手の和紙。古くは御用紙として、時の権力者などがその意向を公示するときの文書などに用いた。

＊鳥の子
室町時代に生まれた高級和紙で、本来はガンピ繊維を使用するが、現在では多くはミツマタに代わっている。厚くよくひきしまった紙で、ふすま紙や小間紙《こまがみ》などに用いられる。紙の色合いが卵の殻に似ているところから鳥の子とよばれるようになったという。

＊ねり
紙を漉くときに、繊維分を均一にからみ合わせ粘着性を与えるための植物性粘液。トロロアオイの根あるいはノリウツギの樹皮などから採取される。

という。鉄瓶《てつびん》、釜、梵鐘などはほとんどが鋳物によってつくられている。

また、金属表面に文様をつけるための加飾法にもさまざまな創意工夫が凝らされるが、*鏨《たがね》を使って金属面に文様を打ち出す技法の「彫金《ちょうきん》」はその代表といえよう。彫金には次のような手法がある。

- 毛彫り＝先端が細い毛彫り鏨によって、細い線模様を彫り込んだもの。
- 透《すか》し彫り＝金属の薄板を打ち抜いて文様を出したもの。
- 打ち出し＝鏨などを使って、金属の裏側から表側に向けて文様を盛りあげるように打ち出したもの。
- 象嵌《ぞうがん》＝筋目を切った金属の表面に、金銀や銅、宝石など異なる金属や貴石をはめ込んで独自の文様を表したもの。

◇主な金属工芸品

金属工芸品は、現在では実用品という以上にインテリア用品として重宝されているものが多い。代表的なものをあげてみる。

- 南部鉄器（岩手県盛岡市）＝砂鉄を原料とし、表面が漆黒《しっこく》で「霰《あられ》」とよばれるポチポチの突起がついている南部鉄瓶が有名。
- 東京銀器（東京都台東区）＝独自の着色法で知られる。食器、仏具など。
- 高岡銅器（富山県高岡市）＝明治期にウィーンやパリ万博に出品して世界的に名が知られた金属工芸品。釣鐘《つりがね》、仏具など。
- 関《せき》打刃物（岐阜県関市）＝日本刀の刀鍛冶《かじ》の伝統を生かしてナイフ、包丁など。
- 堺打刃物（大阪府堺市）＝一六世紀半ば、ポルトガル人が伝えたタバコの葉を刻むために開発された包丁。

＊打刃物
鋼の強度を高めるために、鎚で打ちながら打ち延ばしや打ち広げを行なって成形した刃物。基本的に手作業であり、包丁、鎌、ナタ、刀剣、はさみなどをつくる。

＊鏨
金属を彫ったり、削ったり、切断したりするときに使う金属製の用具。石を割るときにも使用することがある。

- 大阪浪華《なにわ》錫器（大阪市）＝ロクロで仕上げる食器類など。
- 肥後象嵌（熊本市）＝刀のつばから発展したもので、現在ではアクセサリー類が中心。

3　その他の諸工芸品　見渡せばさまざまな生活用品に伝統の重みが

和傘《わがさ》、下駄《げた》、筆、硯《すずり》、そろばん、仏壇、うちわ、扇子《せんす》、提灯《ちょうちん》、かんざし、毛針、釣り竿、石工品、水晶細工、鼈甲《べっこう》細工など広範囲にわたるが、比較的異色な存在を紹介してみよう。

◆ガラス工芸

倉敷ガラス（岡山県倉敷市）、小樽《おたる》ガラス（北海道小樽市）、琉球《りゅうきゅう》ガラス（沖縄県那覇《なは》市）などの民芸ガラスも各地に見られるが、江戸時代のギヤマンの流れをくむ江戸切《きり》子《こ》や薩摩《さつま》切子などの魅力も捨てがたい。切子とは切り込みガラスの略で、カットグラスのこと。

◆*七宝《しっぽう》

銅や銀などの金属の表面に、ガラス質の釉薬《ゆうやく》を高温で焼きつけたもので、名古屋の西郊にある七宝町（現あま市）の特産品。絵付けが細かなうえ、色彩も華麗で、技法の面から無線七宝、有線七宝、象嵌七宝などに分類される。なお、七宝の技術はホウロウと基本的に同じで、鉄に釉薬を焼きつけたものをホウロウという。

◆水引《みずひき》

こよりを糊《のり》水に通して干し固めたもので、冠婚葬祭などには欠かせない用品。藩政時

＊七宝
仏教でいう七つの宝物。経典《きょうてん》によって宝物の内容は異なり、無量寿経《むりょうじゅきょう》では、金、銀、瑠璃《るり》、シャコ（シャコ貝の殻）、めのう、玻璃《はり》（ガラス）、サンゴ、法華経《ほけきょう》では玻璃とサンゴの代わりに真珠、まいかい（中国産の美石）を入れる。

代の信州飯田藩が、注連縄《しめなわ》をヒントに贈答品の飾りとして考案したのがはじまりといわれ、以来下級武士の内職として全国に広まった。通常、慶事には紅白または金銀・金紅、弔事《ちょうじ》には黒白で染め分ける。飯田水引（長野県飯田市）、伊予《いよ》水引（愛媛県四国中央市）などが有名。

◆組紐《くみひも》

数十本の生糸あるいは絹糸を、一定の方式にしたがって互いに交差させて組んだ紐。帯締め、羽織り紐、角帯《かくおび》などに使用され、伊賀《いが》組紐（三重県伊賀市）、京組紐（京都市）、大津組紐（滋賀県大津市）など、伝統的に関西が盛ん。

◆印伝《いんでん》

インドから技法が伝わった皮革製品で、なめして軽石でこすった鹿の皮に漆《うるし》で文様を描きながらすり込んだもの。通気性と吸湿性に富み、財布、帯締め、バッグなどに加工。山梨県の甲州印伝が有名。

◆絵ろうそく

花鳥風月などの絵を描いて鮮やかに彩色した大ぶりなろうそく。ろうは漆液やハゼの

■江戸切子

提供：東京都

■組紐

■印伝

©（株）印傳屋

実から採取したもので、かつては葬儀に使用されたが現在では主に装飾用として親しまれている。顔料を使って絵付けし、その上から薄くろうを上掛け（ろうくぐし）して絵がはがれ落ちないようにする。とくに、福島県会津若松市《あいづわかまつ》の会津絵ろうそくが名高い。

◆碁石《ごいし》

重量や手触りなどから見た最高級の碁石は、黒は那智黒《なちぐろ》とよばれる粘板岩の御浜《みはま》小石（三重県熊野市周辺）、白はハマグリの一種のスワブテ貝の貝殻からつくられたハマグリ碁石（宮崎県日向市）という。

■その他の主な諸工芸品

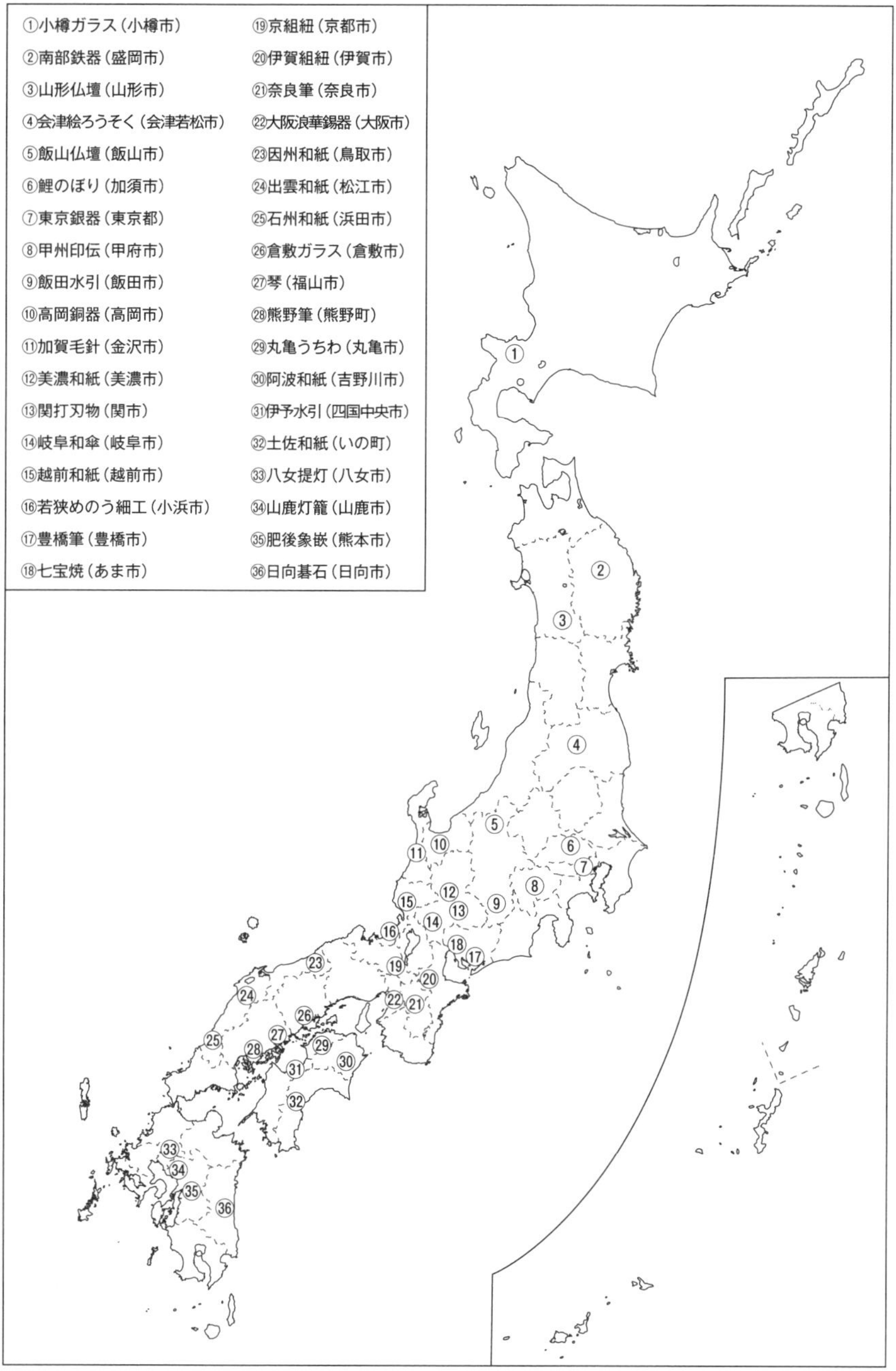
①小樽ガラス（小樽市）
②南部鉄器（盛岡市）
③山形仏壇（山形市）
④会津絵ろうそく（会津若松市）
⑤飯山仏壇（飯山市）
⑥鯉のぼり（加須市）
⑦東京銀器（東京都）
⑧甲州印伝（甲府市）
⑨飯田水引（飯田市）
⑩高岡銅器（高岡市）
⑪加賀毛針（金沢市）
⑫美濃和紙（美濃市）
⑬関打刃物（関市）
⑭岐阜和傘（岐阜市）
⑮越前和紙（越前市）
⑯若狭めのう細工（小浜市）
⑰豊橋筆（豊橋市）
⑱七宝焼（あま市）
⑲京組紐（京都市）
⑳伊賀組紐（伊賀市）
㉑奈良筆（奈良市）
㉒大阪浪華錫器（大阪市）
㉓因州和紙（鳥取市）
㉔出雲和紙（松江市）
㉕石州和紙（浜田市）
㉖倉敷ガラス（倉敷市）
㉗琴（福山市）
㉘熊野筆（熊野町）
㉙丸亀うちわ（丸亀市）
㉚阿波和紙（吉野川市）
㉛伊予水引（四国中央市）
㉜土佐和紙（いの町）
㉝八女提灯（八女市）
㉞山鹿灯籠（山鹿市）
㉟肥後象嵌（熊本市）
㊱日向碁石（日向市）

郷土玩具の文化

郷土玩具とは、主に昔ながらの手づくりによって生まれ、それぞれの土地で親しまれてきた民芸風な素朴な玩具をいう。いわば「ふるさとのおもちゃ」であり、大量に機械化生産される近代玩具とは区別される存在だ。それらはザッと三千種を上回るといわれ、バラエティの豊富さにおいては世界に類を見ない。しかも、単に子供向けの手慰みというよりは民間信仰に基づいた「お守り」的な役割を併せ持って発達してきたという独特な背景がある。観光土産《みやげ》や民芸ブームに乗って、廃《すた》れる気配はない。

1　成り立ちと背景　ルーツは民間信仰に基づいた縁起物

郷土玩具の原型は、古くは神事・祭祀《さいし》で利用する面や土偶《どぐう》、神楽《かぐら》に欠かせない鈴や太鼓など楽器類のミニチュア版、社寺に奉納した絵馬など宗教儀礼との密接な関係が下地にあったと思われるが、現在見られる郷土玩具の大半は、江戸中期から明治期にかけて民衆の間から生まれたものである。

製作地域は全国的に分布するが、なかでも盆地に開けた城下町およびその周辺地が圧倒的に多い。これらの地域では、和紙が豊富なため張り子などの素材となる反故紙《はご》の再利用が可能であったし、木や竹の玩具素材にも事欠かないうえ、町家づくりに必要な瓦焼きに関連して多くの土人形が生み出されている。さらに、藩政時代には下級武士や浪人を中心に、生活を支える手内職として各藩で玩具づくりを奨励するという誘因も後押しした。

郷土玩具の生まれた背景を探ると、①民間信仰に関わるもの、②宗教儀礼用具のコピー、③記念品・土産品に基づく観光玩具、④純粋に子供の手遊びとしての玩具、の四つに大きく分類されるが、とりわけ民間信仰とのかかわりは見落とせない要素といってよい。たとえば疫病《えきびょう》災厄《さいやく》除《よ》け、安産、子育て、開運出世、商売繁盛、不老長寿、豊作祈願といった願い事をこめた、縁起物・マスコットとしての存在感は、わが国の郷土玩具を強く特徴づけており、これらの多くがいまも社寺の祭礼や縁日、門前市などで売られているのも、信仰と切り離せない習俗となっているからにほかならない。

2　玩具の系譜　さまざまに分類できる多彩な顔ぶれ

三千種以上にのぼる郷土玩具の種類は千差万別で、信仰上の用途から玩具に転じたものをはじめ、郷土の伝説から生まれたもの、あるいは特産とする材料の余技からつくられたものもあったろう。それゆえにこそ、郷土玩具はそれぞれの異なる風土のなかで自給自足的に生まれ育った性格をもち、同時に民衆の暮らしを反映してつくられた「伝統工芸品」であることは疑う余地のないところだ。

◈土人形《つちにんぎょう》

七〇〇度前後の低温で焼きしめた素焼きの人形で、型どりして大量かつ安価につくられるのが特色。泥人形ともいう。江戸時代初期からはじまった最も古いタイプの玩具の一つで、古博多《こはかた》人形や京都伏見《ふしみ》の土人形がよく知られる。元来は、ほかの玩具同様に縁起物・厄除けとしてつくられていたが、壊れたら社寺の境内に納めるという習わしで、これは再び土に帰すという意味もあった。娘もの、武者もの、*天神《てんじん》さま、干支《えと》もの、鳩笛《はとぶえ》など種類は多い。

代表的なものに、水戸農人形（茨城県水戸市）、南蛮《なんばん》人形（大阪府堺市）、フク笛（山口県下関市）、博多人形（福岡市）、古賀人形（長崎市）などがある。

◈張り子

紙を貼り合わせてつくられた空洞の人形で、不要の紙を大量に出した城下町やその近在で廃物利用の一環として生まれた。軽くて安価、素朴さが特徴で、お面、娘もの、天神さまもあるが、動物ものが圧倒的に多い。だるまも張り子の一種だが後述する。

代表的なものに、赤べこ（福島県会津若松《あいづわかまつ》市）、黄鮒《きぶな》（栃木県宇都宮《うつのみや》市）、犬張り子（東京都）、神農《しんのう》の虎（大阪市）、首振りの虎（島根県出雲《いずも》市）などがある。

◈だるま

禅《ぜん》宗の開祖である達磨大師《だるまだいし》の座禅姿をかたどった玩具。一八世紀半ばころ考案され、のち起上《おきあが》り小法師《こぼし》の玩具となった。紙製が多く木製や土製も少なくないが、輪抜き（だるま落とし）も見られる。厄除けの赤色や七転び八起に事寄せて、一般には開運の縁起物として喜ばれる。全国各地のだるま市などで売られ、目なしだるま（群馬県高崎市達磨寺）や深大寺《じんだいじ》だるま（東京都調布《ちょうふ》市）などはとくに名高く、総じて東日本は白目の「目

＊天神さま
菅原道真《すがわらのみちざね》を祀った天神信仰から生まれた人形群。天神は古くから学問・書道の神として知られるいっぽうで、寺子屋などの祭神でもあり、童謡『とおりゃんせ』でも歌われるように子供にとっては最も親しまれた神様である。土地によっては、正月や節句に雛《ひな》天神として雛段に祀られることもあった。彩色は、日本海側が主に黒衣であるのに対し、太平洋側は赤衣のものが多い。

なしだるま」、西日本は黒目の「鉢巻きだるま」が多く見られる。変わり種としては、松川だるま（宮城県仙台市）、子持ち白だるま（山梨県甲府市）、姫だるま（愛媛県松山市）などがあげられる。

◇面

土人形とともに古くから知られていたのが玩具面で、江戸時代初期に登場している。人間や動物の顔かたちに似せてつくられた仮面で、素材は木、土、張り子、練り物*など各種ある。面は元来、宗教的儀礼には欠かせない用具であり、のちに神楽面や能楽《のうがく》面などの影響を受けて、手軽で小型のおもちゃ面が生まれた。種類もおかめ、ひょっとこ、鬼、天狗《てんぐ》、武者もの、動物ものなど多種多様である。

◇あねさま

紙で髷《まげ》をつくり、千代紙《ちよがみ》などの衣装を着せた素朴な女性の紙人形で、頭と胴体だけで手足はない。平安の昔から、女の子のままごと遊びの相手として親しまれてきた。かつ

＊練り物
桐材のおがくずに、海草から採取したフノリを加えて練り固めた人形。仕上がりがなめらかで軽く、土人形に比べて破損しにくい利点があるが、工法に技術を要することから、獅子《しし》頭《がしら》、天神さま、金時《きんとき》など、使用される人形は限られている。ただし、高級な人形の首などはいまも練り物によってつくられる。

■赤べこ

■犬張り子

■姫だるま

ては全国各地に八〇種もあったといわれるが、現在広く知られているのは、鶴岡あねさま（山形県鶴岡市）、静岡あねさま、松江あねさま（島根県松江市）、松山あねさま（愛媛県松山市）、熊本あねさまなどにとどまる。

◆からくり人形

糸、ぜんまい、水などの仕掛けによって動く人形で、文楽《ぶんらく》の人形もその一種といえる。一八世紀半ばの茶くみ人形が源流といわれるが、現在では意表を突いたアイデア人形もからくり人形として分類される。からくり人形づくりの伝統は、現在の産業用ロボットの技術へと受け継がれている。

代表的なものに、暫狐《しばらくぎつね》（東京都北区王子稲荷《いなり》）、米食い鼠《ねずみ》（石川県金沢市）、なまず押さえ（岐阜県大垣市）、大入道《おおにゅうどう》（三重県四日市市）、神戸人形（兵庫県加古川市）など。

◆凧《たこ》

凧が流行するのは江戸時代初期といわれている。一般には正月の遊具と見られている

■松江あねさま

提供：島根県

■なまず押さえ

提供：日本玩具博物館

■三春駒

©福島県観光物産交流協会

が、凧揚げの姿から、子供の成長祈願や魔除けとしても親しまれる。奴凧《やっこ》、角《かく》凧、三角凧、袖《そで》凧など種類はさまざまだが、日本凧の特徴は、デザインや色彩など絵柄に凝るものが多いことにある。江戸奴凧、浜松けんか凧、長崎のハタなどが名高い。

◈木工玩具

製材の切れ端や木片を利用してつくられた玩具で、こけしや独楽《こま》のようにロクロを使った挽物《ひきもの》、羽子板《はごいた》や絵馬などの板物、三春駒《みはるごま》（福島県郡山市）や雉車《きじぐるま》など鋸《のこぎり》を使った抜物《ぬきもの》、獅子頭《ししがしら》（富山市など）や木彫り熊（北海道）のような彫物《ほりもの》、箱根寄木細工に見られる指《さし》物《もの》など種類も用途も幅広い。木彫り人形を使った*木目《きめ》込み人形もこの一種といえる。

◈雉車《きじぐるま》

九州地方を代表する木製の玩具で、東北のこけしと対比される。外見はキジの形につくられ、これに二輪あるいは四輪の車がついたものだが、由来については明らかでない。キジはまた、「木地」の意ともいう。熊本県や大分県に集中し、とくに北山田の雉馬（大分県玖珠《くす》町）や人吉の雉車（熊本県人吉《ひとよし》市）などが有名。

◈こけし

東北地方特産の木工玩具を代表する人形。江戸時代末期、*木地《きじ》師が子供向けの玩具として考案したともいわれるが、起源ははっきりしない。師から弟子へと伝えられる「伝統こけし」は一般に次の一〇系統に分類され、原木は地色の白いミズキやイタヤなどが主に使われている。

- 土湯《つちゆ》系（福島県土湯温泉）＝小さな頭部に細めの胴体と、ロクロで描いた線模様が特徴。頭ははめ込み式。
- 弥治郎《やじろう》系（宮城県白石市）＝胴体に比べて頭が大きく、胴模様は「巻き絵」とよばれ

＊木目込み人形
日本人形の一つ。木彫り人形に細かい溝をいくつか彫り、そこに金襴《きんらん》などの豪華な布の切れ端をはさみ込んで衣装としたもの。襟《えり》の重なった部分や帯は別々に布を貼りつけるため、あたかも重ね着をしているように見えるのが特徴。江戸中期、京都の賀茂神社からはじまったと伝えられ、賀茂人形ともいう。

＊木地師
ロクロを使って、木地のままの椀《わん》や盆など、主に食器具をつくった特殊技術をもった職人。木地屋ともよばれる。近江《おうみ》国がそのルーツと伝えられ、かつては職能集団を形成して全国に分布し、良材を求めて各地の山野を渡り歩いたという。しかし明治以降は、独自の社会は一挙に崩壊して、現在ではわずかに東北山村のこけし生産や漆器《しっき》づくりにともなう技術を伝えているにすぎない。

る太いロクロ線が特徴。頭はさし込み式。

・遠刈田系《とおがった》（宮城県遠刈田温泉）＝細身の胴体は菊模様が描かれ、頭には放射線模様。頭はさし込み式。

・鳴子系《なるご》（宮城県鳴子温泉）＝太目の胴体と、段をつけて盛りあげた肩が特徴。頭ははめ込み式で、首を回すとキイキイと音がする。

・作並系《さくなみ》（宮城県作並温泉、山形市）＝作並と山形の二か所で発達し、山形系を別に独立させる場合もある。小さな頭と細身の胴体が特徴で、胴模様は作並は菊、山形は梅が多い。頭はさし込み式。

・蔵王系《ざおう》（山形市蔵王温泉）＝太目の胴と大きな頭で全体に量感がある。胴模様は菊と桜。頭はさし込み固定式。

・肘折系《ひじおり》（山形県肘折温泉）＝形は鳴子系、模様は遠刈田系の影響を受けている。頭はさし込み式で中に小石を入れる。

・木地山系《きじやま》（秋田県湯沢市）＝胴は太くどっしりとした量感にあふれ、胴は前かけ模様が多い。頭と胴は一本の木で彫ったつくりつけ式。

・南部系（岩手県花巻市）＝幼児のおしゃぶり（キナキナ）から発展したもの。顔だけ描き、胴体は無彩が多

■こけしの系統

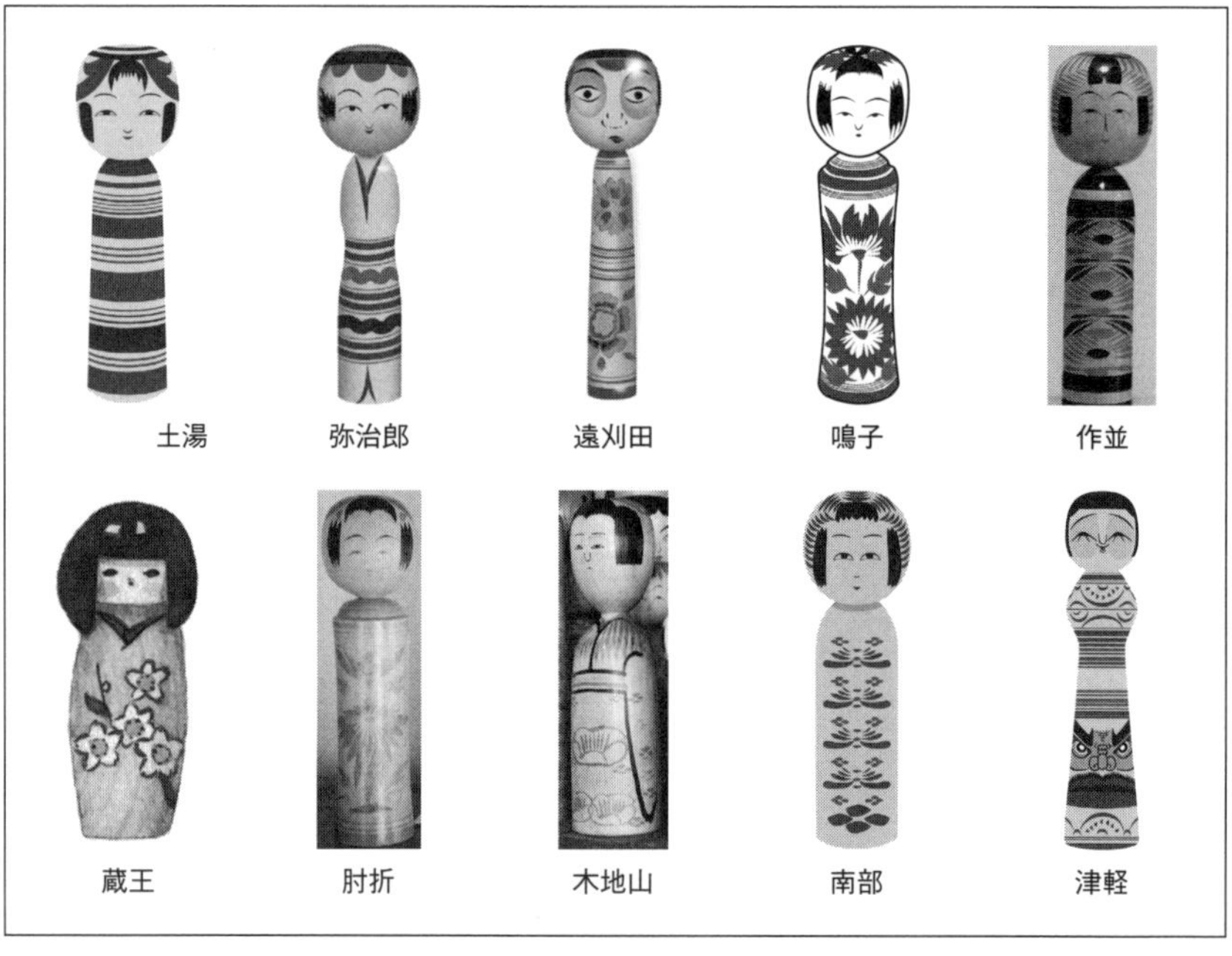

い。頭ははめ込み式。
- 津軽系（青森県温湯《ぬるゆ》温泉、大鰐《おおわに》温泉）＝一〇系統のうち最も新しいタイプ。頭はおかっぱが多いが、胴模様は多彩。頭はつくりつけ式。

3　玩具とご利益　この日、この場所で買ってこそご利益が

先にも触れたが、玩具の多くは子供の手慰みという以上に、無病息災、厄除け、招福開運といったように、願い事をこめた縁起物として長い間親しまれてきた。なかでも子供の疫病除け、とくに子供のかかりやすい疱瘡《ほうそう》除けのまじないとして、外側を赤い色に塗った「赤もの」とよばれる玩具はその代表例だろう。

古来、赤は火を連想させ悪鬼をはらう呪術的な力を持つと信じられ、神社の鳥居《とりい》を赤く塗り、赤紙の*御幣《ごへい》を張り、小豆《あずき》飯を食べる習慣などに伝わっている。郷土玩具のなかにも赤べこ、だるま、獅子頭、金太郎など張り子人形を中心に赤塗りは数多く見られる。また、できものの別名である瘡《くさ》の語呂合わせから、くさを食ってくれる牛や馬をかたどった玩具が多いのも、これらが瘡除けのまじないにされたからという。

しかし、社寺の縁日などで売られる玩具は、入手するタイミングでご利益《りやく》の度合いもちがってくるようで、関連する場所と開催日を次にあげてみる。

- 高崎だるま＝一月一日と二日・群馬県高崎市少林山達磨寺のだるま市。
- 木うそ＝一月七日・福岡県太宰府《だざいふ》天満宮のうそ替え*神事。
- 弾《はじ》き猿＝一月一四～一五日・宮城県気仙沼《けせんぬま》市御崎《おさき》神社の例祭。

＊御幣
↓p六七

＊うそ替え
福岡県の太宰府天満宮で、正月七日の夕刻に行なわれる神事。鳥のウソをかたどった一刀彫りの「うそ」を交換しあって、前年の不幸を嘘として吉運に替えようとする行事。とくに神社が出す金色の「うそ」を手にした人には、特別な幸運があるといわれる。交換した「うそ」は防火のまじないとして家に持ち帰り、神棚に供えておく。

・木うそ＝一月二四～二五日・東京亀戸《かめいど》天神のうそ替え神事。
・牛鬼《うしおに》＝七月二二～二四日・愛媛県宇和島市和霊《われい》神社の大祭。
・田面船《たのもふね》＝旧暦八月一日・広島県尾道《おのみち》市の田面祭り。
・八幡馬《やわたうま》＝旧暦八月一四～一五日・青森県八戸《はちのへ》市の櫛引《くしひき》八幡宮例大祭。
・すすきみみずく＝一〇月一六～一八日・東京都雑司《ぞうし》ケ《が》谷《や》の鬼子母神《きしもじん》会式《えしき》。
・祝《いわ》い鯛《だい》＝一〇月一九～二〇日・静岡市西宮《にしのみや》神社大祭。
・神農の虎＝一一月二二～二三日・大阪市少彦名《すくなひこな》神社の神農祭。

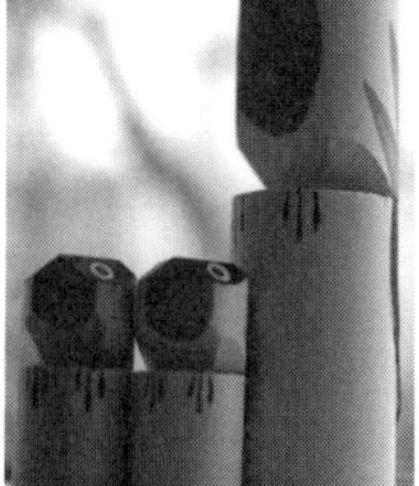
■亀戸天神の木うそ

第7章 ふるさとの文化

説話——その不思議の世界

説話は、名もない無数の人々によって何百年となく語り継がれてきた物語である。いってみれば、民衆の暮らしのよりどころであり、信仰や生活観が反映された無形文化財である。われわれの先祖が、いつどこで生まれ、どのように生きてきたかを知る手がかりに説明を与えようとして生み出されたのが、神話や伝説などの説話である。民衆はそれらの内容を信じ、そして支持した。であるからこそ、いまなお語り伝えられているのだろう。数々の説話は、消えてしまった「過去」ではなく「現在」まで綿々とつながっている歴史の生き証人といってよいかもしれない。

1 分類と定義　伝説と昔話はどうちがうのか

説話は、一般に伝説、昔話、世間話などに分かれ、広義では神話も含む。いずれも本来は、文字に記されることもなく口から耳へと、代々語り伝えられてきた口承《こうしょう》だが、のちには抄録され詳述され、文芸化されるようになっていく。

しかし、神話や伝説はともかく、昔話、民話、伝承、お伽噺《とぎばなし》、笑い話、語り物などは混同され、同じようなレベルでとらえられているケースも少なくない。どこがどうちがうのか、交通整理してみる必要がありそうだ。

＊小野小町伝説

平安前期の美貌の女流歌人にまつわる伝説。実在の事実はあるが、その生涯は謎につつまれており、出生不詳説、男性を拒み続けたことから「穴なし小町」といわれた肉体的欠陥説、歌を詠《よ》んで病気が快癒《かいゆ》したご利益説などさまざまな伝説に彩られている。

＊弘法伝説

弘法大師が諸国を行脚《あんぎゃ》したという言い伝えから、各地で奇跡を起こした伝説が多い。固くて食べられないような芋に変えた弘法芋、実を取りやすい高さに変えた弘法栗などがあるが、有名なのは杖で地面を突いて清水を湧出させた弘法水で、これは全国的に見られる。

＊羽衣伝説

わが国に限らず東アジア全域で見られる伝説。下界に降りた天女が、水浴中に羽衣を男に隠されてやむなく男の妻になるが、やがて衣を取り返して昇天するという話で、駿河《するが》の三保《みほ》の松原《まつばら》のほか、近江《おうみ》の余呉《よご》湖、丹《たん》後《ご》の真奈井《まない》などに伝わっている。

◇神話

古くから人々の間で語り継がれてきた、神々が活躍する物語。わが国では、通常『古事記《こじき》』『日本書紀』『風土記』などに登場する神々の話をいう場合が多く、とくに天孫降臨《てんそんこうりん》や国造りなど政治的・国家的要素が色濃く見られる。古来、祀《まつ》りや儀礼とも深くかかわってきたが、伝説や昔話と交錯している場合も少なくない。一般には、特定の自然現象を説明する「自然神話」と、文化現象を神の行為とみなす「人文神話」に二分される。

イザナギ・イザナミなどの国生《くにう》み、高天原《たかまがはら》における天照大神《あまてらすおおみかみ》とスサノオの対面、大国主命《おおくにぬしのみこと》の国譲り、海幸《うみさち》・山幸《やまさち》神話などが広く知られている。

◇伝説

時・場所・登場人物など固有名詞が固定化されて語り伝えられた話で、かつては本当にあったことと信じられていた。「言い伝え」ともいう。いついつのころ、どこどこ村の何の誰それが何をしたといったように話に具体性をもつが、固有名詞の部分は差し替えが可能で、各地に同じような話が分布する。実在した人物の登場が基本だが、一部には架空の人物が主人公となることもある。

日本武尊《やまとたける》、源義経《みなもとのよしつね》、平将門《たいらのまさかど》、坂田金時《さかたのきんとき》、水戸黄門《みとこうもん》などの英雄伝説をはじめ、*小野小町《おののこまち》や*弘法《こうぼう》伝説、*羽衣《はごろも》伝説、*養老《ようろう》の滝伝説、*浦島伝説、*キリスト伝説、各地の黄金埋蔵伝説や地名伝説などがある。

◇昔話

時、場所、登場人物に制約がなく、どの地であっても幅広い読み替えが可能なもの。すなわち伝説から固有名詞部分を取り去ったものが昔話で、民話、民間説話ともいう。伝説に比べると、信じることを要しない空想に富み、冒頭は「むかしむかし……」では

＊養老の滝伝説
説話集の『十訓抄《じっくんしょう》』や『古今著聞集《ここんちょもんじゅう》』で紹介されている酒泉伝説で、美濃《みの》の国の貧しいきこりが酒の湧き出す滝を発見し、以後酒好きの父に孝行したと伝わる。元正天皇はこの故事の地を訪れて、年号を養老と改元したという。

＊浦島伝説
カメに連れていかれた漁師が、海底の竜宮で乙姫に歓待され、三年ののち玉手箱をもらって故郷に帰り、禁を破って箱を開けるとツルとなって空に消えてしまったという内容。丹後半島の宇良《うら》神社が最も有名だが、ほかに信州の寝覚《ねざめ》ノ床《とこ》、香川県の詫間《たくま》半島が知られている。

＊キリスト伝説
青森県南東部の新郷《しんごう》村戸来《へらい》に伝わるキリストの日本渡来伝説。ゴルゴダの丘で処刑されたのはキリストの弟のイスキリであるとし、シベリア経由で日本に逃れ、戸来を安住の地に十来《へらい》太郎大天空《だいてんくう》と改めて一〇六歳で没したという。戸来はヘブライの転訛《てんか》といわれ、現地には墓まであって

じまり、結末は「あったとさ」で終わる決まり文句で語られる。構成により次のように分類される。

•本格説話＝主人公が半生を通じて、幸運あるいは不幸にたどりつく因果応報の話で、昔話の本流をなすもの。「桃太郎」「一寸法師《いっすんぼうし》」「たにし長者」*「花咲爺《はなさかじい》さん」などが代表的。

•動物説話＝動物ばかりが登場するが、いずれも擬人化されて行動するもので、「猿蟹《さるかに》合戦」「カチカチ山」のような戦いものが多い。

•笑い話＝聞き手を笑いで楽しませようという話で、トンチ話、果てなし話など。のちに落としばなしつまり落語へと発展した例も多い。「吉四六《きっちょむ》さん」が代表。

さらに主題により、①成敗《せいばい》もの（桃太郎）、②恩返しもの（ツルの恩返し）、③立身出世もの（一寸法師）、④罰あたりもの（カチカチ山）、⑤改心もの（こぶとり爺さん）、⑥知恵比べもの（天狗《てんぐ》の隠れみの）、などの分類も可能。

◈世間話

耳にはさんだ世間のできごとをあたかも実際にあったように、あるいは語り手自身が経験したかのごとく、おもしろおかしく語る話。いわゆる風聞やうわさ話のたぐいで、『今昔《こんじゃく》物語』や『宇治拾遺《うじしゅうい》物語』などの説話に数多くみられる。現在でも霊魂、火の玉、UFOなどを見たとか、タヌキに化かされたとか、トイレの花子さんなどがこれに当たる。

◈お伽噺

室町時代以降、貴人や武将のお側《そば》で慰め用に話を提供した「御伽衆《おとぎしゅう》」の娯楽話が起源で、内容的な系統ではなく、あくまでスタイルによる分類。昔話、伝説、漢籍・仏典

毎年五月にキリスト大祭が行なわれ、生まれた子を初めて屋外に出す時は額に墨で十字を書く風習もある。

＊たにし長者

東北地方に多く伝わる話で、たにしの姿で生まれた申し子が、人並み以上に働き機智をきかせて美しい嫁をもらい、人間の姿となって長者として栄えるという話。一寸法師の変型で、たにしはまた稲の発育を促す水神としても祀られていたという。

などから潤色した説話などが中心だったが、のち子供向けの昔話や伝説へと変容し、現在の童話の前身となった。なお、童話とは、昔話が子供の手に移ってから生まれた新しい語で、江戸中期から見られる。

2 登場する配役たち　伝説や昔話に欠かせない善と悪の主人公

昔話や伝説のストーリーを盛りあげるために、欠かせない個性豊かな顔ぶれというものがいる。話によってスタイルやよび名は多少異なっても、基本的に共通した存在である。主役級のプロフィールを紹介しよう。

◆鬼

最もポピュラーな悪役で、姿形の見えない存在「隠《おん》」が語源という。古くは、死者の霊が山岳信仰*によって山の精霊に生まれ変わったものといわれていたが、のちに地獄の使者となり、人肉を食らう恐ろしい異形の妖怪へと変身してしまった。角《つの》や牙《きば》を持ち、トラ皮のふんどし姿というイメージが定着している。山姥《やまんば》も鬼の一種とされる。

鬼が出番の伝説は無数にあるが、その大半は英雄によって退治されるというもの。「大江山の酒呑童子《しゅてんどうじ》（京都府）」「戸隠《とがくし》の鬼女（長野県）」「安達《あだち》ケ原の鬼婆《おにばば》（福島県）」「桃太郎の鬼が島（香川県）」など枚挙にいとまがない。しかし、「一寸法師」や「こぶとり爺さん」などのように結果的に福をよび込む鬼もいくつかある。

◆天狗《てんぐ》

日本固有の山の神だが、あるときは善玉、あるときは悪玉にもなるという奇怪な妖怪。

＊山岳信仰
山を神の宿るところ、あるいは祖霊の住むところと考えて崇《あが》める原始信仰の一つ。自然の偉大さに対する畏《い》怖《ふ》心から生じたもので、天空から下ってきた神が最初に降り立つ場所と信じられた。山国日本ではとくに顕著で、高峰の多くは同時に霊山でもあった。↓p一〇五も参照。

古代中国で天界にすむ怪獣の「天狗《あまつきつね》」にちなんで生まれたもので、仏教伝来後に、＊山伏《やまぶし》と混同されて外観は行者風のいでたちをしているが、みだりに俗人と交わることを嫌うといわれている。異常に高い鼻と赤ら顔、手足のツメが長くて羽団扇《はうちわ》を持ち、翼によって自由に空を飛ぶことができる。

どこからともなく小石が飛んでくる「天狗つぶて」、人けのないところで高く笑う声が聞こえる「天狗笑い」など、奥深い山中にあってさまざまな怪異をもたらすとも信じられた。かつては、急に消息がわからなくなることを、天狗にさらわれたともいった。

中国からやってきた＊是害坊《ぜがいぼう》、京都鞍馬山《くらまやま》の鞍馬天狗、愛宕山《あたごやま》の太郎坊、英彦山《ひこさん》の豊前《ぶぜん》坊などの大天狗が有名。

◆河童《かっぱ》

水中にすむ妖怪。水神が落ちぶれたもので、田の水をつかさどる童子と考えられ、現在も各地の水天宮には河童を祀っているものが多い。かわたろう、がたろうともいう。くちばしがとがり、甲羅《こうら》と水かきをもって水中を泳ぐが、頭上の皿が乾くと霊力を失うという。キュウリが好きで、好んで相撲の勝負をいどみ、人を水中に引きずり込んで肛《こう》門《もん》から肝を抜き取るともいわれる。

九州河童の総帥《そうすい》といわれた門司《もじ》の海御前《あまごぜ》（福岡県）をはじめ、筑後《ちくご》川の河童（福岡県）、球磨《くま》川の九千坊《くせんぼう》（熊本県）、牛久《うしく》沼の河童（茨城県）などさまざまに伝えられているが、一般に四国や九州地方など西日本に集中している。

◆山姥

奥深い山中にすんでいるといわれる老女の妖怪。山の神に仕える巫女《みこ》が起源といわれるが、のちに長い白髪《はくはつ》で口が耳まで裂けていて子供などをさらって食べる怪力の老女へ

＊山伏
山野を生活の場とする修行僧のことだが、一般には密教的な厳しい修行をして超能力を身につけようとする修験道《しゅげんどう》の僧をいう。兜巾《ときん》とよばれるお椀《わん》のような頭巾をかぶり、金剛杖《こんごうづえ》を持ち、ホラ貝を鳴らしながら山野で修行した。

＊是害坊
『今昔物語』に登場する中国出身の大天狗。仏法を目の敵にして悪さを続けていたが、あるとき比叡山《ひえいざん》で修行中の密教僧に危害を加えようとしたものの、三度挑戦してことごとく敗走したといわれる。この説話は、天台宗の法力とありがたさを誇示するために喧伝《けんでん》用として創作されたという。

＊食わず女房
「口なし女房」ともいう。飯を食べない美しい女房が、じつは頭の上に大口のある山姥であったという昔話で、ほぼ全国的に分布。山姥に追いかけられ食われそうになった夫が、ショウブとヨモギで撃退するというところもほとんど同じである。

と変身した。いっぽうで、異様な外見にもかかわらず神秘的な玉を持ち、意外な福運をもたらすとも考えられた。信州北部の「山姥の里」は有名だが、全国的に分布する「*食わず女房」「*山姥のおつくね」など多くの伝説にも登場。

◆雪女

白衣《びゃくえ》を着た女性の姿で現れる雪の精。雪女郎《ゆきじょろう》ともいう。夜間に吹雪とともに訪れ、口をきくと命を吸い取るといわれる。囲炉裏《いろり》のそばや風呂で暖めてやると、溶けて消えてしまったという話が多いためか、不幸な結末をむかえるのが一般的。土地柄、東北や北陸に圧倒的に多く「雪娘」や「しがま女房（青森県）」などが有名。

◆長者

金持ち・富豪の代名詞で、全国的に分布するポピュラーな存在。貧しい男が動物の導きあるいは福運を持った女性の霊力で財宝を手に入れたり、手近なものを取り替えるたびに金持ちになっていくというのが、お決まりのストーリー展開。「わらしべ長者」「*だんぶり長者」「炭焼き長者」など、形を変えながらもほぼ全国的に見られ、昔話の重要な構成要素となっている。「花咲爺さん」もこのパターンに近い。

◆一寸法師

全国的に分布する「小《ちい》さ子《こ》物語」の代表的ヒーローで、指太郎《ゆびたろう》、豆助《まめすけ》ともよばれる。いわゆる小人伝説で、小人に生まれた主人公が大手柄を立てて一人前に立身出世するというサクセスストーリー。古代の権力者が側近に小人をはべらせ呪術師（占い師）集団を形成していたことが起源といわれ、一寸法師のほかに、「桃太郎（岡山県）」「かぐや姫（京都府）」「*瓜子姫《うりこひめ》」「たにし長者（岩手県）」などがある。

＊山姥のおつくね
おつくねとは麻糸の玉をいう方言だが、山姥がつくったものは使っても使っても尽きぬ不思議な玉という伝説が残されている。山姥は妖怪であるいっぽう、時として人間に幸運をもたらす福の神でもあった。

＊だんぶり長者
長者伝説の一つで、だんぶりとは東北方言でトンボのこと。夢のなかに現れたトンボに教えられ、金銀財宝の富や名酒を得て一躍金持ちになったという長者話の典型例。

＊瓜子姫
上流から流れてきた瓜から生まれた女の子を主人公とした昔話で、東北から九州まで広く分布している。美しく成長した女の子が機《はた》を織っていると、アマノジャクという妖怪がだまして連れ出すが、結局は養い親の老夫婦によって救い出されるというストーリー。桃太郎やかぐや姫などとの共通点も多い。

ダイダラボッチ

巨人伝説の代表格で、大太法師《だいだぼうし》、デイラボウともいう。関東や中部地方を中心に広く分布する。富士山を背負ったとか、赤城山《あかぎやま》に腰かけて利根川《とね》で足を洗ったとか、八郎潟《はちろうがた》をつくったなどといった伝承が各地で散見される。自然の造形を巨人のしわざとした素朴な原始信仰が起源である。

ザシキワラシ

岩手県を中心に東北地方の旧家の奥座敷に住みついていると信じられる家の精霊。座敷童子と表記し、ザシキボッコやクラワラシともよばれる。顔の赤いおかっぱ頭の小児の姿をしているが、家運をつかさどりこれがとどまっている限り繁栄は約束されるが、立ち去ると同時に家運は傾くという。柳田国男《やなぎたくにお》『遠野物語』や宮沢賢治の童話などでもお馴染み。

比丘尼《びくに》

言葉のうえからいえば、出家して正式に僧となった尼僧のことだが、昔話のなかでは長寿伝説の八百《やお》比丘尼のことをいう。少女のとき人魚の肉を食べたため、八〇〇歳になっても容色が衰えなかったといわれ、若狭《わかさ》国小浜《おばま》に結びつけて伝わっているものが多い。

隠れ里

神や妖怪のたぐいではないが、説話のモチーフとしてしばしば重要な役割を演じる。山奥などに平和で豊かな楽園が存在するというもので、中国の桃源郷《とうげんきょう》*に連なる一種の理想郷かつ異界だが、落人《おちうど》集落の場合もある。お椀《わん》が入用なときに、山奥の淵に頼めば貸してくれる「椀貸し伝説」との関連が密接で、「竜宮伝説」などもこれの変型と見られる。

＊桃源郷
俗世間を離れた平和な理想郷のことで、ユートピア伝説の一つ。武陵桃源《ぶりょうとうげん》ともいう。中国五世紀初期の詩人陶淵明《とうえんめい》の『桃花源記』に書かれた理想郷に基づくもので、武陵の漁師が舟で川を遡《さかのぼ》りモモの花の匂う林に迷い込み、洞窟を抜け出ると戦乱を避けて数百年間、外界との接触を断った隠れ人たちが住んでいたという。

■全国の主な伝説と神話

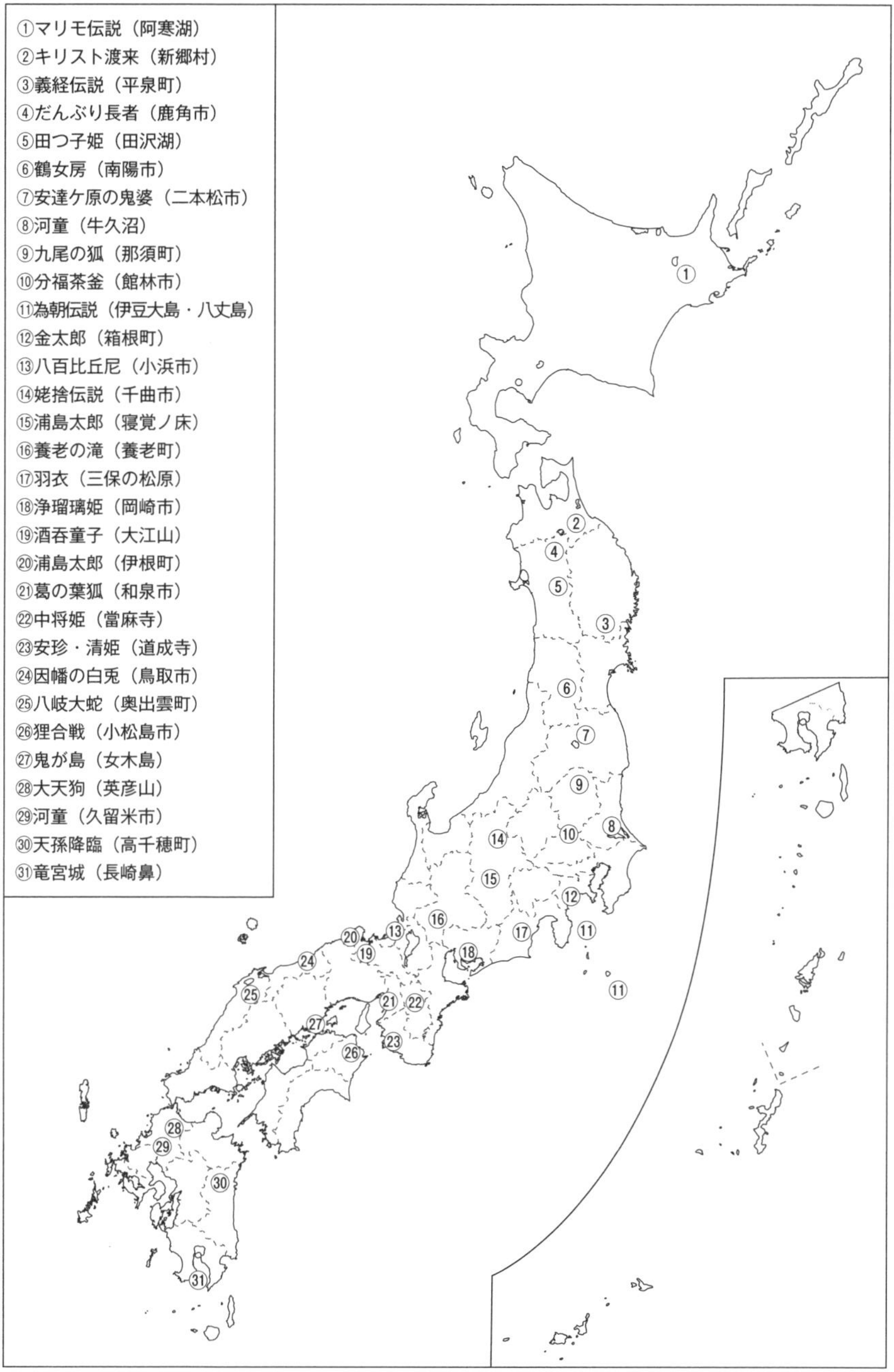
①マリモ伝説（阿寒湖）
②キリスト渡来（新郷村）
③義経伝説（平泉町）
④だんぶり長者（鹿角市）
⑤田つ子姫（田沢湖）
⑥鶴女房（南陽市）
⑦安達ケ原の鬼婆（二本松市）
⑧河童（牛久沼）
⑨九尾の狐（那須町）
⑩分福茶釜（館林市）
⑪為朝伝説（伊豆大島・八丈島）
⑫金太郎（箱根町）
⑬八百比丘尼（小浜市）
⑭姥捨伝説（千曲市）
⑮浦島太郎（寝覚ノ床）
⑯養老の滝（養老町）
⑰羽衣（三保の松原）
⑱浄瑠璃姫（岡崎市）
⑲酒呑童子（大江山）
⑳浦島太郎（伊根町）
㉑葛の葉狐（和泉市）
㉒中将姫（當麻寺）
㉓安珍・清姫（道成寺）
㉔因幡の白兎（鳥取市）
㉕八岐大蛇（奥出雲町）
㉖狸合戦（小松島市）
㉗鬼が島（女木島）
㉘大天狗（英彦山）
㉙河童（久留米市）
㉚天孫降臨（高千穂町）
㉛竜宮城（長崎鼻）

名作探訪の旅

「文学風土」という言葉があるように、歌枕《*うたまくら》や『奥の細道』をはじめ、文学に描かれ名作を生んだ故地への関心は古くから存在した。いまも全国各地に文学詩歌《しいか》ゆかりの地は点在するが、風土との深いつながりは、あるときは作品そのものが地理的ガイドの役割を果たすことさえある。文学の舞台をたずねる旅は、同時に土地土地の暮らしや歴史を見直す重要な手がかりともなりうるのである。

1　文学散歩の手法　どのようにして名作に近づくか

西行《さいぎょう》や芭蕉《ばしょう》以来、旅と漂泊は日本の文学を育《はぐく》む豊かな母体となっている。多くの日本人は旅に出て自然に接し、回顧的かつ抒情《じょじょう》的な気分に浸る傾向が強いようで、詩歌づくりのための吟行《*ぎんこう》がいまも盛んに行なわれているのは、そのような国民性を何よりも雄弁に物語っている。

こうした特性の一環に、文学散歩がある。無味乾燥な統計データを眺めているよりも、当該地を舞台とする小説や映画のほうがよほどその風俗や文化を理解するのに役立つ場合が少なくない。古くから風土を愛《め》でる歌枕の旅の伝統が根づいているように、名作といわれる作品には、舞台となった地域の歴史的・文化的背景が多かれ少なかれ詳細に描

＊歌枕
和歌にしばしば詠《よ》まれる風景や名所などのこと。また、それらを列挙した書物をいうこともあり、中世・近世には多くの「名所和歌集」がつくられた。枕詞《まくらことば》のなかには、特定の地名にかかるものが多数みられる。代表的なものに、安積山《あさか》、勿来《なこそ》の関、田子浦《たごのうら》、佐夜中山《さよなかやま》、宇治、大江山、竜田川《たつた》、吉野山、難波《なにわ》、住吉、明石、高砂《たかさご》などがある。

＊吟行
和歌や俳句などをつくるために、景観のよい場所や名所旧跡などに出かけていくこと。

かれてきた。

文学散歩とは、個々の作品イメージに添いながら、名作ゆかりの地の風土をなぞる追体験の旅である。気ままな寄り道旅行も結構だが、ある程度テーマをしぼったほうが印象も深まるだろうし、効率もいい。そうした文学散歩を体系分類すると、次の三つに大別できそうだ。

◆作品回想コース

お気に入りの作品の舞台だけにしぼる、作品中心型の散策パターン。

たとえば東京なら、次のようになるだろう。樋口一葉《いちよう》『たけくらべ』の浅草鷲《おおとり》神社周辺、幸田露伴《こうだろはん》『五重塔』の台東区谷中《やなか》、森鷗外《おうがい》『雁《がん》』の本郷・湯島界隈《かいわい》、夏目漱石《そうせき》『それから』の牛込《うしごめ》・小石川界隈、永井荷風《かふう》『濹東綺譚《ぼくとうきたん》』の墨田区玉ノ井地区（現・東向島）、谷崎潤一郎『痴人《ちじん》の愛』の大森などがある。

また、全国に目を転じると、太宰治《だざい》『津軽』の津軽半島、柳田国男《やなぎたくにお》『遠野物語』の岩手県遠野、伊藤左千夫《さちお》『野菊の墓』の千葉県松戸、川端康成『伊豆の踊子』の伊豆下田街道、堀辰雄『風立ちぬ』の長野県富士見高原、島崎藤村《とうそん》『夜明け前』の岐阜県馬籠《まごめ》宿、三島由紀夫『金閣寺』の京都金閣寺、壺井栄《つぼいさかえ》『二十四の瞳』の小豆《しょうど》島、夏目漱石『坊っちゃん』の松山周辺、菊池寛《かん》『恩讐《おんしゅう》の彼方に』の大分県耶馬《やば》渓の青洞門《あおのどうもん》と枚挙にいとまがない。

なお作品の舞台がきわめて広範囲にわたっている場合、たとえば松尾芭蕉『奥の細道』、志賀直哉《なおや》『暗夜行路《あんやこうろ》』、林芙美子《ふみこ》『放浪記』、種田山頭火《さんとうか》の吟行などは、「作品遍歴コース」ともよばれるもので、これらの足取りを巡ろうとすると、それなりの時間と費用を覚悟しなければならない。

◇故地散策コース

文学詩歌ととくにゆかりの深い地も、各地に見られる。特定の作家や作品ではなく、むしろ名作が生み出される豊饒《ほうじょう》な風土を味わいたいとする地域重視型の散策パターン。代表的なところでは、徳田秋声《しゅうせい》、泉鏡花《きょうか》、室生犀星《むろうさいせい》の三作家を生んだ金沢。康成や小林秀雄など多くの文人たちが起居しさまざまな作品の舞台ともなった鎌倉。大正期以来の文学者たちの夏の避暑地として、また犀星や正宗白鳥《まさむねはくちょう》らの戦争疎開地として数々の名作が生まれた軽井沢。古代から現代まで、日本文学の一大中心地となってきた京都。林芙美子や志賀直哉が一時期居を構え自らの作品舞台とした広島県尾道《おのみち》、漱石『坊っちゃん』の舞台のほか、正岡子規《しき》や高浜虚子《きょし》など多くの俳人を生んだ俳句の町松山があげられる。

◇足跡探訪コース

作家の生涯や人となりをふり返りつつ、その記念物や遺物をたどる、経歴記録型の散策パターン。生家、母校、旧宅、墓地探訪はいうまでもなく、記念館巡りや追悼行事もこの部類に入る。太宰治の生家「斜陽館《しゃようかん》（太宰治記念館）」、徳富蘆花《とくとみろか》の旧居である「芦《ろ》花恒春園《かこうしゅんえん》」、漱石ゆかりの温泉で坊っちゃんの間がある「道後温泉本館」などは、観光名所になっているほどだ。

2　記念館と文学碑　見る・訪れる・触れる――もう一つの読書

●うたの里

小説や詩歌もさることながら、最近では童謡・唱歌・歌謡曲などの舞台でも、町おこしをかねて歌碑づくりがブームになっている。主な歌碑には次のようなものがある。

・北上夜曲＝菊地規《のりみ》・岩手県北上市
・荒城の月＝土井晩翠《つちいばんすい》・宮城県仙台市
・どんぐりころころ＝青木存義《ながよし》・宮城県松島町
・夏の思い出＝江間章子・福島県檜《ひの》枝岐《えまた》村
・あの町この町＝野口雨情《うじょう》・栃木県宇都宮《うつのみや》市
・宵待草《よいまちぐさ》＝竹久夢二・千葉県銚子《ちょうし》市
・月の沙漠＝加藤まさを・千葉県御《おん》宿《じゅく》町
・かなりや＝西條八十《さいじょうやそ》・東京都台東区
・夕焼け小焼け＝中村雨紅《うこう》・東京都八王子市
・城ケ島の雨＝北原白秋・神奈川県三浦市
・砂山＝北原白秋・新潟市
・早春賦《そうしゅんふ》＝吉丸一昌《よしまるかずまさ》・長野県安曇野《あづみの》市

作家や作品ゆかりの地には、多く記念館・記念碑のたぐいが建てられている。作者がおかれた環境を知り、主人公が歩いた道をたどり、周辺の風景に思いを寄せることは、「ふれあう読書」といってもいいだろう。

文学者・詩人の記念館は、比較的規模の大きなもので約八〇館といわれ、小規模なものまで含めると四〇〇館を超えるといわれるほどの盛況ぶりだ。しかし、地方美術館など同様、まともな収蔵品もないハコもの行政の一環と非難される記念館や、地域によっては作家を都合よく拡大解釈しているところも少なくない。一方的に巨人化しないで、等身大の作家像とその風土を紹介する記念館であってもらいたいものだ。

◇主な文学記念館

- 北海道立文学館（北海道札幌市）
- 三浦綾子記念文学館（北海道旭川市）
- 小樽《おたる》文学館（北海道小樽市）
- 太宰治記念館「斜陽館」（青森県五所川原《ごしょがわら》市）
- 宮沢賢治記念館（岩手県花巻市）
- 日本現代詩歌文学館（岩手県北上市）
- 仙台文学館（宮城県仙台市）
- 藤沢周平記念館（山形県鶴岡市）
- 草野心平記念文学館（福島県いわき市）
- 萩原朔太郎《はぎわらさくたろう》記念　前橋文学館（群馬県前橋市）
- 林芙美子文学館（東京都新宿区）
- 日本近代文学館（東京都目黒区）
- 渡辺淳一文学館（北海道札幌市）
- 井上靖記念館（北海道旭川市）
- 有島記念館（北海道ニセコ町）
- 青森県近代文学館（青森市）
- 三沢市寺山修司記念館（青森県三沢市）
- 石川啄木《たくぼく》記念館（岩手県盛岡市）
- サトウハチロー記念館（岩手県北上市・休館中）
- 斎藤茂吉《もきち》記念館（山形県上山《かみのやま》市）
- 田山花袋《かたい》記念文学館（群馬県館林市）
- 世田谷文学館（東京都世田谷区）
- 一葉記念館（東京都台東区）
- 大佛次郎《おさらぎ》記念館（神奈川県横浜市）

・椰子《やし》の実＝島崎藤村・愛知県田原市
・赤とんぼ＝三木露風《ろふう》・兵庫県たつの市
・大漁＝金子みすゞ・山口県長門《ながと》市
・からたちの花＝北原白秋・福岡県柳川市

●作家の墓所と追悼行事

・芥川龍之介＝東京都豊島区慈眼寺、河童《かっぱ》忌（七月二四日）
・有島武郎＝東京都府中市多磨霊園、武郎忌（六月九日）
・石川啄木＝北海道函館市立待《たちまち》岬、啄木祭（四月一三日）
・川端康成＝神奈川県鎌倉市鎌倉霊園、康成忌（四月一六日）
・菊池寛＝東京都府中市多磨霊園、寛《ひろし》忌（三月六日）
・北原白秋＝東京都府中市多磨霊園、白秋忌（一一月二日）
・幸田露伴＝東京都大田区池上本門寺、蝸牛《かぎゅう》忌（七月三〇日）
・小泉八雲＝東京都豊島区雑司《ぞうし》ケ谷《や》霊園、八雲忌（九月二六日）
・坂口安吾《さかぐちあんご》＝新潟市大安寺、安吾忌（二月一七日）

第7章　ふるさとの文化

・青梅市吉川英治記念館（東京都青梅市）
・鎌倉文学館（神奈川県鎌倉市・休館中）
・石川近代文学館（石川県金沢市）
・泉鏡花記念館（石川県金沢市）
・堀辰雄文学記念館（長野県軽井沢町）
・藤村記念館（長野県小諸《こもろ》市／岐阜県中津川市）
・新美南吉《にいみなんきち》記念館（愛知県半田市）
・司馬遼太郎《しばりょうたろう》記念館（大阪府東大阪市）
・森鷗外記念館（島根県津和野町／東京都文京区）
・金子みすゞ記念館（山口県長門市）
・壺井栄文学館（香川県小豆島町）
・子規記念博物館（愛媛県松山市）
・北原白秋記念館（福岡県柳川市）
・漱石山房記念館（東京都新宿区）
・西村京太郎記念館（神奈川県湯河原町）
・室生犀星記念館（石川県金沢市）
・三島由紀夫文学館（山梨県山中湖村）
・川端康成文学館（大阪府茨木市）
・池波正太郎　真田太平記館（長野県上田市）
・芦屋市谷崎潤一郎記念館（兵庫県芦屋市）
・小泉八雲《やくも》記念館（島根県松江市）
・中原中也《ちゅうや》記念館（山口県山口市）
・菊池寛記念館（香川県高松市）
・松本清張記念館（福岡県北九州市）
・遠藤周作文学館（長崎県長崎市）
・若山牧水《ぼくすい》記念文学館（宮崎県日向《ひゅうが》市）
・かごしま近代文学館（鹿児島県鹿児島市）
・夏目漱石内坪井旧居（熊本県熊本市）

◇文学碑

文学碑は単なるモニュメントではない。見る者にこころが伝わってこないようでは、建立する意味がない。まず、当の文学者その人が創作した作品へのこころがある。ついで作品や作家への想いをこめた建碑者のこころがある。そして、文学碑の建立地の選定理由と周辺の風土が包み込むこころがある。それらのこころを総合して初めて、文学碑とその地＝ふるさとが一体化した存在価値が生まれるのではないだろうか。

以下、代表的な文学碑の一部を紹介する。

・志賀直哉＝東京都港区青山霊園、直哉忌（一〇月二一日）
・司馬遼太郎＝京都市東山区浄土宗本願寺派大谷本廟・南谷、菜の花忌（二月一二日）
・島崎藤村＝神奈川県大磯町地福寺、藤村忌（八月二二日）
・高村光太郎＝東京都豊島区染井霊園、高村祭（五月一五日）
・太宰治＝東京都三鷹市禅林寺、桜《おう》桃《とう》忌（六月一九日）
・壇一雄＝福岡県柳川市福厳《ふくごん》寺、花《か》逢《ほう》忌（五月の第三日曜）
・永井荷風＝東京都豊島区雑司ケ谷霊園、荷風忌（四月三〇日）
・夏目漱石＝東京都豊島区雑司ケ谷霊園、漱石忌（一二月九日）
・林芙美子＝東京都中野区万昌院功運寺、芙美子忌（六月二八日）
・干刈《ひかり》あがた＝東京都青梅市宗建寺、コスモス忌（九月一一日）
・火野《ひの》葦平《あしへい》＝福岡県北九州市若松区高塔山公園、葦平忌（一月二四日に近い日曜日）
・藤沢周平＝東京都八王子市八王子霊園、寒梅忌（一月二六日前後）
・堀辰雄＝東京都府中市多磨霊園、

- 石川啄木＝「やはらかに柳あをめる北上の…」歌碑（岩手県盛岡市）
- 宮沢賢治＝『雨ニモマケズ』詩碑（岩手県花巻市）
- 高村光太郎＝『智恵子抄』詩碑（福島県二本松市）
- 山本有三＝『路傍《ろぼう》の石』文学碑（栃木県栃木市）
- 伊藤左千夫＝『野菊の墓』文学碑（千葉県松戸市）
- 川端康成＝『雪国』文学碑（新潟県湯沢町）
- 太宰治＝『富嶽百景《ふがくひゃっけい》』文学碑（山梨県富士河口湖町）
- 北原白秋＝『落葉松《からまつ》』詩碑（長野県軽井沢町）
- 島崎藤村＝『千曲《ちくま》川旅情のうた』詩碑（長野県小諸市）
- 森鷗外＝『山椒大夫《さんしょうだゆう》』文学碑（京都府宮津市）
- 志賀直哉＝『城《き》の崎《さき》にて』文学碑（兵庫県豊岡市）
- 若山牧水＝「幾山河こえさりゆかば…」歌碑（岡山県新見《にいみ》市）
- 林芙美子＝『放浪記』文学碑（広島県尾道市）
- 中原中也＝『帰郷』詩碑（山口市）
- 種田山頭火＝「雨ふるふるさとははだしであるく」句碑（山口県防府《ほうふ》市）
- 夏目漱石＝『草枕』文学碑（熊本市）

辰雄忌（五月二八日）
・正岡子規＝東京都北区大龍寺、糸瓜《へちま》忌（九月一九日）
・三島由紀夫＝東京都府中市多磨霊園、憂国忌（一一月二五日）
・宮沢賢治＝岩手県花巻市身照寺、賢治祭（九月二一日）
・室生犀星＝石川県金沢市野田山墓地、犀星忌（三月二六日）
・森鷗外＝東京都三鷹市禅林寺、鷗外忌（七月九日）
・山本周五郎＝神奈川県鎌倉市鎌倉霊園（二月一四日）
・吉川英治＝東京都府中市多磨霊園、英治忌（九月七日）
・若山牧水＝静岡県沼津市乗運寺、牧水祭（九月一七日）

■主な名作の舞台

①『挽歌』(釧路市)
②『氷点』(旭川市)
③『北の国から』(富良野市)
④『優駿』(新ひだか町)
⑤『生まれ出づる悩み』(岩内町)
⑥『津軽』(外ケ浜町)
⑦『風の又三郎』(花巻市)
⑧『遠野物語』(遠野市)
⑨『樅ノ木は残った』(柴田町)
⑩『樹下の二人』(二本松市)
⑪『路傍の石』(栃木市)
⑫『不如帰』(伊香保温泉)
⑬『田舎教師』(羽生市)
⑭『野菊の墓』(松戸市)
⑮『青べか物語』(浦安市)
⑯『たけくらべ』『我輩は猫である』『それから』『濹東綺譚』(東京都)
⑰『太陽の季節』(葉山町)
⑱『雪国』(湯沢町)
⑲『ゼロの焦点』(能登金剛)
⑳『大菩薩峠』(大菩薩峠)
㉑『破戒』(飯山市)
㉒『美しい村』(軽井沢町)
㉓『千曲川のスケッチ』(小諸市)
㉔『風立ちぬ』(富士見町)
㉕『夜明け前』(中津川市)
㉖『高野聖』(天生峠)
㉗『金色夜叉』(熱海市)
㉘『修禅寺物語』(伊豆市)
㉙『伊豆の踊子』(湯ケ野温泉)
㉚『潮騒』(神島)
㉛『古都』『金閣寺』『羅生門』『高瀬舟』(京都市)
㉜『山椒大夫』(宮津市)
㉝『夫婦善哉』『春琴抄』『泥の河』(大阪市)
㉞『細雪』(芦屋市)
㉟『城の崎にて』(城崎温泉)
㊱『天平の甍』(奈良市)
㊲『紀ノ川』(和歌山市)
㊳『暗夜行路』(大山)
㊴『砂の器』(奥出雲町)
㊵『放浪記』(尾道市)
㊶『黒い雨』(広島市)
㊷『冬の長門峡』(阿東町)
㊸『二十四の瞳』(小豆島町)
㊹『坊っちゃん』(松山市)
㊺『竜馬がゆく』(高知市)
㊻『足摺岬』(足摺岬)
㊼『点と線』(福岡市)
㊽『思ひ出』(柳川市)
㊾『次郎物語』(神埼市)
㊿『草枕』(小天温泉)
51『阿部一族』(熊本市)
52『恩讐の彼方に』(青ノ洞門)
53『みなかみ』(日向市)
54『翔ぶが如く』(鹿児島市)

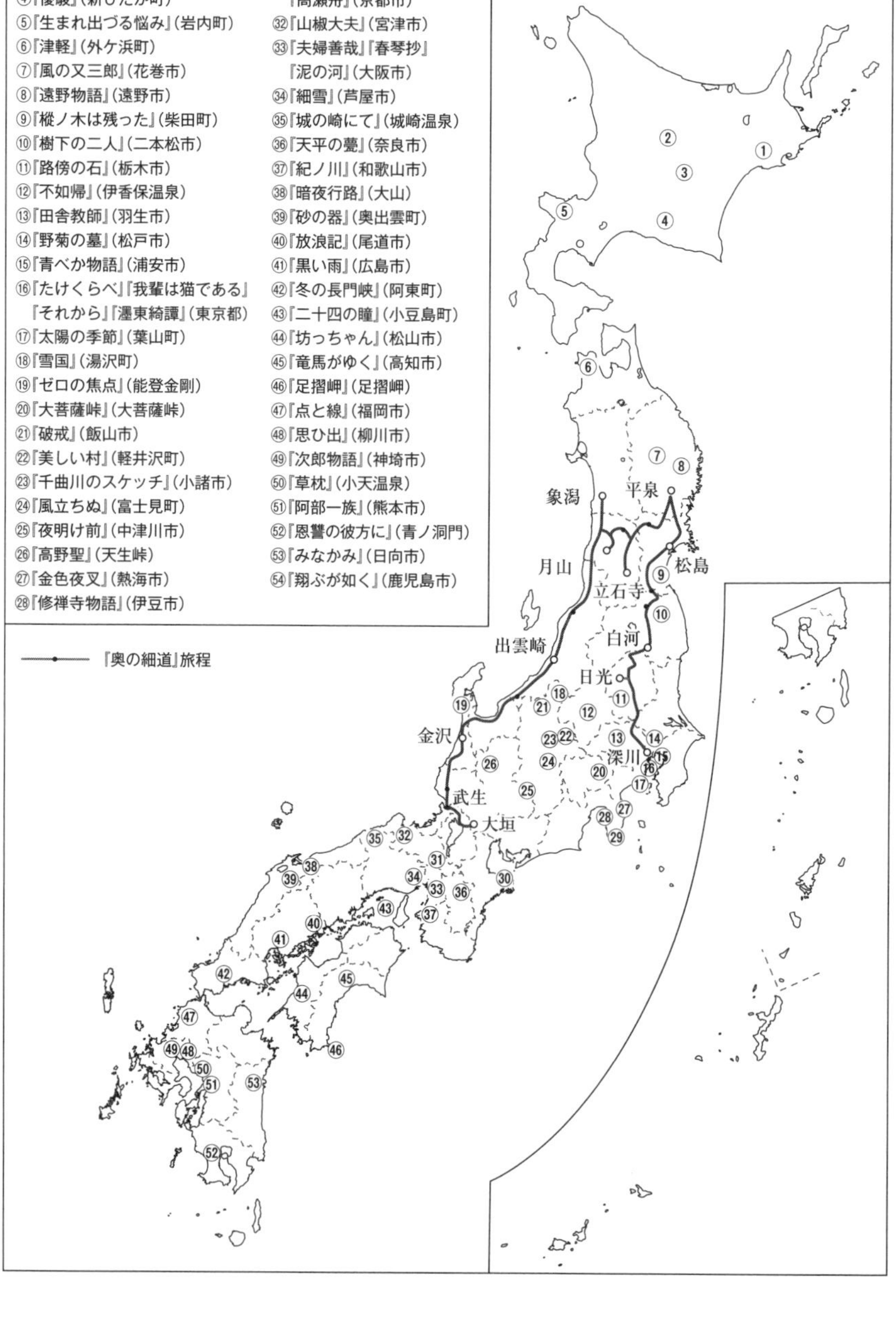

民謡を考える

民謡は、共同体における民衆の生活のなかから、喜怒哀楽を表現する手段として自然発生的に生まれたリズムである。いわば日本のフォークソングだが、長い間、廃《すた》れることなく唄い継がれてきた背景には、歌詞や曲調にこめられている表現に、人々の心を揺り動かすものがあったからだろう。また、民謡には歌い手・聞き手といった明確な区別はない。なぜなら、民謡が暮らしのなかで生き続けてきた状況に即していえば、生活者のすべてが歌い手であり、同時に聞き手でもあったからだ。

1　発生とスタイル　民衆の生活のなかから生まれたフォークソング

わが国の民謡の歴史を遡《きかのぼ》ることは、ほとんど不可能であろう。恐らくは稲作を中心とした原始共同体的な生産労働がはじまったころから唄われていたにちがいない。埴輪《はにわ》などによっても、古墳時代には太鼓などの楽器によって拍子をとる歌舞《かぶ》が演じられていたことがわかっている。

それらの唄は原則として文字や楽譜《がくふ》のない時代の所産であって、現在のような文字の力によって味わう「読む唄」ではなく、自然に口から出た旋律を耳で聴きとる口承文芸に近い「謡《うた》う唄」であった。しかも伝承されていくうちに、節回しも詞も少しずつ、しかし確実に移り変わるという宿命を抱えていた。

現在唄い継がれている民謡はおよそ五万八〇〇〇曲、一県平均一二〇〇曲余といわれているが、そのほとんどは、遥かなる古代のそれではなくて、江戸時代中期から明治中期にかけてわずか二世紀ばかりの間に生まれたものである。なかには、いかにも古くから唄われてきたような『炭坑節』や『北海盆唄』『ちゃっきり節』のように、大正、昭和期の民謡運動のなかから生まれた新民謡も少なくない。

民謡は当初、きびしく単調な作業をまぎらわすための労作《ろうさく》唄が主流であったが、のちに酒盛りのときに唄われるようになると、娯楽的な要素が強まっていった。さらに、地域限定された唄だけではなく、さまざまなバリエーションを加えながらきわめて広範囲にわたって分布しているのも大きな特色である。

たとえば、〽佐渡へ佐渡へと草木もなびくよ……の『佐渡おけさ』をはじめとする各地の港町の騒ぎ唄は九州の天草地方の『ハイヤ節』*が、北海道の『江差追分《えさしおいわけ》』は長野県の『信濃《しなの》追分』がそれぞれ元歌で、運び手は*北前船《きたまえぶね》の船乗りだったといわれている。また、群馬県の『八木《やぎ》節』や青森県の『津軽じょんから節』のルーツをたどると、越後《えちご》の*瞽女《ごぜ》によって広められ変型したものという。

なお、発生を背景とした民謡のスタイルは、民俗学者の柳田国男《やなぎたくにお》によると通常次のように分類されている。

- 田歌＝田植え唄、草取り唄、稲刈り唄など、農作業にともなうもので、形態としては最も古いものを残している。
- 庭歌《にわ》＝麦搗《むぎつき》唄や稲こき唄、粉挽《こなひき》唄などのように、かつて農家の庭先などで唄われた穀《こく》類《るい》加工作業にともなうもの。

＊ハイヤ節
三味線《しゃみせん》の弾むようなリズムを持つ天《あま》草《くさ》の牛深《うしぶか》地方の酒盛《さかも》り唄。ハイヤとは「南風《はえ》や」の意で、南風を待って北へ出航したことに由来し、この地を基点に節回しが各地の港町に広がったという。歌い出しは西日本ではハイヤだが、佐渡と鹿児島ではハンヤ、東北ではアイヤと変わる。

＊北前船
江戸時代中期から明治時代初期にかけて西回り海運に就航した廻船《かいせん》。主に蝦夷《えぞ》地や東北地方西岸、北陸地方の海産物や米などを、日本海から下関を回って瀬戸内の諸港や大阪に運び、反対に西国からは塩や酒などを仕入れて北国に運んだ。北国《ほっこく》船、北国廻船ともいう。

＊瞽女
盲目の門付《かどづけ》女芸人のことで、瞽女とは盲御前《めくらごぜ》の略ともいう。当初は琵琶《びわ》や鼓《つづみ》などで語り物を演じたが、江戸時代以降は三味線の弾き語りを専門とするようになった。一般に小集団を組み、旅生活を送ることが多かっ

- 山歌＝山遊びや山仕事の際に唄われたもの。＊山行唄《さんこう》、木おろし唄、＊杣唄《そま》など。
- 業歌《わざ》＝木挽《こびき》唄や大工唄など、ある特定の仕事にたずさわる職人が唄うもの。
- 道歌＝道中での作業の気晴らしや、ひまつぶしに唄われたもの。馬子《まご》唄、牛追《うしおい》唄（牛《うし》方《かた》唄）、道中唄など。
- 海歌＝舟唄、網曳《あみひき》唄など海上や海辺生活のなかから生まれてきたもの。
- 祝歌《ほぎ》＝酒盛り唄や嫁入り唄、座敷唄など、めでたい宴会の席などで唄うもの。
- 祭歌《まつり》＝神事中心の祭りで唄われるお囃子《はやし》や＊ちゃっきらこに代表される神事唄など。
- 遊歌《あそび》＝一般の年中行事などにともなって唄われるもので、盆踊り唄、田遊び唄、雨乞い唄などが代表的。
- 童歌《わらべ》＝子供たちによって唄われてきたもので、子守唄や手毬《てまり》唄、羽子《はご》つき唄、縄跳《なわと》び唄など。

2　民謡の分類　節、音頭、甚句などにもそれぞれ意味がある

民謡の曲目には、唄、音頭《おんど》、甚句《じんく》など接尾語のような言葉が添えられているものが多く見られる。むろん作者が恣意《しい》的につけたのではなく、あくまでその民謡の内容的な特徴を表そうとして命名したものにちがいない。しかし、これによって数多くの民謡を類似したパターンに区分けすることも可能である。

◈唄

田植え唄、舟唄、木挽唄、麦搗唄、馬子唄、牛追唄といったように、大半は作業中に

たが、現在では正統派の瞽女はほとんどいない。

＊山行唄

山越え、あるいは峠越えをしながら旅する際に唄われた唄。

＊杣唄

杣とは、元来植林をして木材を切り出す山のことだが、ここから切り出す仕事を生業とする人を杣または杣人、きこりともいった。彼らが作業中に唄ったものを杣唄という。

＊ちゃっきらこ

神奈川県三浦市の海南《かいなん》神社に奉納される少女たちの素朴な歌舞。小正月の行事で「ちゃっきらこ」とよばれる二本の綾竹を持って、これを軽く打ち鳴らすだけで器楽はないが、「ちゃっきらこ打つにはきりりとしゃんと、ここは四つ角人が聞く…」という神事唄が唄われる。

自然発生的に唄われるようになった原初的な唄で、一般に単調で間延びした節回しが多い。伴奏は尺八でとることが多い。

◇節

『ソーラン節』『草津節』『越中《えっちゅう》おわら節』『安来《やすぎ》節』『黒田節』などのように、「唄」に比べると旋律を重視して複雑な曲調となっている。このため伴奏は太鼓や三味線でとる。歌詞も地域色が濃い。酒盛り唄や盆踊り唄などに多く見られる。

◇音頭

『真室川《まむろがわ》音頭』『相川《あいかわ》音頭』などが代表的で、音頭取り（リードして唄う特定の歌い手）についてそのほかの集団がバックコーラスとして囃《はや》し詞《ことば》や間合いを入れる唄い方で、民謡の輪唱のようなもの。

◇甚句

七七七五の短い歌詞を次々に唄い継いでいくスタイル。簡潔かつリズミカルなおもしろさから、とくに酒盛り唄や盆踊り唄に多く見られる。『秋田甚句』『三崎甚句』『米山《よねやま》甚句』などが有名。伴奏は太鼓や三味線で。

◇追分*

中山道と北国街道の分岐点にあった信濃追分宿（長野県軽井沢町）の*飯盛女《めしもりおんな》たちによって唄われはじめた民謡。信州から『越後追分』『南部追分』、さらに『江差追分』といったように広まっていったという。声を長くのばして唄う演唱法と、もの哀しい曲調が特徴。

＊追分
道、とくに街道がふたまたに分かれているところ。分岐点のこと。

＊飯盛女
→p三六一

＊こぶし
演歌や民謡などで、意図的につけ加えるうねるような独特の節回し。「こぶしをきかせる」といったように使われる。

3 東西の音楽様式　演歌のこぶしは北日本から生まれた

一口に民謡といっても、その旋律や唄い方には地域差が見られる。大別すると次の三様式に区分される。拍子は大半が四分の二拍子で、基本的リズムは「エンヤトット」と現在の演歌の基調でもある。音程は全般に東は低く西は高いというのが定説となっている。

◆北方様式

長野県から東の地域に特徴的な様式で、アクセントに抑揚が少なく切り口上のため、こぶし*、まわしを多用しないと唄にならないことから節回しが派手。リズムも激しく全般にダイナミックな曲調で、のちの演歌歌謡の源流ともなった。

◆中央様式

上方《かみがた》（関西）を中心に東は岐阜県まで、西は山口県と四国までの間で特徴的な様式。北日本と異なり、都会風で洗練されたメロディアスな抑揚をもつアクセントのため、節回しは押さえ気味で、リズムも穏やかでゆったりしたテンポの唄が多い。

◆南方様式

九州および沖縄地方に見られる様式だが、さらに熊本あたりを境に、『黒田節』のようなゆったりテンポの北側と、『おてもやん』『鹿児島おはら節』のような軽快なテンポの南側に二分される。また奄美《あまみ》大島を境として、南側はレとラの音が欠けた「琉球音階《りゅうきゅうおんかい》」とよばれる独特の音調があり、とくに奄美諸島を中心に沖縄を含む地方では、三味《しゃみ》線《せん》のもととなった蛇皮を張った三線《さんしん》の伴奏とともに歌われる島唄*が有名。

＊島唄
厳密には奄美諸島の民謡の総称で、沖縄の琉球民謡まで含まない。シマとは集落・地域の意味で、アイランドの「島」ではない。縄張りを表すシマと同義で、各集落ごとに独自の民謡をもつことに由来する言葉。

■日本の伝統音階

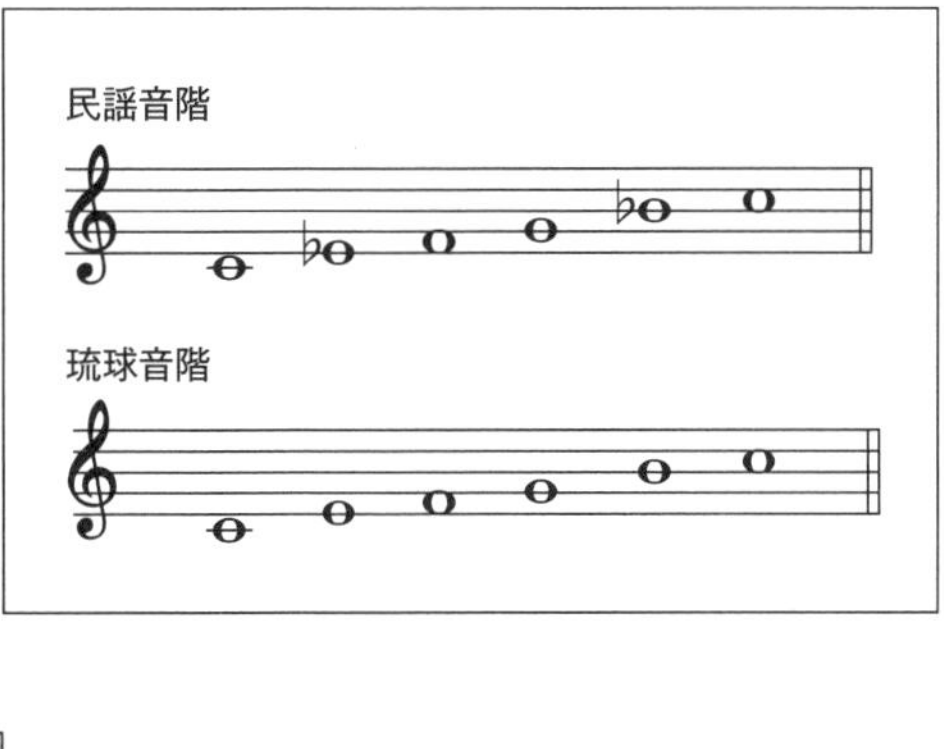

第７章
ふるさとの文化

■全国の主な民謡

ソーラン節
江差追分
北海盆唄
津軽じょんがら節
ホーハイ節
秋田おばこ
秋田甚句
ドンパン節
南部牛追唄
最上川舟唄
真室川音頭
花笠踊り
斎太郎節
さんさ時雨
米山甚句
三階節
佐渡おけさ
相馬盆唄
会津磐梯山
草津節
八木節
磯節
越中おわら節
こきりこ
木曽節
小諸馬子唄
信濃追分
木更津甚句
大漁節
山中節
三崎甚句
箱根馬子唄
三国節
郡上節
農兵節
貝殻節
デカンショ節
安来節
関の五本松
下津井節
河内音頭
尾鷲節
金毘羅船々
串本節
阿波踊り
男なら
よさこい節
黒田節
炭坑節
おてもやん
五木の子守唄
刈干切唄
稗搗節
鹿児島おはら節
ハンヤ節
安里屋ユンタ

「地方の遊び」再考

平安末期の歌謡集である『梁塵秘抄《りょうじんひしょう》』の巻第二に、「遊びをせんとや生れけむ、戯《たわむ》れせんとや生れけん」との記述がある。縁あってこの世に生まれたのは、辛抱に耐えながら生きることではなく遊び楽しむためではないかというものだ。では、遊びとは何だろう。それは気慰みであり娯楽であり、日常の生産活動とは対比される非生産的で目的をもたない行為にほかならない。広くとらえれば、旅もまた遊びの領域に含まれるのである。

1　伝承遊びの背景　民衆の生活から生まれた非日常的空間

日本の伝統的な遊戯は、鬼ごっこや木登りのような自然発生的なものは別として、ほとんどは大陸文化の渡来によってもたらされたという。なかでも中国から伝わった囲《い》碁《ご》・将棋《しょうぎ》・双六《すごろく》は、「三福対《さんぷくつい》」と称えられ、現在にいたるまで日本の室内遊戯の主流をなしてきた。一六世紀の半ばには、ポルトガルやオランダなど南蛮《なんばん》文化の伝来にともない、カード類をはじめとする新しい遊戯もとり入れられている。

しかし、こんにちまで脈々と受け継がれている庶民的な遊び、いわゆる伝承遊びの多くは、その起源を町人文化の開花した江戸時代、それも中期以降に求められよう。伝承遊びとは、即興的に創案された遊びではなく、時代背景の流れのなかで微妙に変化しながらも、伝承と継承とのくり返しによって後世へ引き継がれてきたものだ。

その形態は、屋内遊びと屋外遊びに二分される。前者にはあやとり、折り紙、だるま落とし、お手玉、紙ずもう、おはじき、けん玉などがあり、後者には石けり、缶けり、めんこ、凧《たこ》あげ、なわとび、ベーゴマ、ビー玉などがあげられよう。

ところが、テレビの普及にともない伝承遊びの世界は激変、伝承そのものが急速に消失しはじめ、生命を絶たれたものさえ少なくない。最大の要因は、かつて伝承役であった年長者が、そのような遊びを体験していない世代へ移り変わってしまったことにある。

2　各地の遊び　地方に伝わる独自の楽しみ方

伝承遊びには、全国規模で行なわれるもののほか、特定の地方だけに伝承され、あるいは残存してきた局地的な遊びも散見される。しかし、伝承者と遊戯者の減少により、消滅寸前という遊びもある。地方色の濃い伝承遊戯の一部を紹介しよう。

《地方札・カルタ系》

カルタとはポルトガル語の「紙札」のことで、一六世紀後半に南蛮文化の一環として伝来して以降、急速に日本人の生活に溶け込んできた遊戯である。もともと、平安時代に生まれた貝合わせ*にヨーロッパ伝来のカードゲームが融合し、江戸時代初期の寛永年間（一六二四～四四年）に現在のような遊び方が定着した。小倉百人一首《おぐらひゃくにんいっしゅ》カルタもそ

＊**貝合わせ**　左右に対置された二つのものの優劣を競う、古くからある物合わせ遊戯の一つ。平安中期ころにはじまったとされ、左右二組に分かれてそれぞれ貝を出して合わせ、形、色、大きさ、珍しさなどの優劣を競った。のち彩色絵入りで飾られた二枚貝の、対になる殻を早く合わせたほうが勝ちとなる遊戯へと発展した。

のころ考案されたが、地方には古い形態から派生したカルタ遊びも数多く見られる。

◈上毛《じょうもう》カルタ

群馬県（上毛地方）の歴史・風物・産業・名所などを織り込んだいろはカルタの一種。一九四七（昭和二二）年に考案されたご当地カルタで、いろは四七字からゐ・ゑ・んの三枚を除いた四四枚からなる。「つる（鶴）舞う形の群馬県」といったように、遊びながら群馬全般について学べる入門教材として、地元の小学校や中学校では現在も校内カルタ大会などが催されている。

◈下《しも》の句《く》カルタ

北海道限定の百人一首。下の句読み、下の句取りという風変わりなカルタで、取り札は厚みのある板で独特の書体で文字が書かれている。攻め、守り、攻および守と役割の異なる三人が横一列に向き合って競技するが、味方同士は札を入れ替えることもできる。

■下の句カルタに使用する板カルタ

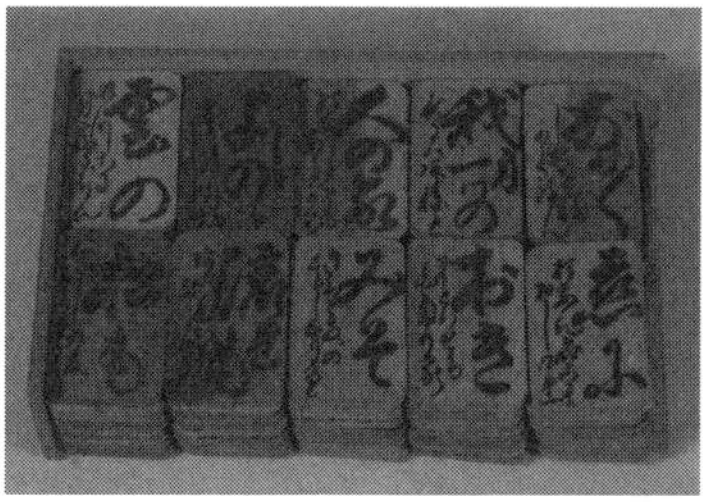

© 北海道博物館

■ゴニンカン大会

© 五所川原商工会議所

■ごいた

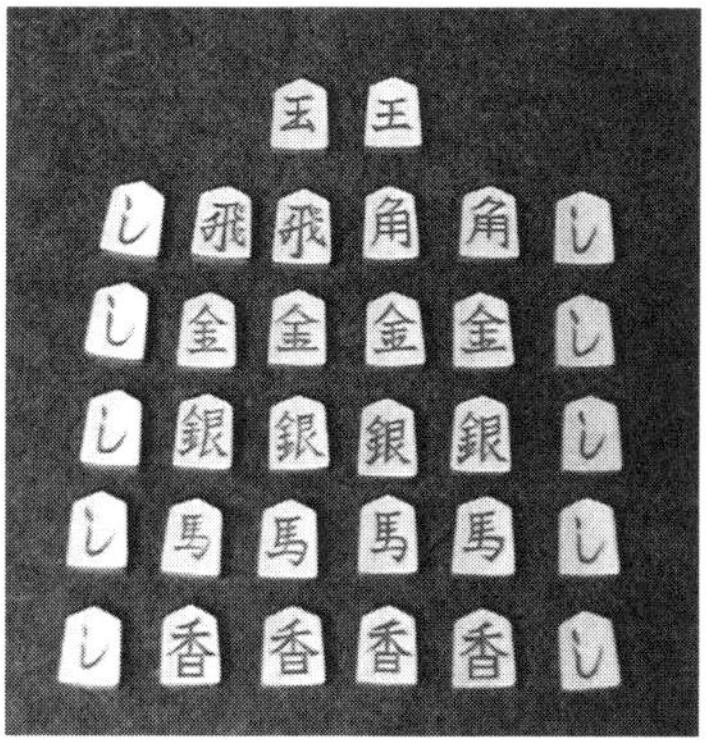

© 能登町役場ふるさと振興課

◇ゴニンカン

青森県津軽地方に伝わるカード遊びで、「五人関係」の略という。まず二対三に分かれて切り札を決め、順に場に出して、一巡した時点で最も強いカードを出した人が総取りとなる。これを何度かくり返し、絵札を多く取った関係グループが勝ち。トランプゲームでいうナポレオンに近い。一九九五（平成七）年から二〇〇二（令和2）年まで、五所川原市で世界選手権大会を開催していた。

◇黒札《くろふだ》

青森県や岩手県など東北地方北部で行なわれる花カルタの一種。一から九までの数字を意味する四八種の札を順々に配り、持ち札の合計が早く一五になるか、または役ができたほうが勝ちという競技で、ゲーム自体は「どんつく」という。*天正《てんしょう》カルタがルーツで、同系列のものに、関西の赤八《あかはち》、北陸の小松《こまつ》などがある。

◇ごいた

石川県能登《のと》町に伝わる駒ゲーム。将棋に似た駒を使って、二人一組のペアで勝負する。三二枚の駒を順番に出しながら攻防を続けて、八枚の手駒をすべてなくしたほうが勝ち。最後に出した上がり駒で、点数を決める。毎年、日本選手権大会も開催されている。明治期の豪商布浦清右衛門《ぬのうらせいようもん》らが考案したという。

◇*うんすんカルタ

伝承遊戯として熊本県人吉《ひとよし》市だけに伝わっている、計七五枚のカードからなるカルタ。備前《びぜん》カルタともいう。カルタ遊びが伝来したころの初期の形態を残すもので、現在では県の無形文化財に指定されている。代表的ゲームの「八人メリ」は、四人ずつ二チームに分かれて各自札を出していき、最も強い札を出した者が点をとり場をすすめる。複雑

＊天正カルタ
日本におけるカルタ遊びの源流をなし、ポルトガル人が伝えたカードを天正年間（一五七三～九二年）に日本風に改造したもの。のちに、うんすんカルタや花札へと発展し、しばしば賭博《とばく》などに用いられた。カードは一《ピン》から一二《キリ》まで各四枚の計四八枚からなり、「ピンからキリまで」という文句はここから生まれたという。

＊うんすん
ポルトガル語でうんは一、すんは最高を表し、遊戯中に切り札のエースと最強の絵札を出すとき「うん」とか「すん」と声をかけ、「うんともすんとも言わない」という言葉は、うんすんカルタが廃《すた》れたため、このかけ声が聞かれなくなったことに由来するという。

な役やルールの中で、札を多くとったほうのチームが勝ち。

《拳系《けん》》

拳遊びとは、手を使って勝敗を争う遊びをいう。実際には、手以外にも身体を使うものや言葉だけの遊びもある。拳遊びは、数を当てる「数拳」、じゃんけんのように同時に出して勝敗を争う「すくみ拳」に二分される。これらの拳遊びは、宴会の余興に由来するものが多いのが特徴。

◈野球拳

愛媛県松山市に伝わる郷土芸能。三味線《しゃみせん》と太鼓を伴奏にしながら、相対する二人が野球の投手・打者・走者になぞらえて歌い踊り、じゃんけんで勝敗を決する競技。一九二四（大正一二）年に即興で考案された拳遊びの一種だが、一般にはテレビのバラエティ番組の影響から、負けた相手の服を脱がせる遊びとして広く定着、お色気ゲームとしての色合いが濃い。通常の歌詞は、「野球するならこういう具合にしやしゃんせ。投げたらこう打って、打ったならこう受けて。ランナーになったらエッサッサ。アウト、セーフ、ヨヨイノヨイ」と言う。

◈箸拳《はしけん》

箸を道具とする拳遊戯の一種で、一八五〇年代に土佐《とさ》の宿毛《すくも》で宴席の座興として生まれた。相対する二人が三本ずつの箸を相手に見えないようにして前面に突き出し、双方の合計本数を互いが言い当てて勝敗を決する競技。負けた側は罰として丼一杯分の酒を飲まなければならないとか。南九州などに残るナンコ*の流れをくんだもの。

*ナンコ
文字どおり「何個？」の意で、自分の数と相手の数の総数を言い当てる、平安時代から伝わる数当てゲーム。かつては全国規模の遊びで、遊具は小石や碁石などが用いられた。

◆球磨拳《くまけん》

熊本県の球磨地方で行なわれる拳遊戯。片手で零から五までの形をつくって同時に出し、一つだけ数が多ければ勝ち。通常は、二回連続して破ったほうが勝ちとなる。

◆金比羅船々《こんぴらふねふね》

伏せられた徳利の袴《はかま》を、民謡『金比羅船々』のリズムに合わせて交互に手を出し、袴を取ったり置いたりする座敷遊び。出す手の形に決まりがあり、伴奏を徐々に早めていき、先にまちがえたほうが負け。

《動物闘争系》

競馬、闘牛、闘鶏、闘犬、ドッグレースなど、娯楽のために動物を生かしたまま利用する競技をいう。ただし、日本の闘牛はスペインのように牛と闘牛士が戦う競技ではなく、あくまで牛同士が戦うものだ。

◆闘牛

牛と牛とが戦う競技で、牛相撲《うしずもう》、牛突き、牛の角突きなどともよばれる。地域によって多少ルールのちがいはあるが、基本は格闘時間は無制限で、逃げたほうの負け。格闘は「勢子《せこ》」とよばれる仕掛け人によって操られる。現在では岩手県久慈《くじ》市、新潟県小千谷《おぢや》市周辺、島根県隠岐《おき》島、愛媛県宇和島市、鹿児島県徳之島、沖縄県うるま市などで開催。

◆闘犬

闘争犬を戦わせて勝負を競う遊びで、起源は鎌倉時代にまで遡《さかのぼ》るという。民間での闘犬は室町時代後期からはじまり、こんにちにおいても高知の土佐闘犬が盛ん。檻《おり》に入れられた二匹が戦い、一定時間内になき声を上げたり気を失ったりしたほうが負けで、勝

■闘牛

©奄美群島観光物産協会

負がつかないときは引き分けになる。

◆ばんえい競馬

重さ五〇〇～一〇〇〇キロの鉄塊のソリを曳《ひ》いて馬力を競う、北海道だけに見られる重量競馬のレース。乗馬に対して輓馬《ひきうま》で曳くことに由来。途中二か所の障害坂を越え、二〇〇メートルを二分前後のタイムで走り抜く力と持久力を競う。帯広、北見、旭川、岩見沢の四都市持ち回りで開催されていたが、現在は帯広のみで開催。

《その他》

◆カロム

明治末期に日本に伝わったとされ、現在は滋賀県彦根《ひこね》市周辺だけで見られるビリヤードの変形のような遊戯。通常は四人が二人ずつ組み、正方形の盤を使用して行なう。木製の小さな玉を指で弾いて敵方の玉にぶつけ、盤の四隅にある穴に相手の玉すべてを落とし、ジャック（王様）を早く落としたほうが勝ち。

◆四半的《しはんまと》

九州南部で広く行なわれる小形の弓道で、矢の長さが四尺半（約一メートル三六センチ）、射手から的までの距離が四間半（約八・二メートル）、的の直径が四寸半（約一三・六センチ）であることに由来。弓は正座したまま射る。藩政時代に飫肥《おび》の藩主が武芸鍛錬の一つとして奨励したのがはじまりという。現在では高齢者向けスポーツとして広まり、各地にサークルが設置され大会も開催される。

■ばんえい競馬
提供：ばんえい十勝

■カロム　©日本カロム協会

県民性を考える

日本は狭い島国でありながら、地域により気候風土に著しい特性が見られる。当然、そこで生活する人々の気質にも、地域性というものが色濃く反映されてくる。最近ではこれを県民性とよんでいるが、かつてタレントのタモリが埼玉や名古屋を対象にからかった「地方ジョーク」も、県民気質を少々誇張して表現したものであった。固定化された県民性イメージは、自慢にもなれば悪口にもなって危険な存在だが、その地域の歴史や風土などさまざまな要因が投影された「写し絵」であり、一概に否定されるべきものでもない。

1 県民性とは何か　出身県から性格判断できるのだろうか

県民性とは、各都道府県に顕著に見られるとされる住民の気質・特性のことだが、厳密にいうと、藩政時代における藩単位の地域の精神風土および特質といったものであろう。たとえば、北海道のフロンティア精神、上州（群馬県）の*カカア天下、信州人（長野県）の議論好き、見栄っぱりで倹約家の名古屋人、京のイケズに大阪のドケチ、情熱的な九州男児、豪放だが気難しい*薩摩隼人《さつまはやと》といった強烈なイメージが定着しているものも多い。しかし、だからといって、それがすべて実像と早呑み込みするのは危険だ。

＊カカア天下

亭主が恐妻の尻に敷かれていると曲解される面があるが、本意はその逆。かつての上州は養蚕《ようさん》以外に主産業がないため、家計の大半を働き者の女房が稼ぎ、ぐうたら亭主でも暮らしは成り立ったという事実の裏返しである。女性上位志向ではなく、むしろ「男性天国」というわけだ。

＊薩摩隼人

古代日本で南九州に居住した部族の総称を「隼人」といい、勇猛な性向で知られ、しばしば中央に対して反乱を起こした。こうした隼人の尚武《しょうぶ》の気質を重んじた男性の生き方を理想化したものが薩摩隼人だが、偏屈で独善的な気風なうえ、男尊女卑を助長する考えとして最近は好意的に解釈されなくなっている。薩摩隼人の精神は、第二次大戦前にすでに崩壊していたと指摘する向きさえある。

かつてはそのような気質が強調された時代があったかもしれないが、いまではイメージ先行の虚像と化しているところが少なくない。一例をあげると、北海道のフロンティア精神や薩摩隼人の反骨精神のイメージはもはや廃《すた》れたといっていい。

いずれも現在は、各種の調査データを総合すると中央志向が顕著な地方で、かつて独立独歩・進取な気風といわれた北海道（とりわけ札幌）は、逆にミニ東京化の傾向を一段と強めているほどだ。入植開拓一世紀余を経て、国内を代表する企業の育成実績を見ても、せいぜいが雪印乳業（現・雪印メグミルク）にとどまっている。

このように県民性とは、先天的に存在するものではなく、精神風土や経済状態によって後天的に形成され、風土の変化とともに移り変わっていくと思われる。ステレオタイプ化した古臭いイメージだけで、安易に判断しないほうが無難だろう。

2　地域と気質の関連性　県民性が生まれた背景とは何か

県民性はどのようにして形成されていくのだろうか。さまざまな分野から検証がなされているが、何よりも自然条件や気候条件に負うところが大きいと考えられる。気候の厳しい東北日本は、中央文化から遠かったこともあり、農耕技術の面でも後れを余儀なくされてきた歴史がある。とはいえ、そうした条件がすべて左右するわけではない。厳しい気候にさらされながらそれをどのように克服したかという、意識改革や生活環境も大きな要因となりそうだ。

東北地方の住民が一般に内向的なのは、寒くて陰鬱《いんうつ》な気候によるものと判断されがちだが、それ以上に厳しい気候条件にある北海道人に暗さはなくイメージもずっと明るい。これは処女地に立ち向かう開拓者の気概が、内にこもろうとする習性を許さなかった結果でもあろう。

そこで注目されるのが、風土と歴史的な背景が密接に結びついているのではないかとする見方だ。風土は衣食住を中心に、とくに生産様式と深くかかわっているという視点から検証するものだが、具体的には「血縁」を重視するタテ型社会*の東北日本、「地縁」が強調されたヨコ型社会の西南日本に大きく二分する方法である。

タテ型社会では、主人・家督《かとく》の顔色をうかがうために自己主張しにくい内向的な性格となり、同時に力のあるものへ依存しようとする傾向が強まってくる。これに対してヨコ型社会では、メンバー間の上下関係が一般に希薄なため平等な立場においてつき合うという、いわゆる隣組《となりぐみ》意識が育《はぐく》まれる。抑圧感が少ないから、開放的で社交的な空気が生まれやすいというものだ。これらが、東西日本の伝統的な気質を育んできた一因といわれるゆえんである。

いっぽう歴史的背景としては、二五〇年以上におよぶ幕藩体制下で、軍事上の検問機関である関所などで自由な通行が制限されたことが大きい。また、統治や教育方針が藩ごとに異なり、住民の価値観や気質、言葉（方言）にも多かれ少なかれ影響をおよぼしたことはいうまでもない。ことに島津（薩摩）、細川（肥後《ひご》）、黒田（筑前《ちくぜん》）、前田（加賀《かが》）、伊達《だて》（陸奥《むつ》）といった外様《とざま》*の大藩ほどそうした傾向が表面化したという。

＊タテ型社会

ここでいうタテ型とは、本家・分家、長男・次男以下という同族間における上下関係のこと。かつて東北日本では、冷涼な気候のうえに農耕技術の後れなどもあって、生産効率は西南日本に比べるとすこぶる低調だった。したがって、一族が一致団結しなければ共倒れになってしまいかねないため、必要に迫られて同門意識が強化されていったという。

＊外様

代々同じ主家に仕えてきた「譜代《ふだい》」のような主従関係を持たない新参の家臣。江戸時代では、関ヶ原の合戦以降に徳川家に服属した大名をいい、譜代大名と比べて厳しい制度的差別にさらされた。

3 代表的な県民気質「じょっぱり」から「ぼっけもん」まで

再三指摘したように、「○○県人だから」といった先入観をもった見方は血液型占い*と同様の偏見をともない、たとえそうした気質が一部に見られたとしても、個人差が大きい点も考慮しなければならない。

しかし、それでもなおかつ地域による特性は存在するし、固定化したイメージを住民自身が素直に受け入れている地方も少なくない。否、そのようにふるまうほうがむしろ自然だと信じているほどだ。ここでは、古くから伝わる県民気質を表すよび方を一部紹介するが、とくに北日本と西日本のように中央から離れた辺地で強情かつ頑固《がんこ》一徹《いってつ》な性格が集中しているのはおもしろい現象ではある。

- 道産子《どさんこ》（北海道）＝大らかで他人の動向にはとくに関心を寄せない。割り切った合理主義で道徳観もゆるやか。
- じょっぱり（青森県津軽地方）＝内向的で粘り強いが、強情で意地っ張り。
- そっぴん気質（山形県）＝野暮だが誠実、世渡り下手。
- 会津《あいづ》っぽ（福島県会津地方）＝排他的なうえ、一本気で信念を曲げず超ガンコ。
- 水戸っぽ（茨城県水戸地方）＝骨っぽい、怒りっぽい、理屈っぽいの「三ぽい」*といわれる水戸人の一本気な性格をいう。
- からっ風気質（群馬県）＝熱しやすく冷《さ》めやすく、情にもろいがキザで見栄っぱり。ミニ江戸っ子気質。

*血液型占い
マスコミの面白半分な分析を受け、信じる人も少なくないが、科学的根拠はない。風水、超能力、霊魂の存在と同様に「疑似科学」の範疇《はんちゅう》に入り、遺伝子医学や心理学の権威者は度外視している。一九二七（昭和二）年に教育心理学の古川竹二が近親者のアンケート調査を踏まえて提唱したのがはじまりだが、血液型診断が流行している国は日本、韓国、台湾くらい。欧米などで血液型を尋ねるとDNA鑑定の調査かと誤解され、胡散《うさん》臭く思われるので要注意。

*三ぽい
昔から水戸の人間は一本気ですぐキレる性向だといわれるが、これは水戸の脱藩浪士たちが引き起こした桜田門外の変をはじめ、昭和初期の血《けつ》盟団《めいだん》事件、五・一五事件、二・二六事件などの過激な事件に水戸っぽがからんでいたからという背景がある。もっとも、最近では怒りっぽい、飽きっぽい、忘れっぽいが主流で、これに惚れっぽいのおまけつきとか。

- 江戸っ子（東京都）＝短気だがお人好し。新しいもの好きのうえ、派手好みで金ばなれがよい。
- イケズ（京都府）＝プライドが高いだけに気難しくて排他的。
- ドケチ（大阪府）＝創意工夫に富むアイデアマン・タイプ。エネルギッシュで、損して得とる商売人気質*。
- へらこい（徳島県）＝小回りがきいて抜け目ない、利にさとい。
- 伊予《いよ》のかけだし（愛媛県）＝誠実かつ堅実、粘りがなくおっちょこちょい。
- いごっそう（高知県）＝頑固で意地っ張りだが、コセコセしない大らかさ。
- いひゅうもん（佐賀県）＝無愛想でとっつきにくい、コツコツタイプの職人肌。
- もっこす（熊本県）＝自己主張が強く生《き》まじめ、人の意見に耳をかさない、オレがオレがの独立専行型。
- 赤猫《あかねこ》根性（大分県）＝偏屈で独りよがり、互いに足を引っ張り合う。
- ぼっけもん（鹿児島県）＝古い伝統や男尊女卑の思想を重んじるが、気性は激しく直情径行な気質。

4 地域別にみた気質　内向的な東北、外向的な西南

南北に細長く発達した日本列島。気候や風土のちがいによって、日本人の気質を地域別に見ると、次の一二の共通するタイプに分類できるという。相対的には、非社交的・内向的・生まじめという性格の「分裂質」は東北から北陸、山陰、九州南部に、反対に

＊商売人気質
俗に「浪速《なにわ》のドケチ」ともいわれるが、確かに創意工夫と物事に積極的にチャレンジする気風は強いかもしれない。たとえば、即席ラーメン、スーパーマーケット、缶コーヒー、プロパンガス、レトルト食品、ファミコン、ラブホテル、回転ズシ、カラオケ、テレクラ、サラ金など戦後に生まれたニュービジネスの三分の二は大阪生まれという。いっぽうで「いらち」とよばれるせっかちさも有名で、平均歩行速度の秒速一・六メートルは全国一とのデータも。

社交的・活動的・柔軟性に富む性格である「躁鬱質《そううつ》」は南関東、東海、関西、山陽、九州北部に比較的多いといわれる。

・北海道型

道徳観念がゆるやかなため、個人主義志向は強いが、のるかそるかの強気に打って出るような気概はない。

・東東北型

藤原文化が開花し京文化の名残が見られる。中央から遠く、人の移動が少なかった歴史的背景から、一般に内向的性格。

・西東北型

冷涼湿潤な気候と豊富で良質な水、大陸交流による混血などによって美人の産出地となった。豪雪地帯と辺境地という地域性から、内向的だが忍耐強い。

・関東型

気性が荒っぽく、自己主張が強い。権威主義に対する反発も旺盛《おうせい》で、女性も勝ち気でしっかり者が多い。

・中部山地型

厳しい自然条件のため忍耐力が強く、物事に対する合理性も身につけている。教育熱心で理屈っぽく、議論好き。長野人がその典型という。

・東海型

商業活動は活発だが、仲間同士による足の引っ張り合いが見

■地域別気質の 12 分類

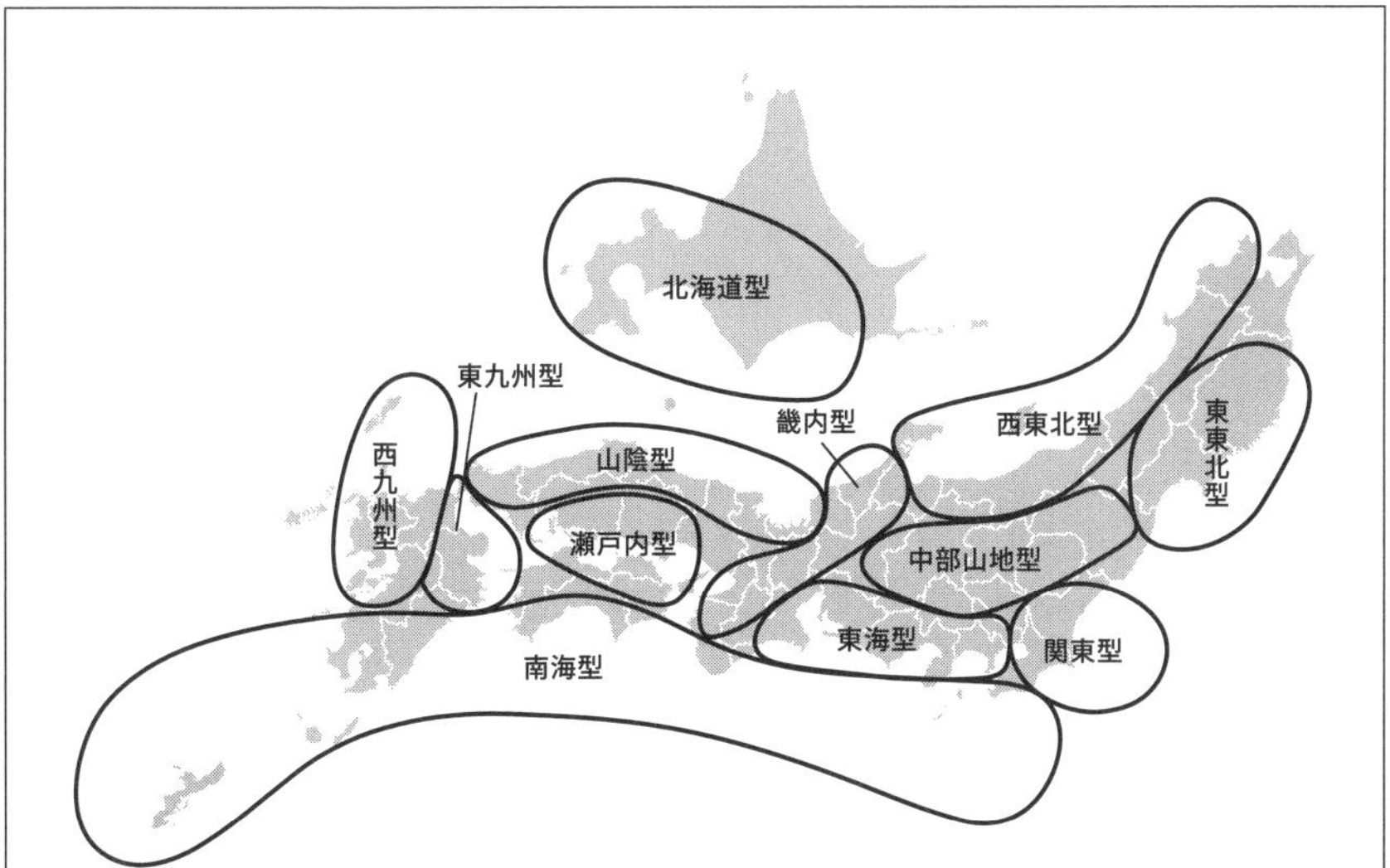

られ、協調性に欠ける。名古屋人のように、普段は倹約質素だが、見栄っぱりの面も。

・**畿内型**

日本の文化の中心地というプライドから気位が高く、好奇心も強く能動的。都会人気質で、アンチ東京志向が強い。明るく社交的だが功利に走るきらいがある。

・**山陰型**

文化や情報面でやや時間をとり、一般に消極的で社交下手。コツコツ努力のタイプは多いが、根性面で欠けるともいわれる。

・**瀬戸内型**

教育熱心な努力型だが、社交的で処世上手なタイプが多い。

・**東九州型**

温暖な気候できわめてのんびりとした性格。消極的かつ保守的だが、意外と強情な面も。

・**西九州型**

大陸文化の門戸として発達したことから、進取の気性に富む。開放的で淡白、陽気だがロマンチストが多く、「海洋型」ともよばれる。

・**南海型**

位置関係による引け目から、頑《かたく》なで非妥協的。反面、思い込みが激しく、時に過激な行動をとることがあるともいう。

東日本VS西日本

日本列島は、フォッサマグナ*で東北日本と西南日本とに二分される。日本のさまざまな風土や文化を比較する場合、この東西が引き合いに出されるケースはすこぶる多い。そもそも天下分け目の戦いといわれた関ヶ原の合戦は、東西を代表する勢力のぶつかり合いだった。また、電気の周波数*も異なれば、エスカレーター*の優先通路やゲンジボタル*の発光間隔までちがうというデータもあるほどだ。果たして、東西日本の文化はほんとうに異質なのだろうか。

1　方言に見る東西のちがい　言葉の使い方でわかってしまう出身地

東西のちがいが最も顕著に表れるのは、アクセントのちがいではなかろうか。東北日本は、北関東から福島の一部を除けば、おおむね標準型の東京式*アクセントであるのに対し、関西と北陸、それに四国の大半は京阪式アクセントである。

しかし、このアクセント方式が言葉のちがいを東西に二分しているというわけではない。西日本であっても、中国地方や九州北部は東京式アクセントだからだ。そこで方言による分類が採用される。

方言による分類では、中部地方以東の「東部方言」、関西以西の「西部方言」、九州の

＊フォッサマグナ
→p一〇六

＊周波数
狭い島国でありながら、東西の周波数が異なるのは、明治時代に発電機を導入する際、東日本は五〇ヘルツのドイツから、西日本は六〇ヘルツの米国から別々に輸入した歴史的経緯が尾を引いていることに由来する。

＊エスカレーターの優先通路
関東・関西のちがいの一つにかならず俎上《そじょう》にあがるのがこれ。エスカレーターでの追越用にあけておくのが、関東は右側、関西は左側が一般的な慣習だ。ちがいの背景は明白ではないが、関東では武家社会の江戸で武士が互いの鞘先《こじり》があたるのを防ぐため自然に左側通行が定着、追い越す場合はその右側を歩いたことに由来するとの説がある。こうした慣行のない関西では、一九四九（昭和二四）年の道交法制定で人は右側通行という慣習をそのまま取り入れ、追い越す場合は単に左側を使ったにすぎないといわれる。

「九州方言」、沖縄の「琉球《りゅうきゅう》方言」の四つに大別される。なかでも、地域差の出るきわめつけが「居る」の表現である。東部方言では「いる」というが、西部方言では「おる」となる。双方のよび方の境目は静岡県浜名湖と新潟県糸魚川《いといがわ》を南北に結ぶ線、つまりフォッサマグナの西縁とほぼ一致する。

「家」も東北北部を除いて、東が「うち」、西が「いえ」だ。同様に塩辛いの表現は、東がおおむね「しょっぱい」に対し西はほとんどが「からい」、酸味があることを東は「すっぱい」ないしは「すっかい」だが、西は「すい（すいい）」である。買うや言うの過去形も、東は「買った」「言った」と促音便だが、西は「買《こ》うた」「言うた」とウ音便に変化する。否定形はたとえば東の「行かない」に対して西では「行かん」、命令形も東の「見ろ」に対し西は「見い」となる。

また、山間の窪地の地形用語にも東西の差が見られる。東ではこうした地形を主に「沢」というが、西では一般に「谷」とよぶ。自治体である町村の公称も、東日本は「まち・むら」であるのに対し、西日本は「ちょう・そん」が主流を占める。例外的なのが北海道は「ちょう・むら」、九州の福岡、熊本、大分三県は「まち・むら」とよぶ（ちょうとまちが混在している県も一部ある）。

■音韻・アクセントを重視した方言区分

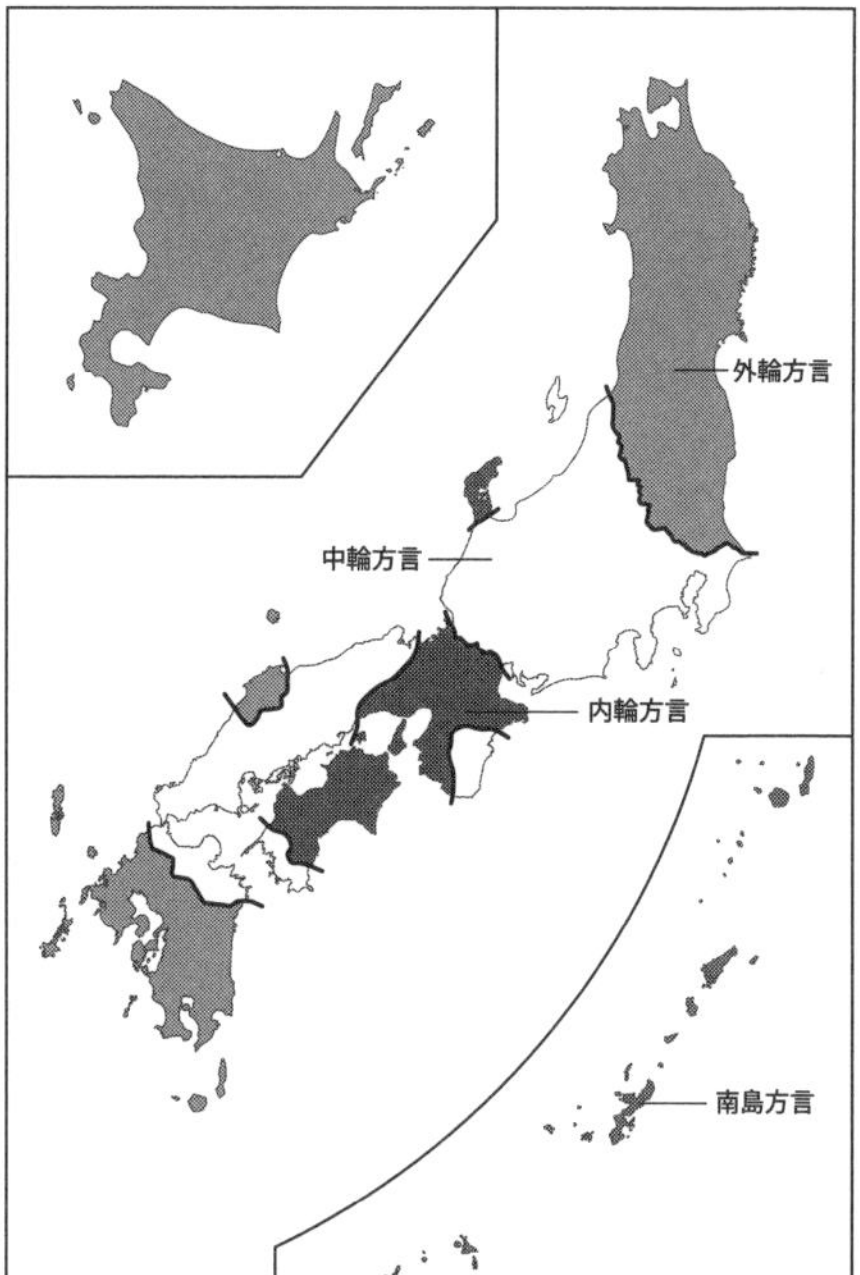

＊ゲンジボタルの発光間隔

孤高のホタル学者・神田左京が戦前に発見したもので、フォッサマグナを境として、東は平均四秒間に一回、西は二秒間に一回と西のほうがせわしい。もともとの生息地であった西から東へ移動する際、突然変異を起こしたといわれるが、気温較差によるとの説もある。

2　食による東西のちがい　味覚文化もこんなに差が

食べ物の嗜好性《しこう》は、気候風土が大きく影響している。同じ日本人だから味覚にそれほど大きな隔たりはないだろうと思われるが、実際には地域性と味覚との因果関係は意外と深いものがある。しかも食生活や味つけの面でも、東西の味覚文化圏は、静岡あるいは名古屋～糸魚川を結ぶ線によって二分される。そのちがいを具体例をあげながら検証してみる。

◇だし

よく知られるところでは、東は濃口《こいくち》、西は薄口《うすくち》の味つけといわれる。だしの色の濃淡というよりも使われる醤油の色をいったものだが、実際には淡色である西日本の「薄口醤油」のほうが、関東の「濃口醤油」に比べて塩分濃度は高いという。しかし、醤油そのものはともかく、西日本とくに関西の料理は全般に薄味が定説となっている。

関西の上方《かみがた》文化は公家《くげ》主導であり、肉体労働と縁遠く、汗をかくことが少なかったために濃い味つけが敬遠されたことに基づく。反対に江戸は、全国から武士や季節労働者が集まった新興都市で、男女比率は七対三くらいで圧倒的な男性社会であった。肉体労働には十分な塩分が必要であるうえ、繊細なだし加減を生むには時間と費用がかかり、いっそのこと濃口にして菜全体の消費量を抑えたという有力説がある。塩分の摂取量のちがいは、このような歴史的・文化的な背景が大きいといわれている。

＊東京式アクセント
東京を中心に関東・東北（ただし茨城、栃木の東関東と福島、山形の東北南部は無アクセント式）、東海・中部（北陸三県は京阪式）、東北北部、北海道、中国、九州北部で聞かれるアクセントで、たとえばヤマ、カワ、ハナ、ツキといった二字音節の多くは、後ろのほうにアクセントを踏む。この逆が京阪式アクセント。

◆米食と雑煮《ぞうに》

東では、かつてはウルチ米*を五分づきにした「ハンゴロシ」とよばれる団子類が主流であり、長野の五平餅《ごへいもち》、秋田のキリタンポ、身近なところではオハギがその代表だ。これに対して西は古くから餅が発達していた。現在、餅文化*は全国的に定着しているが、形はいまだに西の「丸餅」に対して東は「角餅（切り餅）」である。

餅を入れる雑煮にも東西のちがいがある。東は伝統的に醤油を中心としたすまし汁で、雑煮に入れる正月魚にはサケを使用するが、西はみそ仕立てでブリが主流となる。同時に東はサケやマグロの「赤身魚」を、西はブリやタイなどの「白身魚」を好む傾向が見事なほど浮き彫りになっている。

◆すし

食文化先進地域の西では、すし文化も多彩な発展をとげた。押しずし（箱ずし）や馴《な》*れずしなど、魚介類の自然発酵を気長に待って、酸味を出す原初的なすしが発達したが、東では握りずしや稲荷《いなり》ずしといった、飯に酢を加えただけの早ずしが中心だ。ここでも江戸っ子の短気さを明快に裏づけている。このほか、納豆《なっとう》の需要やネギの種類も中部地方を境にはっきりと東西に分断される。ネギは、東が茎の白い根深《ねぶか》ネギ、西がワケギのような葉ネギが主として好まれる。

◆ソバとウドン

「関東のソバ、関西のウドン」という図式がある。元来、ソバ粉は東北日本、小麦粉は西日本が主たる産出地であり、同時に小麦の流通が関西に有利に働いていたという、需要構造があげられる。ソバやウドンのつゆも東西で異なり、東はカツオブシ、西はコンブ主体でだし汁がつくられることが多い。これは一つに水質のちがいがあげられ、山に

***ウルチ米**
粘り気が少なく、炊いてご飯として食べる米、あるいは酒造用の米。粘り気が強く餅《もち》用に使われるのがモチ米。

***餅文化**
餅は、元来ハレの日のめでたい食べ物で、神霊が宿るものと信じられた。鏡餅にはじまる丸い形は欠けたところのない円満さを表し、民俗学者の柳田国男《やなぎたくにお》は心臓を象徴したと指摘している。手で丸めてつくる丸餅は空気や水分を十分に押し出せず、寒冷な東日本ではひび割れるなど、保存に難が生じたため、麵棒などで力をかけて押し切り、角餅にしたとみられる。

***馴れずし**
→p二〇五

●タヌキ
揚げ玉入りのソバやウドン。語源は諸説あって、①具のない天かすから「タネ抜き」の転語、②当初イカのかき揚げが入っていたがコロモの大きさに比べて具が少ないため「化か

囲まれて水が良質の京都は味の基本を薄味で上品なコンブとしたが、地下水中心でやや硬水の江戸では味の濃いカツオブシが重用され、さらにその単調さを補うため醤油やみりんを多用せざるを得なかったという。

また、一九七六（昭和五一）年に大手食品メーカーがカップウドンを発売する際、味の分岐点を探るために立ち食いソバの味覚調査隊を出したところ、愛知県豊橋付近からつゆの味が変わり、岐阜と滋賀の県境で味つけを分けることになった。その結果、東をE、西をWのバージョンに分けて発売したことは知る人ぞ知る逸話という。

◆ウナギ

本場浜名湖を境に、東の背開きに対して西の腹開きという調理法のちがいがある。将軍様のお膝元《ひざもと》で「切腹」とは縁起が悪いと江戸では敬遠されたからといわれるが、真偽のほどはわからない。しかし、背開きは包丁は入れにくいものの、形は崩れにくく脂肪は落ちやすいという利点があることは確か。また、調理の過程も異なる。東ではいったん「白焼き」にして焼いたのちに蒸して脂を抜いてから再び焼く。西では蒸さないで、裂いたものを直に焼くだけだ。

◆肉類

東の豚肉、西の牛肉。主として労役《ろうえき》用として西日本は牛、東日本は馬を飼育してきたが、明治以降の肉食普及により牛はそのまま肉牛となったものの、馬は愛着が強く食肉用として定着しなかった。代わって東日本では、サツマ芋や麦の栽培が盛んだったために養豚業が急速に普及し、豚肉が一般化するようになる。いまも東のトンカツ、西のスキヤキ志向は家計調査でも明らかで、家庭用カレー料理も関東は半数近くがポークカレー、関西は八割強がビーフカレーという結果が出ている。p二一六も参照。

された」という比喩、③東京・世田谷の砧《きぬた》家で始めたキヌタソバの倒語など。しかし、大阪でいうタヌキは、キツネうどんへの対句で油揚げがのったソバのこと。したがって、大阪にはキツネソバやタヌキウドンとよばれるメニューはない。

3 その他の東西対決 荒っぽい東と穏やかな西

古来、「武の東国、文の西国」という対比表現がある。すなわち政治と軍事は東国、宗教と文化は西国という意味だが、確かに上州など関東を基盤とした源氏の直情径行さ、伊勢《いせ》を基盤とした平氏の大様《おおよう》さなどにもあてはまりそうだし、「東男《あずまおとこ》（ますらお）に京女《きょうおんな》（たおやめ）」という慣用句もある。

万事がさつで直情的な東の人間と、周囲との和を重視し温厚な西の人間の性格をたとえたものだが、これは精神風土のちがいもさることながら、農耕使役用に東国では早足の馬を、西国では鈍足の牛を使っていたことに由来するとの説もあるほどだ。科学的な裏づけがあるわけではないが、地域性や住民気質といったものは、多かれ少なかれそうした背景は無視できない素因の一つとなっている。

最後に東西の姓氏分布について、簡単に触れておこう。きわめてありふれた姓氏など、全国均等に分布していると思われがちだが、意外と偏《かたよ》りがあるものだ。たとえば、佐藤、高橋、阿部、佐々木などは東北に集中し、鈴木、渡辺、小林、伊藤などは関東から中部にかけて広がっている。逆に吉田、田中、中村、山本、井上などは西日本で優位を占める。これは、東日本で勢力を張った武士が主に名字を広めていった「東」と、庶民が自発的に名字を名乗った「西」の違いといわれている。たとえ姓氏とはいえ、その名から出身地を大きく東西に振り分けることは可能なのである。

■東西日本の境界線①

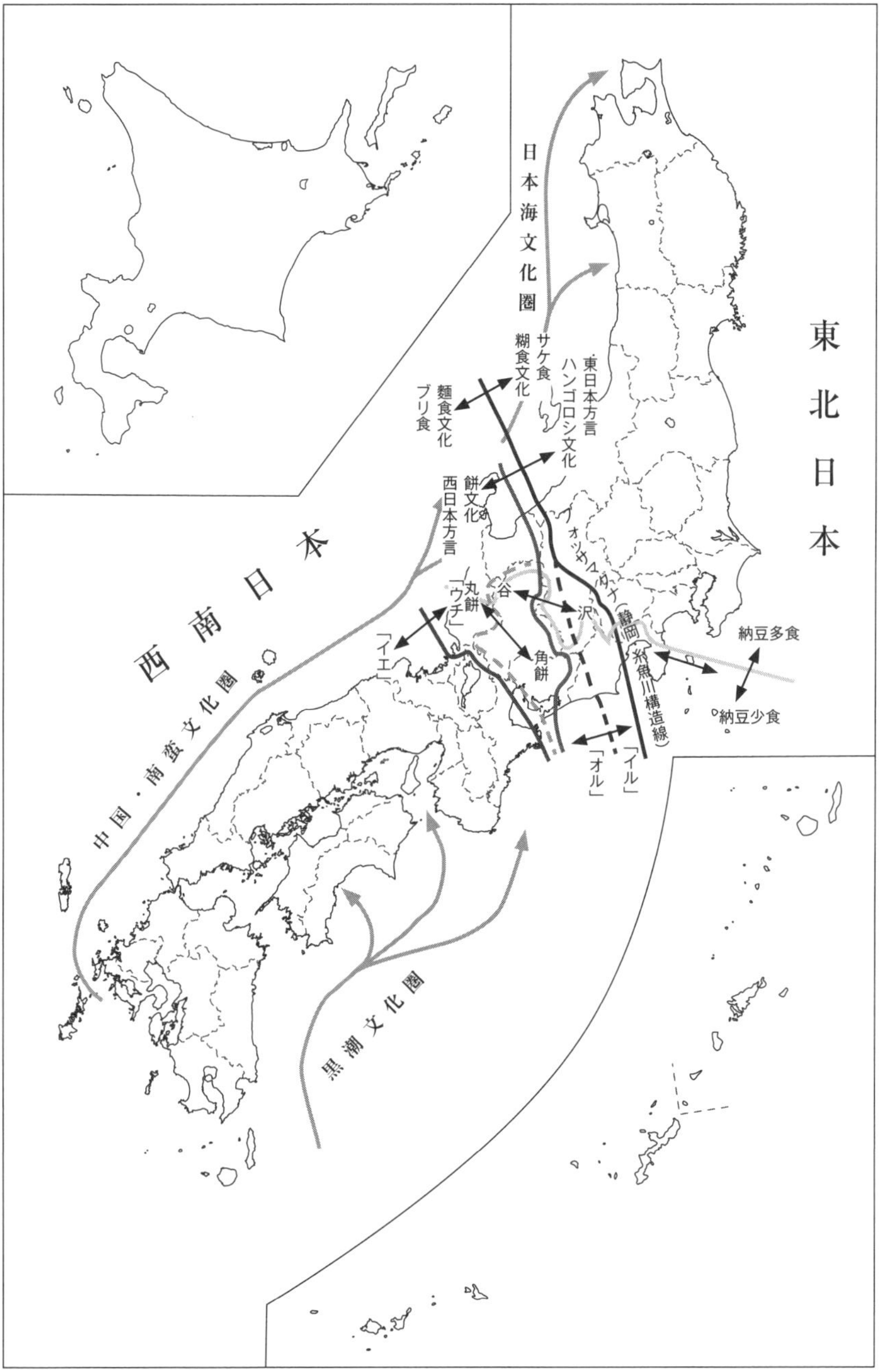
日本海文化圏
東北日本
西南日本
中国・南蛮文化圏
黒潮文化圏
サケ食
糊食文化
麺食文化
ブリ食
東日本方言
ハンゴロシ文化
餅文化
西日本方言
フォッサマグナ（静岡〜糸魚川構造線）
丸餅
角餅
谷
沢
「ウチ」
「イエ」
「オル」
「イル」
納豆多食
納豆少食

■東西日本の境界線②

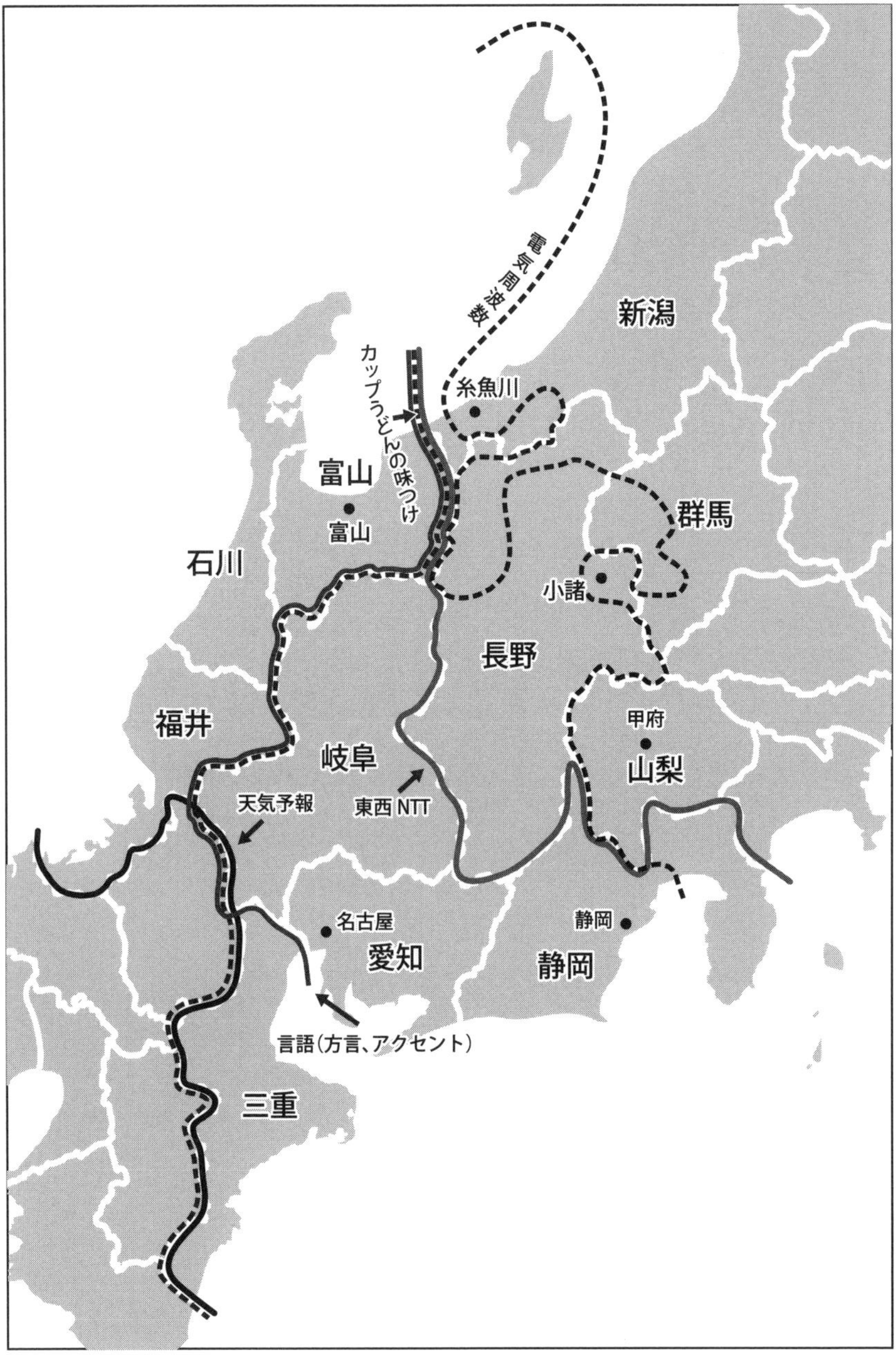
電気周波数
新潟
カップうどんの味つけ
糸魚川
富山
富山
群馬
石川
小諸
長野
甲府
福井
岐阜
山梨
天気予報
東西 NTT
名古屋
静岡
愛知
静岡
言語（方言、アクセント）
三重

第8章

歴史と文化施設

遺跡から学ぶ

考古学がにぎやかだ。なかでも縄文《じょうもん》時代への関心が高まっている。未開人と考えられていた縄文人は、思いのほかおしゃれでグルメであり、予想以上に進んだ文化を共有していたことがさまざまな調査・分析の結果わかってきた。きわめつけは青森県で一九九四（平成六）年に全貌《ぜんぼう》を現した三内丸山《さんないまるやま》遺跡であろう。相次ぐ巨大遺跡の発掘は、日本の古代史を塗り替える画期的な事件として観光面でも大きくクローズアップされている。

1　縄文以前の遺跡　ひっくり返った未開文明の常識

縄文時代は約一万二千年前から紀元前三世紀ころまで続いたとされ、新石器文化ともよばれる。採集や狩猟に依存して生活し、*竪穴《たてあな》住居に住んで土器や*磨製《ませい》石器を使うなど、文化的には未成熟の期間といわれていた。しかし、四五〇〇年前の巨大建造物群・三内丸山遺跡（青森市）をはじめとして相次いで巨大遺跡が発掘され、これまでの縄文文化における常識はくつがえされようとしている。

なお、縄文文化より以前は、土器のない旧石器文化である。かつては日本に旧石器文化は存在しないといわれていたが、一九四六（昭和二一）年の岩宿《いわじゅく》遺跡（群馬県みど

＊竪穴住居
縄文時代から古墳時代にいたるまで広く使用されていた住居形式。地面を深さ五〇センチほど掘り下げ、その上に屋根を葺《ふ》いたもので、内部には普通、食物用の貯蔵穴やかまどがそなわっていた。

＊磨製石器
わが国では縄文時代から現れた石器で、全体を磨いて刃を鋭く尖《とが》らせ切れ味をよくさせたもの。それまでは打ち欠いた破片をそのまま使用する「打製石器」があったが、これに比べると切れ味は格段にアップした。

り市）の出現によりその説は完全に否定され、いまでは全国で五千か所を超える遺跡が確認されている。ただ、これらの大半は約三万年前から一万年前の後期旧石器時代に残されたものという。

◇縄文土器

表面に縄目《なわめ》模様が見られることから縄文とよばれる。低温で焼くために、外観は黒褐色か茶褐色。土に突き刺す深鉢《ふかばち》型の土器がよく知られているが、総じて文様や形態は多彩かつ複雑で、世界の先史土器のなかでも異色の存在といわれている。亀ケ岡遺跡（青森県つがる市）や加曽利《かそり》貝塚（千葉市）などから出土した土器が有名。

◇貝塚

貝を食べたあとの貝殻が堆積《たいせき》して層をなしたもので、縄文時代の代表的な遺跡の一つ。なかでも、加曽利貝塚、大森貝塚（東京都大田区）、鳥浜貝塚（福井県若狭《わかさ》町）などは規模の大きいことで名高い。貝塚からは土器や石器などの遺物が大量に発見されており、単に古代人のゴミ捨て場だったと判断するには異論も多い。

◇土偶《どぐう》

人や動物の形につくられた素焼きの土製品で、縄文時代の代表的な遺物の一つ。完全品ではなく、故意にバラバラにした状態で見つかることが多い。人物像は大きな腹部や乳房などの形態から女性と考えられ、豊作祈願や生殖のための呪術性の強いお守りであったとする説が有力である。東日本から多く出土している。

■土器と青銅器

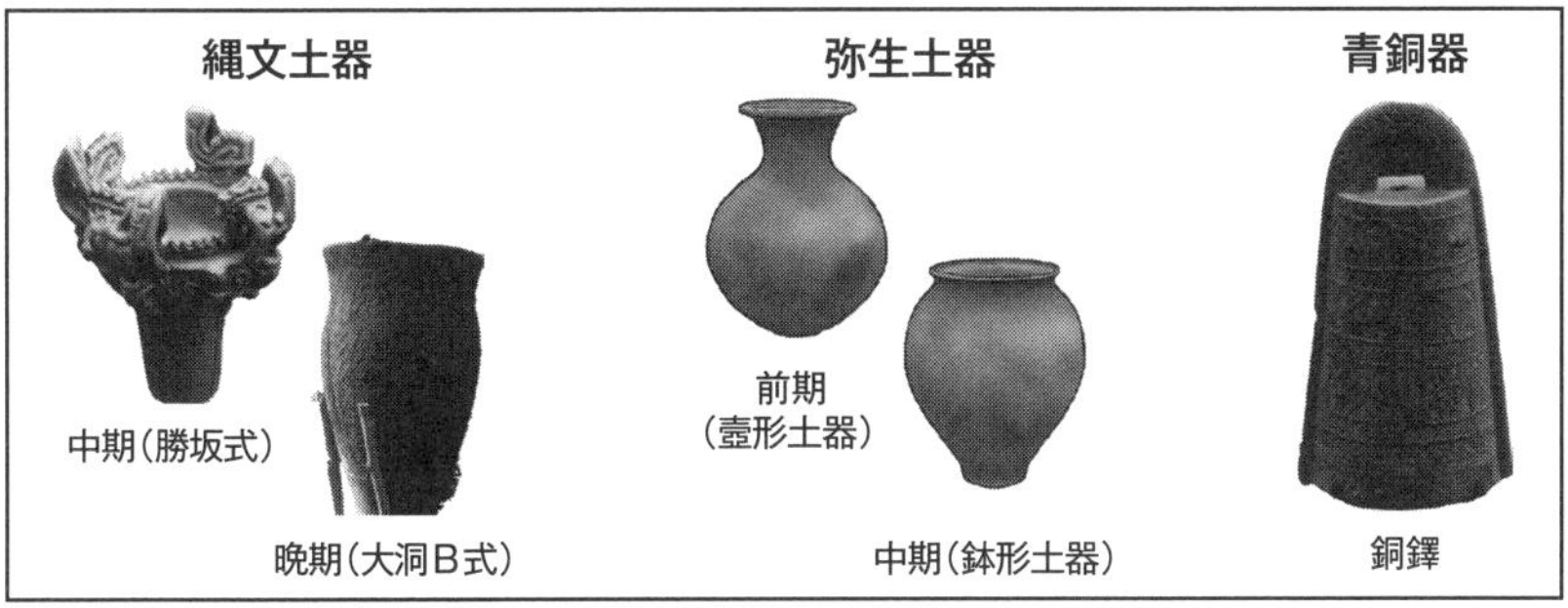

2 弥生文化の遺跡 吉野ヶ里がブームの火付け役に

弥生《やよい》時代は、紀元前三世紀ころから古墳《こふん》が出現する後三世紀ころまで続いたという。大陸から稲作農耕や機織《はたお》り技術、金属の鋳造《ちゅうぞう》法が伝わるとともに、弥生土器も広まった。後期になると各地に大規模な集落が形成され、地域は特定されていないが邪馬台国《やまたいこく》などの部族国家も存在した。

また、この時代の遺物として名高いものに、福岡県志賀島《しかのしま》で出土した漢委奴国王印《かんのわのなのこくおうのいん》すなわち「金印《きんいん》」があり、現在は福岡市博物館に収蔵展示されている。さらに、登呂《とろ》遺跡（静岡市）に代表される水田や巨大な*環濠《かんごう》集落が各地につくられ、なかでも吉野ヶ里《よしのがり》遺跡（佐賀県吉野ヶ里町・神埼《かんざき》市）は、そのスケールの大きさで一躍有名になった。

◆弥生土器

文様のほとんどない簡素な素焼き土器で、東京都文京区向ヶ岡弥生町（現・弥生二丁目）で最初に確認されたことから弥生土器とよぶ。縄文土器に比べると高温で焼き固めるため薄手で丈夫。全体に丸みをもち、赤みをおびた明るい褐色が多く、実用性に富んで口の広い壺《つぼ》や甕《かめ》、鉢などがある。九州北部、畿内、南関東を中心に出土する。

◆金属器

弥生時代の代表的な遺物の一つで、日本には大陸から鉄器と青銅器がほぼ同時に伝来した。鉄器は腐食しやすいため遺物は少ないが、青銅器は銅剣、銅鉾《どうほこ》、*銅鐸《どうたく》*、銅鏡などさまざまな用具となっている。一般に銅剣・銅鉾は西日本に、銅鐸は近畿周辺に多く出

＊環濠集落
弥生時代の中期から後期にかけて見られた集落の一形態で、排水や防衛のために集落の周りに溝《みぞ》をめぐらした集落。大塚・歳勝土遺跡（横浜市）、池上曽根《いけがみそね》遺跡（大阪府和泉市）、唐古《からこ》・鍵遺跡（奈良県田原本町）、野方《のかた》遺跡（福岡市）など、九州から関東までほぼ全国的に分布するが、規模的には吉野ヶ里遺跡が最も大きい。

＊銅鐸
弥生時代に見られた日本独特の釣鐘形をした青銅器。高さは一〇～一四〇センチまでで、さまざまな文様や原始絵画が両面に描かれている。半環状のつり手にひもを通して下げ、中空の身の内側に棒をつるして鳴らすのが本来の使い方であったと考え

土している。

◆木製農具

弥生時代は稲作がはじまった時代で、各地から木製の鋤《すき》、鍬《くわ》、臼《うす》などが出土し、後世の農具の原形の多くがすでに備わっていた。水田跡の登呂遺跡、湖南《こみなみ》遺跡（滋賀県東《ひがし》近江《おうみ》市など）、板付《いたづけ》遺跡（福岡市）などからの出土が知られる。

3　古墳時代・飛鳥時代の遺跡　なぜあれほどの巨大な古墳がつくられたのか

古墳時代は、弥生時代につぐ三世紀半ばから六世紀前後にかけてをいい、わが国初の統一国家である大和《やまと》政権が形成されつつある時代にあたる。この時代は、円形の盛り土と方形の盛り土を組み合わせた「前方後円墳《ぜんぽうこうえんふん》」とよばれる巨大な墳墓が各地につくられた。

古墳時代末期から飛鳥《あすか》時代にかけては、大陸から伝来した仏教によって画期的な文化が花開いたが、同時に高松塚《たかまつづか》古墳、キトラ古墳（以上奈良県明日香《あすか》村）、上淀廃寺《かみよどはいじ》跡（鳥取県米子市）などに見られるような、鮮やかな彩色壁画の技法が生まれた時代でもあった。

◆古墳

古墳は各地の有力者の墳墓として築かれたもので、遺骸《いがい》とともに副葬品や装飾品が納められている。わが国の古墳は、三世紀末に初めて出現したというのが従来の常識であったが、近年発掘されたホケノ山古墳（奈良県桜井市）は三世紀前半に築かれたことがわかり、さらに歴史が遡《さかのぼ》ることになった。

時代の推移によって古墳の形と規模はさまざまだが、中期（四～五世紀）には巨大化

られるが、のちに祭祀《さいし》のときの飾りにも用いられたといわれる。一九九六（平成八）年には加茂岩倉《かもいわくら》遺跡（島根県雲南《うんなん》市）で一挙に三九個の銅鐸が発掘されて話題となった。

＊銅鏡

現在の鏡は姿見の道具だが、古代の鏡は共同体の祭器として使用され、同時に支配者の権威の象徴でもあった。わが国の銅鏡はほとんどが円鏡だが、大きく分類すると、大陸からもたらされた「舶載鏡《はくさいきょう》」、それを模《も》倣《ほう》した「仿製鏡《ほうせいきょう》」、日本独自の「和鏡」に三分される。

して仁徳《にんとく》天皇陵（大阪府堺市）に見られるような日本独自の前方後円墳も出現している。前方後円墳はまた、墓であると同時に王権を継承する場であったと考えられている。つまり墳丘全体は権力を引き継ぐ儀式としての祭壇であり、墳丘の大きさは儀礼の規模に比例するとともに、王の権力を内外に誇示する具体的な建造物であったという。

古墳は主に畿内に集中するが、それ以外では群馬県、岡山県、島根県、福岡県、宮崎県などに多く見られる。わが国には、現在約一五万基の古墳が確認されているが、そのうち埋葬者が確認されているのは二〇余りにすぎない。

◇埴輪《はにわ》

古墳の上に列をなして並べられた素焼きの土製品で、埴《はに》（粘土）を素焼きしてつくった器物を輪のように古墳に立てて、並べたことが語源といわれる。埴輪は、円筒形、壺形、楕円形をした「円筒《えんとう》埴輪」と、人物、動物、家屋など具体的なものをかたどった「形象《けいしょう》埴輪」に大別される。一般に埴輪として知られるのは形象埴輪である。殉死の代わりにつくられたともいわれるが、現在では葬儀や祭祀《さいし》のため、あるいは聖域を示す装飾品として使用されたとの説が有力視されている。

◇装身具

古墳の中からは、*勾玉《まがたま》や管玉《くだたま》をはじめ、金製の耳飾りや指輪、腕輪、冠、金属製の武具や馬具、ガラス玉など、さまざまな副葬品や装飾品が発掘されている。とくに古墳時

■古墳の形態

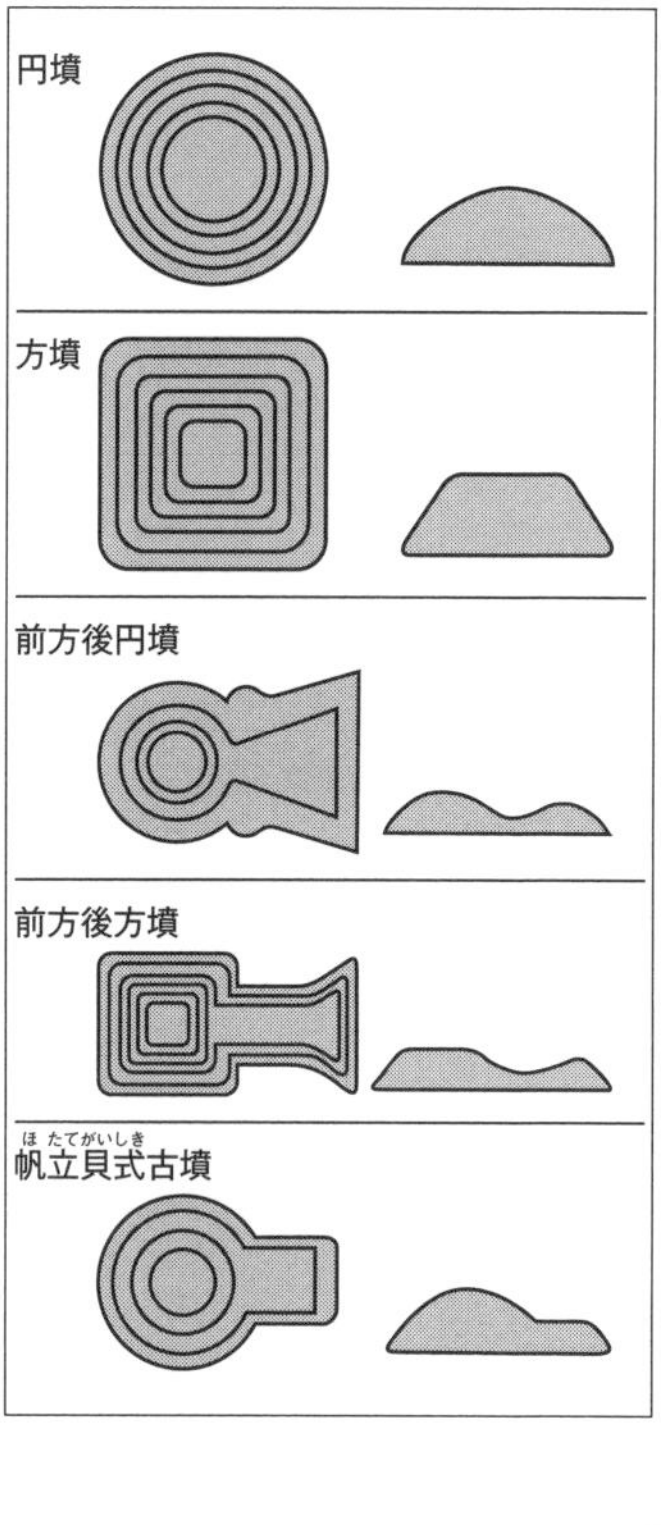

＊勾玉
丸く湾曲した古代の装身具の一つで、一方に穴をあけて糸を通し、垂れ飾りとしたもの。メノウ、碧玉《へきぎょく》、水晶、滑石《かっせき》製などが多く見られるが、かつては動物の牙《きば》に穴をあけて身につけたものといわれる。

代中～後期にかけては大量の装身具が発見されており、その精巧な金属細工からは、朝鮮文化の影響を色濃く反映していることがわかる。

なかには、高松塚古墳の極彩色の壁画、藤ノ木古墳（奈良県斑鳩《いかるが》町）の美術工芸品をつめ込んだ石棺《せっかん》のように、日本の古代史観を変えるような貴重な遺物も数多く発掘されている。

◆風土記《ふどき》の丘

古墳や古代建造物などを含んだ周辺の遺跡を環境ぐるみ整備し、その保全と有効活用をめざした大型プロジェクトが各地ですすめられている。付設の資料館をともなった遺跡公園で、かつての建造物や水田などを復元して見学者に具体的な古墳時代のイメージをつかんでもらおうというのが狙いだ。稲荷山《いなりやま》古墳を含めた「さきたま風土記の丘（埼玉県行田市）」、岩橋千塚《いわせせんづか》古墳群などの「紀伊《きい》風土記の丘（和歌山市）」、岡田山古墳などの「八雲《やくも》立つ風土記の丘（島根県松江市）」、西都原《さいとばる》古墳群の「西都原風土記の丘（宮崎県西都《さいと》市）」をはじめ、現在全国に一六か所が完成している。

■円筒埴輪（左）と形象埴輪

■古墳出土の馬と馬具

■勾玉

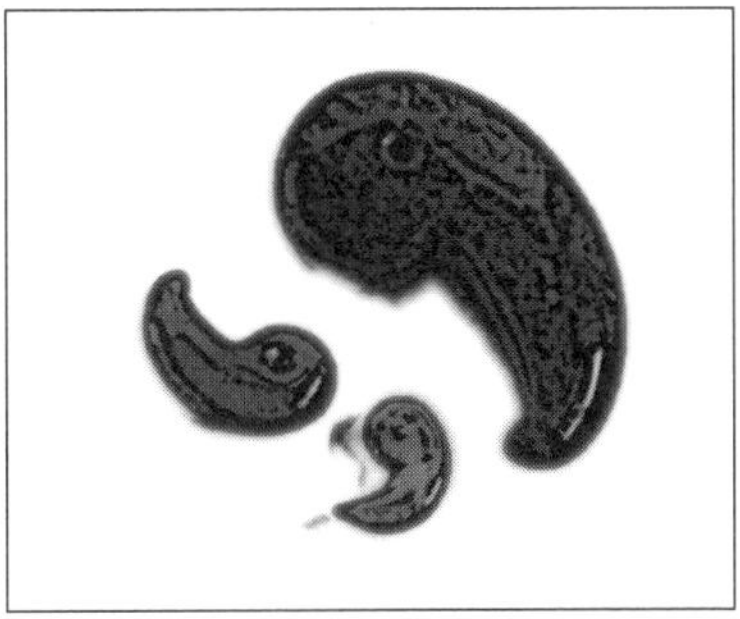

■全国の遺跡・史跡

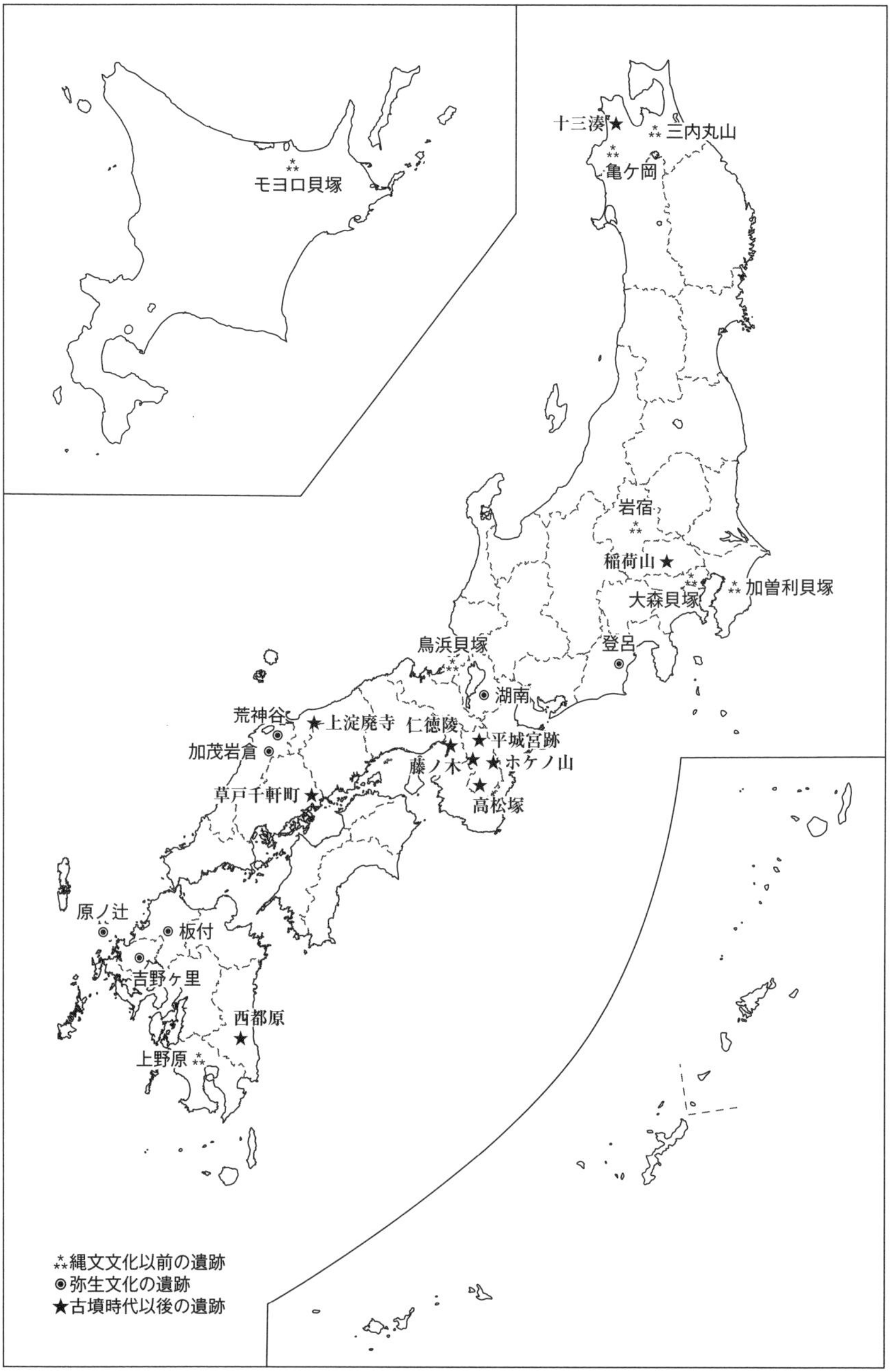
モヨロ貝塚
十三湊
三内丸山
亀ケ岡
岩宿
稲荷山
加曽利貝塚
大森貝塚
登呂
鳥浜貝塚
湖南
荒神谷
上淀廃寺
仁徳陵
平城宮跡
加茂岩倉
藤ノ木
ホケノ山
草戸千軒町
高松塚
原ノ辻
板付
吉野ヶ里
西都原
上野原
⁂縄文文化以前の遺跡
◎弥生文化の遺跡
★古墳時代以後の遺跡

民家と町並み

民家あるいは町並みは、貴族・武士・庶民の身分階層によって異なり、また、同じ庶民でも商人と農民といった職種によっても異なる。それぞれの生活と生産活動に適した居住空間は、長い年月をかけながらつくりあげてきた財産であり、古い民家や町並みは先人が営々と築いてきた文化の生き証人ともいえるだろう。

1　町並み保存と形態　町はどのように形成されたのか

城がつくられ、街道が整備され、交通が急速に発達した近世では、各地に多くの都市が生まれた。第二次大戦前までは歴史的な集落は随所に見られたが、戦災や高度成長期の乱開発などでことごとく消え去ってしまった。しかし、歴史的で貴重な建造物や町並みを保存・再生することにより、地域文化や歴史を再認識すべきではという世論の高まりにともない、一九七五（昭和五〇）年に文化庁は文化財としてとくに価値の高い建造物群を面で保存する「重要伝統的建造物群保存地区（重伝建）」を制度化したのである。

こうして、宿場町、武家《ぶけ》町、商家《しょうか》町、門前《もんぜん》町、農村集落などの形態をいまなお引き継いでいる町並みは、個性的なまちづくりや地域活性化対策の担い手として注目されるようになり、二〇二四（令和六）年八月現在、全国に四三道府県一〇六市町村一二九地区が選定されている。いっぽうで、保存事業の管理・修復費用は自治体や国の援助だけでは十分まかないきれず、所有者への負担が大きくかさみ、やむなく取り壊されてしまうケースも少なくない。

しかし、町並み保存事業は、観光客目あてに人工的に古風な町並みを再現したものではなく、現実に住民が生計を営んでいる文字どおり「生活の場」である点を忘れてはならない。観光的な素材になりうるからといっても、観光地そのものではない点をしっかりと認識しておくべきだろう。また、遅ればせながら二〇〇四（平成一六）年の景観法の施行に連動して、街の景観を守り建物の色を規制する景観条例*があらためて注目されるようにもなってきた。

《歴史的な町並み形態》

◇武家町

藩政時代の城下町の大きな特色は、整然とした都市計画すなわち「町割《まちわ》り」が施された点にある。

町割りは、城郭を中心として家臣たちの屋敷が周りを囲む。当然、役目の重い者が近くで、地位が下がるにつれて徐々に遠のきながら、屋敷が幾重にもとり巻いている。これが侍町つまり武家屋敷町である。下級武士は長屋住まいであったが、中から上の武家屋敷はそれなりの形態を保ち、土蔵やなまこ壁*などの風情を残している。

また、道路は原則として碁盤目状に整然と仕切られたが、防御を目的としたために道幅は二間半〜四間（約四・五〜七メートル）の狭さで、しかも意図的に見通しを悪くしようと、曲がり道やT字路、袋小路、かぎ形路などの配慮がいたるところに施された。

*景観条例
本格的には、一九八六（昭和六一）年山形県金山《かねやま》町が「金山町街並み景観条例」を制定したのが最初という。同条例は、都市計画区域内に「景観形成地域およびその中の特定地区」を指定して、建築物などの規模・位置・デザインなどに一定基準を設けたもので、基準に合致する建物については助成金が交付される。白壁造りの土蔵と地元の金山杉のマッチングは「金山型住宅」とよばれて、風景と町並みの調和をいち早くとり入れた自治体として注目度は高い。

*なまこ壁
土蔵などの外壁で、しっくい壁の落ちやすい部分に平らな瓦をはって補強したもの。名称はその形がかまぼこ形に盛り上がって、なまこに似ていることから。

秋田県仙北市《せんぼく》角館《かくのだて》、山口県萩市、宮崎県日南市飫肥《おび》、鹿児島県南九州市知覧町《ちらん》の麓集《ふもと》落などにその名残が見られる。

◆商家町

城下町などで、武家町の外側に置かれた町並みで、「町屋《まちや》」ともいった。大手門からのびる広い道路と主要街道の交差する地点が商業活動の中心地とされ、表通りに商人町を、その背後の裏町に大工や左官などの職人町を設けるのが通例であった。職種別に住み分けが決められ、大工町、呉服町、鍛冶町《かじ》、左官町などの町名はいまも一部に残っている。埼玉県川越市、岐阜県高山市、滋賀県近江八幡市《おうみはちまん》、岡山県倉敷市などが知られる。また、農村部で特産物の市などから発達した商工業集落は、「在郷町《ざいごう》」とよばれる。

◆宿場町

参勤交代の制度化などで街道筋に多くの宿駅が発展し、駅馬《えきば》の詰所や宿屋、茶屋などがにぎわった。宿泊施設は大名や貴人が泊まった「本陣《ほんじん》」または「脇本陣《わき》」、私用旅行の武士や商人が利用した「旅籠屋《はたご》」、下層庶民が利用した「木賃宿《きちんやど》」からなっていた。福島県下郷町《しもごう》大内、長野県塩尻市奈良井《ならい》、長野県南木曽町《なぎそ》妻籠《つまご》、三重県亀山市関《せき》などにいまもその面影が残っている。

◆門前町

高名な寺院や神社門前での市場の発達、また参拝者《さんぱい》を対象とする宿屋や商店の発達とによって、しだいに都市が形成されたもの。中世以降の一向宗《いっこう》（浄土真宗）寺院を中心として形成された寺内町《じないちょう》*も、門前町の一部に含まれる。千葉県成田市、長野市、三重県伊勢市《いせ》、滋賀県大津市坂本、奈良県橿原市《かしはら》、香川県琴平町《ことひら》などが有名。

＊麓集落
旧島津藩がとった独自の外城《とじょう》制度に基づいて建設された武士集落。藩政を確立する目的から半士半農の郷士《ごうし》を各地に再編して小共同体を形成させ、その地域の軍事・行政を任せて農村を支配し外敵にそなえたしくみだが、城郭をともなうものではなかった。江戸時代末期、藩内には一一三におよぶ麓集落があったという。

＊寺内町
中世後期、浄土真宗本願寺派などを中心に寺院の境内に発達した町。本願寺門徒は他宗徒や領主などと争っていたため、寺院の周囲に堀をめぐらし、土塀を築いて防衛し、特殊な集落を形成した。大坂の原型となった石山本願寺、和泉の貝塚、河内《かわち》の富田林《とんだばやし》、大和《やまと》の今井などがその代表例。

◇市場町

定期的な市が開かれたことによって発展した町で、その場所としては、交通の便がよく、物資の集散地としての立地にすぐれたところが選ばれた。朝市のような「日市《ひいち》」や社寺の縁日に合わせて開かれた「縁日市《えんにちいち》」もあったが、通常は、三のつく日、五のつく日、八のつく日というように、月のうち定められた日に基づいて市が立つ「斎市《さいいち》」が圧倒的に多かった。各地にある四日市や八日市といった地名は、これに由来する。

◇港町

近世以降、蔵米《くらまい》や特産品などを江戸や上方《かみがた》に積み出す水運の基地として発達した町。商人の問屋や蔵が建ち並び、*沖仲仕《おきなかし》など多くの運輸従事者も住んだ。北海道函館市、山形県酒田市、大阪府堺市、山口県下関市、長崎市などが代表格。

《丁と町》

城下町における町名は、職業・身分に基づいて命名されたものが大半だが、武士と町人の居住地が一目で判別できるような表記を使用した例もあった。たとえば、丁と町の使い分けがそれである。

これはすべての城下町にあてはまる原則ではないが、広瀬川左岸に開けた仙台城下では、武家屋敷町を「丁」、町人・足軽などが住む町を「町」として画然と区別していた。実際、新住居表示が施行されるまでは、一番丁、錦丁、片平丁などと表記されていたが、残念なことに現在ではすべて「町」に統一されている。同じように和歌山城下にも、丁と町の区別が見られ、こちらは新住居表示施行後も、島橋北ノ丁《しまばしきたのちょう》や堀止南ノ丁《ほりどめみなみのちょう》のように、一部ではあるがいまも健在だ。

*沖仲仕
船内の荷物の積みおろし作業に従事する荷役で、港湾労働者の一つ。

この丁と町のちがいだが、丁は町の略字ではあるものの「ちょう」と読み、町は「まち」と読むのが一般的であった。ちなみに、かつては江戸でも現在の大手町や霞が関などを中心として、加賀丁、弓丁、山王丁、備前丁といったような「丁」地名が点在していたのである。

2　民家の形式　外観から知る気候・風土のちがい

民家とは、狭い意味では江戸時代までの農家をいい、広義では江戸時代までの農家と町屋、さらにその建築方法を受け継いでいる明治期以降の農家・町屋を含める。たとえ庶民の家屋であっても、都市住宅や和洋折衷《せっちゅう》型の家屋を民家とよばないのが常識である。

現在の農家で最もポピュラーな間取りは「田の字形」であるが、多少の食いちがいを見せている間取りも多い。

また、屋根の基本的な形は《寺院建築へのこだわり》の節内（p一四七）で触れたように、古くから切妻《きりづま》、寄棟《よせむね》、入母屋《いりもや》の三タイプがよく知られている。街道沿いの縦長の町家では切妻が、屋敷地の広い農家は寄棟が、寺院建築には入母屋が多く見られるという傾向がある。材料は、農家のほとんどがカヤやワラなどの、いわゆる*萱葺《かやぶ》き屋根で、伝統的な日本の農村風景を形成してきたが、最近は瓦やトタン屋根でおおうようになっている。

なお、建物の部位は、屋根の頂部である棟《むね》を中心に妻《つま》と平《ひら》に大別される。

・妻＝棟に対して直行する面で、ここに出入口を設けて正面とするのが妻入り。

＊萱葺き屋根

農林水産省の外郭団体「都市農山漁村交流活性化機構」が、二〇〇二（平成一四）年に初めて全国調査したところによると、いまも残る萱葺き屋根は空き家も含めて約四万一五〇〇戸。都道府県別では、①福島県、②長野県、③兵庫県、④広島県、⑤新潟県の順で、自治体別では一七〇〇戸の福島県会津坂下《あいづばんげ》町がトップ。しかし、高額な葺き替えや後継者難などの負担を嫌って解体するところも増えている。

■家屋の部位

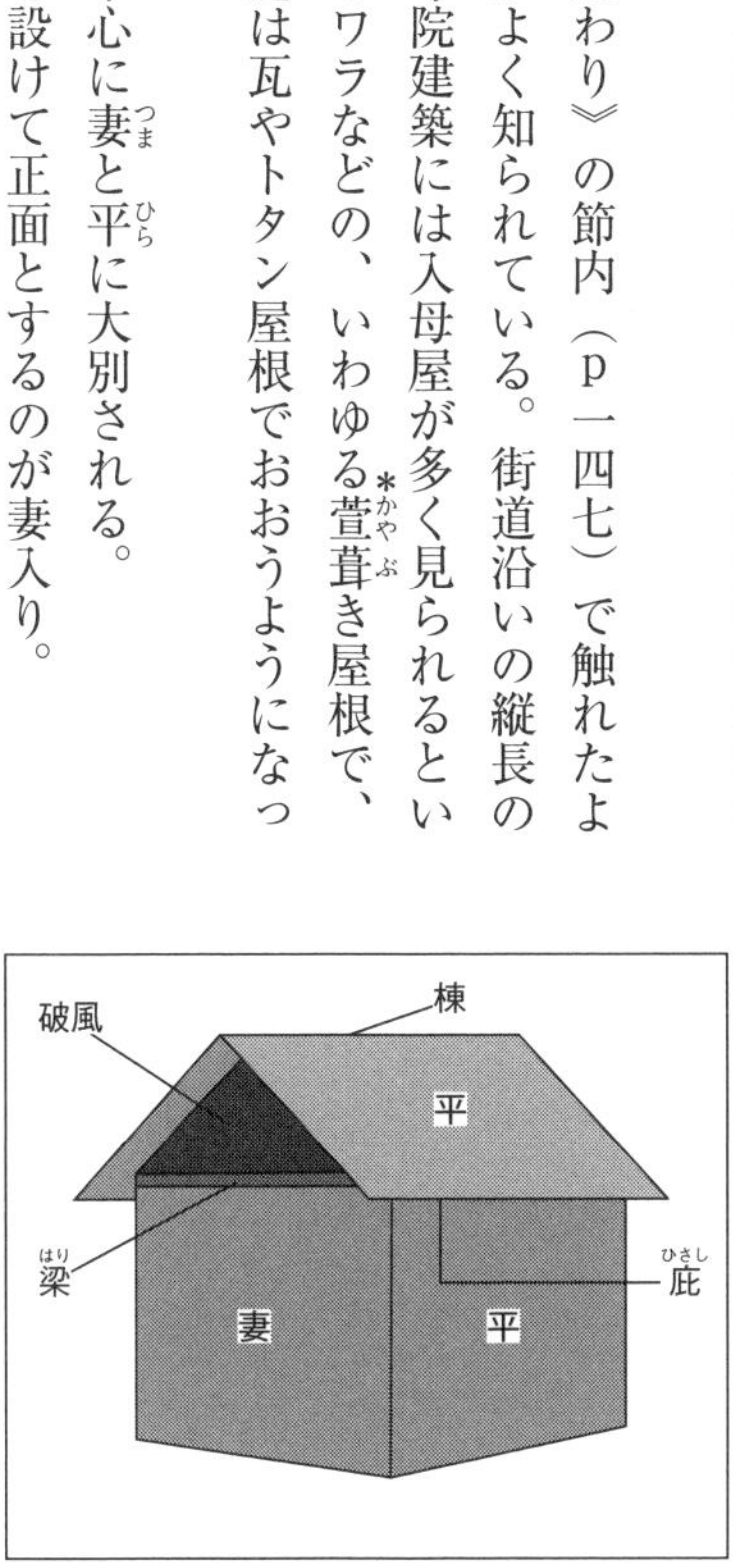

■民家の形式

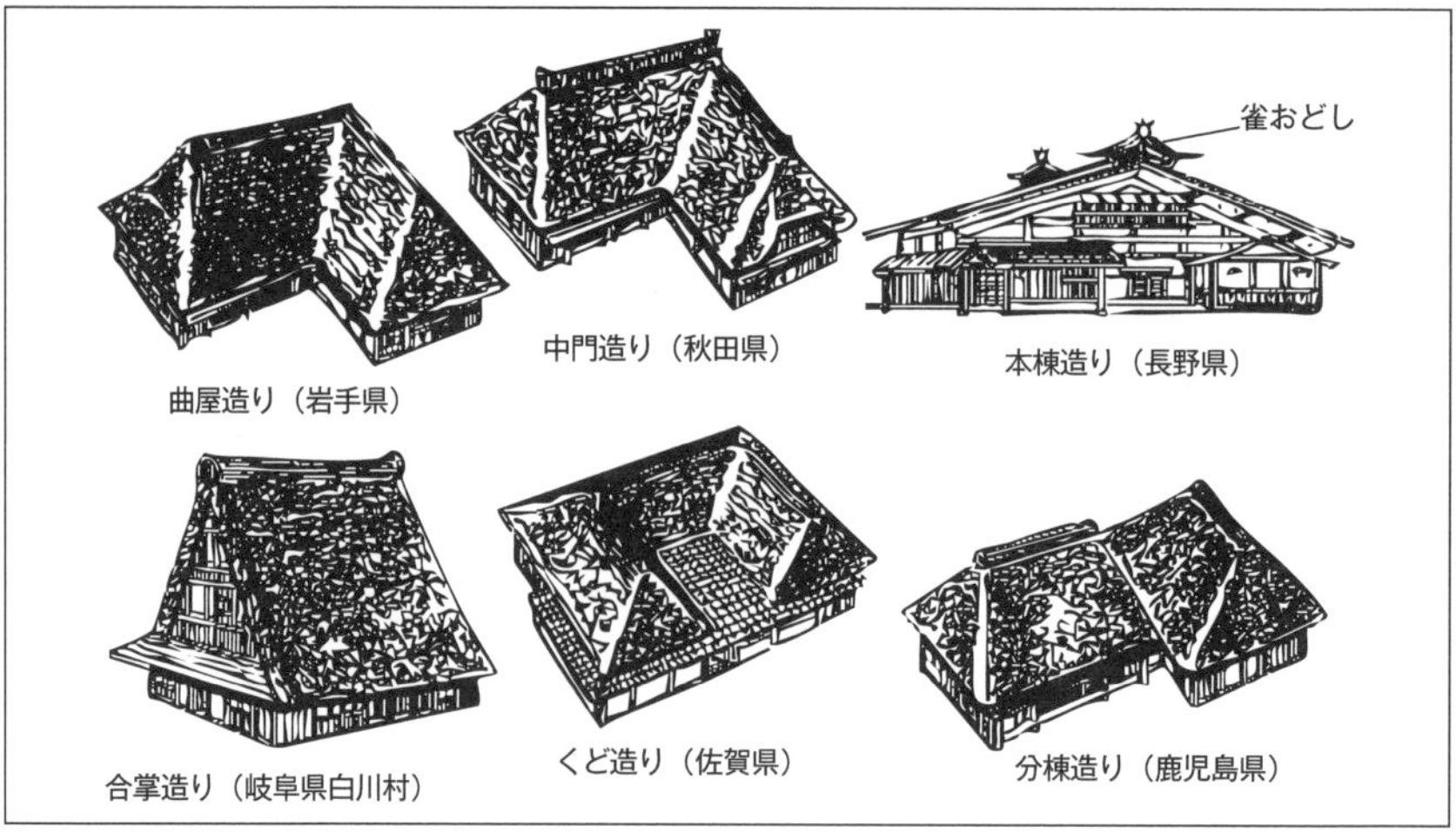

■間取り図例

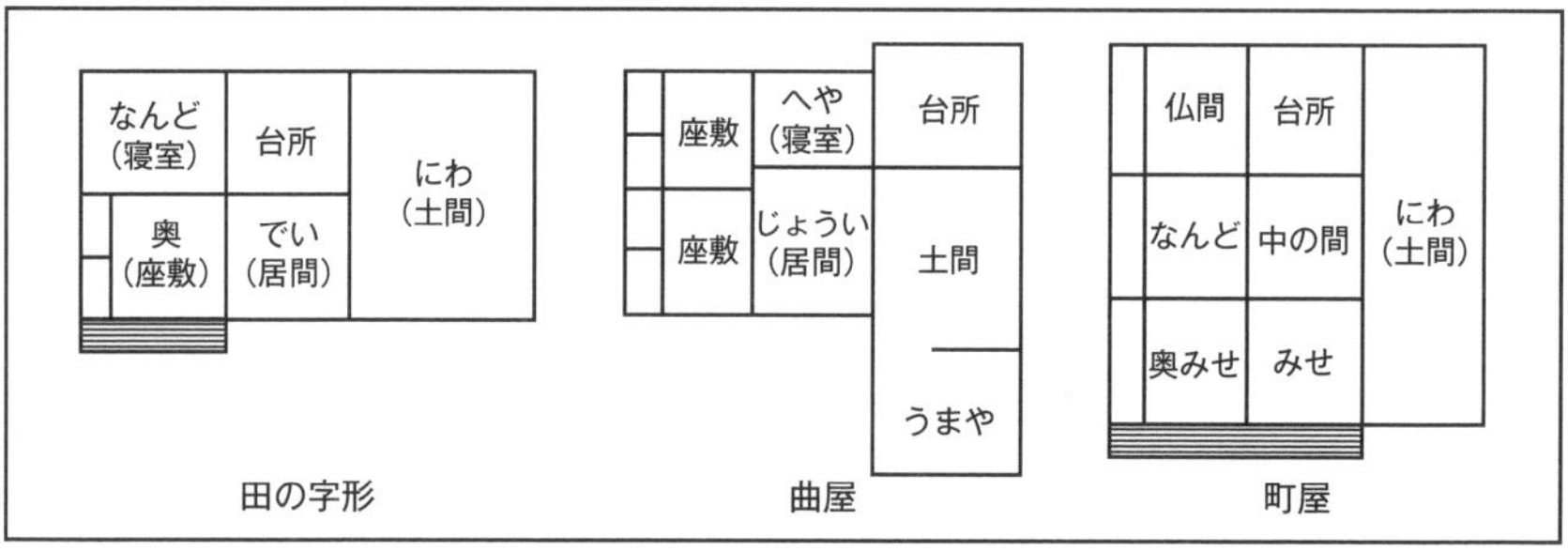

■屋根の基本形式

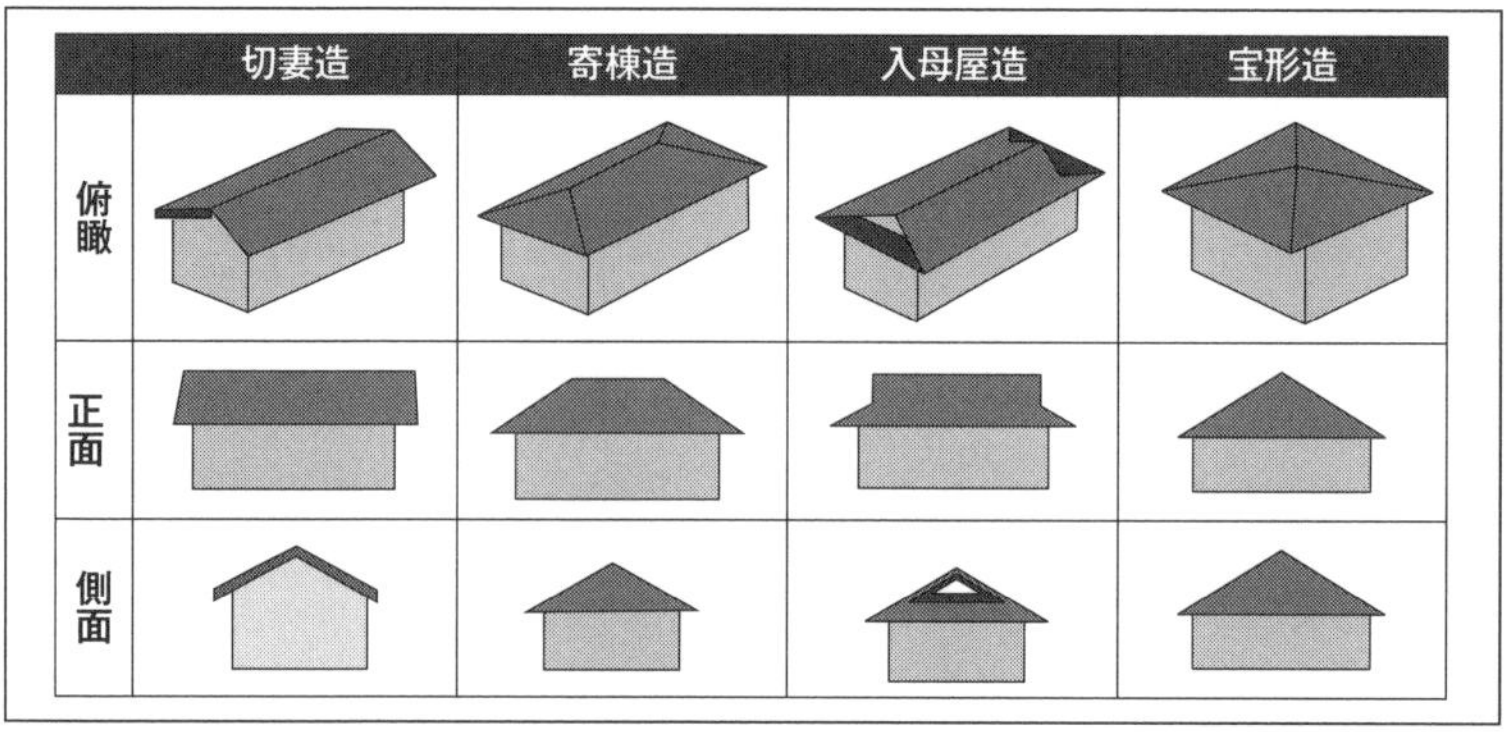

・平＝棟に並行する面で、ここに出入口を設けて正面とするのが平入り。

《地方の民家》

長い年月をかけてつくられた民家は、それぞれの地域の気候や風土にかなった形態をしている。基本的な構成は、母屋《おもや》や蔵、納屋《なや》、馬屋、便所などの付属屋、作業場である庭などからなる。

◆曲屋《まがりや》造り

岩手県を中心とした東北北部で見られる形式で、「南部の曲屋」として有名。母屋に馬屋を接続しＬ字形にしたもので中門《ちゅうもん》造りに似るが、入口は曲がり口のつけ根にある。

◆中門《ちゅうもん》造り

東北の日本海側から北陸地方などの豪雪地帯に見られる形式で、母屋の一部に通路や馬屋などを設けた中門とよばれる張り出し部分を持つもの。

◆本棟《ほんむね》造り

長野県を中心とした地方に見られる形式。切妻の板葺き屋根で、格式の高い家には雀*おどしなどの棟飾りを置いた。

◆兜《かぶと》造り

上信越地方の養蚕《ようさん》農家に数多く見られる入母屋造りの変形。屋根裏の蚕室に光を採り入れるため、正面部分を切りとった形が兜に似ているところからこうよばれる。

◆合掌《がっしょう》造り

大家族と養蚕のためにつくられた、飛騨《ひだ》や*五箇山《ごかやま》地方の民家。木材を巨大な合掌形（山形）に組み合わせ、豪雪に耐えられるよう屋根は急勾配。屋根裏は三～四層に分けられ、

＊雀おどし

かつては本棟造りの屋根を止める板であったが、のちに地主や庄屋の権威づけのための巨大な棟飾りとなった。雀踊りとも。

＊五箇山地方

富山県南西部、庄川《しょうがわ》中流域一帯の総称で、五ケ山とも書く。行政上は南砺《なんと》市になる。落人《おちうど》集落の一つといわれ、大家族制や合掌造の民家、民謡『こきりこ節』など独特の習俗をもつ。合掌造りは一九九五（平成七）年岐阜県の白川郷とともに、世界文化遺産に登録された。

●伝統的民家が復元・保存されている博物館

・日本民家園（神奈川県川崎市）
・北方《ほっぽう》文化博物館（新潟市）
・飛騨民俗村（岐阜県高山市）
・博物館明治村（愛知県犬山市）
・日本民家集落博物館（大阪府豊中市）
・四国村（香川県高松市）
・琉球《りゅうきゅう》村（沖縄県恩納《おんな》村）

大勢の家族が居住できる構造となっている。

◆くど造り

佐賀県を中心とした西九州一帯に見られる形式。雨水を流す目的で、屋根をくど（かまど）のようにコの字形にかけたもの。

◆分棟《ぶんとう》造り

南九州から沖縄にかけて見られる形式で、二棟《ふたむね》造りともいう。母屋と台所を別々に建てたもので、主人の権威づけと防火のために生まれた。

3 民具 民衆の知恵が生んだ生活必需品

民具とは、伝統的な素材を用いて手づくりされた民衆の暮らしに欠かせない生活用具の総称であり、わが国民俗学に多大な業績を残した財界人・渋沢敬三《しぶさわけいぞう》の造語という。彼によれば、民具の領域は次のように八分類できるという。しかし、現在では生活用具の大半は機械生産による大量消費財と化したため、民具もごく一部を除いてほとんど骨董《こっとう》的な存在となり、郷土資料館や民俗資料館でないとお目にかかれないものが多い。

- 衣食住に関するもの＝家具（火鉢《ひばち》、*自在鉤《じざいかぎ》、衝立《ついたて》など）、灯火用具（行灯《あんどん》、提灯《ちょうちん》など）、調理用具（鍋、釜、桶《おけ》など）、飲食器具、服物・はき物、装身具（櫛《くし》、かんざしなど）
- 生業に関するもの＝農具、狩猟用具、漁労用具、紡織《ぼうしょく》用具、そろばんなどの交易用具
- 通信運搬に関するもの＝運搬具（*背負子《しょいこ》、*もっこなど）、行旅具《こうりょぐ》（*ヌサ袋、白衣《びゃくえ》など）、

＊自在鉤

鉄鍋を使っていろりでものを煮るときに、上から吊るすための道具。自在の呼称は、鍋などの上げ下げが自由自在にできることによる。調節の工夫もさまざまで、木片に穴を二つあけ、そこに縄を通しただけのものが古い形と考えられている。

＊背負子（左図）

荷物を背負うために、背にあてて用いる木製の枠。枠に縄などを巻きつけて背当てとし、一般に平地では長く、山地では短い。背負梯子《せおいばしご》ともいう。

通信具（拍子木《ひょうしぎ》、半鐘《はんしょう》など）
- 団体生活に関するもの＝共同労働のための網や車など
- 儀礼に関するもの＝出産から元服までの用具（岩田帯*、産着《うぶぎ》、よだれ掛けなど）、婚姻用具、年祝いの用具（*火吹竹《ひふきだけ》、*チャンチャンコなど）、葬具
- 信仰・行事に関するもの＝偶像（地蔵など）、供え物、仮面、楽器、占い具、祈願品
- 娯楽遊戯に関するもの＝遊具や賭け事、競技に関する器具
- 玩具・縁起物＝手製の玩具で商品化されていないもの

4　小京都　古都の風情を伝える「ミニ京都」の魅力

町並み保存運動に連動して、古くから「小京都」とよばれる町や地域があることはよく知られている。しかし、小京都には町並み保存すなわち「重要伝統的建造物群保存地区」のような一定の選定基準があるわけではない。古い建物や社寺が多く、たたずまいもどことなく古都の趣《おもむき》を残しているとの理由から、小京都を勝手に名乗ることは自由である。なぜなら、あくまでこれは「自己申告制」にすぎないからだ。

とはいうものの、まがい物はともかく、古くから自他ともに小京都とよばれてきた町にはそれなりの伝統と風格が感じられ、場合によっては京都以上に京都らしいと称賛される町もある。

なかでも、弘前《ひろさき》（青森県）、遠野《とおの》（岩手県）、角館（秋田県）、金沢（石川県）、飯山（長野県）、高山（岐阜県）、上野（三重県）、龍野《たつの》（兵庫県）、津和野（島根県）、高梁《たかはし》（岡

*もっこ（左図）
藁《わら》むしろや藁縄を網状に編んだものの四隅につりひもをつけ、土や肥料・石などを入れて運ぶ用具。

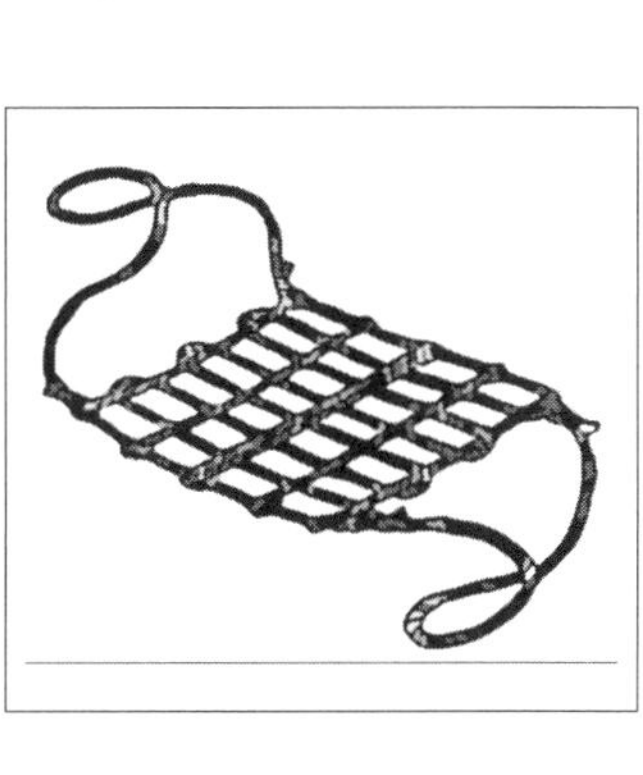

*ヌサ袋
昔、道中の安全を祈る目的で、道祖神にささげるために細かい絹布または紙の幣《ぬさ》を入れて携えた袋。

*岩田帯
妊婦が腹に巻く腹帯《ふくたい》のこと。腹部を保温・保護し、胎児の位置を正常に保つために用いられるもので、多くはさらしが使われる。妊娠五か月の戌《いぬ》の日から締める習慣があるが、近年はもっぱらガードルで代用される。

山県）、竹原（広島県）、山口（山口県）、大洲《おおず》（愛媛県）、中村（高知県）、日田《ひた》（大分県）、飫肥（宮崎県）などは小京都のよび名がいかにもふさわしい町並みで、実際にこれらの町の多くは現在では観光都市として広く知られる存在ともなっている。

また各地で小京都を自任する自治体が、観光促進の面から横断情報を交換する場として「全国京都会議」とよばれる連絡協議会を設置している。同協議会には京都市を含めて現在三八自治体が加盟しており、これも小京都の判断基準の一つといえるかもしれない。

◇小江戸《こえど》

小京都に対して、江戸の町並みを色濃く残している町を「小江戸」とよぶことがある。その多くは単に江戸の景観に似ているというだけではなく、舟運などによって江戸との結びつきが強かったことに起因する。埼玉県川越市をはじめ、栃木県栃木市、千葉県佐《さ》原《わら》市・大多喜《おおたき》町、神奈川県厚木市、滋賀県彦根《ひこね》市などをいう。

「肌のけがれを取り去る」の意の斎《い》肌《はだ》帯が転訛《てんか》した語という。

＊火吹竹

吹いて火をおこすのに用いる竹筒で、一端に残した節に小穴をあけて、息が強く吹き出るようにしたもの。吹き竹ともいう。かつては七七歳の喜寿の祝いの七月七日に、火吹竹をつくって親戚縁者に配る習わしが広く行なわれていた。

＊チャンチャンコ

↓p三五

街道をゆく

古くから人や物の移動を促してきた「街道」は、ロマンに満ちている。あるときは騎馬の軍団が、あるときは社寺詣《もうで》の庶民が、またあるときは華麗な大名行列が歩をすすめていった。街道は人々の営みに欠かせない存在として、貴重な文化遺産という以上に、まさしく日本の歴史自体を築きあげてきた大動脈といってよいだろう。

1　旧街道　日本の歴史を刻んだ大動脈

街道とは国中に通じる官道、または主要な陸路のことをいう。海道とも表記するが、東海道をはじめ、西海道《さいかいどう》や南海道という呼称はここから生まれた。『日本書紀』によると四世紀の大和《やまと》朝廷の成立まもない崇神《すじん》天皇のころ、大和を中心としてすでに北陸、東海、西海（山陽）、丹波《たんば》の四道が開かれていたと記されている。

古代の律令《りつりょう》＊制の下では京都と九州の大宰府《だざいふ》を結ぶ「大路《おおじ》」が主街道であったが、のち鎌倉幕府の誕生で東海道が設けられ、さらに江戸幕府の交通政策によって全国的な街道ネットワークと宿駅が本格的に整備されたのである。とくに、五街道などの幹線街道は、砂利や小石が畳の厚さに敷き詰められ、道幅も五間（約九メートル）以上と定められた。一七八九年には道幅と並木用敷地についてあらためて細かく規定したが、それに

＊律令制
わが国初の基本法典といわれる大宝律令（七〇一年成立）によって規定された古代国家の諸制度。律は刑法、令は行政法・訴訟法に相当する。これによって天皇を中心とした中央集権的国家統治のための体制が確立したが、のちに豪族・貴族や寺社の台頭によって支配体制は衰退し、一〇世紀後半には有名無実化してしまった。

よると道幅は二間（約三・六メートル）以上とし、幅九尺（約二・七メートル）の並木敷を設けるというものであった。このほか、三間や四間の幅広の場合もあったという。

また江戸日本橋を起点として各地に一里塚《いちりづか》*が置かれたが、大街道は公用街道として取り締まりが厳しいため、庶民は制限のゆるやかな裏街道を主に利用したといわれている。

《五街道》

江戸を起点とした五つの重要な交通路で、道中奉行《ぶぎょう》*が管轄《かんかつ》する幕府直轄の幹線道路。江戸時代の初期、参勤交代《さんきんこうたい》制にともなう宿駅制度の復活によって整備されたのがはじまりだが、当時五街道についての明確な規定があったわけではない。

◈東海道

江戸日本橋～京都三条大橋間四九二キロ、五三宿。現在の国道一号にあたり、常時百人百頭の人馬が待機していたという。鎌倉幕府の開設によって急速に発展し、参勤交代がはじまった一六三五年前後にはほぼ全体が整えられていた。江戸と上方《かみがた》を結ぶ最大の基幹街道で、普通に歩いて一二～一五日間、飛脚《ひきゃく》でも約六〇時間を要した。なお、小田原～三島間は「箱根八里」とよばれる険しい山道であった。

◈中山道《なかせんどう》

江戸～関ヶ原～京都三条大橋間五三四キロ、六九宿。草津～京都間は東海道と合流。古くは東山道、中仙道とよばれた。贄川《にえ》～馬籠《まごめ》間一一宿は「木曽路《きそじ》」とよばれる山道。取り締まりが厳しいうえに河川の増水で足止めされることの多い東海道を嫌って、中山道を利用する旅人も多かったという。東海道よりは二～三日余分に要した。ほぼ現在の国道一七号、一八号、一九号、二一号にあたる。

＊一里塚
江戸幕府が全国の諸街道に設置した距離を示す路程標で、並木とともに義務づけられた。江戸日本橋を起点に、一里（三・九三キロ）ごとに道の両側に五間（約九メートル）四方の土を盛り、エノキなどを植樹して旅人の目印とした。江戸末期の天保《てんぽう》年間（一八三〇～四四年）には、江戸～京都間に一〇四の塚があったという。

＊道中奉行
江戸幕府の職名の一つで、五街道における道路や橋の管理整備をはじめ、旅宿、飛脚など道中に関するすべての取り締まりを行なった、国土交通大臣に相当するような職。

◆日光街道

江戸～宇都宮《うつのみや》～日光間一四一キロ、二一宿。海沿いでもない道を街道（海道）とよぶのは不自然だということで、正しくは日光道中という。徳川家康を祀《まつ》る日光社参のために整備された基幹街道で、現在の国道四号と一一九号にあたる。

◆奥州《おうしゅう》街道

江戸～宇都宮～白河間一八九キロ、二七宿。宇都宮までは日光街道を兼ね、白河までが幕府の道中奉行の管轄で、正しくは奥州道中とよばれた。白河以北は、仙台までが「仙台街道」、仙台～盛岡間を「南部街道」、盛岡以北の三厩《みんまや》までが「松前《まつまえ》街道」とよばれ、松尾芭蕉《ばしょう》『奥の細道』の舞台の一部ともなった。現在の国道四号。

◆甲州街道

江戸～甲府間一三八キロ、三八宿。正しくは甲州道中とよばれ、*天領《てんりょう》であった甲斐《かい》と江戸を結ぶ軍事道路として整備された。四泊五日を要したという。甲府から先、韮崎《にらさき》を通り信州の下諏訪《しもすわ》で中山道と合流するまでの七六キロ、六宿を甲州街道として加えることもある。現在の国道二〇号にあたる。

2　宿場　旅人たちのオアシスはここだ

交通の要地にあって、宿泊施設や輸送のための人馬などをそなえたところ、というのが宿場であるが、元来は「駅」とよばれる、官道に設置されたいわば旅のベースキャンプが起源で、先の四道整備のころにはすでに存在していたらしい。

＊天領

江戸幕府の直轄地の俗称で、正式には御料《ごりょう》といった。不祥事などによる諸大名の領地没収によって徐々に拡大し、甲斐のほかに、日光・南会《あい》津《づ》、飛騨《ひだ》、佐渡、吉野など全国的に分布した。天領の行政をとりしきる官職を郡代《ぐんだい》あるいは代官とよんだ。

約一六キロごとに置かれた駅は、馬・食糧・人夫・宿を提供するものであったが、こうした駅制の目的は中央政府による地方支配を円滑なにするために設けられたのであり、使用できるのもあくまで貴族・官人に限られていた。ちなみに、このような場所に馬偏の「駅」という字を用いるのは、馬を提供していた史実に基づくものだ。

その後律令制度の崩壊にともなって駅制は一時衰えたが、鎌倉後期から再編成されて活性化し、その名も「宿《しゅく》」と改められた。ここには市が立ち、巡礼行が盛んになるにつれて一般の旅人を泊める宿屋も整備されていったのである。

しかし、全国的な規模で宿場が発展をとげるのは、江戸幕府によって参勤交代制が確立され、並木や一里塚などを整備した道路行政が本格化して以降である。宿場には、人足や馬を扱う問屋場《といやば》とよばれる場所を中心に、旅客のための宿泊施設や茶屋などが順次設けられた。庶民への利便も積極的に図るように奨励されたため、当初、宿屋は幕府関係の公用の旅行者を優先していたが、のち保守管理のために、宿賃を即金で払う庶民旅客を優遇するようになったという。さらに、六〇年周期で起こったお陰参《かげまい》り*という熱風も宿場の繁栄に大きく寄与した。

宿場制度は、一八七二（明治五）年に廃止されたが、昔日の面影をとどめる宿場町はいまも各地に残されている。とくに建物と景観の保存にすぐれる地域は、文化庁の「重要伝統的建造物群保存地区」*に選定され観光面でも注目されている。

◇本陣

参勤交代の大名、公家《くげ》、幕府の要人など公用通行人が泊まる公認の宿泊施設。原則として門、玄関、上段の間を備えた屋敷で、宿場一の旧家が選ばれ、当主は名主《なぬし》などを兼務し苗字帯刀《みょうじたいとう》の特権が許された。本陣《ほんじん》に空きがない場合は、予備として「脇《わき》本陣」があ

＊お陰参り

藩政時代、庶民階層による伊勢神宮への異常な参詣《さんけい》現象をいう。特別の効験《こうけん》があるという六〇年に一度のありがたい年、いわゆるお陰年に参拝する期待感が高まって、熱病にかかったように全国から数百万人単位で参詣者が伊勢に押し寄せたという。道中では大々的に施しが行なわれたため旅費の心配も不要で、参詣者は歌い踊り歩きながら普段は縁のない旅の味を満喫し、庶民のいわばガス抜き効果として幕府も大目に見た。

＊《重要伝統的建造物群保存地区》に指定されている宿場町（数字は保存地区の面積）

・大内《おおうち》宿＝福島県下郷《しもごう》町、一一・三ヘクタール
・熊川《くまがわ》宿＝福井県若狭《わかさ》町、一〇・八ヘクタール
・海野《うんの》宿＝長野県東御《とうみ》市、一三・二ヘクタール
・妻籠《つまご》宿＝長野県南木曽《なぎそ》町、一二四五・四ヘクタール
・奈良井宿＝長野県塩尻市、一七・六ヘクタール

てられたが、こちらも名家が選ばれていた。本陣・脇本陣制度は、幕府の保護を失った一八七〇（明治三）年に廃止された。

◆旅籠《はたご》屋

本陣・脇本陣を除いた一般の旅館で、私用の旅の武士や商人などが利用した。木賃宿《きちんやど》と異なるのは酒食や寝具を提供し風呂までそなえている点で、ほぼ現在の旅館に相当する。東海道などの公用街道以外では農家との兼業が多く、なかには*飯盛女《めしもりおんな》を置いたところもあった。はたごの語源は、中世の宿屋が馬の飼料ありという意味で「馬駄餉《ばたご》」と看板を掲げていたことに由来するとか。

◆木賃宿

宿泊者が米を持ち込み、自炊するための薪《たきぎ》代すなわち木賃だけを請求される簡易な安宿。現在でいう素泊まり宿で、寝具もなく、大道芸人、農民、人足、巡礼などの庶民階層が利用した。のちには米を置いたところもあった。

◆茶屋

街道沿いに設置された、主に私用旅行者のための休憩所。かならずしも宿場に併設されるものではなかった。湯茶を旅人に供して代価を得るのが本業だが、宿場はずれには一膳飯《いちぜんめし》や安酒などを出す「立場《たてば》茶屋」もあり、街道往来者に重宝がられた。また、給仕女に売春を強要させる茶屋も少なくなかった。

・関《せき》宿＝三重県亀山市、二五・〇ヘクタール

＊飯盛女

本来は宿屋で宿泊客の給仕をする下女であったが、のちに宿屋間での客引きが激しくなるにつれて、雇い主や旅客から半ば強要されて非公認の売春婦となった者もいた。その大半は貧しい農家の娘で、下女働きしたのち一四～一五歳くらいから売春を強要されたという。宿場女郎ともいう。

3 現代の街道　街道ブームから生まれた新観光ルート

街道ブームやウォーキングブームに乗って、歴史的に由緒ある旧街道を復元・保存し、道を核として地域の活性化を図ると同時に、観光産業の牽引《けんいん》役にしようとする運動が各地で行なわれている。代表的なものを紹介してみよう。

◆歴史国道

国土交通省が推進している街道復元・保存事業。地域の特性を生かしながら、かつての関所、宿場、並木道などが残されている旧街道の一部を対象に、並木道や路面の復元費、電線類の地中化事業費、休憩施設や資料館の建設費などを国が補助するというもの。二〇二四（令和六）年現在、羽州《うしゅう》街道楢下《ならげ》宿、中山道追分《おいわけ》宿、中山道落合・馬籠・妻籠《つまご》宿、東海道関宿、北陸道倶利伽羅《くりから》峠、出雲《いずも》街道新庄宿など二四か所が選定されている。

◆歴史の道

見て歩いて感じられる歴史の道への関心と理解を深める目的で、文化庁は一九九六（平成八）年に「歴史の道百選」七八か所を選定（二〇一九年に三六か所の追加選定があり、二〇二四年現在で一一四か所）。選定基準は原則として土道や石畳道などが一定区間良好な状態で残されていることで、このうち日光杉並木街道（栃木県日光市）、東海道箱根旧街道（神奈川県箱根町～静岡県藤枝市）、中山道信濃《しなの》路（長野県立科《たてしな》町～塩尻市～南木曽《なぎそ》町～岐阜県中津川市）、高野山参詣道町石道《ちょういしみち》（和歌山県高野町～かつらぎ町）、萩往還《はぎおうかん》（山口県萩市～山口市～防府《ほうふ》市）など九か所は史跡指定の対象でもある。このほ

●道の駅

国土交通省により登録された、休憩施設と地域振興施設が一体となった道路施設。一般道路の長距離ドライブを楽しむ人たちが、気軽に立ち寄って休憩できるようにと計画された国道沿いのサービスエリアのことで、現代版の宿駅ともいえる。地域の歴史、文化、自然、特産物の紹介など地域振興策として注目されているが、実態は飲食や土産《みやげ》物販売などドライブイン的な施設が大半。二〇二四年二月現在、全国で一二二一駅が登録されている。

かにも、次のような代表的な街道が選ばれている。

- 八十里越《はちじゅうりごえ》＝福島県只見《ただみ》町～新潟県三条市
- 中山道碓氷峠越《うすいとうげごえ》＝群馬県安中《あんなか》市～長野県軽井沢町
- 北陸道倶利伽羅峠越＝富山県小矢部《おやべ》市～石川県津幡《つばた》町
- 富士吉田口登山道＝山梨県北口本宮冨士浅間《きたぐちほんぐうふじせんげん》神社～富士山山頂
- 下田街道天城越《あまぎごえ》＝静岡県河津《かわづ》町
- 東海道鈴鹿峠越《すずかとうげごえ》＝三重県亀山市～滋賀県甲賀《こうか》市
- 熊野参詣道＝三重県多紀町～和歌山県田辺市、和歌山県広川町～田辺市～新宮市～那《な》智勝浦《ちかつうら》町など
- 石見銀山《いわみぎんざん》街道＝島根県大田市～美郷《みさと》町

なお、旧街道の沿道風情は旅心をそそるものではあるが、アウトドア志向の若年層にとってはカビ臭い歴史散歩と敬遠される向きもある。そこで野外レクリエーションの一環として整備された遊歩道「東海自然歩道」や一九九六年からはじまった「ウォーキング・トレイル事業」など、遊歩道の整備拡大も注目を集めている。

◈各地の観光街道

旧街道の保存復元とは異なり、「街道」という響きを前面に押し出すことによって、観光誘致のためのイメージアップを狙いとした人工的な街道づくりも各地で盛んに行なわれている。長野県別所温泉～軽井沢町～群馬県草津温泉～沼田市～栃木県日光市～宇都宮市までの総延長三六〇キロを結ぶ日本ロマンチック街道などはその代表例である。このほか東日本では、左記のようなものが見られる。

- コスモス街道＝長野県佐久市

- メルヘン街道＝長野県茅野《ちの》市～佐久穂《さくほ》町
- 湯みち街道＝長野県茅野市渋ノ湯温泉～奥蓼科《おくたてしな》
- 日本アルプスサラダ街道＝長野県塩尻市～松本平～安曇野《あづみの》市三郷
- 北信濃くだもの街道＝長野県須坂市～小布施《おぶせ》町～中野市
- 山梨ロマン街道＝①信玄バッカス・ルート（山梨県上野原市～甲州市～甲府市～北杜《ほくと》市）、②南アルプス・エコー・ルート（北杜市～南アルプス市～身延《みのぶ》町～南部《なんぶ》町）、③富士コニーデ・ルート（大月市～富士吉田市～身延町）
- 花嫁街道＝四千葉県南房総《みなみぼうそう》市
- 房総フラワーライン＝千葉県館山市
- とうもろこし街道＝群馬県片品村
- フルーツライン＝茨城県石岡市
- みちのくおとぎ街道＝宮城県白石《しろいし》市～七ヶ宿《しちかしゅく》町～山形県高畠《たかはた》町～南陽市
- 最上川三難所そば街道＝山形県村山市
- アップルロード＝青森県弘前《ひろさき》市

■全国の宿場・街道

札幌本道赤松街道
三厩
奥州街道
七戸松並木
盛岡
羽州街道楢下宿
仙台
奥州街道
浜街道木戸宿
北国街道出雲崎宿
白河
日光
三国街道須川宿
宇都宮
日光街道
北陸道倶利伽羅峠
追分宿
高崎
甲州街道
中山道
下諏訪
江戸
福島
甲府
妻籠宿
馬籠宿
落合宿
箱根
関ヶ原
府中
大月
若狭街道熊川宿
宮
藤川宿
岩淵間宿、
蒲原宿、
由比宿
京都
草津
関宿
東海道
出雲街道新庄宿
石見銀山街道
天領石見銀山
竹内街道
竹内峠
石見銀山街道
上下宿
熊野古道中辺路
撫養街道脇町
檮原街道
日田往還
長崎街道日見峠
薩摩街道大口筋
国頭方西海道
●「歴史国道」選定箇所

文化施設に学ぶ

モノよりココロ、と声高に叫ばれるようになって久しいが、昨今の深刻な経済不況を招くまでのおよそ二〇年間は、過熱気味と思われるほどの博物館・美術館ブームが続いたように思う。各自治体は「文化振興」を大義名分に、こぞってモダンな建物を設置したが、入れ物だけ立派で中身はない、と揶揄《やゆ》されたものも少なくない。しかし、知的好奇心をくすぐるユニークな企画展をはじめ、体験型や参加型など展示方法も多様化し、試行錯誤しながらさまざまな仕掛けや演出に工夫を凝らすようになってきている。

1 博物館　構えずに楽しみながら学習する場

わが国には現在、博物館、美術館、動物園、水族館、植物園、歴史資料館といった文化施設を名乗っている施設は五七〇〇前後におよぶといわれている。これは国立の巨大な総合博物館から、マニアックな収集物を展示した小規模な個人博物館まで、まさに百種百様だが、総じていえることは、かつてのように展示物をただ並べればよしとする無粋な展示方法は影をひそめ、創意工夫を凝らした施設が増えつつあるという事実である。

また、旧来の総合型の博物館に対して、専門分野に特化した専門単科博物館や企業博

●博物館の定義

現行の博物館は、一九五一（昭和二六）年に制定の博物館法によって規定され、通常よばれる総合博物館をはじめ、各種の資料館、美術館、科学館、動物園、植物園、水族館、個人記念館、文学館を含む。同法によって規定されている博物館は、約一八〇〇。ただし国立博物館は、独立行政法人国立文化財機構法という別の法律が適用され、かつては旧文部省の付属施設扱いであり、現在も厳密には博物館相当施設であって博物館法に基づいた登録博物館ではない。

物館、テーマ別博物館の開館も著しい。たとえば、霊気や気功の解説紹介と体験学習もできる「気の博物館」（栃木県市貝町《いちかい》）、鉄道の歴史解説と実物展示の「鉄道博物館」（さいたま市）、世界の凧《たこ》を収蔵展示する「凧の博物館」（東京都中央区）、各種の寄生虫の生態分析と標本を展示する「目黒寄生虫館」（東京都目黒区）、日本酒に関する資料や試飲コーナーを設けた「酒の博物館」（長野県大町市）、信州を中心とした灯火用具を収める「日本のあかり博物館」（長野県小布施町《おぶせ》）、日本の郷土玩具一万点を中心に世界の玩具を展示する「日本玩具博物館」（兵庫県姫路市）、古今東西の膨大なはきものを集めた「松永はきもの資料館」（広島県福山市）といった変わり種が各地に見られる。

いずれも、衣食住など日常生活に結びついた風俗・習慣に関する道具や資料を収蔵するという本来の博物館のあり方を提示した施設であり、総合博物館や郷土館ばかりが博物館ではないという好個な見本ともいえるだろう。

しかし、このようなテーマ性の強い博物館は、個人的趣味に左右されやすいことも事実である。寄生虫館や狛犬《こまいぬ》博物館（岐阜県下呂《げろ》市）などは、大勢でワイワイ押しかけるような博物館ではないし、数人がそろって訪れるに無難なところといえばどうしても総合博物館に落ち着いてしまうのである。

ただし、旧来のようなイメージが固定した博物館像はこの際捨て去ったほうがよい。博物館明治村（愛知県犬山市）も立派な民家・建造物博物館であるように、現在の博物館は、発見認識することによる出会いの場または楽しむ場であり、かた苦しく「勉強」するところではなくなりつつある。興味の対象や趣味をより深く学習するところと納得していれば、博物館巡りも一変しておもしろくなるにちがいない。

2 美術館 名作だけが芸術か、養いたい自分流の審美眼

「器だけ」といわれ、ハコもの行政批判の象徴となってきたのが昨今の地方の美術館ブームである。各都道府県に最低一か所の総合美術館の開館をというかけ声のもとに、ここ十数年多くの美術館が各地に誕生した。

たしかに、これら地方美術館のなかには「目玉」となる二、三の大作を除けば、地元の美術団体会員の作品ばかりといったケースも少なくない。大作や名作が少なく魅力に欠けるという不満も手伝って、新しくオープンした地方美術館の評価は総じて好評とはいえないようだ。しかし、視点を変えれば、地方の美術館はその地方ならではの風土や歴史を伝える格好の作品を提供している場ではなかろうか。

絵画や彫刻などの芸術作品の「価値」は、相対的評価によって判断されることが一般的であるし、また観賞する側にもそうした先入観に陥りやすい危険性が少なからずある。たとえば、わが国はピカソ、モネ、ルノワール、ゴッホといった著名画家による収蔵作品は比較的そろっているほうだが、といってすべてが名作というわけではない。ピカソの作品には駄作も少なくないし、単に作家の名にひかれて、有名だから名作という安易な先入観に陥らないことだ。

埋もれた無名作家や地方作家のなかにも名作に値する作品は多いし、さらに意外と見落とされがちなのが現代作家たちの逸品である。高名であるか否かは選択基準の判断の一つになるだろうが、だからといってすべてではない。善し悪しは、展示された作品を

●美術館の定義

わが国では博物館とは一線を画することが多いが、厳密には専門博物館の一分野。収蔵品内容から見た分類では、①収蔵品の特性による類型、②表現方法による類型に大別され、さらに①は西洋、東洋、日本のように地域性に基づくものと、古代、江戸、現代など時系列によるものに分かれる。②では、絵画、彫刻、陶芸、工芸品、写真デザインなどのほか、考古学遺物、仏教、武具、服飾品のように美術博物館ともいうべき性格に近いものまで多岐にわたる。なお、絵画のみを扱う場合は、特別に絵画館とよぶこともある。展示方法は、同じ作家の作品や同系統・傾向など特定のテーマに絞り込んで作品・資料を展示する「企画展示」と、美術館が所蔵する作品・資料を展示する「常設展示」に分けられる。

十分味わいつくしたのちに、観賞する側が独自に判断すればよいことだ。

また、常設展示にばかり目を向けないで、最近は巡回企画展でも民族美術*、戦争絵画、テキスタイル・デザイン*、グラフィック・デザインといったようにテーマをしぼり、かつ既成美術の枠を超えたユニークなものが、地方の美術館でも数多く見られるようになってきた。美術館巡りの際には、有名・無名の看板に引きずられず、何よりもまずその美術館のドアを開けることからはじめたいものである。

3　ユニークテーマ館　レジャー施設に近いテーマ館の魅力

かつての博物館といえば、膨大な収蔵品を展示し順路に沿って見て歩くという、いかにもそっけなくカビ臭いスタイルが主流を占めたものだ。しかし、現在では創意工夫を凝らし、来館者もともに楽しめるよう、映像、マルチスクリーン、ジオラマ、ロボット、ＶＲなどのＩＣＴ技術を駆使して、「見て、聞いて、触れて」など五感を刺激する体験学習型の博物館が増えつつある。同時にまた、専門分野にしぼり込んだテーマ別展示館の進出が著しいのも、最近の傾向のようだが、これらはもはや博物館という枠を超えて娯楽要素も盛り込んだテーマ館とよばれるにふさわしい存在となってきた。変わり種のテーマ館の一部には、次のようなものがある。

- 博物館網走監獄《あばしりかんごく》＝北海道網走市・映画などでも名を馳《は》せた網走監獄を移築復元した国内唯一の監獄博物館。
- 北海道伝統美術工芸村［雪の美術館］＝北海道旭川市・雪をテーマにした美術館で、

＊民族美術
芸術家個人の作品ではなく、特定集団の無名の作者によってつくられた美術品や工芸品。エスニック・アートともいう。主にアフリカ、アジア、オセアニア、中南米のインディオなどを中心に、独創的でユニークな作品が多い。

＊テキスタイル・デザイン
織り物や染め物など、広く繊維を用いた作品や製品のデザインをいう。服飾にかかわる布地や敷物、カーテン、壁掛けなど昔ながらの染織物から前衛的な造形作品にいたるまで、対象は幅広い。

施設の大半は地下一八メートルにおかれている。ライトアップされた氷壁の続く氷の回廊、雪の結晶写真なども興味深い。

・青函《せいかん》トンネル記念館＝青森県外ヶ浜《そとがはま》町・海底にある記念館で、世界最長の海底トンネルの全貌を展示公開。

・みやぎ蔵王こけし館＝宮城県蔵王町・全国の伝統こけし、木地玩具、名工の作品などを展示。ロクロや絵付けなどの体験実習もある。

・神流《かんな》町恐竜センター＝群馬県神流町・恐竜の骨格や化石を展示するほか動く恐竜模型など。

・埼玉県立川の博物館＝埼玉県寄居《よりい》町・国内最大の木製水車や荒川川下りの疑似体験も。

・野球殿堂博物館＝東京都文京区・名選手のレリーフなど野球に関するすべてを納めた殿堂。

・昭和レトロ商品博物館＝東京都青梅市・駄菓子を中心に、昭和に消費された商品パッケージを展示するユニークな博物館。

・新横浜ラーメン博物館＝横浜市・世界唯一、ラーメンの歴史と文化を紹介。むろん全国選りすぐりのラーメン店の味も楽しめる。

・日本スキー博物館＝長野県野沢温泉村・国内唯一のスキー専門博物館。二本杖スキーの創始者ハンネ・シュナイダー愛用のスキー板や靴の展示をはじめ、日本最初のスキー人形や関連の歴史資料も。

・内藤記念くすり博物館＝岐阜県各務原《かがみがはら》市・国内唯一の薬の博物館。江戸時代から続く家伝薬の製造工程、各種の製薬道具、シーボルトなどの蘭学資料が充実。

・奇石博物館＝静岡県富士宮市・クニャクニャ曲がるコンニャク石など、石のイメージ

●個人記念館

記念館といえば、芸術や学術などの分野で名声を得た郷土の偉人を顕彰するために開設されたものだが、最近は芸能界やスポーツ界、漫画家などを中心とした個人記念館の開設がめだっている。純粋な記念館なのか、単なる観光施設なのか線引きははっきりしないが、対象が全国規模の著名人であるだけにそれなりの人気があるといえそうだ。

・横綱北《きた》の湖《うみ》記念館＝北海道壮瞥《そうべつ》町
・久慈《くじ》市立三船十段記念館＝岩手県久慈市
・石ノ森章太郎ふるさと記念館＝宮城県登米《とめ》市
・東海林《しょうじ》太郎音楽館＝秋田市
・吉田正音楽記念館＝茨城県日立市
・高崎市山田かまち水彩デッサン美術館＝群馬県高崎市
・長谷川町子美術館＝東京都世田谷区
・落合博満野球記念館＝和歌山県太地《たいじ》町
・宝塚市立手塚治虫記念館＝兵庫県

が一変する奇石・珍石の博物館。
・やしの実博物館＝愛知県田原《たはら》市・やしと伊良湖《いらご》岬とのかかわりを紹介。インドネシアから空輸された約一〇〇種の世界のやしの幹、花房、種などの実物を展示。
・甲賀《こうか》の里忍術村＝滋賀県甲賀市・からくり屋敷を保存し忍者関連の史料を展示。
・京都鉄道博物館＝京都市・わが国唯一の本格的な蒸気機関車博物館。
・ふぐ博物館＝大阪府岸和田市・ふぐ中毒絶滅を目的に開設された世界初のふぐ博物館。
・わらべ館＝鳥取市・おもちゃ部門と童謡部門からなり、触って遊べるおもちゃが魅力。
・仁摩《にま》サンドミュージアム＝島根県大田《おおだ》市・一年計の砂時計のほか鳴き砂に関する資料を展示。
・呉市海事歴史科学館（大和ミュージアム）＝広島県呉市・戦艦大和の一〇分の一サイズのレプリカをはじめ、零戦や人間魚雷「回天」などの実物資料を展示。
・四万十《しまんと》川学遊館あきついお＝高知県四万十市・四万十川流域のトンボと淡水魚の展示と生態を紹介。
・九州エネルギー館＝福岡県福岡市・生活とエネルギーの有効利用について、過去、現在、未来の視点から考える。

宝塚市
・植村直己《なおみ》冒険館＝兵庫県豊岡市

■全国の主な文化施設

①北海道開拓の村
②アイヌ民族博物館
③旭川市旭山動物園
④浅虫水族館
⑤宮沢賢治記念館
⑥日本こけし館
⑦秋田県立美術館
⑧本間美術館
⑨致道博物館
⑩野口英世記念館
⑪水戸芸術館
⑫竹久夢二伊香保記念館
⑬国立歴史民俗博物館
⑭国立西洋美術館
⑮東京国立博物館
⑯上野動物園
⑰葛西臨海水族園
⑱東京国立近代美術館
⑲神奈川県立近代美術館
⑳マリンピア日本海
㉑北方文化博物館
㉒魚津水族館
㉓山梨県立美術館
㉔酒の博物館
㉕碌山美術館
㉖飛騨民俗村
㉗徳川美術館
㉘東山動植物園
㉙博物館明治村
㉚鳥羽水族館
㉛京都国立博物館
㉜国立民族学博物館
㉝造幣博物館
㉞奈良国立博物館
㉟くじらの博物館
㊱南方熊楠記念館
㊲足立美術館
㊳大原美術館
㊴松永はきもの資料館
㊵広島平和記念資料館
㊶中原中也記念館
㊷四国村
㊸松山市立子規記念博物館
㊹九州国立博物館
㊺福岡市博物館
㊻久留米市美術館
㊼尚古集成館
㊽ JAXA 宇宙科学資料館
㊾琉球村

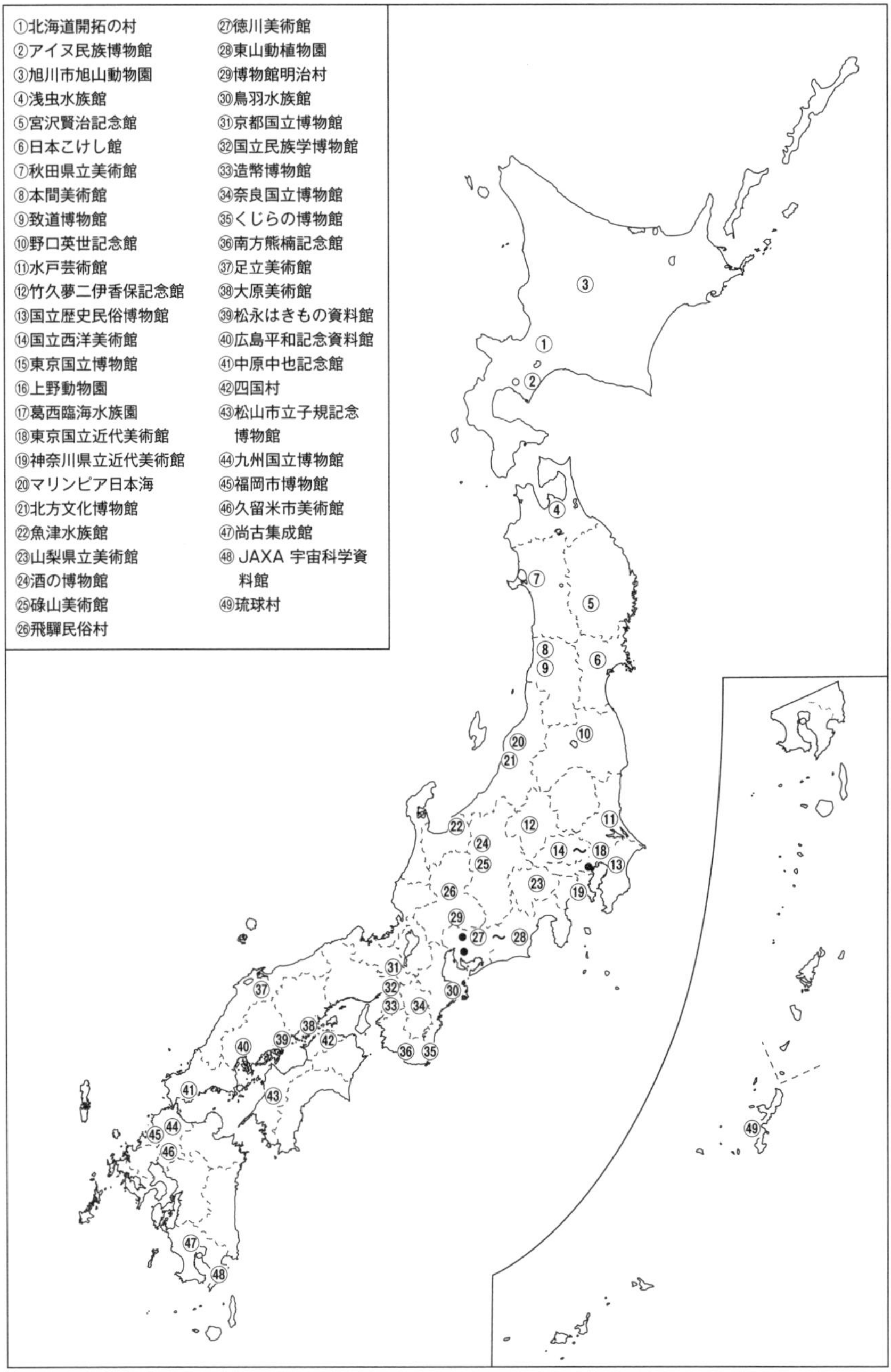

【す】

【せ】

【そ】

【さ】

【し】

【お】

【か】

【き】

《主要参考文献》

郷土玩具「日本発見29」　暁教育図書
現代こよみ読み解き事典　岡田芳朗・阿久根末忠　柏書房
県別日本人気質　河出書房新社
国語国文学手帖　尚学図書言語研究所編　小学館
酒の日本文化　神崎宣武　角川ソフィア文庫
ザ・伝統芸能　文化庁監修　大蔵省印刷局
しきたりの日本文化　神崎宣武　角川ソフィア文庫
食の文化を知る事典　岡田哲編　東京堂出版
諸国名物地図　市川健夫監修　東京書籍
図説 仏像巡礼事典　久野健編　山川出版社
図説 民俗探訪事典　大島暁雄編　山川出版社
図説 歴史散歩事典　佐藤信編　山川出版社
全国観光データバンク　辻原康夫　トラベルジャーナル
染織事典 中江克己編　泰流社
日本祭礼行事総覧「別冊歴史読本1」　新人物往来社
日本「寺院」総覧「歴史読本特別増刊」　新人物往来社
日本「神社」総覧「別冊歴史読本」　新人物往来社
日本大百科全書　小学館
日本年中行事辞典　鈴木棠三　角川書店
日本の伝統工芸品　日本交通公社出版事業局
日本の民謡「国文学」　學燈社
日本の名産事典　遠藤元男編　東洋経済新報社
日本の名酒事典　講談社
日本「廃城」総覧「別冊歴史読本」　新人物往来社
日本民俗事典　大塚民俗会編　弘文堂
日本昔話事典　稲田浩二編　弘文堂
四条司家直伝日本料理作法　四條隆彦　小学館文庫
日本「霊地巡礼」総覧「別冊歴史読本」　新人物往来社
日本を知る事典16　大塚建彦編　社会思想社
ふるさとの伝説「日本発見」　暁教育図書
招き猫は何を招いているのか　辻原康夫　光文社知恵の森文庫

Profile
辻原康夫（つじはら・やすお）
地誌研究家、文化史家。1948年広島市生まれ。明治大学文学部史学地理学科卒。雑誌記者、書籍編集者を経て2007～18年流通経済大学社会学部教授。専門は世界・日本の地誌全般、国際関係論、比較文化論、民俗文化誌、観光文化論など。地理・歴史、社会学関連の著書多数。

編　集　　揚野市子
装　丁　　ロコ・モーリス組
本文デザイン　　マジカル・アイランド
校　正　　芳賀郁雄

旅を豊かにする事典

2024年12月20日　初版第1刷発行

著　者　　辻原康夫
発行人　　山手章弘
発　行　　イカロス出版株式会社
〒101-0051　東京都千代田区神田神保町1-105
contact@ikaros.jp（内容に関するお問合せ）
sales@ikaros.jp（乱丁・落丁、書店・取次様からのお問合せ）
印刷・製本　　株式会社シナノパブリッシングプレス

・乱丁・落丁はお取り替えいたします。
・定価はカバーに表示してあります。

Printed in Japan
ISBN978-4-8022-1548-0